क्या आप अमीर बनना चाहते हैं ?

(अमीर बनने का विज्ञान)

SCIENCE OF BECOMING RICH

तरुण इन्जीनियर

डायमंड बुक्स

ISBN : 978-81-288-2451-7

प्रकाशक : **डायमंड पॉकेट बुक्स (प्रा.) लि.**
X-30, ओखला इंडस्ट्रियल एरिया, फेज-II
नई दिल्ली-110020
फोन : 011-41611861, 40712100
फैक्स : 011-41611866
ई-मेल : sales@dpb.in
वेबसाइट : www.dpb.in
संस्करण : 2012
मुद्रक : आदर्श प्रिंटर्स, शाहदरा, दिल्ली - 32

Kya Aap Ameer Banna Chahate Hain
by : Tarun Engineer

कैसे अमीर बनाने में सहायक होगी यह पुस्तक?

अटल रहा जो अपने लक्ष्य पर, लाख मुसीबत आने में।
मिली सफलता उसको जग में, खेला जो तूफानों में।।

यह बात आप पर भी लागू होती है, क्योंकि आपके द्वारा पुस्तक के इस पृष्ठ को पढ़ने से पता चलता है कि आप अमीर बनने की इच्छा रखते हैं। आपके अन्दर सपनों को हकीकत में बदलने का साहस है।

आप भविष्य में इतिहास को प्रभावित कर सकते हैं। आपके अन्दर लक्ष्य तक पहुंचने की शक्ति है। आप जानते हैं कि किताब को पढ़कर अमीर बनने की कला को सीखा जा सकता है। आपके अन्दर धैर्य, शांति, संयम और संकल्प है और आप महान कार्य करने में विश्वास रखते हैं।

इसलिए इस पुस्तक को अवश्य पढिए, परन्तु पढ़ने से पहले संकल्प लें कि मैं देश के सबसे सुन्दर शहर में रहूंगा। अपना एक बंगला बनाऊंगा। लम्बी गाड़ी में घूमूंगा। अपना व्यापार करूंगा। खूब धन कमाऊंगा। अपने परिवार को दुनिया के सारे सुख देने की कोशिश करूंगा। अपने ईश्वर की प्रार्थना करूंगा। कलह और क्रोध से दूर रहूंगा। हमेशा मीठा बोलूंगा। गरीबों पर दया करूंगा। खुले हाथ से दान दूंगा। अपने माता-पिता की इज्जत करूंगा। अपने से छोटों पर दया करूंगा। फिजूल खर्ची से दूर रहूंगा। गलत काम बिल्कुल नहीं करूंगा।

जब आप इन सब बातों को अपने दिल में उतार लेगें, तब आप अपने लक्ष्य को आसानी से प्राप्त कर लेगें। क्योंकि विश्व के प्रसिद्ध महान दार्शनिक भगवान श्री रजनीश ने कहा है, **"अच्छी पुस्तकें आपका मार्गदर्शन करती हैं और बताती हैं कि जिन्दगी को कैसे जिया जाए? कैसे जीवन में संघर्ष किया जाए? फिर आप अपने आपको उत्साहित महसूस करते हैं और अपने लक्ष्य को पाने के लिए सही रास्ता ढूंढने लगते हैं!"**

यह भी सच है कि जीनियस जन्मजात पैदा नहीं होते, बल्कि उन्हें पुस्तकें जीनियस बनाती हैं। अगर आप मेरी बात से सहमत नहीं हैं, तब आप खुद ही बताइए कि क्या राजकपूर जीनियस पैदा हुए थे?

क्या सत्यजीत रे जीनियस पैदा हुए थे?

नहीं! वे भी उसी तरह से पले-बढ़े थे, जैसे कि आप। उनका विकास भी पुस्तकों से हुआ था। परन्तु उनमें एक बात आपसे अलग थी कि वे अपने काम में जुनून पैदा करते थे, इसलिए फ़िल्मी दुनिया में आज भी अच्छी फ़िल्में बनाने वाले निर्देशक के रूप में उन्हें याद किया जाता है। अब आपको अपने अन्दर जुनून पैदा करना है, फिर आपको अमीर बनने से कोई नहीं रोक पायेगा?

लहरों से डरकर होती नहीं नौका पार।
दुनिया में हर काम का अपना है आधार॥
खुली आँख से देख तू सपना होगा वह साकार।
लक्ष्य बनाकर जीत ले पूरा ये संसार॥

—तरुण इन्जीनियर

आभार

मेरे पास सहयोगियों की एक लम्बी-चौड़ी टीम है, जो मेरा लेखन कार्य में हाथ बंटाती है। इसलिए मैं सबसे पहले टीम के सदस्य **रामू गुप्ता, अतुल शर्मा, नवीन पाण्डेय, भूपेन्द्र सिंह** और **विकास शर्मा** का आभार प्रकट करना चाहता हूँ, जिनके सहयोग से यह पुस्तक पूरी हो सकी।

लेकिन मैं उन सब कार्पोरेट और सरकारी कम्पनियों के प्रबंधकों का भी शुक्रिया अदा करना चाहता हूँ, जो **नेतृत्व-वक्ता, प्रशिक्षक कोच** और **परामर्शदाता** के रुप में मुझे अपने संगठनों में आमंत्रित करते हैं।

परन्तु सर्वोत्तम लेखन की खोज में मेरे पार्क के दोस्त **चौधरी डालचंद** (पूर्व डायरेक्टर, पोस्ट ऑफिस सेविंग), **मुकेश जैन** (होटल मालिक), **बी. के. शर्मा** (पूर्व असिस्टेंट डायरेक्टर ऑफ एजुकेशन: गवर्नमेंट ऑफ एन.सी. टी. दिल्ली), **नरेश चद्रं जैन** (उद्योगपति), **रमेश कुमार गुप्ता** (बिजनेसमैन), **अनन्तवीर जैन** (एजुकेशनल मोटीवेटर और पूर्व प्रद्यानाचार्य: जैन सीनियर सेकेंड्री स्कूल, रोहतक), **धर्म प्रकाश गर्ग** (कागज व्यापारी), **लाल चंद्र जैन** (बर्तन व्यापारी), **राजेश कुमार गुप्ता** (सी.ए.), **सुरेश कुमार जैन** (उद्योगपति) और **वी.के. आनंद** बराबर के सहयोगी हैं, जो मेरे अन्दर हर दिन कुछ नया लिखने की ललक और उत्साह पैदा करते रहते हैं। इसलिए मैं इनका भी आभार प्रगट करना चाहता हूँ।

विश्वभर में फैले मेरे एजेंट भी क़म प्रशंसा के पात्र नहीं हैं, जो मेरे सपनों को यथार्थ में बदलने के लिए हमेशा प्रयत्नशील रहते हैं और समय-समय पर अपना बहुमूल्य सहयोग देते हैं।

मेरे संदेश को फैलाने तथा प्रिंट मीडिया में मेरे जीवन के बारे में छापने के लिए मैं **स्टारडस्ट** (फ़िल्मी पत्रिका), **पंजाब केसरी, नवभारत टाइम्स, हिन्दुस्तान टाइम्स** के पत्रकारों का भी धन्यवाद अदा करना चाहता हूँ जिन्होंने मेरा परिचय अतंर्राष्ट्रीय स्तर पर कराया और मुझे पूरी दुनिया के सामने **'बिजनेस गुरु'** की उपाधि से सम्मानित किया।

मैं अपनी सर्वगुण सम्पन्न **पत्नी प्रीति रस्तोगी** का सबसे अधिक आभार व्यक्त करना चाहता हूँ, जो निस्वार्थ प्रेम, रचनात्मकता और नए-नए विचारों से मेरी लेखनी को उत्कृष्ट बनाने के लिए हर वक्त प्रयत्न करती रहती हैं।

–तरुण इन्जीनियर

अमीर बनने की प्रार्थना

खड़ा हुआ हूँ तेरे दर पर, ईश्वर दो मुझको वरदान।
कभी न हारूं जीवन में मैं, करूं मैं कोई काम महान॥
हार गया हूँ अपने आप से, बना है जीवन महासंग्राम।
डूब न जाए मेरी नय्या, जब आए कोई तूफान॥
खड़ा हुआ हूँ तेरे दर पर, ईश्वर दो मुझको वरदान।
कभी न हारूं जीवन में मैं, करूं मैं कोई काम महान॥
डिगें न पथ पर पांव मेरे, दुःखों का कर दो काम तमाम।
अटल रहें मेरे इरादे, जारी कर दो यह फरमान॥
खड़ा हुआ हूँ तेरे दर पर, ईश्वर दो मुझको वरदान।
कभी न हारूं जीवन में मैं, करूं मैं कोई काम महान॥
खड़ा हिमालय बता रहा है, होता है आराम हराम।
दे दो मुझको थोड़ी शक्ति, होगा मेरा लक्ष्य आसान॥
खड़ा हुआ हूँ तेरे दर पर, ईश्वर दो मुझको वरदान।
कभी न हारूं जीवन में मैं, करूं मैं कोई काम महान॥
एक गरीब को अमीर बना दो, कर दो मुझ पर एक अहसान।
करने हैं सब सपने पूरे, दिल में हैं लाखों अरमान॥
खड़ा हुआ हूँ तेरे दर पर, ईश्वर दो मुझको वरदान।
कभी न हारूं जीवन में मैं, करुं मैं कोई काम महान॥

यदि आप अमीर बनना चाहते हैं, तब यह प्रार्थना आपकी सफलता का माध्यम बन सकती है। क्योंकि सफलता तीन तरह से प्राप्त होती है यानी **इच्छा शक्ति** द्वारा, **कर्म** द्वारा और **प्रार्थना** द्वारा।

जबकि इच्छा शक्ति खुद ही अनुकूल उपाय ढूंढ लेती है और कर्म आपको हमेशा कुछ करते रहने की प्रेरणा देता है, लेकिन प्रार्थना आपको ऊर्जा प्रदान करती है ताकि आप अपने मनचाहे लक्ष्य को प्राप्त कर सकें।

परन्तु प्रार्थना करते समय अपने चित्त को शान्त रखें। क्योंकि प्रार्थना की शक्ति आपके अन्दर असीमित आत्मबल का निर्माण करेगी, फिर आप अपने अमीर बनने के लक्ष्य में सफल हो जाएंगे।

क्योंकि किसी शायर ने कहा है:–

सफलता उसी को मिलती है, जो ढूंढने निकलता है।
लेकिन अमीर वही बनता है, जो प्रार्थना ईश्वर की करता है॥

इस दुनिया में हर कोई अमीर बन सकता है।
क्योंकि एक आइडिया आपकी किस्मत बदल सकता है।।

यह बात दुनिया के हर उस व्यक्ति पर लागू होती है, जो अमीर बनने के सपने देखता है। इसे विस्तार से समझाने के लिए मैं आपको अपने बचपन की एक घटना सुनाता हूँ। जब मैं छोटा था, तब मेरी माँ मुझे **'श्रीमद्भागवत गीता'** पढ़कर सुनाती थीं ताकि मुझे सद्बुद्धि मिल सके-? क्योंकि मैं बचपन में बहुत शैतान और खुरापाती किस्म का बच्चा था। जिसकी वजह से मैं घर में कम टिक पाता था और यार-दोस्तों के साथ बाहर ज्यादा खेलता था।

उस समय घर में मनोरंजन के साधन कम हुआ करते थे, इसलिए मुझे घर में बैठना अच्छा नहीं लगता था। लेकिन मेरी माँ ने इसका भी समाधान ढूंढ लिया था।

वह जब फुर्सत में होती थीं, तब मुझे अपने पास बिठा लेती थीं और गीता पढ़कर सुनाने लगती थीं। क्योंकि गीता सुनना मुझे अच्छा लगता था।

एक दिन वह मुझे गीता के श्लोक **'कर्मण्येवाधिकारस्ते मा फलेषुकदाचन'** का अर्थ समझा रही थीं कि भगवान् कृष्ण ने कहा है, **"मनुष्य को अपना कर्म करते रहना चाहिए, लेकिन उसके फल की प्राप्ति की इच्छा नहीं रखनी चाहिए, तभी मनुष्य वीर और पराक्रमी बन सकता है-?"** तब मेरे जहन में यह बात नहीं उतर पायी थी और मैं अपनी माँ से उलटा प्रश्न कर बैठा, **"यदि गीता में लिखी यह बात सही है तो फिर युधिष्ठिर, भीम और अर्जुन जैसे कठोर परिश्रमी हस्तिनापुर के राजा क्यों नहीं बनें-? जबकि कुबुद्धि दुर्योधन राजा बन गया था-?"** इस बात का मेरी माँ के पास कोई उत्तर नहीं था-? क्योंकि वह दुर्योधन का एक आइडिया था, जिसकी वजह से महापराक्रमी, बुद्धिशाली पांडव चौदह सालों तक जंगलों में भटकते रहे और दर-दर की ठोकरे खाते रहे।

ठीक वैसा ही एक आइडिया आपको अपने दिमाग में लाना है। क्योंकि आइडिया आपके सोचने की प्रक्रिया को प्रभावित करता है। फिर सोचने की प्रक्रिया और जीवन के अनुभव आपकी स्मृति का निर्माण करते हैं, जो मानव सॉफ्टवेयर की तरह काम करते हैं।

आप सोचिए कि यदि एक सेब पेड़ से नीचे नहीं गिरता, तो क्या न्यूटन महान वैज्ञानिक बन पाते-? यदि पॉलिस्टर का निर्माण भारत में नहीं होता, तो क्या धीरूभाई अम्बानी विश्व के नं०1 अमीर बन पाते-? यदि इंग्लैंड में कोका-कोला नहीं बनता, तो क्या डॉ० जॉन पम्बरटोन उसके फाउंडर कहलाते-? यदि शाहरुख खान फिल्मों में एक्टिंग नहीं करते, तो क्या वह सुपरस्टार बन पाते-?

इन सब के पास एक आइडिया था, जिसने इन्हें अमीर बनाया है। इसलिए आपको कुछ नया सोचना है-? एक आइडिया दिमाग में लाना है-? लेकिन कैसे लाना है-? कैसे उसे अमल में लाना है-? यही सब बताने के लिए पुस्तक को लिखा गया है, ताकि आप भी इन लोगों की तरह अमीर बन सकें और कह सकें:-

किस्मत में नहीं लिखा था मेरा अमीर बनना।
लेकिन एक आइडिये ने मुझे अमीर बना दिया।।

-तरुण इन्जीनियर

लोग अमीर क्यों नहीं बन पाते?

2% लोग दूसरों की सफलता को देखकर अपना प्रोजेक्ट शुरू कर देते हैं, परन्तु उसे अमली जामा नहीं पहना पाते।

3% लोग रातों-रात अमीर बनने की योजना बनाते हैं और फिर अपराध की दुनिया में प्रवेश कर जाते हैं।

5% लोग पारिवारिक तरीकों को अपनाते हैं और अन्त में अपनी आकांक्षाओं को मारकर बैठ जाते हैं।

10% अपनी पिछली गलतियों को बार-बार दोहराते हैं, फिर प्रोजेक्ट ओवर बजट हो जाता है।

15% लोग प्रोजेक्ट शुरू करने के बाद सफलता और असफलता के बीच फंसकर रह जाते हैं।

20% लोग शुरू में मिली दो-तीन विफलताओं से निराश होकर हमेशा के लिए प्रोजेक्ट बन्द कर देते हैं।

45% लोग नये आइडिये पर रिस्क नहीं लेते, इसलिए उनका प्रोडक्ट उत्पादन होने तक पुराना हो जाता है?

लेखक के बारे में

तरुण इन्जीनियर विश्व के उन बिजनेस विचारकों में से एक हैं, जिन्हें सरकारी तथा कार्पोरेट सेक्टर की कम्पनियां अपने यहां नृतत्व वक्ता, प्रशिक्षक कोच और परामर्शदाता के रूप में आमंत्रित करती हैं।

इनका जन्म बिजनौर के एक छोटे से कस्बे किरतपुर में सन् 1960 में हुआ था और **'क्या आप अमीर बनना चाहते हैं?'** इनकी नवीनतम प्रस्तुति है, जिसे इन्होंने अपनी तीस सालों की रिसर्च के बाद लिखा है।

इस पुस्तक में **' अमीर बनने के विज्ञान'** को विस्तार से बताया गया है, जिसे जानने के बाद धीरुभाई अम्बानी विश्व के नं. 1 अमीर बनें।

कलम के धनी तरूण इन्जीनियर भारत के पहले लेखक हैं, जिन्हें देश के प्रिंट मीडिया ने 2008 में 'बिजनेस गुरु' की उपाधि से नवाजा था।

पेशे से इन्जीनियर होने के कारण ये अपना इम्पोर्ट-एक्सपोर्ट का बिजनेस भी बखूबी चला रहे हैं। लेकिन देश का ऐसा कोई भी न्यूज पेपर और मैग्जीन नहीं बचा है, जिसमें इनका इन्टरव्यू न छपा हो।

लेकिन जो भी लिखते है, युवा पीढ़ी की पसन्द को ध्यान में रखकर लिखते हैं, इसीलिए खूब बिकते हैं। तभी तो आज इनका नाम पूरे विश्व में मशहूर हो चुका है। तरुण इन्जीनियर अब तक देश-विदेश की कई मल्टीनेशन कम्पनियों के सीनियर स्टाफ को प्रशिक्षित कर चुके हैं और **'टाटा ग्रुप'**, **'बी.ई.एल.'**, **'बी.एच.ई.एल.'**, **'कॅल्ट्रॉन'**, **'होंडासिल कार'**, **'आई.जी.आई.एयरपोर्ट'**, **'एयर इंडिया'**, **'मारुति उद्योग'** और **'लेफार्ज इंडिया'** जैसी अनेक कम्पनियों के स्टाफ को नेतृत्व के गुर सिखा चुके हैं।

-प्रकाशक

अव्यवस्था के बीच सहजता खोजिए।
शोर-शराबे के बीच समन्वय खोजिए।
परेशानियों के बीच अवसर खोजिए।
फिर अपने लक्ष्य पर काम कीजिए
तब आपको सफलता अवश्य मिलेगी।
क्योंकि विश्व के जाने-माने वैज्ञानिक
अल्बर्ट आइंस्टीन ने कहा था
जिस तरह इन्जीनियर
नदी पर बाँध बनाते समय
आवश्यक्ता अनुसार पानी गिराकर
ऊर्जा पैदा करता है।
ठीक वैसे ही
अपने मन रूपी बाँध पर
आवश्यक्ता अनुसार
मेहनत का पसीना गिराकर
जुनून पैदा करो
फिर आप वही बन सकते हैं
जो आप बनना चाहते हैं।

विवरणिका

इतिहास गवाह है कि सदियों से

'अर्थशास्त्र' यानी '*STUDY OF POVERTY*' ने

गरीबों और जरूरतमंदों

को जन्म दिया है।

'औषधियों' यानी '*SCIENCE OF DISEASE*' ने

बीमारियों को जन्म दिया है।

'धर्म' यानी '*SCIENCE OF SIN*' ने

पाप करने वालों को जन्म दिया है।

लेकिन

'अमीर बनने का विज्ञान'

यानी '*SCIENCE OF BECOMING RICH*'

केवल उन्हीं लोगों को जन्म देगा

जो अमीर बनने की ख्वाहिश रखते हैं।

कैसे छूना है सफलता के आसमान को?

दुनिया में हर व्यक्ति का विकास जीवन के छह क्षेत्रों में होता है। **पहला स्वास्थ्य, दूसरा धन, तीसरा परिवार, चौथा समाज, पांचवां दिमाग और छठा आत्मा।**

इस विकास का अंतर आप आज और बीते कल के स्तर के बीच तुलना करने पर जान सकते हैं।

क्योंकि अच्छे स्वास्थ्य का स्तर आपको ऊर्जा देता है, धन का स्तर आपको सम्पन्न करता है, पारिवारिक खुशी का स्तर आपको जोश देता है, सामाजिक स्वीकृति का स्तर आपको बढ़ावा देता है, मानसिक विकास का स्तर आपको नयी सोच देता है और आत्मिक शुद्धता का स्तर आपको छल-फरेब से दूर रखता है।

इसलिए यदि आप इन सभी छह क्षेत्रों में विकास कर रहे हैं, तब समझिए की आप अमीर बनने की राह पर चल रहे हैं।

क्योंकि कुछ ऐसा ही हालिया रीलिज फ़िल्म **'स्लमडॉग मिलेनियर'** में दिखाया गया है। इस फ़िल्म में एक गरीब लड़के के करोड़पति बनने की कहानी है तथा फ़िल्म को **'गोल्डन ग्लोब ऑस्कर'** जैसे एवार्ड से नवाजा गया है।

लेकिन असली जिन्दगी में भी ऐसे बहुत से लोग हैं, जो गरीब परिवार में पैदा होने के बाद भी अमीर बनें!

परन्तु इन सबकी सफलता के पीछे एक आइडिया था, जिसने उन्हें अमीर बनाया। शायद यही वजह है कि एक मोबाइल कम्पनी के विज्ञापन में बार-बार दोहराया जाता है:-

'एक आइडिया जो बदल दे आपकी दुनिया'

इस विज्ञापन में कहे गए शब्दों को आप झुठला नहीं सकते। क्योंकि आइडिये के बल बूते पर ही भारतीय उद्यमियों ने देश का कायाकल्प किया है।

इसलिए अब आई.आई.एम. जैसे प्रतिष्ठित संस्थानों से निकलकर नवयुवक

सोशल नेटवर्किंग साइट खोल रहे हैं और उसके लिए उन्हें वेंचर कैपिटल से पैसा भी मिल रहा है।

कोई केले के चिप्स बनाने का धंधा खोल रहा है, कोई अगरबत्ती तथा अन्य पूजा की सामाग्री की मार्केटिंग का बीड़ा उठा रहा है, कोई आधुनिक ढंग से सब्जियां बेच रहा है। कोई भौतिक विज्ञान में पी.एच.डी. करने के बाद इंटरनेशनल प्रॉपर्टी राइट्स के क्षेत्र में हाथ आजमा रहा है, कोई इन्जीनियरिंग की पढ़ाई के बाद रोबोटिक कम्पनी खोल रहा है, तो कोई कचरा प्रबंधन या अस्पतालों से निकले कचरे की निकासी में उद्यम लगा रहा है।

लेकिन इन क्षेत्रों में इतनी संभावनाएं तभी पैदा हुई हैं, जब नए विचारों का विस्फोट हुआ।

एक पुरानी कहानी है, एक लकड़हारा था। वह रोज़ जंगल से लकड़ी काटकर बेचता था। वर्षों से वह यह काम करता आ रहा था।

एक दिन जंगल में एक साधू ने उससे कहा, **"तुम इतने दिनों से लकड़ी काट रहे हो, इससे तुम्हारा काम नहीं चलता होगा। यदि तुम थोड़ा और आगे बढ़ जाओगे, तब घने जंगल में तुम्हें लकड़ी के अलावा और भी बहुत कुछ मिलेगा।"**

लकड़हारा आगे गया, उसने देखा कि जंगल में बहुत से तांबे के टुकड़े पड़े हुए हैं। उसकी आँखे चौंधिया गयीं, उसने उन्हें बटोरा और बाजार ले गया फिर उसे काफी आमदनी हुई।

दूसरे दिन वह साधू के पास गया और बोला, **"बाबा! मुझे बहुत कुछ मिल गया है। अब मेरे पास पेट भरने के लिए काफी रुपए हैं।"**

बाबा ने कहा, **"ठीक है, तुम थोड़ा और भीतर जाओ।"**

वह और भीतर घने जंगल में गया, वहां उसने देखा कि चारों तरफ चांदी के टुकड़े पड़े हुए हैं। वह देखकर दंग रह गया। फिर उसने उन्हें बटोरा और शहर में बेच आया, जिससे उसे और अधिक रुपए मिल गए।

तीसरे दिन जब वह जंगल गया, तब बाबा ने फिर कहा, **"तुम और घने जंगल में जाओ।"**

वह बढ़ता गया। फिर उसे सोने और हीरे के टुकड़े मिले। उसने उन्हें बटोरा और शहर जाकर बेच आया। फिर वह अमीर हो गया। कुछ दिनों बाद वह जंगल गया, तब साधू लकड़हारे को कार से उतरते देखकर बोला, **"तुम वर्षों तक जंगल के किनारे लकड़ी बटोरते रहे, लेकिन तुम्हें धन नहीं मिला। परन्तु जब तुम घने जंगल में बढ़ने लगे, तब तुम्हें हीरे, जवाहरात प्राप्त हुए।"**

ठीक यही बात आपके जीवन पर भी लागू होती है। जो लोग जीवन के आस-पास घूमते रहते हैं, वे जीवन भर लकड़ियां बटोरते रह जाते हैं और जो लोग जीवन में प्रवेश करना जान लेते हैं, उन्हें हीरे, जवाहरात, रत्न मिलने शुरु हो जाते हैं। इसलिए महत्वपूर्ण यह नहीं कि अब तक आपने कितनी लकड़ियां बटोरी हैं? या कितने हीरे, जवाहरात बटोरे हैं? बल्कि महत्व इस बात का है कि अब तक आपने इन सब चीजों को बटोरने की कला सीखी है या नहीं? इस बात को ध्यान में रखते हुए किसी शायर ने कहा है:–

कोई भी आइडिया तभी कामयाब होता है।
जब इन्सान के अन्दर जुनून भरा होता है।।

इसलिए आप अपने दिमाग को खुला रखिए, क्योंकि अब आपको यह पुस्तक अमीर बनने का विज्ञान बताने जा रही है, परन्तु इस विज्ञान को समझने के लिए आपको पुस्तक ध्यान से पढ़नी होगी।

■

"सौ साल तक गरीबी का जीवन जीने से अच्छा है कि आप इस किताब को पढ़कर सिर्फ पचास साल का अमीरी का जीवन जिएं, ताकि मरते समय आप कह सकें कि मैंने छोटी-सी जिन्दगी में सारे सुख भोगे हैं, अब मेरी कोई अन्तिम इच्छा नहीं है।"

अमीर बनने की शुरूआत हमेशा एक सपने से होती है

अब तक जो तुमने सोचा है, वह सब जाना-पहचाना था।
किसी नए आइडिये से, उस काम को आगे बढ़ाना था।।
इसलिए कुछ नया करो, जीवन में थोड़ा आगे बढ़ो।
पुरानी यादें ताज़ा करो, ध्यान से पुस्तक को पढ़ो।।

क्योंकि यह पुस्तक आपके अमीर बनने का माध्यम बन सकती है। ठीक वैसे ही जैसे जल की एक बूंद आगे चलकर सागर का रूप धारण कर लेती है।

परन्तु इसके लिए आपको अपने जीवन का एक लक्ष्य बंनाना होगा। और यह तय करना होगा कि आपको कितना अमीर बनना है।

फिर इस पुस्तक को पढ़ने के बाद आप अपने आपको उतना ही अमीर समझने लगेंगे, जितना कि आपने सोचा था।

विश्व के तमाम वैज्ञानिकों का भी यही मानना है कि, **'जैसा मनुष्य सोचता है, वह वैसा ही बन जाता है।'** इसलिए आपको सबसे पहले अपनी सोच को विकसित करना है।

क्योंकि आपके सोचने का तरीका, आपकी भावनाओं को प्रभावित करने में महत्वपूर्ण भूमिका अदा करता है। फिर सोच स्मृति का सृजन करती है और स्मृति मनोवृत्ति का निर्माण करती है, जो अन्त में सफलता की ऊंचाई को निर्धारित करती है। क्योंकि सोच मानव स्मृति के सृजन की जननी है।

आप जो कुछ भी हैं, वह अब तक की आपकी सोच का परिणाम है। फिर जिन शब्दों को आप सोचते हैं, वे आपके जीवन का निर्माण करते हैं।

लेकिन आपके चलने, बोलने, पहनने और खुद को पेश करने का तरीका

आपकी सोच को दर्शाता है। इसलिए आप जैसे अंदर हैं, वैसे ही बाहर दिखाई देते हैं। क्योंकि आप अपने विचारों के निर्माता हैं, आप जैसा बनने की सोचते हैं आप वैसे ही बन जाते हैं।

यानी जैसी आपकी सोच होगी, आप वैसे ही कार्य करेंगे और जैसे आपके कार्य होंगे वैसी ही सफलता आपको मिलेगी।

बाइबिल भी यही बात कहती है, **'मनुष्य जैसा बीज बोता है, वैसी ही फसल काटता है।'** आपकी सकारात्मक सोच आपको सफलता की ओर ले जाती है। नकारात्मक सोच आपको असफलता की ओर ले जाती है। इसलिए आपको अपनी सोच को सकारात्मक रखना है और विचारों को शुद्ध रखना है।

क्योंकि सोच पहले बनती है, वाणी बाद में निकलती है। फिर जो सोच में होगा, वही वाणी से निकलेगा और जो वाणी में होगा, वही व्यवहार बन जाएगा। परन्तु जो व्यवहार में होगा, वह आपकी आदत में शामिल हो जाएगा। इससे पता चलता है कि आपकी आदतें ही आपके चरित्र का निर्माण करती हैं।

अगर आप अमीर बनना चाहते हैं, तब आप सबसे पहले अपने अन्दर यह विचार पैदा कीजिए कि मुझे अमीर बनना है।

क्योंकि जब तक आप यह नहीं सोचेंगे, तब तक आप अन्दर से अमीर नहीं बन पाएंगे। परन्तु यह सब होगा आपके द्वारा लिए गए संकल्प से।

इसलिए आप आज ही अमीर बनने का संकल्प लीजिए और अपने दिमाग को नकारात्मक विचारों से मुक्त कीजिए, फिर अपने सामने गांधीजी के तीन बंदरों के साथ चौथा बंदर और रखिए, जो अपनी ऊंगली आपकी तरफ करके प्रेरणा दे कि नकारात्मक मत सोचो। फिर आपके मस्तिष्क से नकरात्मक विचार पूरी तरह से हट जाएगें, तब आप अमीर बनने की दौड़ में शामिल हो जाओगे।

क्योंकि आज पूरा विश्व अमीर बनने की दौड़ में शामिल हो चुका है। अब आपकी बारी है। लेकिन बहुत कम लोग ऐसे हैं, जो अमीर बनना चाहते हैं और जो अमीर बनना चाहते हैं, वह धीरुभाई अम्बानी की तरह बन जाते हैं।

एक पुरानी कहानी है, किसी पहलवान के घर में चोर घुस गया। घर में जब खट-पट हुई तब पहलवान की नींद टूट गई। उसने उठकर देखा कि घर में चोर है, तो उसने चोर को ललकारा। चोर जान बचाकर भागने लगा।

पहलवान ने चोर का पीछा किया। कुछ दूर दौड़ने के बाद पहलवान को लगा कि चोर दौड़ में उसे चुनौती दे रहा है। तब पहलवान ने पूरी ताकत से दौड़ लगाई और चोर से आगे निकल गया।

चोर पीछे रह गया फिर चोर ने राहत की सांस ली। क्योंकि वह अपने उद्देश्य में सफल हो गया था।

इसलिए दौड़ आपके लिए अनिवार्य है। परन्तु आपको पहलवान की तरह नहीं दौड़ना है, क्योंकि बिना लक्ष्य के दौड़ना हानिकारक है।

ओशो भी यही कहते हैं, **"जीवन प्रतिपल चुनौती है। जो उसे स्वीकार नहीं करता, वह जीते जी मर जाता है। जिस क्षण व्यक्ति जीवन की चुनौतियों को स्वीकारना बंद कर देता है, वह उसी क्षण मर जाता है।"**

यही जीवन का सच है, इसलिए चुनौती को सकारात्मक रुप में स्वीकार करना होगा। फिर आप भीड़ का हिस्सा नहीं होंगे, बल्कि भीड़ आपके पीछे होगी।

क्योंकि बिना उद्देश्य के दौड़ने वाले हकीकत में अनिश्चितता की स्थिति में होते हैं। अर्जुन भी कुछ ऐसी ही नकारात्मक मानसिकता से ग्रस्त था, तभी तो भगवान कृष्ण ने कहा था:-

उद्धारेद्आत्मानाऽऽत्मनंनात्मानम्अवसादयेत्।
आत्मैवह्यात्मनोबन्धुर्आत्मैवरिपुर्आत्मनः॥

इसका अर्थ है कि मनुष्य को अपना उद्धार स्वयं करना है, परन्तु स्वयं को गिराना नहीं है। क्योंकि आप स्वयं ही अपने मित्र हैं और स्वयं ही अपने शत्रु हैं, लेकिन आपके लिए दोनों रास्ते खुले हैं, मित्रता के भी और शत्रुता के भी।

परन्तु बहुत कम लोग आपके मित्र होंगे, क्योंकि अधिकतर लोग नकारात्मक भाव में ज़ीते हैं। इसलिए बाहरी सभी आकर्षणों का त्याग करो और अंतर्मुखी बनो। फिर अपने दिल में झांको और खुद अपना आत्मविश्लेषण करो।

क्योंकि आपके अन्दर क्षमताओं का भण्डार है। आप उन्हें विकसित करो और उनके अनुसार लक्ष्य का निर्धारण करो।

भीड़ के साथ क्यों दौड़ते हो? अपनी क्षमताओं के आधार पर अपने लिए रास्ता बनाओ। तब आपकी सारी ऊर्जा कर्म में परिवर्तित हो जाएगी और लक्ष्य तक पहुँचना आसान हो जाएगा। फिर प्रतिस्पर्धा आपके अन्दर आत्मविश्वास का संचार करना शुरु कर देगी।

ठीक वैसे ही जैसे कि लुई ब्रेल के अन्दर हुई थी। लुई बचपन में एक दुर्घटना में अपनी आंखें गंवा बैठे थे। गांव के पादरी लुई के पिता के मित्र थे। उन्होंने धैर्य नहीं खोया और खुद ही धीरे-धीरे स्पर्श के माध्यम से लुई ब्रेल को वस्तुओं तथा ध्वनियों के माध्यम से प्राणियों की आवाजों के अंतर को पहचानना सिखाया।

लुई जब कुछ बड़े हुए तो उन्हें पेरिस में **'होए'** के विद्यालय में दाखिल करा दिया गया। उस समय दृष्टिहीनों के लिए सिर्फ वही एक स्कूल था। होए के विद्यालय में छात्रों को अक्षरों की सामान्य आकृतियां किसी मोटे कागज़ पर उभार कर उन्हें उंगली के स्पर्श से पहचानना सिखाया जाता था।

लेकिन यह विधि सिर्फ सीखने के लिए थी, क्योंकि दृष्टिहीनों के लिए शिक्षा का आधार तब रटना था।

लुई जब कुछ बड़े हुए तो उसी स्कूल में उन्हें टीचर की नौकरी मिल गई, तब उनका मासिक वेतन मात्र 3 फ्रैंक था। इस वेतन से वे टीचर होकर भी छात्रों से अच्छी स्थिति में नहीं थे।

परन्तु उन्हें दृष्टिहीनों के लिए होए की विधि उपयोगी नहीं लगी। फिर उनके मन में एक नई लिपि के आविष्कार का सपना पैदा हो गया।

संयोग से उन्हीं दिनों उनके स्कूल में अंधेरे में लिखने की विधि का प्रदर्शन हुआ। इस विधि के निर्माता चार्ल्स बारबियर थे, जिन्होंने इस विधि का विकास उन सैनिकों के लिए किया था, जो अंधेरी रात में भी संदेश छूकर पढ़ सकें।

उस लेक्चर को सुनते ही लुई के सामने सम्पूर्ण लिपि के निर्माण का मार्ग खुल गया। लुई ने **'होए'** तथा **'बारबियर'** की विधियों के सैद्धांतिक अंतर को समझा, फिर वह अपने स्कूल के हॉस्टल में रात में मोटे कागज पर बिन्दुओं से अक्षर बनाते और दिन में अपने मित्रों से उनकी पहचान करवाते।

इस विधि से लुई ने बहुत जल्दी फ्रांसीसी भाषा की वर्णमाला, विराम चिह्न तथा गणित की व्यवस्था को पढ़ने-लिखने वाली लिपि विकसित कर ली।

उन्होंने संगीत की स्वर लिपियों पर भी वर्षों तक योजनाबद्ध ढंग से कार्य किया। इस तरह उन्होंने अपना काम सन् 1825 तक पूरा कर लिया था, फिर ब्रेल लिपि की उनकी पहली पुस्तक **'वर्णमाला एवं विराम चिह्न'** के विस्तृत विवरण के साथ सन् 1829 में प्रकाशित हो गई।

कौन जानता था कि कभी लुई ब्रेल जैसा सामान्य और दृष्टिहीन व्यक्ति इतिहास पुरुष होगा।

इसलिए श्रीमद्भागवत गीता में लिखा है, **"कर्म करो, फल की इच्छा मत करो।"** क्योंकि जब आप कर्म करेगें, तो फल आपको अवश्य मिलेगा।

जैसे कि शेक्सपियर को मिला था। क्योंकि शेक्सपियर जब बहुत छोटे थे, तब उनके पिता का देहांत हो गया था। फिर कम उम्र में शेक्सपियर के कंधों पर पूरे परिवार की जिम्मेदारी आ गई थी। तब शेक्सपीयर यह सोचकर उदास हो जाते थे कि घर का खर्च कैसे चलेगा?

जब कुछ समझ में नहीं आता था तो वह पढ़ने बैठ जाते थे, लेकिन एक दिन बाइबिल पढ़ते समय उनकी निगाह एक पंक्ति पर पड़ी, **"कोई काम छोटा या बड़ा नहीं होता। जो दायित्व मिले, उसे पूरी निष्ठा और ईमानदारी से करो। सफलता तुम्हारे कदम चूमेगी। क्योंकि कठिन परिश्रम ही सफलता का द्वार है।"**

इस वाक्य से उन्हें काफी शक्ति मिली और फिर उन्होंने भागदौड़ करके एक नाटक कम्पनी में घोड़ों की देखभाल का काम संभाल लिया। परन्तु काम के साथ-साथ शेक्सपियर समय मिलने पर पुस्तकें भी पढ़ते रहते थे।

एक दिन एक नाटक कम्पनी के मालिक ने जब शेक्सपियर को पुस्तक पढ़ते हुए देखा, तब वह समझ गया कि शेक्सपियर की पढ़ने में बहुत रुचि है।

शेक्सपियर की नाटक देखने में भी बहुत रुचि थी। फिर नाटक कम्पनी के मालिक ने शेक्सपियर को नाटकों की पांडुलिपियों के अंशों को साफ-साफ लिखने का काम सौंप दिया। धीरे-धीरे नाटकों के अंशों को लिखते-लिखते शेक्सपियर ने भी नाटक लिखने का प्रयास शुरू कर दिया।

एक दिन शेक्सपियर ने अपनी डायरी नाटक कम्पनी के मालिक को दिखाई, तब उन्होंने शेक्सपियर की पीठ थपथपाते हुए कहा, **"तुम बहुत अच्छा लिखते हो, इस नाटक को पूरा करो। यदि यह अच्छा होगा, तो हमारी नाटक कम्पनी इसे मंच पर प्रस्तुत करेगी।"**

शेक्सपियर का लिखा वह नाटक **'लव्स लेबर्स लास्ट'** दर्शकों द्वारा इतना अधिक पसंद किया गया कि उनके लेखन की चारों तरफ प्रशंसा होने लगी। इसके बाद शेक्सपियर कठिन परिश्रम और अपनी प्रतिभा के बल पर अंग्रेज़ी के सर्वश्रेष्ठ साहित्यकारों में गिने जाने लगे। फिर उनके परिश्रम और लगन ने उन्हें वह सब दिला दिया, जिसकी उन्होंने उम्मीद भी नहीं की थी।

इसलिए आपको अपने लक्ष्य को पहचानना है, क्योंकि बाइबिल कहती है, **"खुद से मार्ग पूछो और लक्ष्य की ओर बढ़ चलो।"**

गीता में भी यही लिखा है, **"सभी लोगों का कर्म और लक्ष्य निर्धारित हैं, लेकिन उसकी प्राप्ति का आपको निरंतर प्रयास करते रहना होगा।"**

परन्तु लक्ष्य ऐसा हो, जो ईश्वर को पसंद हो, फिर उस कार्य को करने से व्यक्ति को सफलता मिलती है। क्योंकि अर्थवेद में लिखा है, **"आप परमात्मा की आज्ञा के अनुकूल कर्म करें, प्रतिकूल नहीं और सभी प्रकार से सामर्थ्यवान बनें, जिससे आप अपने लक्ष्य की प्राप्ति कर सकें।"**

इन सब बातों से पता चलता है कि ईश्वर उन्हीं लोगों की सहायता करता है, जो अपने अनुकूल अपना लक्ष्य निर्धारित करते हैं। शायद इसीलिए आध्यात्मिक कवि रविन्द्रनाथ टैगोर ने अपनी चर्चित पुस्तक **"गीतांजलि"** के पहले गीत में लिखा है:-

तोमारि इच्छा करो हे पूर्ण।
आमार जीबन माझे।।

यानी मेरे जीवन के द्वारा तुम अपनी इच्छा की पूर्ति करो। परन्तु बाइबिल कहती है, "एक श्रेष्ठ व्यक्ति के चरण ईश्वर द्वारा निर्धारित मार्ग पर ही चलते हैं।"

शायद इसीलिए कुछ विचारकों ने वर्तमान के क्षण को महत्वपूर्ण माना है। क्योंकि भूतकाल भूत बन जाता है और भविष्य का कोई ठिकाना नहीं होता। फिर जो करना है इसी क्षण करना है।

कल पर छोड़कर अपने काम, समय को न बर्बाद करो।
कल के काम आज करो, फिर दुनिया पर राज करो ॥

कहने का अर्थ है कि आपको तुरन्त अपने लक्ष्य की ओर अग्रसर होना है, क्योंकि समय किसी की प्रतीक्षा नहीं करता।

इतिहास साक्षी है, जिन्होंने ईश्वर का साथ लिया, वह अपने लक्ष्य में हमेशा सफल हुआ है। बाबर जब राणा सांगा से युद्ध में बार-बार पराजित हो रहा था, तब उसने खुदा से विनती की, **"मुझे इस युद्ध में विजय दिलाओ, फिर मैं पूरी तरह से धार्मिक और सदाचारी बन जाऊंगा।"**

फिर सफल होने के बाद उसने सोने-चांदी से बने शराब के सारे प्याले तोड़ दिए थे। कुछ ऐसा ही बाबर ने पहले भी किया था, जब उसका पुत्र हुमायूं मृत्यु शय्या पर लेटा था, तब उसने शय्या की परिक्रमा करके खुदा से प्रार्थना की थी कि पुत्र के बदले मेरे प्राण ले लो। फिर ऐसा ही हुआ। बाबर बीमार हो गया और उसकी मृत्यु हो गयी, परन्तु हुमायूं जीवित रहा।

प्रसिद्ध वैज्ञानिक एडिसन बिजली के बल्ब के निमार्ण में हजारों बार असफल हुए, तब दूसरे वैज्ञानिक उनकी कोशिशों पर उनकी खिल्ली उड़ाते थे, परन्तु एडिसन ने अपना प्रयोग जारी रखा और अन्त में उन्हें सफलता मिली। आज पूरा विश्व उनके अविष्कार से जगमगा रहा है। इसलिए आप हिम्मत मत हारिए।

अपने लक्ष्य पर ध्यान दीजिए। क्योंकि यह पुस्तक आपको **'अमीर बनने का विज्ञान'** सिखाने जा रही है, जिसके द्वारा दुनिया के करोड़ों लोग अमीर बन चुके हैं, अब आपकी बारी है। लेकिन इस विज्ञान को समझने के लिए आपको अपने दिमाग के सारे दरवाजे खुले रखने हैं ताकि आप हवा के उन झोंकों का अहसास कर सकें, जो आपको अमीरी के आसमान में ले जाने के लिए बेसब्री से इन्तजार कर रहे हैं...!!!

आपका अपना

—तरुण इन्जीनियर

301, थर्ड फ्लोर, राजकमल सदन,
कम्यूनिटी सेन्टर, प्रीत विहार,
नई दिल्ली-110092 (इण्डिया)
e-mail: tarunengineer2003@yahoo.com

सारी दुनिया आज
पैसे के पीछे भाग रही है।
क्योंकि जब से पैसे का आविष्कार हुआ है
तब से मनुष्य का महत्व और बढ़ गया है।
इसलिए पैसा अब
ईमानदारी से बड़ा हो गया है!
वफादारी से बड़ा हो गया है!
योग्यता से बड़ा हो गया है!
देश भक्ति से बड़ा हो गया है!
इंसान से बड़ा हो गया है!
समाज से बड़ा हो गया है!
परन्तु यह
आप पर निर्भर करता है
कि आप किस उद्देश्य के लिए
पैसा कमाना चाहते हैं?
लेकिन यह सच है कि अमीर
बनने के लिए पैसे की जरूरत होती है–!

क्या आपके अन्दर अमीर बनने के गुण हैं?

इस अनोखी पुस्तक को पढ़ने से पहले यह जानना जरूरी है कि आपके अन्दर अमीर बनने के गुण हैं या नहीं?

क्योंकि यह पुस्तक सिर्फ उन लोगों के लिए लिखी गयी है, जिनके अन्दर अमीर बनने के गुण तो हैं, परन्तु उन्हें अपना लक्ष्य प्राप्त करने के लिए सही मार्गदर्शन की आवश्यकता है।

इसलिए आप सबसे पहले अपने आपको परखें और नीचे लिखे प्रश्नों के उत्तर के सामने (✓) सही का निशान लगाएं, फिर आप खुद ही जान जाएंगे कि आप अमीर बन सकते हैं या नहीं?

1. क्या आप इन तीनों वस्तुओं को प्राप्त करने की कोशिश करते हैं?
   ज्ञान, गुण और लक्ष्य। हाँ ☐
2. क्या आप इन तीन शत्रुओं से सदा दूर रहते हैं?
   कृतघ्नता, क्रूरता और अहंकार। हाँ ☐
3. क्या आप इन तीन बातों पर हमेशा ध्यान देते हैं?
   मित्तव्यता, परिश्रम और तत्परता। हाँ ☐
4. क्या आप सदा इन बातों का अनुकरण करते हैं?
   बुद्धिमान, गुणवान और ज्ञानवान। हाँ ☐
5. क्या आप इन तीन चीजों का खुलकर प्रयोग करते हैं?
   उचित प्रशंसा, यथा योग्य दान और दुःखी को सांत्वना। हाँ ☐
6. क्या आप इन तीन आचरणों को अपने जीवन में ढालने का प्रयत्न करते हैं?
   विनम्रता, साहस और प्रेम। हाँ ☐
7. क्या आप इन तीन बातों को दिल की बजाए दिमाग से काबू करते हैं?
   व्यवहार, स्वभाव और क्रोध। हाँ ☐

8. क्या आप इन तीन चीजों को छोड़ने से पहले खूब विचार करते हैं?
तीर कमान से, शब्द जुबान से और अवसर हाथ से। हाँ ☐

9. क्या आप इन तीन चीजों को भरपूर जीते हैं?
जवानी, जीवन और मस्तिष्क शक्ति। हाँ ☐

10. क्या आप इन चीजों से हमेशा बचते हैं?
शत्रु, कर्ज और बीमारी। हाँ ☐

11. क्या आप इन तीन बातों से हमेशा बचते हैं?
जर, जोरू और जमीन। हाँ ☐

12. क्या आप इन तीन चीजों को जीवन में सदा याद रखते हैं?
सच्चाई, कर्त्तव्य और मृत्यु। हाँ ☐

13. क्या आप इन तीन बातों से बचते हैं?
बदचलनी, क्रोध और लालच। हाँ ☐

14. क्या आप इन तीन बातों को अपने जीवन में बढ़ाते हैं?
विद्या, चरित्र और योग्यता। हाँ ☐

15. क्या आप इन तीन लोगों का सहारा लेना पसंद करते हैं?
मित्र, भाई और स्त्री। हाँ ☐

16. क्या आप इन तीन चीजों की कद्र करते हैं?
माता-पिता, जीवन और यौवन। हाँ ☐

17. क्या आप इन तीन बातों पर अपना मन लगाते हैं?
ईश्वर, मेहनत और सेवा। हाँ ☐

18. क्या आप इन तीन बातों को कभी भूलते हैं?
फर्ज, कर्ज और मर्ज। हाँ ☐

19. क्या आप इन तीन लोगों पर दया करते हैं?
बालक, भूखे और पागल। हाँ ☐

अब आप अपना परिणाम जान लीजिए:–

यदि आपके 10 से कम जवाब **'हाँ'** में हैं, तो इसका मतलब है कि आप हमेशा नकारात्मक तरीके से सोचते हैं और हमेशा तनाव में रहते हैं। इसलिए आपको अमीर बनने के लिए कड़ी मेहनत करनी होगी तथा पुस्तक को ध्यान से पढ़ना होगा।

यदि आपके 15 से कम जवाब **'हाँ'** में हैं, तब आपकी सोच-विचार करने की स्थिति मीडियम है यानी आप न तो बहुत अधिक नकारात्मक सोचते हैं और न ही बहुत अधिक सकारात्मक, तथा आप अपने विचारों को परिस्थिति और माहौल को देखकर बदलने के लिए तैयार रहते हैं। लेकिन आपकी जिन्दगी में कोई विशेष तेजी, उल्लास या उत्तेजना नहीं है, और आप अपनी क्षमता को पहचान नहीं पाते।

इसलिए आपको भी पुस्तक को बहुत ध्यान से पढ़ना होगा, तभी आप अपने अन्दर अमीर बनने का जज़्बा पैदा कर पाएंगे।

यदि आपके 15 से अधिक ज़वाब **'हाँ'** में हैं, तो आपके सोचने का तरीका बहुत ज्यादा सकारात्मक है और आप पुस्तक को पढ़ने के बाद ही अमीर बनने का विज्ञान समझ सकते हैं तथा बहुत कम समय में अमीर बन सकते हैं।

क्योंकि यह सोच को परखने का वैज्ञानिक तरीका है, जिसके माध्यम से आप अपने आपको स्वयं परख सकते हैं और उसी के आधार पर इस पुस्तक से लाभ उठा सकते हैं। परन्तु पुस्तक का अगला अध्याय पढ़ने से पहले इस कहानी को ध्यान से पढ़ें।

विचारों से धन कमाया जा सकता है लेकिन धन से विचार नहीं खरीदे जा सकते। क्योंकि विचार समुद्र की लहरों की तरह होते हैं जो सिर्फ चट्टानों से टकराते हैं!

एक राजा था, वह घूमने के लिए अकेला जंगल की तरफ निकल गया। परन्तु कुछ किलोमीटर चलने के बाद वह रास्ता भटक गया। क्योंकि चारों तरफ दूर-दूर तक घने जंगल थे और कोई राहगीर भी आता-जाता दिखाई नहीं दे रहा था।

कुछ देर में घबराहट और भूख-प्यास ने उसे घेर लिया । वह कुछ दूर चलकर एक झोपड़ी के पास पहुँचा, तो झोपड़ी में रहने वाले आदिवासी ने राजा को प्यार से खाना खिलाया।

राजा खाना खाकर खुश हो गया फिर आदिवासी से बोला, **"मैं इस राज्य का राजा हूँ, तुम्हारी सज्जनता और सेवा से प्रभावित होकर अपने राज्य का चंदन बाग तुम्हें उपहार में देता हूँ, तुम उसमें लगे पेड़ों को बेचकर खूब धन कमा सकते हो। अब तुम मेरे साथ राजमहल चलो, मेरा मंत्री तुम्हें चन्दन का बाग सौंप देगा।"**

आदिवासी राजा के साथ चल पड़ा, राजमहल पहुँचते ही राजा के मंत्री ने आदिवासी को चन्दन का बाग सौंप दिया। बाग में पहुँचते ही आदिवासी खुश हो गया। लेकिन चन्दन का क्या महत्व है और उससे किस प्रकार लाभ उठाया जा सकता है, इस बात का उसे पता नहीं था।

इसीलिए वह चन्दन के पेड़ों को काटकर उसका कोयला बनाने लगा। फिर जब बैलगाड़ी में भरने लायक हो जाता, तब उसे पास के शहर में बेच आता था।

इस तरह से उसका गुज़ारा आराम से हो जाता था। कुछ ही दिनों में बाग के सारे पेड़ खत्म होने लगे। लेकिन जब आखिरी पेड़ बचा, तब बारिश शुरु हो गयी। जिसकी वजह से उसे पेड़ को जलाकर वह कोयला नहीं बना सका।

तब उसने सोचा, क्यों नहीं लकड़ी को काटकर बेचा जाए। इतना सोचते ही उसने पेड़ की एक डाल काटी और उसके टुकड़े करके गठ्ठर बनाए, फिर बारिश में ही उसे बेचने के लिए शहर की ओर चल पड़ा।

जब शहर पहुँचा, तो चन्दन की खुशबू से लोग पास आने लगे और कोयले से भी अधिक पैसों में उन लकड़ियों को खरीदने लगे।

फिर एक सेठ आया और चन्दन की एक लकड़ी को सूँघते हुए बोला, **"जानते हो ये चन्दन की लकड़ी है, जो बहुत मूल्यवान होती है। यदि तुम्हारे पास ऐसी और लकड़ियाँ हों, तब मैं उन्हें मुँह माँगे दामों में खरीद सकता हूँ। फिर तुम मुझसे भी अधिक अमीर बन जाओगे!"**

सेठ की बात सुनकर आदिवासी चौंक गया और अपनी नासमझी पर आंसू बहाने लगा। सेठ ने उसे सांत्वना देते हुए कहा, **"तुम रो क्यों रहे हो?"**

आदिवासी अपने आंसू पोंछते हुए बोला, **"मैं नहीं जानता था कि ये चन्दन है, इसलिए मैंने सारे पेड़ों का कोयला बनाकर बेच दिया, अब मेरे पास सिर्फ एक पेड़ बचा है। उसी पेड़ की एक डाल काटकर मैं शहर में लकड़ी बेचने आया था।"**

सेठ ने उसे समझाते हुए कहा, **"पछताने से कुछ नहीं होगा। यह सारी दुनिया तुम्हारी ही तरह नासमझ है। तुम्हारे पास अब भी एक पेड़ बचा है, यदि तुम उसका मूल्य समझलोगे, तब भी तुम अमीर बन सकते हो।"**

इस कहानी से आपको प्रेरणा लेनी है और अमीर बनने के लिए नीचे लिखे सिद्धांतों का पालन करना है:-

1. **जिस व्यापार को आपने चुना है उसका गहराई से अध्यन करें!**
2. **प्रोडक्ट के बारे में अधिक जानकारी प्राप्त करें।**
3. **प्रोडक्ट को महँगा बेचने के उपाए सोचें।**
4. **प्रोडक्ट को ब्रांड बना कर बेचें।**
5. **प्रोडक्ट को सही व्यक्ति तक पहुंचाने की कोशिश करें।**

यदि आप ऐसा करते हैं, तब आप आदिवासी की तरह आँसू नहीं बहाएंगे। क्योंकि सफलता के शिखर पर पहुँचना आपका लक्ष्य है ताकि आप अमीर बन सकें। इस पुस्तक के आपके हाथ में आने से आपके अमीर बनने की संभावना और अधिक बढ़ गयी है। इसलिए पुस्तक का पेज पलटिए और प्रवेश कीजिए अमीर बनने के विज्ञान में, जिसे अमल में लाने के बाद आप अवश्य अमीर बन जाएंगे।

यह हमारा दावा नहीं, विश्वास है। अगर आपको हमारी बात पर विश्वास नहीं है, तब आप खुद ही पढ़कर देख लीजिए। ■

"चिन्ता और चिन्तन एक सिक्के के दो पहलू हैं। चिन्ता आदमी को मौत के मुंह में पहुंचा देती है, जबकि चिन्तन मनुष्य को महान बना देता है। लेकिन यह आप पर निर्भर करता है कि आप चिन्ता करना चाहते हैं या चिन्तन?"

क्या है अमीर बनने का विज्ञान?

आज मैं आपको **'अमीर बनने का विज्ञान'** यानी **'SCIENCE OF BECOMING RICH'** के बारे में बताने जा रहा हूँ, जिसको जानने के बाद हाईस्कूल पास धीरुभाई अम्बानी विश्व के नम्बर वन अमीर बने।

जबकि कुछ लोगों का कहना है कि धीरुभाई अम्बानी धार्मिक प्रवृति के थे और रोज़ गीता पढ़ते थे, इसलिए वह अमीर बने।

इस बात में कितनी सच्चाई है, इसका तो पता नहीं, लेकिन इतना अवश्य जानता हूँ कि भगवान श्रीकृष्ण ने महाभारत के युद्ध के दौरान अर्जुन को जो उपदेश दिया था, वह आज आपके लिए अमीर बनने का सिद्धांत बन चुका है।

क्योंकि इस ग्रंथ में उन सभी महत्वपूर्ण बातों का उल्लेख किया है, जो मनुष्य के पुरुषार्थ यानी धर्म, कर्म, काम और मोक्ष को दिशा निर्देशित करता है। इसके साथ इसमें भक्ति की महत्ता का भी गुणगान किया गया है।

गीता में ईश्वर, जीव और प्रकृति के स्वरूप की व्याख्या जिस रूप में की गई है, उसे साधारण ज्ञान वाले व्यक्ति भी आसानी से समझ सकते हैं।

यही वजह है कि कुछ विद्वान इसे कर्म प्रधान धर्म ग्रन्थ मानते हैं, तो कुछ इसे **"अमीर बनने का विज्ञान"** बताते हैं।

क्योंकि इसमें दोनों तरह की बातों का समावेश किया गया है तथा **'जाकी रही भावना जैसी, प्रभु मूरत देखी तिन तैसी'** वाली बात इस महान धर्म ग्रंथ के हर श्लोक में दिखाई पड़ती है।

लेकिन यह सच है कि गीता में कर्म करने का हर उपदेश विश्व के हर व्यक्ति को अपनी ओर ख़ींचता है। क्योंकि यह जीवन हमारे किए गए कर्मों पर आधारित है, इसलिए कर्म करना हर मनुष्य का धर्म है और आपको सारी चिन्ताओं को त्यागकर अपने कर्म में लग जाना है। क्योंकि कर्म करने से ऊर्जा

मिलती है, फिर वही ऊर्जा आपकी समस्याओं और कामनाओं का समाधान करती है। तभी तो भगवान कृष्ण कहते हैं कि बिना कर्म किए कोई भी मनुष्य अपने जीवन से छुटकारा नहीं पा सकता। इसलिये गीता में लिखा है:-

न कर्मणामनारम्भानैष्कर्म्य पुरुषौश्नुते।
न च संन्यसनादेव सिद्धि समधिगच्छति॥

यानी कर्म को त्यागकर मनुष्य को कभी भी सफलता नहीं मिल सकती। क्योंकि लक्ष्य प्राप्ति के लिए कर्म एक साधना है और जो लोग इसे साधना मानकर अपनाते हैं, वे हमेशा सफल होते हैं।

विचार तरंग है।
विचार भाव है।
विचार प्रेरणा है।
विचार शक्ति है।
विचार जादू है।
और इन सबका
केन्द्र बिन्दु है
आपका मस्तिष्क
इसलिए आप
अपने मस्तिष्क पर
जोर डालिए और सोचिए
कि आपको कितना
अमीर बनना है?

इस सिद्धांत पर चलकर नोएडा में रहने वाले पंकज मित्तल आज करोड़पति बन चुके हैं। बरेली के एक साधारण परिवार में जन्में पंकज मित्तल के पिता रेलवे में नौकरी करते थे। पंकज ने 12वीं तक की शिक्षा बरेली में पूरी की, फिर इन्जीनियरिंग की प्रवेश परीक्षा पास की और इलाहाबाद से मैकेनिकल इन्जीनियर बनने के बाद वी.एक्स.एल. ग्रुप फरीदाबाद में केवल 950 रूपए मासिक में नौकरी की। दो साल काम करने के बाद वे एच.सी.एल. नोएडा में आ गए। तब वे 18-18 घंटे कड़ी मेहनत करते थे। एक दिन उनके दिमाग में आया कि इतनी मेहनत अगर अपने खुद के काम के लिए की जाए, तो मैं अमीर बन सकता हूँ।

फिर पैसा न होते हुए भी पंकज ने नौकरी छोड़ दी और एक मित्र के ज़रिए नोएडा सेक्टर-10 में एक छोटा-सा फैक्ट्री शेड किराए पर लिया। फिर उसमें **'वीओस्का मोलडिंग्स प्रॉइवेट लिमिटेड'** के नाम से कंपनी शुरू की, जहाँ वे ऑटो मोबाइल्स इंडस्ट्रीज़ के लिए प्लास्टिक पाट्र्स बनाने लगे।

उन्हें सफलता मिली और उनके बनाए पाट्र्स चल निकले। फिर पंकज ने सेक्टर-5 में 450 वर्गमीटर का प्लॉट खरीद लिया और इसी नाम से कम्पनी को विस्तार दे दिया। अब उनकी कम्पनी भारत की पहली कम्पनी बन चुकी है, जिसने प्लास्टिक इंडस्ट्री में विश्वस्तरीय कामयाबी हासिल की है।

परन्तु उनकी सफलता के पीछे समय का बड़ा महत्व रहा है। तभी तो पंकज मित्तल कहते हैं, **"जो समय को बर्बाद करता है, समय उसको बर्बाद कर देता है।"**

इसीलिए नेपोलियन समय का बहुत ध्यान रखते थे, सेना भी उनका अनुसरण करती थी। एक बार उनका मंत्री दस मिनट लेट आया। तब मंत्री ने कहा, **"मेरी घड़ी दस मिनट लेट है।"**

नेपोलियन ने गुस्से में कहा, "या तो तुम अपनी घड़ी बदल दो, नहीं तो मैं तुम्हें बदल दूंगा। क्योंकि कलाई में घड़ी बांधने पर भी यदि आप सही समय पर नहीं आ सकते, तब आपका घड़ी बांधना बेकार है।"

कुछ ऐसे ही अमेरिका के राष्ट्रपति कैल्विन कूलिज थे। जब उनकी पहली पारी समाप्त हो गयी, तब उनके दोस्तों ने उनसे कहा, **"आपकी लोकप्रियता कायम है, समाज में आपका बहुत प्रभाव है। आप फिर से चुनाव क्यों नहीं लड़ते?"**

अपने दोस्त की बात सुनकर कूलिज ने कहा, **"एक ही पारी में बहुत कुछ देख लिया है, अब राष्ट्रपति बने रहने में कोई फायदा नहीं है। सिर्फ खुद को धोखा देना है। अब मेरे पास बर्बाद करने के लिए और समय भी नहीं है।"**

इसीलिए कहा गया है कि, **'गया हुआ धन, खोया हुआ स्वास्थ्य, गंवाया हुआ राजपाट, हारी हुई कुर्सी, खोई हुई इज़्ज़त फिर से अर्जित हो सकती है, लेकिन बीता हुआ समय कभी वापस नहीं आ सकता।**

लोग कहते हैं
कि समय से पहले
और भाग्य से अधिक
कभी न किसी को
मिला है और न मिलेगा।
लेकिन मेरा कहना है
कि सिर्फ एक बार
समय के साथ
चलकर देखो फिर
भाग्य आपके कदमों में
पैसा बिछा देगा!

मुझे एक कहानी याद आती है, एक चित्रकार ने एक अजीब तरह की पेंटिंग बनाई, जिसमें युवक का चेहरा बालों से ढका हुआ था। पीछे का सिर सपाट था, लेकिन पैरों में पंख लगे हुए थे। उससे लोगों ने पूछा, **"यह कैसी पेंटिंग बनाई है? इसमें पता ही नहीं चल रहा कि यह युवक है या युवती।"**

तब चित्रकार बोला, **"यह पेंटिंग समय की है और समय मुंह ढककर आता है, फिर किसी को पता ही नहीं चलता कि कैसा समय है। इसलिए इसमें युवक का मुंह बालों से ढका हुआ है। क्योंकि जब समय बीतता है, तब ऐसी ही स्थिति होती है।"**

इस बात को छांदोग्य उपनिषद् में कुछ इस तरह से कहा गया है:–

यहा वै मनुत, अथ विजानाति। नामत्वा विजानाति। मत्वैव विजानाति।।
मातिस त्येव विजिज्ञासितत्येति। मतिं भगवो विजिज्ञासे इति।।

इसका अर्थ है कि किसी भी चीज को गहराई से जानने के लिए डुबकी लगाना जरूरी होता है, क्योंकि डुबकी लगाना ही मनन करना होता है।

यानी आप पहले किसी चीज को ऊपर से देखते हैं, तब वह सूचना का पहला स्तर होता है। फिर आप उसकी गहराई तक पहुँचने के लिए चिन्तन-मनन करते हैं और पाते हैं कि वह चीज कुछ विशेष है।

परन्तु कोई भी चीज विशेष तब बनती है, जब उसमें कुछ नयापन होता है। फिर ज्ञान उसे खोजकर बाहर लाता है। लेकिन इसके लिए आपको पहल करने की जरूरत होती है, और पहल किसी भी क्षेत्र में हो सकती है।

पाओलो कोएलो भी यही कहते हैं, **"आप जब दिल से कुछ करना चाहते हैं, तब सारा विश्व आपके सपने को सच करने के लिए प्रयास करने लगता है फिर आप उस काम में सफल हो जाते हैं।"**

लेकिन इसकी शुरुआत करने के लिए 5 बातों पर ध्यान देना जरूरी है:-

- **आपके जीवन का उद्देश्य क्या है?**
- **आप किस क्षेत्र में जाना चाहते हैं?**
- **कितनी ऊँचाई तक पहुँचना चाहते हैं?**
- **लक्ष्य कैसे प्राप्त करना है?**
- **कौन-सी परिस्थितियाँ हैं, जो राह में बाधा बन सकती हैं?**

फिर आप अपने प्रयास में कितना विश्वास रखते हैं, यह आपकी मेहनत और लगन पर निर्भर करता है। क्योंकि सफल वही होते हैं, जिनमें आत्मविश्वास होता है। इसलिए आत्मविश्वास पैदा करना जरूरी है। क्योंकि महान वैज्ञानिक आइंस्टीन ने अपने मस्तिष्क का केवल 15 प्रतिशत इस्तेमाल किया था।

परन्तु यह मस्तिष्क का दोष नहीं है, यह दोष आपका है और यह पूरी तरह से आप पर निर्भर करता है कि आप अपने मस्तिष्क की क्षमता का इस्तेमाल कितना करते हैं। क्योंकि आपका मस्तिष्क एक कम्पयूटर की तरह काम करता है, और उसमें अपने लक्ष्य के अनुसार सॉफ्टवेयर डालने होते हैं।

यदि आपको सफल बिजनेसमैन बनना है, तब आपको एक व्यवसायी जैसा सॉफ्टवेयर अपने मस्तिष्क में इंस्टॉल करना होगा। यदि आपको खिलाड़ी बनना है, तब एक खिलाड़ी का सॉफ्टवेयर लोड करना होगा। परन्तु सॉफ्टवेयर इंस्टाल करने से पहले लक्ष्य तय करना जरूरी है।

आपने बाल्मीकि का नाम जरूर सुना होगा। लेकिन आप यह नहीं जानते होंगे कि बाल्मीकि अपने शुरुआती जीवन में रत्नाकर डाकू के नाम से जाने जाते थे। तब उनका काम था राहगीरों को मारना, लूटना और उनसे पैसा छीनना।

एक बार देवर्षि नारद जंगल से गुजर रहे थे, तब बाल्मीकि ने उन्हें पकड़ लिया। नारद जी ने मुस्कुराते हुए पूछा, **"रत्नाकर! तुम यह लूटपाट और मार-काट क्यों करते हो?"**

रत्नाकर ने कहा, **"अपने परिवार का भरण-पोषण करने के लिए।"**

नारद जी ने फिर पूछा, **"जिनके लिए तुम यह सब कर रहे हो, क्या वे लोग पाप में तुम्हारे भागीदार बनेंगे?**

रत्नाकर सोच में पड़ गया और नारद जी को वहीं एक पेड़ से बांधकर घर वापस आ गया और अपने परिवार के लोगों से पूछा, **"मैं जो तुम लोगों का पेट पालने के लिए रोज मार-काट करके पाप करता हूँ, उसमें क्या तुम भी मेरे बराबर के भागीदार हो?"**

यह सुनकर सब एक स्वर में बोले, **"हम केवल तुम्हारे आश्रित हैं। तुम पाप करते हो, तो पाप के भागीदार तुम खुद हो, हम नहीं।"**

जब कोई विचार
आपकी आदत
बन जाता है
तब वह ब्रह्माण्ड
की शक्ति द्वारा संचालित
होने लगता है
फिर अवचेतन मस्तिष्क
उपलब्ध साधनों के द्वारा
उसे परिणाम तक
पहुँचा देता है!

परिवार के लोगों का उत्तर सुनकर रत्नाकर की आंखें खुल गईं। उसकी विचारधारा बदल गई, फिर नारदजी से दीक्षा लेकर तप करने लगा। तब उसके अन्दर अहिंसा का संचार हुआ और वह रत्नाकर डाकू से बाल्मीकि बन गया और उसके बाद उसने रामायण महाकाव्य लिखा।

यह विचारों की शक्ति थी। लेकिन वह इतनी प्रबल थी कि एक डाकू देवता बन गया। इसलिए विश्व के जाने-माने दार्शनिक प्रशांन्त योगी ने कहा है, **"आपके विचार आपके चरित्र का निर्माण करते हैं।"** और इस बात को सच करके दिखाया है रवि नारायण ने।

उसके पिता की 10 साल पहले जनपथ मार्केट में किताबों की दुकान थी। मेरा वहाँ बराबर आना-जाना रहता था। रवि ने मेरे साथ इलैक्ट्रीकल में इन्जीनियरिंग की थी, लेकिन उसके पिताजी के मरते ही उसकी दुकान बैठ गयी। फिर मैं जब भी उनकी दुकान पर जाता, तब वह उदास बैठा मिलता। दुकान में कुछ ही किताबें बची थीं। साहित्यिक पत्रिकाएं भी उसने मंगानी बंद कर दी थीं।

जब मैंने पूछा, तो उसने बताया कि अब लोगों की साहित्य के प्रति रूचि कम हो गई है। तुम्हारे जैसे खरीदार बहुत कम आते हैं और अधिकतर लोग सैक्स पर आधारित पुस्तकों की माँग करते हैं।

पहले मार्डन स्कूल के छात्र हमारे यहाँ से साहित्यिक पुस्तकें खरीदते थे, लेकिन अब स्कूलों ने नया चलन अपना लिया है, छात्र स्कूल की लाइब्रेरी में बैठ कर किताबें पढ़ लेते हैं। इसलिए अब दुकान पर बैठना अच्छा नहीं लगता।

लेकिन जब तीन महीने बाद उससे मिलने दुकान पर पहुंचा, तब मैंने पुरानी दुकान की जगह नई चमचमाती दुकान देखी।

दुकान के बाहर एक पहलवान का पुतला खड़ा था, जिसने सिर्फ टोपी पहनी थी। ऊपर निऑन बोर्ड लगा था, जिस पर लिखा था, **'मार्डन टोपी स्टोर'** मैंने सोचा कि शायद मैं गलत जगह पर आ गया हूँ।

मगर जगह वही थी। मैं सड़क पर खड़ा था, अचानक दुकान के अन्दर से आवाज आयी, **"इन्जीनियर साहब अन्दर आइए"!**

मैंने चाय पीते हुए रवि से पूछा, **"तुमने टोपियाँ बेचनी कब से शुरू कर दीं?"**

वह बोले, "हाँ! मैंने नए जमाने का शोरूम खोला है, क्योंकि हर आदमी टोपी पहनता है। पार्टी बदलने के बाद फिर टोपी खरीदने आता है। इसलिये हमारे यहाँ टोपियों की बहुत वैराइटी हैं, अन्दर चलो मैं तुम्हें दिखाता हूँ।"

जितना आप 15 सालों के अनुभव के बाद सीखते हैं उससे कहीं अधिक आपको इस पुस्तक को पढ़ने के बाद मिल जायेगा!

रवि मुझे दुकान के अन्दर ले गया, जहाँ बड़ी-बड़ी रैक्स थीं और हर रैक पर एक लेबल चिपका था। पहली रैक पर लिखा था, **"देश भक्त टोपी।"**

मैं देखकर चौंका, तो रवि ने बताया कि ये टोपी देशभक्तों के लिए है। फिर एक टोपी निकाल कर उसने दिखायी। जोकि लाल, पीले, काले, हरे और नीले रंगों में थी। रवि ने बताया कि इस टोपी को पहनने से नेताओं की सोई हुई देश भक्ति जाग जाती है।"

मैं आगे बढ़ा, अगली रैक पर लिखा था, **'गरम टोपी'**। रवि एक केसरिया रंग की टोपी निकालकर दिखाते हुए बोला, **"इसे हुल्लड़पंथी पहनते हैं, जिन्हें हो-हल्ला, तोड़फोड़, मारपीट और आगजनी करने का शौक होता है।"**

आगे की रैक पर लिखा था, **'नरमवादी टोपी।'** उसमें से एक सफेद टोपी निकालकर रवि बोला, **"इसे अहिंसक लोग पहनते हैं और हर जगह शांति-शांति चिल्लाते हुए शांति समितियां गठित करते हैं। इसलिए दंगों से पहले केसरिया और दंगों के बाद सफेद रंग की टोपियों की बिक्री अचानक बढ़ जाती है।"**

मैं सामने वाली रैक की तरफ बढ़ा, वहाँ लिखा था, **'हाज़मोला टोपी।'**

रवि ने बताया, **"ये टोपी पहन कर आदमी कुछ भी हज़म कर सकता है। लोहा, सीमेंट, पत्थर सब हज़म हो जाता है।"**

फिर इसी तरह आगे लिखा था, **"समाजवादी टोपी"**, **"साम्यवादी टोपी"** और **"नक्सलवादी टोपी"**।

बाहर आकर रवि ने बताया, **"समय के अनुसार इन टोपियों की बिक्री थोक में होती है। एक-दो पीस हम नहीं बेचते।"**

वह मुझे बता ही रहा था कि उसका मोबाइल बज उठा। मोबाइल पर टोपियों का ऑर्डर था। रवि मेरी तरफ देखते हुए बोला, **"परसों जन्तर-मन्तर पर धरना-प्रदर्शन का आयोजन है। डेढ़ हजार टोपियों का ऑर्डर मिला है"**। मैं मुस्कुराकर बोला, **"यार कमाल का बिजनेस आइडिया है तुम्हारा।"**

इतना कहकर मैं शोरूम से बाहर आ गया और सोचने लगा कि यदि रवि नारायण की तरह सब लोग अपने मस्तिष्क में ऐसे आइडिए ले आएं, तब पूरे विश्व के लोग अमीर बन सकते हैं।

योग्यता, आत्मविश्वास, साहस, सार्थक संवाद क्षमता, कठिन परिश्रम और काम के प्रति सम्पर्ण सफलता का सबसे प्रचलित फार्मूला है जिसके द्वारा दुनिया के करोड़ों लोग अमीर बन चुके हैं!

क्योंकि आपका एक आइडिया आपके व्यापार को सफल बना सकता हैं। आपका मस्तिष्क आइडियों का जन्मदाता है, फिर जब आप अपने दिल में उस आइडिए पर चलने की ठान लेते हैं, तब मंजिल तक पहुँचने में यह पुस्तक आपका मार्गदर्शन करने लगती है।

यह पुस्तक गुरुत्वाकर्षण के नियम पर काम करती है। हो सकता है आपको मेरी बात पर विश्वास न हो। लेकिन यह सच है कि आप अमीर बनने के विज्ञान को जानने के बाद सफलता की राह पर चलना शुरु कर देगें। क्योंकि चुम्बक लोहे को अपनी तरफ खींचती है, लकड़ी को नहीं। इसलिए आप अपने मन को ऐसी चुम्बक बनाइए, जो अमीरी को अपनी ओर आकर्षित करे। तभी तो कहा गया है, **"युद्ध में सैनिक नहीं लड़ता बल्कि उसमें भरा आत्मविश्वास लड़ता है।"**

जब जूलियस सीज़र अपनी सेना के साथ इंग्लैंड में थे, तब उन्होंने यह संकल्प लिया था कि वह अपनी सेना को हारकर भागने का कोई अवसर नहीं देंगे।

इसलिए उन्होंने अपनी हार को भांपकर, सैनिकों के सामने सारे जहाजों में आग लगा दी थी और कहा था, **"इंग्लैंड पर हमला करने का हमारा उद्देश्य यही था, या तो जंग जीतो, वर्ना मौत को गले लगाओ।"**

इससे पता चलता है कि जूलियस सीज़र में दृढ़ निर्णय लेने की आदत थी। और वह रास्ते में आई हर बाधा को दूर कर देते थे।

एक पुरानी कहानी है, एक राजा अपने मंत्रियों से बहुत असंतुष्ट था। उसे लगता था कि मंत्री उसकी बात नहीं सुनते। हर समय उसके खिलाफ षडयंत्र

रचते रहते हैं। लेकिन राजा के पास ऐसा कोई सबूत नहीं था कि वह मंत्रियों के खिलाफ कोई कार्रवाई करता।

धीरे-धीरे उसकी चिन्ता बढ़ने लगी, तब राजा अपने पुरोहित के पास गया। राज पुरोहित ने राजा की बात ध्यान से सुनी, फिर बोला, **"आपके विचार बहुत शक्तिशाली हैं। इसलिए आपके मन में आए विचार मंत्रियों तक पहुँच जाते हैं और जब आप उनके बारे में गलत सोचते हैं, तो वे विद्रोही हो जाते हैं।"**

राजा को विश्वास नहीं हुआ, उसने कहा, **"भला मन में सोची बात दूसरों तक कैसे पहुंच जाएंगी?"**

तब पुरोहित ने अपनी बात समझाने के लिए राजा से कहा, **"देखो राजन् सामने से एक व्यक्ति आ रहा रहा है और मैं चाहता हूँ कि आप उसके बारे में क्रोध और दुर्भावनापूर्ण बातें सोचो। फिर देखना उसकी क्या प्रतिक्रिया होती है?"**

असफलता का मतलब है सफलता मिलने में देरी होना। क्योंकि असफलता ही सफलता का मार्ग दिखाती है। लेकिन सफलता पाने के लिए जल्दबाज़ी करना असफलता को दावत देना है!

राजा ने वैसा ही किया। लेकिन जब वह व्यक्ति पास आया, तब पुरोहित उससे बोला, **"देखो भाई यह आदमी बाहर से आया है और अपने आप को राजा बता रहा है। देखकर तुम्हें क्या लगता है, क्या यह राजा है?"**

व्यक्ति बोला, **"शक्ल से तो गुण्डा लगता है, इसलिए मेरा दिल चाहता है कि मैं इसका सिर फोड़ दूँ।"**

राजा उस व्यक्ति की बात समझ गया और सोचने लगा कि इसने मेरे कुविचार पढ़ लिए हैं, तभी यह हिंसक प्रतिक्रिया व्यक्त कर रहा है।

इस बात से पता चलता है कि आपके क्रोध के द्वारा, दूसरों तक नकारात्मक तरंगें जाती हैं, फिर वे तरंगें लौटकर आप तक वापस आती हैं।

जबकि आप सोचते हैं कि किसी को इस बात का पता नहीं चलेगा कि आप क्या सोच रहे हैं। परन्तु आपके विचार ऐसी तरंगें पैदा करते हैं, जोकि सूक्ष्म स्तर पर दूसरों द्वारा पकड़ी जा सकती हैं। इसलिए आपको कुविचारों और क्रोध से बचने की कोशिश करनी जरूरी है।

उसके बाद भी यदि क्रोध आए, तब आप उसके दुष्परिणामों के बारे में सोचें। क्योंकि सोचने के ढंग से जीवन को दिशा मिलती है और दिशा विचारों को जन्म देती है।

आज आप जिस स्थिति में हैं, वह आपके विचारों का परिणाम है और भविष्य में आप कितना अमीर बनेंगे, यह आपकी मेहनत और लगन पर निर्भर करता है। क्योंकि किसी शायर ने कहा है:-

झूठ बोलता है पाप करता है, इसलिए मनुष्य गरीब रहता है।
मेहनत करता है त्याग करता है, तब वह अमीर बनता है।।

इसका अर्थ है कि मस्तिष्क में आने वाले विचार आपको ऊर्जा प्रदान करते हैं और फिर आप संभावनाओं का ताना-बना बुनते हैं। तब विचारों की प्रेरणा आपको दिशा देती है। इसलिए आप गहराई से अपने विचारों पर ग़ौर करें और यह देखें कि उनका स्तर क्या है? वह किस दिशा में काम कर रहे हैं?

क्योंकि आपके विचारों का आपके स्वास्थ्य से भी गहरा सम्बंध है। यदि आप सोचते हैं कि मुझे बुखार है। तब आपका शरीर उसी तरह की क्रियाएं करने लगता है और फिर आप हकीकत में बुखार से पीड़ित हो जाते हैं। तब आपके शरीर के अवयव आपके विचारों के अनुरूप व्यवहार करने लगते हैं। इस बात को समझाने के लिए मैं आपको एक कहानी सुनाता हूँ।

एक बिजनेसमैन था, वह जब भी मुझसे मिलता था, तब यही शिकायत करता था कि मेरा हाज़मा ठीक नहीं रहता, मुझे कब्ज़ रहता है। जबकि उसे ये बीमारियां नहीं थीं। लेकिन बार-बार ऐसी शिकायतें करते रहने से पेट में गैस और अपचन की बीमारी पैदा हो गयी।

यही कारण है कि कुछ डॉक्टर इस मनोवैज्ञानिक नियम का लाभ उठाते हैं और रोगी की आधी बीमारी अपनी उत्साहवर्धक बातों से ही दूर कर देते हैं।

डॉक्टर जब कहता है, कि आपका रोग ठीक हो जाएगा, चिन्ता की कोई बात नहीं, तब मरीज के चेहरे पर रौनक आ जाती है और उसमें एक आत्मविश्वास जाग जाता है। फिर वही आत्मविश्वास मरीज को रोग पर विजय पाने का साहस प्रदान करता है। उसके बाद से मरीज अपने आपको ठीक समझने लगता है।

यही कारण है कि दादी-नानी से बचपन में सुनी हुई भूत-प्रेत की मनगढ़ंत कहानियों का बच्चों के मस्तिष्क पर इतना गहरा असर पड़ता है कि बच्चा बड़ा होने पर भी भूत-प्रेत के भय से मुक्त नहीं हो पाता। छोटी-छोटी बातों को लेकर वह आतंकित और भयभीत रहता है। अंधेरे में या सुनसान जगह पर जाने से उसे डर लगता है।

इसलिए आपको अपनी चिन्तन प्रक्रिया पर विशेष ध्यान देना है। क्योंकि जब आप संकल्प लेते हैं कि आपको दौड़ में सबसे आगे रहना है, तब आपके शरीर में इतनी ताकत आ जाती है कि आप सबसे आगे निकल जाते हैं।

लेकिन जब आप कहते हैं कि शरीर कमजोर है और थोड़ा-सा चलने पर भी थकान होती है, तब शरीर के अंग ढीले पड़ जाते हैं और थकान का अनुभव होने लगता है।

परन्तु जब सेना का कमांडर अपनी फौज से कहता है कि पहाड़ को पार करके दुश्मन पर हमला करो, तब सेना पहाड़ को आसानी से पार कर लेती है।

लेकिन जब कमांडर यह कहता है कि पहाड़ बहुत ऊंचा है, पहाड़ हम कैसे पार कर पाएंगे? तब सिपाही पहाड़ पर चढ़ने से पहले ही हथियार डाल देते हैं। इसलिए पहाड़ को पार करना या न करना आपकी इच्छा-शक्ति और सोच पर निर्भर करता है।

यही कारण है कि जब आप सोचते हैं कि मुझे अमीर बनना है, तब आप सच में अमीर बन जाते हैं। इसलिए सबसे पहले आपको अपनी सोच को विकसित करना है, और जब आपकी सोच पूरी तरह से विकसित हो जाएगी, तब आपको अमीर बनने से कोई नहीं रोक पाएगा।

■

"कोई भी व्यक्ति अमीर बन सकता है।
लेकिन यह उस व्यक्ति के संकल्प पर निर्भर
करता है कि वह कितना अमीर बनना चाहता है।"

यदि आप अमीर बनना चाहते हैं, तो मंदी को मत देखो। नयी शुरुआत करो, अपने आप को पहचानो, आलस्य त्यागो, खोजी प्रवृत्ति बनाओ, सपने देखो, किताब से सीखो, चुनौती को स्वीकार करो, अंधी दौड़ में मत दौड़ो, आंखें खुली रखो, एक आइडिया दिमाग में लाओ, लक्ष्य बनाओ, फिर धीरूभाई अम्बानी की तरह दुनिया के सबसे अमीर आदमी बन जाओ।

हम आपको अमीर क्यों बनाना चाहते हैं?

आज पूरा विश्व मंदी की चपेट में है। कोई भी देश ऐसा नहीं है, जो इस मंदी से प्रभावित न हो। इसलिए सारी दुनिया की निगाहें अब ओबामा के प्रशासन पर लगी हैं। लेकिन थोड़े समय में ओबामा द्वारा जो किया जा सकता है, उम्मीदें उससे बहुत आगे हैं।

जबकि सुरक्षा और भू-राजनीति की समस्याओं की वजह से अमेरिका की अपनी अर्थव्यवस्था डांवाडोल है और यह समस्या बैंकों, वित्तीय क्षेत्रों, आवास, मार्टगेज (रेहन), बेरोज़गारी, जी.डी.पी. में लगातार हो रही गिरावट की वजह से लंबी चल सकती है।

क्योंकि वहां आशाओं का संकट है और आम अमेरिकी को अपना भविष्य अंधकार में लग रहा है। इसलिए ओबामा को विश्वास की बहाली और आशावाद का निर्माण करने के लिए बहुत प्रयास करने होंगे।

लेकिन हमारे लिए भी यह एक बेहद कठिन साल होगा। क्योंकि आने वाले सालों में जी.डी.पी. की वृद्धि दर 7 प्रतिशत से नीचे रहने वाली है और अगले साल वह 5 फीसदी से ज्यादा नहीं होगी।

दूसरी तरफ हम आपको अमीर बनाना चाहते हैं, क्योंकि जब तक आप अमीर नहीं बनेंगे, तब तक देश की अर्थव्यवस्था ठीक नहीं हो सकती, और अर्थव्यवस्था को पटरी पर लाने का सबसे अच्छा तरीका यही है कि देश का हर व्यक्ति अमीर हो।

तभी तो एसोचैम की स्टडी में कहा गया है कि यदि भारत का हर बुद्धिजीवी अमीर बनने की ठान ले, तो इंडियन इकॉनमी चौथी सबसे मज़बूत अर्थव्यवस्था के तौर पर उभर कर सामने आ सकती है।

फिर हमसे मज़बूत सिर्फ चीन, रूस और दक्षिण अफ्रिका ही होंगे। क्योंकि अमेरिका, ब्रिटेन और जापान जैसी विकसित अर्थव्यवस्थाएं इस मंदी से उबरने में उतना बेहतर प्रदर्शन नहीं कर पाएंगी।

इंडिया एण्ड जी-20: इकनॉमिक फंडामेंटलस एमिड ग्लोबल रिसेशन द्वारा की गई एक स्टडी में कहा गया है कि मज़बूत आर्थिक आधार, ऊंची विकास दर, सुदृढ़ नीति और मंदी से निपटने के उपाय भारत को वित्तीय संकट से उभरने में मदद करेंगे।

इस स्टडी में सात आर्थिक मानकों पर विचार किया गया है, जिनमें इकॉनमी का आकार, खर्च करने की क्षमता, कर ढांचा, ब्याज दर नीति, बजट संतुलन, कर भार और विदेशी मुद्रा भंडार प्रमुख हैं।

यही वजह है कि दुनिया की टॉप-20 इकॉनमी में बजट संतुलन के आधार पर भारत को 19वें पायदान पर रखा गया है।

इसलिए आप सिर्फ अमीर बनने की सोचिए, मंदी का रोना आपके लिए ठीक नहीं है। क्योंकि किसी शायर ने कहा है:-

"मंदी को ज्यादा बिसूरिए मत"

यानी मंदी का समय ऐसा होता है, जिसमें आप आसानी से अमीर बन सकते हैं। क्या आप बता सकते हैं कि एच.पी. यानी हेवलेट पैकर्ड, जी.ई. (जनरल इलेक्ट्रिक), माइक्रोसाफ्ट, फ़ेडेक्स, सी.एन.एन. गर्बर किंग, एम.टी.वी. और विकीपीडिया जैसी दिग्गज कम्पनियों में एक समानता क्या है?

जब मुश्किलें सामने आती हैं तब अधिकतर लोग हार मान लेते हैं और मैदान छोड़ जाते हैं यह जानते हुए भी कि मुश्किलों के आगे जीत है!

ये सभी कम्पनियां अमेरिका में अलग-अलग वक्त पर मंदी और संकटों के कठिन आर्थिक दौर में शुरू की गई थीं।

आज इनके कारोबार के सामने दुनिया के कई देश छोटे पड़ जाते हैं। इसलिए मंदी एक मौका है और यह मौका है बदलने और झाड़-पोंछ करके चाक-चौबंद होने का, बल्कि कुछ अनोखा और नया काम करके सबसे आगे निकल जाने का।

क्योंकि 1930 के दशक की महामंदी के बाद अमारका म जितन लाग करोड़पति बने थे, उतने पहले शायद कभी नहीं बने।

इसलिए मंदी के कठिन दौर में नया कर गुज़रने वाली कम्पनियां और लोग आगे निकल जाते हैं।

इसका उदाहरण है जी.ई. यानी जनरल इलेक्ट्रिक कार्पोरेशन, जिसे 1876 में थॉमस अल्वा एडीसन ने बनाया था। तब अमेरिका में गृह युद्ध के बाद आई मंदी का दौर था और तब अमेरिका का सबसे बड़ा बैंक **'जे कुक'** डूबा था।

इसलिए बिजली का बल्ब इतिहास के सबसे क्रांतिकारी आविष्कारों में से एक माना जाता है। परन्तु यह बात कुछ ज्यादा पुरानी है।

अब बात करते हैं हेवलेट पैकर्ड यानी एच.पी. इलेक्ट्रानिक्स उद्योग की, जिसकी शुरुआत अमेरिका में 30 के दशक की महामंदी के अंतिम चरण में हुई थी और वह भी सिर्फ 538 डॉलर के निवेश से।

उस मंदी के माहौल में विलियम हेवलेट और डेविड पैकर्ड ने कुछ नया करने की ठानी और बाद में जो हुआ, वह दुनिया के कॉरपोरेट इतिहास में दर्ज है। क्योंकि आज यह कम्पनी 104 अरब डॉलर का कारोबार कर रही है।

1957-58 में अमेरिकी आर्थिक मंदी के दौरान एक छोटा-सा होटल हयात शुरू हुआ था, जो अब **'हयात होटल कॉर्पोरेशन'** में परिवर्तित हो चुका है। फिर 1973 के तेल संकट में **'फेडेक्स'** की स्थापना हुई, जोकि आज **'कुरियर कार्गो कम्पनी'** में बदल चुकी है। यहाँ तक कि बिल गेट्स की **'माइक्रोसॉफ्ट'** भी तेल संकट के दौरान 1975 में बनी थी।

सी.एन.एन. और एम.टी.वी. नेटवर्क्स भी 1980 के मौद्रिक संकट के समय में पैदा हुए थे और दुनिया की सबसे बड़ी ऑनलाइन इनसाइक्लोपीडिया की **"पिकीपीडिया कॉर्पोरेशन"** का जन्म 9/11 के संकट के बाद जनवरी 2001 में हुआ था।

दुनिया के कॉर्पोरेट जगत में इस तरह के उदाहरणों की कमी नहीं है। लेकिन यह सभी कम्पनियां जिस एक बात के लिए दुनिया में आज भी जानी जाती हैं, वह है इनकी नई सूझ-बूझ और लीक तोड़ने की खूबी।

यदि आप माइक्रोसॉफ्ट के बिल गेट्स, एप्प के स्टीव जॉब्स, इंफोसिस के नारायण मूर्ति, रिलायंस के धीरूभाई अंबानी और निरमा के करसनभाई पटेल जैसे उद्यमियों के शून्य से शिखर तक पहुँचने को अपवाद मानते हैं, तो अपने आस-पास के सफल उद्यमियों की जीवनी में झांकिए। इनमें से अधिकतर लोगों की कहानी आपसे अलग नहीं है।

43 साल के **'विशाल रिटेल'** के रामचंद्र अग्रवाल की कहानी आज के युग का अनूठा प्रयोग है। उन्होंने 1958 में 300 रुपए प्रतिमाह वेतन पर एक रोलिंग शटर कंपनी में नौकरी की शुरुआत की।

एक साल बाद उन्होंने 1,200 रुपए प्रतिमाह के किराए पर कोलकता के लाल बाजार स्ट्रीट में एक 50 वर्ग फीट की दुकान खरीदी, फिर 1989-90 में **'एम.एन.सी. क्लोदिंग ब्रांड्स'** की डिस्काउंट सेल शुरू की और आज जाने माने **'विशाल मेघा मार्ट'** के मालिक हैं।

इस सम्बंध में रामचंद्र अग्रवाल का कहना है, " **यदि आपके पास धैर्य और अच्छा नेतृत्व है, तब आप अमीर बन सकते हैं?"**

आई.आई.एम. अहमदाबाद के एम.बी.ए. और राउरकेला स्थित सेल के कर्मचारी के बेटे शांतनु प्रकाश दिमाग खुजलाकर अपने दिमाग में आइडिया लाते हैं।

1990 में उन्होंने अपने एक दोस्त के साथ मिलकर **'ब्रिक-एंड-मोर्टर'** कम्पनी की स्थापना की थी, फिर दुनिया को बदलने के उद्देश्य से चार साल पहले 1 लाख की पूंजी और दो कर्मचारियों के साथ **'एडुकेंप'** कम्पनी की स्थापना की। अब उनकी कुल बाजार पूंजी करीब 4 हजार करोड़ से ऊपर है।

कुछ ऐसी ही कहानी सोनालिका ग्रुप के चेयरमैन लक्ष्मनदास मित्तल की है, जो होशियारपुर मे थ्रेसर बनाया करते थे, तब वे दिवालिया हो गये थे।

लेकिन आज उनके पास 30 हजार करोड़ से ज्यादा का सोनालिका ग्रुप है, जिसे वाशिंगटन की पर्यावरण संरक्षण एजेंसी ने मान्यता दी है।

लक्ष्मण दास मित्तल अपने संघर्ष के दिनों को याद करते हुए बताते हैं कि, **"एक बार मैंने मारुति उद्योग में डीलरशिप के लिए आवेदन किया था, जिसके लिए वहाँ के मैनेजमैंट ने मना कर दिया था, तब मैंने अपने दिल में ठान लिया था कि मैं भी मारुती उद्योग जैसा प्लांट लगाऊंगा। फिर मैंने सोनालिका ट्रेक्टर बनाने का प्लान बनाया और सफल हो गया। आज मैं खुद दूसरों को डीलरशिप देता हूँ।"**

लक्ष्मण दास मित्तल का यह कहना आज की युवा पीड़ी को आकर्षित करता है। जबकि ट्रेक्टर बनाना उनका एक आइडिया था, जिस पर कड़ी मेहनत की गयी थी। परन्तु सही रणनीति अपनाने के बाद ही वह आइडिया सफल हुआ था, क्योंकि अमीर बनने का फार्मूला रणनीति में छिपा है:-

कमजोरी + खतरे + शक्ति + अवसर + लक्ष्य = रणनीति

यदि आप रणनीति शब्द पर नज़र डालें, तो पाएंगे कि यह दो शब्दों का मेल है। रण यानी लड़ाई, और नीति का मतलब है तरीका। इसलिए कहा गया है कि हर चीज का नियम होता है। शरीर के विकास का भी नियम है और पतन का भी नियम है।

लेकिन जो व्यक्ति इन नियमों का पालन करता है, वह गणित के फार्मूले की तरह सफलता के मुकाम तक पहुंच जाता है। जबकि रणनीति शब्द मूल रूप

यदि आप हकीकत में अमीर बनना चाहते हैं। तब आप एक डिक्शनरी खरीदो और उसमें से 'असम्भव' शब्द कैंची से काटकर दूर फैंक दो। तब आप तेजी से अपने लक्ष्य में सफलता पाना शुरू कर देंगे!

से युद्ध से निकला है, परन्तु अब इसे जीवन के किसी भी क्षेत्र में अपनाया जा सकता है।

युद्ध की बहुत-सी स्थितियां आज आधुनिक रोज़मर्रा के जीवन में भी मौजूद हैं। क्योंकि युद्ध में स्थितियां लगातार बदलती रहती हैं। वहाँ दांव पर बहुत कुछ लगा होता है। फिर जरा-सी भूल हार में बदल सकती है।

ठीक वैसे ही आधुनिक व्यवसायिक दुनिया में लगातार टेक्नोलॉजी बदलती है, बाजार की जरूरतें बदलती हैं। तब जरा-सी गलती कम्पनी को डुबो सकती है। ऐसे में आप खुद को हालात के भरोसे नहीं छोड़ सकते।

ईश्वर ने जब ब्रह्मांड की रचना की थी तब समस्याएं जानबूझ कर छोड़ी गयी थीं ताकि मनुष्य शारीरिक रूप से मज़बूत रहे और जीवन में आने वाली हर मुश्किल का मुकाबला डट कर करे।

एक पुरानी कहानी है, एक राजा अपने 18 हजार सैनिकों और घुड़सवारों की सेना के साथ, एक पहाड़ी पर खड़ा नीचे घाटी में तैनात 2 लाख सैनिकों वाली सेना को देख रहा था। इतनी विशाल सेना को देखकर राजा के सेनापति घबरा गए। जीत का सपना देखना तो दूर, उन्हें तो जिन्दा बचे रहने पर भी शक होने लगा था। परन्तु वे सब राजा को देखकर हैरान थे, क्योंकि वो मुस्कुरा रहा था। थोड़ी देर बाद राजा अपने सेनापतियों की ओर मुड़ा और बोला, **"कल की लड़ाई में हमारी जीत होगी।"**

फिर उसकी भविष्यवाणी सही हुई। उस राजा का नाम था सिकन्दर, जो बाद में सिकन्दर महान कहलाया। तब हारने वाले राजा दारा को जान से हाथ धोना पड़ा था। परन्तु लड़ाई के बाद हैरान सेनापतियों ने सिकन्दर से पूछा, **"आप जीत के प्रति इतना आश्वस्त कैसे थे?"**

सिकन्दर ने कहा, **"हार और जीत संख्या, शक्ति या तकनीक पर नहीं टिकी होती, बल्कि रणनीति पर निर्भर करती है और मेरे पास बेहतर रणनीति थी।"**

लेकिन यह रणनीति का सिर्फ एक पहलू था, जबकि रणनीति के चार पहलू और होते हैं। जिसमें सबसे महत्वपूर्ण है- लक्ष्य। यानी आपका लक्ष्य क्या होना चाहिए? आपको कहां पहुंचना है? कितने वक्त में पहुंचना है?

फिर सोचना होता है कि शक्ति, और लक्ष्य के रास्ते में आने वाले खतरे क्या हैं? उन खतरों के बीच मौके कितने हैं? उनका फायदा उठाने के लिए कितनी शक्ति है और उन खतरों से निपटने में कमजोरियां क्या हैं?

यदि आप इन सबको ध्यान में रखकर कोई योजना बनाएंगे, तो वह अवश्य सफल होगी।

परन्तु अमेरिका ने इन पहलुओं पर ध्यान नहीं दिया, जिसकी वजह से वहाँ मंदी का दौर आया है।

अगर लीमैन ब्रदर्स ने सही लक्ष्य रखकर जनता के पैसे का निवेश किया होता, तो आज अमेरिकी अर्थव्यवस्था पर ये नौबत न आती। जबकि रणनीति में सफलता और असफलता दोनों पहलू मौजूद होते हैं। परन्तु अच्छी रणनीति वही होती है, जो अभियान शुरू होने से पहले ही जीत के सारे पहलुओं को मज़बूत कर लेती है।

हीरो कि खोज में अधिकतर लोगों को कोयला ही हाथ लगता है। लेकिन जो लोग हीरों के सौदागर होते हैं वह उस कोयले में से भी हीरे ढूँढ लेते हैं। क्योंकि उनका लक्ष्य सिर्फ हीरा प्राप्त करना होता है।

अब अमेरिका की अर्थव्यवस्था को लीजिए, सारी परेशानी की जड़ सब प्राइमल उधार थे, जो ऐसे लोगों को दिए गए थे, जिनके बारे में पहले से पता था कि वो उधार चुकाने के मामले में कच्चे हैं।

जबकि ऐसे लोगों को ऋण देकर पैसा कमाने की योजना रणनीति नहीं कहलाती बल्कि लालच कहलाता है। क्योंकि इसमें मौके का फायदा उठाने के लिए खतरों, कमजोरियां जैसे पहलुओं को नज़रअंदाज़ किया गया था। लेकिन अच्छे रणनीतिज्ञ कभी ऐसा नहीं करते। वे खुद को और बाजार को इन चार पहलुओं पर रखकर तौलते हैं, फिर अपना निर्णय लेते हैं।

इसीलिए चीन के महान जनरल सुन-त्सू ने कहा है, "**रणनीति के बगैर सेना ठीक वैसी होती है जैसे मानचित्र के बिना यात्री। क्योंकि रणनीति आपको ऐसा वैचारिक नक्शा देती है, जिसके जरिए आप अपनी ऊर्जा को निर्देशित करके अपने निर्धारित लक्ष्य तक पहुंच सकते हैं।**"

क्योंकि रणनीति वो कुंजी है, जिससे किसी भी समस्या को सुलझाया जा सकता है और किसी भी असफलता को सफलता में बदला जा सकता है।

बिना सोचे समझे जोश या आवेश में आकर काम करने वाले भी कभी-कभी सफल हो सकते हैं। लेकिन वो सफलता टिकाऊ नहीं होती।

क्योंकि रणनीति के महारथी उस दृष्टा की तरह होते हैं, जिन्हें अपने और विरोधी के बारे में सब कुछ पता होता है।

अब आप गुड़गांव और चीन के शंघाई शहर के पूडांग इलाके को देखिए। दोनों इलाके एक ही वक्त में विकसित होने शुरू हुए थे। लेकिन गुड़गांव का

विकास बिना प्लानिंग के हुआ, जबकि पूडांग में पहली इमारत बनने से पहले पूरे मूलभूत ढांचे की योजना बनाई गई, फिर निर्माण शुरू हुआ।

यही कारण है कि 12 साल बाद आज गुड़गांव की चमक फीकी पड़ रही है और विकास की कमियां जाहिर हो रही हैं, जबकि पूडांग चीन में विश्व निवेश के बड़े केन्द्र की तरह उभर रहा है।

इसलिए हम कह सकते हैं कि दो शहरों की अलग-अलग स्थितियों के बीच का फर्क संसाधनों या समझदारी का नहीं है बल्कि रणनीति का है।

क्योंकि पूडांग प्रशासन को पता था कि उसे कहां जाना है, उस रास्ते में क्या अड़चनें हैं, और उसे कैसे दूर किया जा सकता है।

दूसरी तरफ गुड़गांव प्रशासन को पता था कि भविष्य किस दिशा में बढ़ रहा है। परन्तु उसका पूरा फायदा कैसे उठाया जाए, इसका उन्हें अंदाज़ा नहीं था।

क्योंकि नीति कहती हैं कि सफलता के लिए, शिक्षा, ज्ञान, धन, सम्पर्क, और उच्च कुल की जरूरत नहीं होती बल्कि सही रणनीति की जरूरत होती है।

इसलिए धीरुभाई अम्बानी अक्सर कहा करते थे, **"नसीब कभी-कभी ही दरवाजा खटखटाता है और मनुष्य से पूछता है कि तुझे अमीर बनना है क्या?"**

इसका मतलब है कि जीवन में सही मौके पर समझदारी के साथ उचित निर्णय लेना जरूरी है। परन्तु ओशो ने मौके की तुलना एक ऐसी लड़की से की है, जिसका चेहरा सुन्दर है, बाल हवा में लहरा रहे हैं और उसके पैरों में पंख लगे हैं, जो उसको तेज गति से उड़ाना चाहती हैं। लेकिन डर की वजह से वह उड़ नहीं पाती। तभी तो किसी शायर ने कहा है:-

दिल में है जुनून, तो पंखों में जान पैदा कर।
उड़ान भरनी है, तो खुद आसमान पैदा कर॥

यानी आपको अपने अन्दर खुद ही शक्ति पैदा करनी होगी और मौका मिलने पर अपनी सफलता का आसमान खुद ही बनाना होगा।

'टाइम मैंनेजमेंट' गुरुओं का भी यही मानना है कि जीवन में आए अवसरों को मत छोड़ो, अवसर चाहे छोटा हो या बड़ा, अपने विवेक से उस पर सही निर्णय लेकर कामयाबी की और बढ़ो।

क्योंकि अवसर तीव्र गति से छूटे धनुष बाण की तरह होते हैं, जो कभी वापस नहीं आते। इसलिए एयरटैल के एम.डी. सुनील मित्तल ने कहा है, "बुद्धिमान मनुष्य मिले अवसरों में से ही बेहतर अवसर तलाश लेता है। क्योंकि वह उन पर तेजी से विचार करता है।"

लेकिन कोई भी उद्योग विचारों की नींव पर नहीं खड़ा किया जा सकता। जबकि पहला स्तंभ बेशक विचार हो सकता है।

परन्तु उद्यम को खड़ा करने के लिए क्षमता पर भी ध्यान देना जरूरी है। क्योंकि इस क्षमता के अभाव में कई उद्यम चरमरा कर ढह चुके हैं। जबकि मामूली से लगने वाले वही विचार कई बार सफल हुए हैं, क्योंकि उन पर अमल सही ढंग से किया गया था।

इसलिए वेंचर कैपिटलिस्ट इस पहलू को खासा महत्व देते हैं और किसी भी नए उद्यम में पैसा लगाने से पहले अच्छी तरह छानबीन करते हैं कि उसमें कितना दम है।

लेकिन उद्यम की सफलता में कुछ बातों पर खास ध्यान देना जरूरी है।

जैसे कि क्या आपके उत्पादन की मांग है? कहीं ऐसा तो नहीं कि आपका आइडिया पुराना हो? इसलिए उसमें पैसा लगाने से पहले सर्वे जरूर करें,फिर उसकी मांग पैदा करने के लिये रणनीति बनाएं।

सैक्स
मनुष्य की
सबसे बड़ी शक्ति है,
परन्तु अधिकतर लोग
इसका उपयोग गलत
काम के लिए करते हैं।
लेकिन जो लोग इसका
प्रयोग रचनात्मक
तरीके से करना
सीख जाते हैं
वे अमीर बन जाते हैं!

पैसे का प्रबंध कहाँ से होगा? इसको भी प्लान करें। क्योंकि माल की माँग होने पर वेंचर कैपिटलिस्ट या बैंक पैसा लगा सकते हैं? परन्तु शुरु में आपको अपनी जेब से पैसा लगाना पड़ेगा, इसलिए अपनी फाइनेंशियल परिस्थितियों का भी ध्यान रखें, और आलीशान दफ्तर बनाने पर पैसा बहाने की गलती न करें। पहले बुनियादी सुख-सुविधाओं के साथ एक टीम खड़ी करें, जो उत्पादन, ग्राहक सेवा, मार्केटिंग, प्रबंधन आदि का काम संभाले। परन्तु इस टीम की नियुक्ति में कंजूसी न करें।

क्योंकि सही टीम आपके उद्यम को बल देगी। उसके बाद सोचें कि ग्राहक को कैसे आकर्षित किया जाए? जिससे यह पता चलेगा कि आप मार्केट में टिक सकते हैं या नहीं?

फिर दृढ़ संकल्प से इन समस्याओं का समाधान ढूंढ़ा जा सकता है। क्योंकि ईश्वर ने आपको कल्पनाशील मस्तिष्क से नवाज़ा है, जो आपको दूसरों से अलग करता है। परन्तु ज़रूरत है उसका विकास करके उपयोग में लाने की।

आपने अलादीन की कहानियां ज़रुर पढ़ी होंगी, जिनमें वह चिराग को घिसकर जिन्न को बुलाता है और जिन्न उसकी मुश्किल से मुश्किल ज़रूरत को पूरा करता है।

ठीक वैसा ही जिन्न आपके अन्दर है, जो आपके लिए सभी तरह का काम कर सकता है, लेकिन उसे जगाने की जरूरत है। जबकि अधिकतर लोग कम्फ़र्ट ज़ोन में रहना पसंद करते हैं और जोखिम उठाने से डरते हैं।

परन्तु आपको ऐसा नहीं करना है। आपको अपने मन-मस्तिष्क पर नियंत्रण रखना है ताकि आप अपने लक्ष्य की ओर फ़ोकस रहें और किसी भी तरह की मानवीय संवेदनाओं से न घिरें।

ठीक वैसे ही जैसे कि एक दावत में जब तमाम लोग भरपेट भोजन कर चुके थे। तब एक सेठ ने शर्त रख दी कि जो व्यक्ति पांच दर्जन केले और खाएगा, उसे मैं एक हीरे की अंगूठी ईनाम में दूँगा।

एक ब्राह्मण बोला, "अगर मुझे आधे घंटे का वक्त दिया जाए, तो मैं कोशिश कर सकता हूँ।"

सेठ ने इजाज़त दे दी। वह आधे घंटे के लिए बाहर गया और लौटकर पांच दर्जन केले खा गया।

कल्पना आपको उस दुनिया में ले जाती है जो कभी थी ही नहीं। परन्तु साकार होते ही वह कल्पना एक नई दुनिया बसा देती है!

सब ने उसकी तारीफ की और सेठ ने खुश होकर हीरे की अंगूठी ईनाम में दे दी। लेकिन किसी को यह समझ नहीं आ रहा था कि वह ब्रह्मण बाहर क्या करने गया था? जाते वक्त सेठ ने उससे बाहर जाने की वजह पूछी, तो ब्राह्मण बोला, "मैंने बाहर जाकर पांच दर्जन केले खाकर देखे कि मैं खा सकता हूँ या नहीं, जब मुझे यकीन हो गया, तो मैंने यहाँ आकर पांच दर्जन और केले खा लिए।"

इस तरह ब्राह्मण ने पांच की जगह दस दर्जन केले खाए थे। लेकिन यह उसकी योजना का एक हिस्सा था। इसलिए आपको भी अमीर बनने के लिए कुछ ऐसी ही योजना बनानी होगी। आपको अपनी क्षमता बढ़ानी होगी। मस्तिष्क का सही प्रयोग करना होगा। मस्तिष्क को री-प्रोग्राम करना होगा।

लेकिन आपके द्वारा इस पृष्ठ को पढ़ने से पता चलता है कि आपमें अपने मस्तिष्क को री-प्रोग्राम करने की शक्ति है। आपमें लक्ष्यों को भेदने की क्षमता है और आप अमीर बनने की सीढ़ी पर चढ़ना चाहते हैं।

क्योंकि आप उन सुखों का स्वाद लेना चाहते हैं, जो सिर्फ अमीर लोगों को ही मिलते हैं। आप उन लोगों में शामिल होना चाहते हैं, जो लम्बी-लम्बी गाड़ियों में घूमते हैं।

इसलिए आज ही अमीर बनने का संकल्प लें, क्योंकि अमीर बनने के सिर्फ 12 सिद्धांत हैं और उन सिद्धांतो को सिखाने वाली पुस्तक आपके हाथ में है। परन्तु पुस्तक का हर अध्याय ध्यान से पढ़ें और आने वाले स्वर्ण युग का हिस्सा बनें। अब आपके जीवन के सबसे अच्छे दौर के शुरू होने में कुछ ही घंटे बाकी हैं।

हाल ही में प्रकाशित एक रिपोर्ट में कहा गया है कि भारत में प्रत्येक 1,000 परिवारों में से एक परिवार की आय एक करोड़ से अधिक है और लगभग दस लाख परिवार करोड़पति हैं।

इसलिए हम आपको भी अमीर बनाना चाहते हैं ताकि आप देश की समृद्धि का हिस्सा बनें सरकार को ज्यादा इनकम टैक्स दें। स्मार्ट तरीके से बैंकों से कर्ज लें, और जब आप अमीर होंगे, तब देश खुद ही समृद्ध हो जाएगा।

■

"यदि आप कहते हैं कि मैं अमीर नहीं बनना चाहता, तो इसका सीधा-सा मतलब है कि आप महत्वाकांक्षी नहीं हैं। आप कीड़े-मकोड़ों वाला जीवन जीना चाहते हैं और आप अमीर आदमियों के ऐशो-आराम से अंजान हैं।"

उत्साह + रणनीति + कर्म = सफलता

हाईस्कूल पास धीरूभाई अम्बानी ने जब सफलता का यह फार्मूला ईजाद किया था, तब किसी ने भी यह नहीं सोचा था कि एक गरीब घर का लड़का, जिसने कभी मंदिर के सामने पकौड़े और समोसे बेचे हों, वह एक दिन विश्व का सबसे अमीर व्यक्ति बन जाएगा!

पहला सिद्धांत

अपने सपनों को पंख लगाइए

दुनिया के सात अजूबों में एक अजूबा है ताजमहल, जोकि आगरा में स्थित है। उसी ताजमहल से करीब दो सौ मीटर की दूरी पर **'होटल ताज प्लाज़ा'** है, जिसके कॉनफ्रेंस हॉल में मुझे उत्तर प्रदेश के 2000 व्यापारियों को सम्बोधित करना था। क्योंकि वह **'अमीर बनने के विज्ञान'** को गहराई से जानना चाहते थे। हॉल में पूरी तरह से सन्नाटा छाया हुआ था।

मैंने माइक सम्भालते हुऐ कहा, "आपकी खामोशी से पता चलता है कि आप सब लोग **'अमीर बनने के विज्ञान'** के बारे में जानने के लिये बहुत ज्यादा उत्साहित हैं। जिसके लिए मैं आपका शुक्रिया अदा करता हूँ और वचन देता हूँ कि मैं आपको इस विज्ञान का रहस्य विस्तार से बताऊंगा, ताकि आप भी धीरुभाई अम्बानी की तरह अमीर बन सकें।"

क्योंकि अमीर बनने का पहला सिद्धांत कहता है कि आपका दिमाग आपकी कल्पनाओं से भी ऊंची उड़ान भर सकता है। लेकिन शर्त यह है कि आप इसके बारे में सोचें।

यह बात एक शोध से पता चली है कि आदमी अपने दिमाग को उतना ही इस्तेमाल करता है, जितना कि उसे जरूरत होती है। क्योंकि 1998 में इंटरनेट की दुनिया में जब गुगल ने कदम रखा था, तब दो दार्शनिकों एंडी क्लार्क और डेविड कॉलर्म्स ने कहा था, **"दिमाग सिर्फ कोशिकाओं और हड्डियों से भरा डिब्बा नहीं है, बल्कि एक ऐसा कम्प्यूटर है, जिसकी आवश्यकता के अनुसार री-प्रोग्रामिंग भी की जा सकती है।"**

फिर मनोवैज्ञानिक सीमंस और क्रिस्टोफर केब्रिस ने एक प्रदर्शन द्वारा यह गुत्थी सुलझाने की कोशिश की। तब उन्होंने लोगों से एक वीडियो देखने को कहा, जिसमें

छात्र एक दूसरे को बास्केटबॉल पास कर रहे थे। उनमें से आधे छात्र काली शर्ट पहने थे और आधे सफेद।

लोगों को इस पर नज़र रखनी थी। एक टीम दूसरी टीम को कितनी बार गेंद देती है? अभी प्रदर्शन चल ही रहा था, तभी वहां से एक गोरिल्ला गुज़रा। सबकी निगाहें उस गोरिल्ले पर टिक गयीं। तब रिज़ल्ट निकाला गया कि हम देखी हुई चीजों को पूरी तरह कॉपी करने के बजाए, सिर्फ कुछ बिन्दुओं पर ही फ़ोकस करते हैं।

फिर यह बात सामने आई कि दिमाग हमेशा नई चीजों को अपने फीडबैक सिस्टम में शामिल करता है और सोचने की प्रक्रिया को बदलता है।

महाभारत के शुरू होने से ठीक पहले अर्जुन को भी ऐसी ही स्थिति का सामना करना पड़ा था। ऐसा नहीं था कि अर्जुन में सामर्थ्य की कमी थी। लेकिन युद्ध के परिणाम क्या होंगे? अनुकूल होंगे या नहीं। ये दो सवाल उन्हें इतना परेशान करने लगे। कि उन्होंने कृष्ण से कह दिया कि में युद्ध नहीं करुँगा।

इस बात से पता चलता है कि धीर, गंभीर, सामर्थ्यवान और पराक्रमी व्यक्ति भी कई बार नतीजों के बारे में इतने भ्रमित हो जाते हैं कि उनकी कर्म करने की शक्ति खत्म हो जाती है।

तब अर्जुन की इस स्थिति को देखकर कृष्ण ने कहा था:-

दूसरे हावंर कर्म बुद्धयोगाद्धन जया,
बुद्धौ श्रणमन्विच्छ कृष्णाः फलहेतवः।

इसका अर्थ है कि बुद्धि के नज़रिए से देखोगे, तो कर्म बहुत छोटा दिखाई देगा। इसलिए धनन्जय सद्धबुद्धि बनाए रखें, क्योंकि फल के लिए काम करने वाले बहुत कमजोर होते हैं।

क्योंकि निश्चित नतीजे को सोचने और उस पर आश्वस्त हो जाने के बाद आपकी ऊर्जा कार्य के बजाए इच्छित नतीजे पर ज्यादा लगने लगती है।

ठीक वैसे ही जैसे एक लड़का एक लड़की को बहुत चाहता था और उससे शादी करने का सपना देखता था, परन्तु उसके मन में हमेशा डर रहता था कि यदि लड़की ने मना कर दिया तो क्या होगा?

आप सिर्फ जीत के बारे में सोचिए, हार के बारे में बिल्कुल मत सोचिए क्योंकि जीत से सकारात्मक सोच पैदा होती है और आपका हौसला बुंलद हो जाता है, फिर आप अवश्य ही जीत जाते हैं!

इसी जद्दोजहद में समय बीतता गया। लड़का हिम्मत न जुटा पाया और लड़की की शादी हो गई। कई सालों बाद दोनों की फिर मुलाकात हुई, तब लड़के में आत्मविश्वास आ गया था। उसने लड़की को बताया कि वो उससे शादी करना चाहता था। तब लड़की ने जवाब दिया कि वो भी यही चाहती थी, परन्तु जब तुमने पहल नहीं की, तो मैंने दूसरे आदमी से शादी कर ली।

इससे पता चलता है कि घबराहट या दीवानगी में व्यक्ति की निष्ठा, ईमानदारी और मेहनत की काबलियत खत्म हो जाती है।

आपने सुना होगा **'क्या फायदा होगा, इस काम को करने से?'** ऐसा कहने वाले अपना सर्वश्रेष्ठ प्रदर्शन करने से रुक जाते हैं।

एक बार ऑस्ट्रेलिया के महान कप्तान स्टीव वॉ से पूछा गया कि ऐसा क्यों है कि आपकी टीम हमेशा जीतती है और विरोधी टीम हार जाती है?

तब स्टीव वॉ ने कहा था, **"हम जीतने के लिए खेलते हैं, जबकि विरोधी हार के नतीजों से बचने की कोशिश करते हैं।"**

क्योंकि नतीजों पर ध्यान लगा रहने के कारण व्यक्ति डर जाता है और उससे बचने के लिए खुद को भ्रम में रखता है।

1973 में इज़्रायल पूरे पश्चिम एशिया में सबसे ताकतवर देश था, तब वहाँ के रक्षा मंत्री ने घोषणा कर दी कि हमारी जीत हमारी ताकत पर निर्भर है। इसलिए खुफिया विभाग ने भी वही रिपोर्ट देनी शुरू की, जो रक्षा मंत्री को पसंद थी।

क्योंकि सबको पता था कि अगर किसी ने कोई दूसरी रिपोर्ट दी, तो उसकी नौकरी चली जाएगी। फिर रक्षा मंत्री को सही साबित करने के लिए तमाम झूठी रिपोर्टें आने लगीं और देश भ्रम में जीने लगा।

तारीफ एक ऐसा शब्द है जो करने वाले और सुनने वाले दोनों को अच्छा लगता है। इसलिए खूब तारीफ कीजिए चाहें वह झूठी ही क्यों न हो। क्योंकि तारीफ से निकलने वाली सकारात्मक ऊर्जा मनुष्य को सर्वश्रेष्ठ प्रयास करने के लिए प्रेरित करती है!

लेकिन जब इज़्रायल-मिस्र की लड़ाई हुई, तब इज़्रायल जंग हार गया। इस जंग ने एक बार फिर साबित कर दिया कि नतीजों में उलझा दिमाग कभी जंग नहीं जीत सकता।

अब अमेरिका के नए राष्ट्रपति बराक हुसैन ओबामा की जीत की कहानी पर ध्यान दीजिए। उन्होंने अमेरिका की राष्ट्रीय राजनीति में 2004 में कदम रखा। वे

अश्वेत हैं और उनके पिता मुसलमान थे। परन्तु वे खुद एक ईसाई बहुल देश में थे, जहाँ पहले कोई अश्वेत राष्ट्रपति नहीं बना था।

लेकिन ओबामा ने नतीजे पर ध्यान न देकर कर्म पर ध्यान दिया और अपनी कोशिशों में पूरी ईमानदारी बरती। फिर चार साल के अन्दर उन्होंने एक नया इतिहास रच दिया।

क्योंकि जब आप कोई सपना देखते हैं और उसके साकार होने पर विश्वास करते हैं, तब आपका अवचेतन मन उसे साकार करने के उपाय खोजने लगता है। आपका शरीर भी उत्साह से साथ देता है, जिससे आपको ऊर्जा और शक्ति मिलती है।

एक आइडिया किसी को अमीर बना देता है, तो वही आइडिया किसी को ख़ाक में मिला देता है। जबकि इस बात से कोई फर्क नही पड़ता कि वह कितना पुराना है बस आपको उस आइडिए को पेश करने का तरीका आना चाहिए!

इसलिए आपको अपनी क्षमता पर भरोसा होना चाहिए। क्योंकि वैज्ञानिकों का कहना है कि इंसान अपनी क्षमता का सिर्फ 15 प्रतिशत दिमाग उपयोग करता है। अगर आपका सपना बड़ा है, तब दिमाग की क्षमता अपने आप उस सपने के स्तर तक बढ़ सकती है। शर्त यह है कि उस सपने पर पूरे विश्वास और लगन के साथ मेहनत की जाए। फिर सपना अतिरिक्त मानसिक क्षमता का ताला खोल देता है और आपको उसे साकार करने की ऊर्जा, शक्ति और समाधान अपने आप मिलने लगते हैं।

ठीक वैसे ही जैसे हेनरी फोर्ड ने सस्ती कार बनाकर अपने दिमाग की क्षमता बढ़ाई थी, बिल गेट्स ने कम्प्यूटर सॉफ्टवेयर बनाकर दिमाग की क्षमता बढ़ाई थी। आज इन्हीं सॉफ्टवेयर्स और आपॅरेटिंग सिस्टम की बदौलत कम्प्यूटर आपके ऑफिस, स्कूल तथा घर तक पहुँच चुके हैं। जिसकी वजह से बिल गेट्स दुनिया के सबसे अमीर आदमी बन गए।

कुछ ऐसी ही कहानी विप्रो के अजीम प्रेमजी की भी है, जिनको 21 साल की उम्र में विरासत में सिर्फ 7 करोड़ रुपए की कम्पनी मिली थी, जो वनस्पति घी, तेल और कपड़े धोने का साबुन बनाती थीं।

उस समय प्रेमजी बिजनेस में बिल्कुल अनाड़ी थे। यह बात उन्होंने एक इन्टरव्यू में खुद स्वीकार की है, **"तब मैं बिजनेस के लिए बिल्कुल तैयार नहीं था। लेकिन तब मेरे पास एक सपना था, एक बड़ी कम्पनी बनाने का और**

वह सपना अब पूरा हो चुका है, लेकिन जैसे-जैसे मेरी कम्पनी का विस्तार होता गया, मेरे सपने भी बड़े होते गए।"

आज विप्रो दुनिया की टॉप 10 आई. टी. कम्पनियों में से एक है। जबकि टाई वार्नर का सपना एक ऐसा लोकप्रिय खिलौना बनाने का था, जिसे बच्चे अपनी जेब में रख सकें और हर वर्ग के बच्चे उससे खेल सकें। फिर वार्नर ने बीनी बेबी बनाकर सपने को साकार किया और बिलियनेअर बन गए।

लेकिन धीरूभाई अम्बानी ने गरीब होने के बाद भी बड़े सपने देखे। जब वह अदन में **'शेल कम्पनी'** के पेट्रोल पम्प पर पेट्रोल भरने का काम करते थे, तब उनके मन में यह सपना अपनी नींव मज़बूत कर चुका था कि वे भी भारत में **'शेल'** जैसी कम्पनी बनाएंगे।

फिर उन्होंने मुम्बई आकर उस सपने पर काम किया और विश्व के न॰1 अमीर बन गए। बिल्कुल ऐसे ही राइट बंधुओं ने हवाई जहाज बनाने का सपना देखा था और एडीसन ने बिजली का बल्ब बनाने का सपना। फिर इन लोगों को अपने सपने से इतनी शक्ति मिली कि वे अमीर हो गए।

लेकिन इन सबके अन्दर कुछ गुण समान थे, जिसकी वजह से ये अमीर बने:-

- **ये सब व्यंग्य पर ध्यान नहीं देते थे और चट्टानों को पिघलाने का हौसला रखते थे।**
- **ये सब अंगारों पर चलने की हिम्मत रखते थे।**
- **ये सब दानी प्रवृति के थे।**
- **ये सब दूसरों को प्रोत्साहित करते थे।**
- **ये सब सत्य और अहिंसा के पुजारी थे।**
- **ये सब छोटी-मोटी घटनाओं से प्रभावित नहीं होते थे।**
- **ये सब विपरीत परिस्थितियों में भी सोचते थे।**
- **ये सब बेकार की बातों से दूर रहते थे।**
- **ये सब क्रोध पर संयम रखते थे।**

ये सब यूनान के महान दार्शनिक सुकरात के पदचिह्नों पर चलते थे। क्योंकि सुकरात ने कहा था, **"अपने आपको जानो। ध्यान मत बांटो। अपना ध्यान इधर-उधर मत होने दो। क्योंकि जो घोड़ा अपने आप चल नहीं सकता, उस पर सवारी क़ौन करेगा? जो कार खराब है, वह कैसे गैरेज तक जाएगी? उसको तो धक्का मारना पड़ेगा।"**

एक पुरानी कहानी है, एक बार एक व्यक्ति जंगल में घूमते-घूमते थक कर एक पेड़ के नीचे बैठ गया। लेकिन वो पेड़ कल्पवृक्ष था और उसकी यह खासियत थी कि उसकी छांव में बैठ कर मन में जो भी इच्छा करो, वह पूरी हो जाएगी।

वह जब आराम से बैठ गया, तब उसके मन में विचार आया कि काश! यहां शीतल जल मिल जाता। उसके मन में यह बात आते ही कल्पवृक्ष ने उसे पूरा कर दिया। शीतल जल आ गया और उस व्यक्ति ने जल पी लिया। फिर उसकी इच्छा हुई कि काश कहीं से भोजन मिल जाता। उसके इतना कहते ही कल्पवृक्ष ने तुरन्त भोजन पेश कर दिया।

फिर उसकी इच्छा हुई कि यहां बिस्तर मिल जाता तो मैं सो जाता। बिस्तर भी आ गया। लेकिन बिस्तर पर लेट कर वह सोचने लगा, यह सब तो ठीक है, पर सोऊं कैसे? घना जंगल है, कहीं कोई शेर आकर मुझे खा न ले? फिर सचमुच वहां शेर आ गया और उसको मारकर खा गया।

इच्छा शक्ति, भावना, तर्क, कल्पना, अंतरात्मा, स्मरण शक्ति और अवचेतना हमेशा कुछ नया करने के लिये उकसाते हैं, परन्तु कुछ लोग इन पर ध्यान नहीं देते। लेकिन जो लोग इनके अनुसार चलते हैं वे सफल हो जाते हैं।

इसलिए पुराणों में कहा गया है कि दुनिया में जो भी होता है, संकल्प से ही होता है। क्योंकि सृष्टि की उत्पत्ति के मूल में संकल्प है और मनुष्य भी अपने संकल्पों के आधार पर ही अमीर बनता है।

जितना वह संकल्प करता है, उतना उसको प्राप्त होता चला जाता है। इसलिए मनुष्य को सोच-समझकर संकल्प लेने चाहिए।

यदि आप संकल्प करें कि मेरे पास बड़ी गाड़ी हो, मेरा बहुत बड़ा घर हो, तब वह संकल्प अवश्य पूरा होगा। लेकिन उस संकल्प पर मेहनत करना जरूरी है। क्योंकि संकल्प दृष्टिकोण का निर्माण करता है और जैसी दृष्टि होती है, वैसी सृष्टि बन जाती है। तभी तो राम ने अयोध्या लौट कर आदर्श आचरण रखने का उपदेश दिया था।:-

जो अनीति कछु भाखों भाई, तों मोहिं बरजहु भय बिसराई।

इसका अर्थ है कि यदि किसी को मेरे विचार ठीक नहीं लगे, तो वह निर्भय होकर मुझे बताए। क्योंकि मेरा संकल्प है, उत्पाती राक्षसों से मानव जाती की रक्षा करना। अहिल्या का उद्धार करना। और मार्ग में मिलने वाले ऋषियों की समस्याओं का निवारण करना।

कहते हैं बचपन में नेपोलियन की इच्छा थी कि वह लेखक बनें। साहित्य के क्षेत्र में प्रसिद्धि प्राप्त करें। क्योंकि वे अपने जीवन में **'यश'** प्राप्त करना चाहते थे। जबकि स्कूल के दिनों में वह बेहद दुबले-पतले थे और उनके साथी उन्हें छेड़ा करते थे। इसके बाद भी वह अपने आपको लोकप्रिय साबित करना चाहते थे।

तब उन्होंने दो पुस्तकें पढ़ीं। जिसमें एक थी रूसो की **'सोशल कन्ट्रैक्ट'** और दूसरी थी **'एब्बे रेनॉल'** की लिखी हुई कविताएं।

फिर नेपोलियन ने एक लेख लिखा और **'एब्बे रेनॉल'** के पास भेज दिया। एब्बे रेनॉल ने उत्तर में लिखा, **'गहरी खोज करो, फिर इसे दोबारा लिखो।'**

तब नेपोलियन ने कुछ और लेख लिखे, कहानियां लिखीं, परन्तु कोई नतीजा नहीं निकला। हारकर नेपोलियन ने अपने भाई जोसेफ को पत्र लिखा, **"अब मेरे अन्दर लेखक बनने की आकांक्षा खत्म हो चुकी है।"**

फिर उनके भाई ने उत्तर दिया, **"जीतने वाले को सिकंदर कहते हैं और हारने वाले को नेपोलियन।"**

उसके बाद नेपोलियन ने संकल्प लिया और बाद में अपने लेखन से पूरे विश्व में प्रसिद्धि प्राप्त की।

इससे पता चलता है कि यदि आपकी इच्छाएं पूर्ण न भी हों, तब भी आप अपने संकल्प से विचलित न हों।

जब आप किसी नयी चीज के बारे में गहराई से सोचने लगते हैं तब आपकी आंतरिक शक्ति जाग जाती है। फिर आपकी प्रतिभा उसे खोजने में लग जाती है और साहस उसे खींचकर बाहर निकाल लाता है!

एक बार एक अपंग लड़की ने उत्सुकता दिखाते हुए एथलेटिक्स व एथलीटों के बारे में विस्तार से जानना चाहा तो, टीचर ने व्यंग्य करते हुए कहा, **"तुम एथलेटिक्स के बारे में जानकर क्या करोगी? तुमने कभी अपने पैरों की तरफ देखा है? तुम तो ढंग से चल भी नहीं सकती, फिर दौड़ना तो बहुत दूर की बात है। इसलिए तुम खिलाड़ियों के बारे में न जानो तो अच्छा है।"**

लड़की टीचर का उत्तर सुनकर दुखी हुई, फिर उसने पास में पड़ी अपनी बैसाखी उठाई और दृढ़ स्वर में टीचर से बोली, **"ठीक है, आज मैं अपाहिज हूं, चल-फिर नहीं सकती। लेकिन मैं आप सबके सामने संकल्प लेती हूँ कि मैं एक दिन अवश्य ही एथलेटिक्स बनूंगी और कई पदक जीतूंगी। फिर आप यह मानने पर मजबूर हो जाएंगे कि एक अपंग व्यक्ति भी सबकुछ कर सकता है।"**

उसके बाद उसने बिना बैसाखी के चलने का अभ्यास करना शुरू कर दिया। एक दिन वह भी आया, जब वह बिना बैसाखी के चलने लगी। फिर उसने दौड़ने का अभ्यास शुरू किया। उसकी लगन देखकर सब चकित थे।

फिर 1960 के ओलंपिक में उसे दौड़ने का अवसर मिला। तब उसने एक साथ तीन स्वर्ण पदक जीतकर पूरी दुनिया को हैरत में डाल दिया। वह थी टेनेसी राज्य की **'विल्मा गोल्डीन रूडाल्फ'**, जिसने साबित कर दिया था कि संकल्प से मनुष्य असाधारण उपलब्धियाँ प्राप्त कर सकता है।

शायद इसी बात को ध्यान में रखते हुए अमेरिका के राष्ट्रपति बराक हुसैन ओबामा ने कहा था, **"यदि मुझे किसी पेड़ को काटना हो, तब मैं दिए गए आठ घंटों में से छह घंटे कुल्हाड़ी की धार तेज करने में लगाऊंगा और फिर पेड़ को सिर्फ दो घंटों में काट डालूंगा।"**

इसलिए आप भी नीचे लिखी बातों पर ध्यान दें:–

- **पहले यह तय करें कि मेरा सपना क्या है?**
- **फिर सपने को पूरा करने का संकल्प लें।**
- **सपने का ब्लू प्रिंट बनाएं और समय-सीमा निर्धारित करें।**
- **काम को टुकड़ों में बाटें।**
- **काम में सही टैक्निक का प्रयोग करें।**
- **चुनौतियों को स्वीकार करें फिर उन्हें अवसरों में बदलने की कोशिश करें।**
- **उन लोगों से सम्पर्क करें, जो आपके काम में मदद कर सकते हैं।**
- **समय की कीमत समझें।**
- **चिन्ता का त्याग करें।**
- **नकारात्मक व्यक्तियों से दूर रहें।**
- **सपने को तब तक गुप्त रखें, जब तक वह काम में परिवर्तित न हो जाए।**
- **अपनी क्षमता को पहचानें।**
- **अपने अन्दर सफल होने का भाव रखें।**
- **अपनी गलतियों को दूर करते रहें।**
- **तेजी से निर्णय लें।**
- **हार-जीत की बात मन में न लाएं।**
- **विवेक, धैर्य, क्षमा और शान्ति को अपनाएं।**
- **काम बीच में न रोकें।**
- **सही समय पर सही निर्णय लें।**

ठीक वैसे ही, जैसे कि धीरूभाई अम्बानी लेते थे। मुझे याद है जब उनका पाताल गंगा में रिफायनरी का प्लांट लग रहा था, तब उन्होंने अपने प्रोजेक्ट मैनेजर से पूछा था, **"इस प्लांट को लगाने में कितना वक्त लगेगा?"**

प्रोजेक्ट मैनेजर ने कहा, **"कम-से-कम एक साल।"**

फिर धीरूभाई बोले, **"तब तो घाटा हो जाएगा, क्यों न इस प्रोजक्ट को छह महीनों में पूरा किया जाए?"**

तब प्रोजेक्ट मैनेजर बोला, **"परेशानी है सर! हम दिन में तो काम की रफ्तार बढ़ा सकते हैं, लेकिन रात में काम नहीं कर पाते।"**

धीरूभाई ने मुस्कुरा कर कहा, **"तो रात को दिन में बदल दो।"**

इतना कहना था कि उन्होंने बड़े-बड़े लाइटिंग टावर प्लांट में खड़े करा दिए, पूरा प्लांट बिजली की रोशनी से जगमगा उठा, क्योंकि उन्होंने रात को दिन में बदल दिया था। इसलिए छह महीनों में वह प्लांट पूरा हो गया।

इसलिए धीरूभाई अम्बानी बिरला, टाटा और मोदी से आगे निकल गए। अब आपको इन सबसे आगे निकलना है और अपने सपने को साकार करना है, तभी आप अमीर बन सकते हैं। परन्तु इसके लिए आपको अपने सपने का आकार नापना होगा। आकार नापने कि यह प्रक्रिया बहुत ही आसान है, क्योंकि आपको सिर्फ नीचे लिखे प्रश्नों के सामने अपनी सोच के अनुसार सही (✓) का निशान लगाना है:-

1. आप किस तरह के सपने देखते हैं?

a)लक्ष्य से सम्बधिंत। हाँ ☐

b)मारधाड़ वाले। हाँ ☐

c)भूत-प्रेतो के। हाँ ☐

d)फंटासी टाइप के। हाँ ☐

2. सपने में आप क्या करते हैं?

a)खुश होता हूँ। हाँ ☐

b)डरता हूँ। हाँ ☐

c)रोता हूँ। हाँ ☐

d)हँसता हूँ। हाँ ☐

3. सपने आप कब देखते हैं?

a)दिन में खुली आँखों से। हाँ ☐

b)रात में बंद आँखों से। हाँ ☐

c)एकान्त में गमगीन होकर। हाँ ☐

d)चलते-चलते कहीं पर भी। हाँ ☐

4. सपने का समय कितना होता है?

a)दो से पाँच मिनट। हाँ ☐

b)दस से बीस मिनट। हाँ ☐

c)लगभग एक घंटे तक। हाँ ☐

d)केवल कुछ सैकेंड। हाँ ☐

5. सपना देखने के बाद आप क्या करते हैं?

a)उसको हकीकत में बदलता हूँ। हाँ ☐

b)कुछ समय तक याद रखता हूँ। हाँ ☐

c)उस पर सोचता हूँ। हाँ ☐

d)उसे भूल जाता हूँ। हाँ ☐

अब अपने उत्तर जानने के लिए बॉक्स में लगे (✓)सही के निशानों को देखिए-

- **यदि आपने चार निशान (a) पर लगाए हैं, तब आप समझिए कि आप धीरुभाई अम्बानी के पद चिह्नों पर चल रहे हैं और आप निश्चित रूप से अपने सपने को साकार करके अमीर बन सकते हैं?**
- **यदि आपके चार से कम निशान (b) पर हैं, तब आप मुहम्मद ग़ौरी की तरह सफलता पाने की कोशिश कर रहे हैं, इसलिए आपको अमीर बनने में समय लगेगा।**
- **लेकिन तीन से अधिक (c) वाले निशान चुनने वाले लोग अपने भविष्य के बारे में गंभीरता से सोचें। क्योंकि उनका नसीब चाहता है कि वे अमीर बनें, परन्तु उन्हें कड़ी मेहनत के लिए तैयार रहना होगा।**
- **परन्तु (d) वाले निशान चुनने वालों को काइजेन के सिद्धांन्त को अपनाना होगा।**

काइजेन एक जापानी शब्द है और इसका मतलब होता है, अपनी काबलियत में थोड़ा-थोड़ा सुधार करते रहना।

इसलिए जापानी समाज में इसका बहुत महत्व है, क्योंकि यह सिद्धांत उन्हें बौद्ध धर्म से मिला है। आज मनोवैज्ञानिक भी यही करते हैं कि अगर आप रोज़ एक ही विषय पर ध्यान देते रहें, तो वक्त बीतने के साथ-साथ आपके सामने उस विषय के इतने नए आयाम खुलते चले जाएंगे कि आपको इस बात का एहसास ही नहीं होगा कि कब आप उस विषय के एक्सपर्ट हो गए।

शायद हमारे ऋषियों और संतों को इस सिद्धांत के बारे में पहले से ही पता था, इसीलिए उन्होंने इस कहावत को रचा था:-

''करत करत अभ्यास के जड़मति होत सुजान।''

यानी लगातार अभ्यास करते रहने से सफलता मिलती है, जोकि काइजेन के सिद्धांत को दर्शाती है। परन्तु काइजेन शब्द का इस्तेमाल सबसे पहले जापान में योद्धा या समुराइयों को तलवारबाज़ी सिखाने के लिए किया गया था। वहाँ पर एक ऐसा समुराई था, जो लगातार तीस सालों तक जीतता रहा। उसका नाम 'मियामोतो मुसाशी' था।

मुसाशी ने अपने जीवन के अंत में एक किताब लिखी, जिसका नाम **'द बुक ऑफ फाइव रिंग्स'** था, उसमें मुसाशी ने काइजेन के सिद्धांत की चर्चा करते हुए कहा था, **"हर दिन का थोड़ा सुधार, बड़े विकास की नींव रखता है।"**

तभी तो महान चीनी दार्शनिक लाओत्यू ने कहा है,, **"हजार मील का सफर एक-एक कदम बढ़ाकर ही तय किया जाता है।"**

जबकि मियामोतो मुसाशी एक समुराई था और 19वीं शताब्दी के अंत में जापान सरकार ने समुराई प्रथा पर प्रतिबंध लगा दिया था। इसलिए उनकी इस विद्या का ज्ञान दुनिया में देर से आ पाया क्योंकि जापान ने तब दो युद्ध लड़े थे और अंत में वह पूरी तरह तबाह हो गया था।

उस समय जापान की छवि एक ऐसे देश की थी, जो सस्ती और खराब चीजें बनाता था। फिर **'जापानी सामान'** एक मुहावरा बन गया, जिसका मतलब होता था कि सामान खराब है।

लेकिन द्वितीय विश्व युद्ध के बाद जापान ने तेजी से प्रगति की, फिर उसके उत्पादनों की क्वालिटी अच्छी हो गई।

उसके बाद जापानी कार निर्माताओं ने अमेरिका के कार निर्माताओं को उन्हीं के बाजार में मात देनी शुरू कर दी, फिर अमेरिका विश्वविद्यालय के प्रबंधन और दर्शन विभाग के प्रोफेसर डा.लारेंस पीटर ने इस पर रिसर्च की और पता लगाया कि वो कौन-से कारण हैं, जिन्होंने जापान को इतनी तेजी से प्रगति करने में मदद दी?

उस रिसर्च ने प्रबंधन का एक महत्वपूर्ण सिद्धांत दिया कि **"हर व्यक्ति कभी न कभी सीखने की प्रक्रिया छोड़ देता है और नई चुनौतियों का सामना करने में खुद को असमर्थ पाता है। परन्तु कायजेन का नियम उससे काम करवाता है।"**

एक चीनी कहावत है कि मणि रगड़े बिना चमक नहीं सकती और मनुष्य पढ़े-लिखे बिना विद्वान नहीं बन सकता। लेकिन धीरुभाई अम्बानी ने विश्व का नम्बर वन अमीर बनकर इस कहावत को झूठा साबित कर दिया है!

पीटर, कायजेन के सिद्धान्त को जानने के बाद, जापान की सफलता से इतने प्रभावित थे कि बाद में उन्होंने जापानी कम्पनियों का निरीक्षण किया और जाना कि बाहर से जापानी कम्पनियाँ अमेरिकी कम्पनियों की तरह काम करती नजर आती हैं, लेकिन कम्पनी के अन्दर काम करने की शैली काफी अलग है।

क्योंकि जापानी कम्पनियों ने काइजेन के सिद्धांत को अपना रखा था, जो कि उनके काम करने के तरीकों को दर्शाता था। तब मियामोतो मुसाशी की किताब **'द बुक्स ऑफ फाइव रिंग्स'** जापानी कम्पनियों का हिस्सा बन चुकी थी।

भारतीय शास्त्रों में भी आध्यात्म के क्षेत्र में **'अभ्युदय'** शब्द का इस्तेमाल होता है, जिसका अर्थ है, **'जो उदय हो रहा हो।'** जबकि आध्यात्मिक गुरु रविशंकर का मानना है कि उत्थान पर जोर नहीं दिया जाना चाहिए।

क्योंकि भारतीय चिंतन मानता है कि उत्थान के प्रति दीवानगी व्यक्ति को गलत रास्ते पर ले जा सकती है। और विवेक को खत्म कर सकती है। क्योंकि इस सिद्धांत को अपनाने के बाद व्यक्ति तत्काल फायदे से प्रेरित होकर फैसले करने लगता है। जिसकी वजह से उसका नजरिया सिकुड़ने लगता है और उत्थान पतन की ओर अग्रसर हो जाता है।

जबकि **'अभ्युदय'** में दो बातें महत्वपूर्ण होती हैं। एक श्रद्धा और दूसरा संयम। इन दो बातों की मदद से व्यक्ति लगातार अपने हर कदम को देखता चलता है।

जब कोई व्यक्ति जिन्दगी के किसी भी क्षेत्र में इन दो सिद्धांतों का इस्तेमाल सही ढंग से करना सीख जाता है, तब वह लगातार अपनी स्थिति बेहतर बनाता है।

अमेरिका के आर्थिक जगत में आई मंदी का कारण भी यही है। जबकि अमेरिकी बहुत बुद्धिमान हैं, परन्तु अधिक मुनाफा कमाने की चाह में वे खुद को बदलती स्थितियों के लिए तैयार नहीं कर पाए।

पहले सब कुछ ठीक चल रहा था, इसलिए किसी को शिकायत नहीं थी। परन्तु जब मंदी का दौर आया, तो उस समस्या को सुलझाने की काबलियत किसी ने नहीं दिखाई।

अगर वे **'अभ्युदय'** के सिद्धांत पर चलते, तो जनता के पैसे का सदुपयोग करते। जनता की भावनाओं की कद्र करते। जिन्होंने पूरे विश्वास के साथ उन्हें पैसा सौंपा था।

लेकिन जल्दी मुनाफा कमाने के बजाए यदि वे संयम से काम लेते, तो उनके काम की गुणवत्ता बढ़ती, फिर मुनाफा भी धीरे-धीरे लगातार बढ़ता और उन संस्थानों की साख पुख्ता हो जाती। क्योंकि लगातार सुधार वो सिद्धांत है, जो असफलता की संभावना को जड़ से खत्म कर देता है।

आपने सुना होगा कि नेपोलियन ने जब एलप्स पर्वत को लांघने की घोषणा की थी, तब वह अपनी सेना लेकर निकल पड़ा था। फिर उसने तलहटी में खड़े होकर पहाड़ की दुर्गमता का अंदाजा लगाया, उसके बाद सेना को आगे बढ़ने का आदेश दिया था।

तब पास में ही एक बुढ़िया लकड़ी काट रही थी। उसने कहा, **"क्यों जान दे रहे हो? तुम्हारे जैसे कितने आए और मुंह की खाकर चले गए।"**

यह सुनकर नेपोलियन ने अपने गले से हीरे का हार उतारकर बुढ़िया को दिया और कहा, **"आपने मेरा उत्साह कई गुना बढ़ा दिया है, क्योंकि मैं भी और लोगों की तरह मरना चाहता हूं। अगर बच गया तो मेरी जय-जयकार करना।"**

बुढ़िया बोली, **"तुम पहले ऐसे इंसान हो, जो मेरी बात सुनकर हताश नहीं हुए, लेकिन यह सच है कि जो सच्चे मन से कुछ करने की ठान लेता है, वह कभी नहीं हारता।"**

कहते हैं कि परिवर्तन के तूफान को कोई नहीं रोक सकता। तभी तो यमुना किनारे गोपियों के वस्त्र छिपाने वाले कृष्ण महाभारत से निकलकर अब बिजनेस स्कूलों तक पहुँच गए हैं!

इसलिए आपका सपना नेपोलियन की तरह बड़ा होना चाहिए, जो आपको ऊंचा उठा सके; जिसे प्राप्त करने पर उत्साह बढ़े, सम्मान बढ़े और जो आपकी लोकप्रियता में चार-चाँद लगाए।

क्योंकि अब विज्ञान ने सपनों की दुनिया का विस्तार कर दिया है और सपनों का दायरा इतना बढ़ा दिया है कि एक किसी भी छोटे से उद्योग से आप अमीर बन सकते हैं।

नारायणमूर्ति ने जब सॉफ्टवेयर कम्पनी का सपना देखा था, तब उनके पास पैसे नहीं थे। तब उनकी पत्नी ने 1982 में उन्हें दस हजार रुपये अपने गहने बेचकर दिए थे और चालीस हजार उनके चार साथियों ने लगाए थे। तब जाकर उन्होंने अपनी कम्पनी की शुरुआत की थी।

लेकिन अपनी क्षमता, आत्मविश्वास और उम्मीद के बल पर उन्होंने **'इन्फोसिस टेक्नोलॉजी'** को विश्व की नम्बर वन कम्पनियों में दर्ज करा दिया है। आज नारायणमूर्ति फोब्स की सूची में 15वें नम्बर के अमीर हैं।

इसलिए सपने देखो, लेकिन उन्हें साकार करने के लिए उम्मीद के साथ आगे बढ़ो। क्योंकि अमीर बनने का विज्ञान कहता है कि आपके सपने एक दिन अवश्य साकार होंगे। ■

"सबसे अच्छा सपना वह होता है जो आपके दिमाग पर हावी हो जाता है और आपको दिवाना बना देता है फिर आप जुट जाते हैं उस सपने को पूरा करने के लिए।"

गाँधी जी कहा करते थे

जीने के लिये साहस जरूरी है!

शादी के लिये प्यार जरूरी है!

ताकत के लिये व्यायाम जरूरी है!

मरने के लिये कफन जरूरी है!

लेकिन मैं कहता हूँ

त्याग किये बिना मदर टेरेसा नहीं बना जा सकता!

विष पिए बिना ओशो नहीं बना जा सकता!

सघंर्ष किये बिना ओबामा नहीं बना जा सकता।!

और रिस्क लिये बिना अमीर नहीं बना जा सकता।

दूसरा सिद्धांत

अपने अन्दर आत्मविश्वास जगाइए

आत्मविश्वास अमीर बनने की दूसरी शर्त है। यदि आपके अन्दर आत्मविश्वास है तब आप हर परिस्थिति में सफलता प्राप्त कर सकते हैं। क्योंकि स्वामी विवेकानन्द ने कहा है, ***"You Can do Anything And Everything. You Can Move The Mountains And Drain The Oceans. You Are Almighty if Faith In Over Selves."***

यानी आप वह सब कर सकते हैं, जो आप सोचते हैं।

अभी कुछ महीने पहले मैं मुम्बई में एक बिजनेस सेमिनार में बोल रहा था। विषय था **'बड़ा सोचो, बड़ा बनो, सपनों को साकार करो!'**जोकि मेरी पूर्व प्रकाशित पुस्तक का टाइटल भी था।

इस विषय पर बोलते हुए जब आत्मविश्वास की बात चली, तब एक बिजनेसमैंन ने मुझसे पूछा, **"मेरे अन्दर आत्मविश्वास की कमी है, जिसकी वजह से मेरा व्यापार नहीं बढ़ रहा। दस साल पहले मेरा टर्नओवर जहाँ था, आज भी वहीं पर टिका हुआ है। जबकि मैं अपने व्यापार को बढ़ाना चाहता हूं। क्या आप मुझे बता सकते हैं कि मैं अपने अन्दर आत्मविश्वास कैसे पैदा करूँ?"**

तब मैंने उनसे कहा, मैं आपको एक कहानी सुनाता हूँ। बुलन्दशहर के पास एक गाँव था, सोनापुर वह नदी के किनारे बसा हुआ था। गाँव के लोग खेती-बाड़ी का काम करते थे और महिलाएं उनका हाथ बंटाती थीं। कुछ दिनों बाद उनकी मेहनत रंग लाने लगी, फिर गाँव के सारे लोग अमीर होने लगे।

लेकिन धन-दौलत आने के बाद धीरे-धीरे लोगों ने मेहनत करनी छोड़ दी और अपने पैसे को मौज-मस्ती में लुटाने लगे, जिससे गाँव की हालत बिगड़ने लगी। फिर नदी सूख गयी और गाँव में सूखा पड़ गया। पशु-पक्षी मरने लगे, चारों तरफ हाहाकार मच गया।

तब अचानक गाँव में एक साधु बाबा आए। लोग बाबा के चरणों में गिर पड़े और बोले, **"बाबा, हमें बचा लो, गाँव पूरी तरह से गरीब हो चुका है, यदि ऐसा कुछ दिनों तक और चला, तो गाँव के लोग भूख से मर जाएंगे।"**

बाबा ने कहा, **"तुम लोगों को शाप लगा है, क्योंकि तुमने धन का दुरुपयोग किया है। यदि फिर से मेहनत करने लगोगे, तो सब ठीक हो जाएगा।"**

साधू की बात सुनकर लोगों की आँखें खुल गयीं। उनके अन्दर सोया हुआ आत्मविश्वास फिर से जाग उठा। उसके बाद उन्होंने पहले से भी ज्यादा मेहनत की। फिर गाँव में चारों तरफ हरियाली छाने लगी, नदी पानी से भर गयी, खेत लहराने लगे, और फिर धीरे-धीरे लोग अमीर बनते चले गए।

कुछ इसी तरह से आपको अपने अन्दर आत्मविश्वास पैदा करना है। क्योंकि साधू की भूमिका अदा करने के लिए मैं आपके बीच हूँ। मैं आपके अन्दर आत्मविश्वास पैदा करूँगा। ठीक वैसे ही जैसे कि भगवान कृष्ण ने अर्जुन के अन्दर पैदा किया था।

बड़ी से बड़ी चट्टान का अस्तित्व तब खत्म हो जाता है जब मनुष्य उस चट्टान को लांघने की कोशिश करता है। क्योंकि जुनून से भरे मनुष्य की कोई सीमा नहीं होती सिर्फ लक्ष्य होता है!

जबकि अर्जुन ने युद्ध शुरू होने से पहले ही हथियार डाल दिए थे। लेकिन भगवान कृष्ण द्वारा मोटिवेट करने पर उसके अन्दर आत्मविश्वास जागा था और वह युद्ध करने के लिए तैयार हुए थे।

क्योंकि आत्मविश्वास आत्मा की सत्ता पर विश्वास की शक्ति है, परन्तु यह मनोबल नहीं है। जबकि मनोबल गलत राह पर चलने वाले व्यक्ति में भी हो सकता है।

रावण, दुर्योधन, हिटलर, ओसामा बिन लादेन का मनोबल ऊंचा हो सकता है, लेकिन उसे आत्मविश्वास नहीं कह सकते। इसलिए अमेरिका में एक कहावत बहुत प्रचलित है-

'Say And Feel, I Am Important.'

यानी आत्मसत्ता ही दृढ़विश्वास का दूसरा नाम है। तभी तो किसी शायर ने कहा है-

मंजिल है तेरे सामने, दिल में उत्साह तू जगा।
बुंलदियों को छूना है, तो आसमान को झुका॥

इसका मतलब है कि मन जब किसी लक्ष्य पर काम करता है, तब

आत्मविश्वास पैदा होता है। आपने कोलम्बस का नाम अवश्य सुना होगा। जब वह अपना सब कुछ दांव पर लगाकर भारत की खोज करने निकला था, तब एक समय ऐसा आया, जब सागर की भयंकर लहरों को देखकर उसके कुछ साथी बुरी तरह से घबरा गए। फिर उन्होंने कोलम्बस को सलाह दी, **"अब आप आगे न बढ़ें, क्योंकि महासागर की लहरों का ताण्डव भयानक है और आगे कदम बढ़ाने का अर्थ है, मौत के मुँह में प्रवेश करना।"**

परन्तु कोलम्बस ने उनकी बात नहीं मानी, वह आत्मविश्वास के साथ निरंतर आगे बढ़ता गया और अन्त में अमेरिका को खोजने में सफल हो गया।

क्योंकि सफलता आगे बढ़ते रहने से मिलती है, पीछे लौटने से नहीं। इसलिए आगे बढ़ो! युद्ध के समय अपने सिपाहियों से वीर ऊदल ने भी यही का था-

जिन्हें प्यारी हैं घर की खुशियाँ, वो वापस अपने घर जाएं।
जिन्हें प्यारे हैं आल्हा-ऊदल, वो मेरे साथ तलवार चलाएं॥

इसलिए आप जहां भी हैं, जैसे भी हैं, उससे आगे बढ़ने की सोचें और चुनौतियों को स्वीकारें।

छोटे से बड़ा होना प्रकृति का नियम है। पीछे देखने वाले के सामने अवसर का केवल गंजा सिर होता है। इसलिये आपको आगे बढ़ना है और अपने बराबर वालों को लांघकर आगे पहुँचना है।

क्योंकि समुद्र की उफनती हुई तरंगों ने कोलम्बस को यही संदेश दिया था कि मेरे साथ बढ़े चलो। देववाणी में भी यही कहा गया है:-

''समपति क्राम, उत्क्रामत पुरुषः''

अर्थात् परिश्रम से, जवाबदेही से, भागो मत। पुरुषार्थ से अपने भाग्य को बदलो। आर्य वीर बनों, तुम सुधरोगे तो जग सुधरेगा, तुम बदलोगे तो जग बदलेगा।

एतरेय ब्राह्मण में भगवान इन्द्र भी यही कहते हैं, **"परिश्रम करने वाले को सफलता मिलती है, इसलिए चलते चलो, चलते चलो, बैठे हुए व्यक्ति का भाग्य बैठ जाता है और जो उठता है, उसका भाग्य उठता है।"**

विन्दति भी यही कहती है, "***Resting is Rusting.***" यानी पड़े रहने से जंग लग जाता है। काम में आने वाली चाबी हमेशा चमकदार बनी रहती है, "***Used Key is Always Bright.***" इसलिए जवाहरलाल नेहरू ने नारा दिया था, **"आराम हराम है।"**

क्योंकि जवाहर लाल नेहरू अब्राहम लिंकन के जीवन से बहुत अधिक प्रभावित थे। लिंकन जब छोटे थे, तब उनके माता-पिता इतने गरीब थे कि वे रात में प्रकाश की व्यवस्था भी नहीं कर पाते थे तो लिंकन का पड़ोसी बढ़ई अपना बुरादा जलाकर उनके प्रकाश की व्यवस्था करता था।

जबकि लिंकन कठोर परिश्रमी थे। पढ़ाई के साथ-साथ वे अपने पिता के कामों में भी हाथ बंटाते थे। एक दिन उन्होंने अपने टीचर मैटर ग्राहम से पूछा, **"मैं प्रभावशाली, आकर्षक, भाषा में स्पीच देना सीखना चाहता हूं। कोई उपाय बताइये।"**

टीचर ने कहा, **"इसके लिए आपको प्रिंस ग्रामर का अध्ययन करना होगा। परन्तु यह किताब यहां से 15 किलोमीटर दूर वेस्टन सिटी में मिलेगी।"**

"15 किलोमीटर की दूरी, कोई दूरी होती है!" अब्राहम लिंकन ने लापरवाही से कहा, फिर किताब लेने के लिए पैदल चल दिए और कुछ ही घंटों में किताब लेकर आ गए। अन्त में वह अपने इन्हीं गुणों के कारण झोपड़ी से व्हाइट हाउस तक पहुँचे थे।

कुछ ऐसी ही कहानी जॉन क्रीसे की भी है, जो जन्म से पोलियो के शिकार थे। उनके पैर बेकार थे, वे चल-फिर नहीं सकते थे। उन्हें एक जगह से दूसरी जगह जाने के लिए हाथों के बल घिसटना पड़ता था।

उनके मजदूर माता-पिता इतने गरीब थे कि वे परिवार के लिये दो जून की रोटी भी कठिनाई से जुटा पाते थे।

ऐसी विकट परिस्थितियों में जॉन-प्ले क्रीसे अपनी निष्ठा, लगन परिश्रम के कारण विश्व के महान साहित्यकार बने।

समस्या के अंदर ही समाधान छिपा होता है। इसलिए समस्या के बारे में रचनात्मक तरीके से सोचिए फिर समाधान आपको खुद ही नजर आने लगेगा।

'हैरी पॉटर ऐंड द फिलॉसफर्स स्टोन' की विश्वविख्यात लेखिका जे०के० रोलिंग ने जब अपना पहला उपन्यास लिखा था, तब कभी-कभी उन्हें कागज़ के अभाव में रद्दी की कतरनों पर भी लिखना पड़ता था। लेकिन जब वह प्रकाशित हुआ, तब वे दुनिया की महानतम लेखिका बन गयीं।

ऐसे न जाने कितने लोग हैं, जिन्होंने अपने आत्मविश्वास के बल पर सफलता प्राप्त की। स्कूल के दिनों में मैंने एक कहानी पढ़ी थी, जिसमें बादशाह अकबर दीवाने-ख़ास में खड़े संतरी की पगड़ी की तरफ इशारा करते हुए बीरबल से पूछते हैं, **"यह क्या है?"**

तब बीरबल जवाब देता है, **"यह पगड़ी है हुजूर!"**

फिर अकबर संतरी के सिर से पगड़ी उतार कर खोल लेते हैं और उसे अपनी कमर पर बांधकर बीरबल से पूछते हैं, **"यह क्या है?"**

बीरबल कहता है, **"कमरबंद हुजूर!"**

उसके बाद अकबर उसे खोलकर पूरा फैला देते हैं और पूछते हैं, **"अब यह क्या है?"**

बीरबल फिर कहता है, **"कपड़ा हुजूर!"**

बीरबल के जवाब से पता चलता है कि मनुष्य के अन्दर आत्मविश्वास होना कितना जरूरी है। एक ही चीज आपके लिए कितने रोल अदा कर सकती है, यह आपके आत्मविश्वास पर निर्भर करता है।

यही वजह है कि दो आदमी एक तरह का व्यापार करते हैं, दोनों के पास एक जैसे साधन होते हैं। परन्तु इनमें से एक आदमी करोड़पति बन जाता है और दूसरा वहीं स्थिर रह जाता है।

दुनिया तेजी से बदल रही है। लेकिन यह पुस्तक दुनिया को बदलने के बारे में नहीं है। यह पुस्तक सिर्फ आपको बदलने के बारे में है ताकि आप बदलती दुनिया में गरीबी का दुःख न झेल सकें।

इसलिए हम कह सकते हैं कि आत्मविश्वास वह शक्ति है, जो हमें सही मार्ग पर ले जाने के लिये प्रोत्साहित करती है और विकट परिस्थिति में हमारा साथ देती है।

इस बात को समझने के लिये मैं आपको एक कहानी सुनाता हूँ। एक बार एक गाँव में भयंकर सूखा पड़ा। जिन दिनों रिमझिम-रिमझिम बारिश की झड़ी लगनी चाहिए थी, उन दिनों आकाश से अग्निवर्षा हो रही थी। सबकुछ झुलसा जा रहा था। हालात के मारे गाँव के कुछ लोग एक संत के पास गए और उनसे अनावृष्टि से मुक्ति का उपाय पूछा।

संत ने कहा कि यदि गाँव के सभी लोग, चाहे वे स्त्रियां हों या पुरुष, बच्चे हों या बूढ़े, हिंदू हों या मुसलमान, मिलकर एक साथ वर्षा के लिये प्रार्थना करें, तो अवश्य ही वर्षा होगी।

संत के सुझाव के अनुसार एक निश्चित समय पर गाँव के सभी लोग एक विशेष स्थान पर एकत्र हो गए। प्रार्थना में भाग लेने के लिए एक छोटा बच्चा भी आया था, जिसके हाथ में एक छाता था।

लोगों को बच्चे के हाथ में छाता देखकर बड़ा आश्चर्य हुआ। किसी ने पूछा, **"बेटे! न तो आसमान में बादलों का कोई चिह्न है और न ही किसी प्रकार से बारिश के आसार हैं, फिर तुम छाता लेकर क्यों आए हो?"**

बच्चे ने जवाब दिया, **"जब प्रार्थना के बाद बारिश होगी, तो क्या मैं भीगते हुए घर जाऊंगा? मैं भीगना नहीं चाहता, इसीलिये छाता साथ लेकर आया हूँ।"**

प्रार्थना में जब इस प्रकार का दृढ़ विश्वास हो, तभी वह सार्थक प्रार्थना हो सकती है। जिस प्रार्थना में विश्वास नहीं, वह प्रार्थना न होकर मात्र दिखावा है। प्रार्थना तो केवल विश्वास है, जिसमें शब्दों की आवश्यकता नहीं होती।

लेकिन प्रार्थना करने का ज्ञान होना जरूरी है, तभी प्रार्थना सफल होती है। इसलिए अपने ज्ञान को परखिए और पता लगाइए कि आपके अन्दर कितना आत्मविश्वास है?

1. **पड़ोसी से झगड़ा होने पर आप क्या करते हैं?**
   a)सुलझाने की कोशिश करता हूँ। हाँ ☐
   b)ईंट का जवाब पत्थर से देता हूँ। हाँ ☐
   c)शान्त होकर बैठ जाता हूँ। हाँ ☐
2. **पत्नी से झगड़ा होने पर आप क्या करते हैं?**
   a)शान्त रहता हूँ। हाँ ☐
   b)माफी माँग लेता हूँ। हाँ ☐
   c)घर से भाग जाता हूँ। हाँ ☐
3. **गाड़ी से जाते समय दोस्त के मिलने पर आप क्या करते हैं?**
   a) रुककर लिफ्ट देता हूँ। हाँ ☐
   b) झांककर हाथ हिलाता हूँ। हाँ ☐
   c) स्पीड तेज कर लेता हूँ। हाँ ☐
4. **जूनियर से गलती होने पर आप क्या करते हैं?**
   a) उसे ठीक करने में मदद करता हूँ। हाँ ☐
   b) उसे डांट पिलाता हूँ। हाँ ☐
   c) उसे नौकरी से निकाल देता हूँ। हाँ ☐
5. **मदद करने के बाद आप क्या सोचते हैं?**
   a) वह मेरा शुक्रिया अदा करे। हाँ ☐
   b) वह मेरा अहसान माने। हाँ ☐
   c) वह मेरे काम आए। हाँ ☐
6. **किसी के फायदा उठाने पर आप क्या करते हैं?**
   a)मुझे बुरा लगता है। हाँ ☐
   b)मुझे कोई फर्क नहीं पड़ता। हाँ ☐
   c)मुझे पता नहीं चलता। हाँ ☐
7. **क्या आप टीम में काम करना पसन्द करते हैं?**
   a)हाँ हाँ ☐
   b)नहीं हाँ ☐
   c)मैं बॉस बनना पसन्द करूँगा। हाँ ☐

8. **आपके कर्मचारी आपके साथ फ़िल्म देखना चाहते हैं तब आप क्या करते हैं?**

a)उनका साथ देता हूँ। हाँ ☐

b)उनको डांट देता हूँ। हाँ ☐

c)उनको टाल देता हूँ। हाँ ☐

9. **क्या आप अपनी आय का एक हिस्सा दान में देते हैं?**

a)नियमित रूप से। हाँ ☐

b)कभी-कभी। हाँ ☐

c)कभी नहीं। हाँ ☐

10. **ऑफिस में पत्नी का फोन आने पर आप क्या करते हैं?**

a)बात को ध्यान से सुनता हूँ। हाँ ☐

b)काम में व्यस्तता दिखाता हूँ। हाँ ☐

c)जल्दी बात खत्म करता हूँ। हाँ ☐

11. **काम करते समय आप कैसा महसूस करते हैं?**

a)जोश से भर जाता हूँ। हाँ ☐

b)नरवस हो जाता हूँ। हाँ ☐

c)परेशान हो जाता हूँ। हाँ ☐

अब अपना आत्मविश्वास जानने के लिए **'हाँ'** पर (✓) सही का निशान लगे उत्तर की गणना कीजिए।

यदि आपका जोड़ 10 से 20 के बीच है, तब आप सिर्फ काम निपटाने में विश्वास करते हैं, काम करने में नहीं। अगर आप मन लगाकर काम करेंगे, तो आत्मविश्वास और बढ़ेगा।

परन्तु जोड़ 20 से 25 के बीच होने पर इस बात को सुनिश्चित कर लें कि आपके अन्दर आत्मविश्वास तो है, लेकिन आप एकाग्र होकर काम नहीं करते। इसलिए आप पुस्तक को ध्यान से पढ़ें।

परन्तु 25 से 30 के बीच उत्तर **'हाँ'** में होने पर समझ सकते हैं कि आप मन से बलशाली हैं और आत्मविश्वास के धनी हैं। आप परिस्थितियों के दास नहीं हैं, आप परिस्थितियों को मोड़ सकते हैं। आपके अन्दर इतिहास रचने की चाहत है। ठीक वैसे ही जैसे कि धीरुभाई अम्बानी में थी और उन्हीं की तरह आपके जीवन का एक निश्चित लक्ष्य है।

आप सिद्धांतों पर चलना पसन्द करते हैं, क्योंकि आप जानते हैं कि सिद्धांतविहीन व्यक्ति का नाम इतिहास के पन्नों में दर्ज नहीं होता। लोग उसके नाम से घृणा करते हैं।

क्या ओसामा बिन लादेन, हिटलर, जयचंद, रावण एवं दुर्योधन का कोई नाम लेना चाहता है? जबकि उन्होंने अपने जीवन में सफलता प्राप्त की।

इसके विपरीत आत्मविश्वास से धनी व्यक्ति की चाल में मस्ती होती है, वाणी में ओज होता है और चेहरे पर चमक होती है। उसका अपना सिद्धांत होता है, जिस पर चलकर वह अमीर बनता है।

वैज्ञानिक न्यूटन भी कुछ इसी तरह के इंसान थे। वे रात-दिन अनुसंधान में लगे रहते थे और जब उनके साथी गहरी नींद सो जाते थे, तब वह अपनी कुर्सी पर बैठकर शोध करते थे।

आप अपनी सफलता के इन्जीनियर खुद बन सकते हैं। लेकिन आपको अपनी आत्मा रूपी ईंट और जीवन रूपी सिमेंट उस जगह पर लगाना होगा, जहाँ आपका लक्ष्य सीना ताने खड़ा है, फिर आपकी सफलता की मजबूत इमारत खड़ी हो सकती है।

एक दिन उनके कुत्ते की गलती से लैम्प गिर गया, जिससे उनके शोध-पत्र जलकर खाक हो गए। कुछ दिनों तक वह चिंतित रहे, लेकिन फिर उन्होंने अपना आत्मविश्वास जगाया और सिद्धांतो को हकीकत में बदल दिया।

क्योंकि आत्मविश्वास कठिनाईयों से जूझने की प्रेरणा देता है, इसीलिये स्वामी विवेकानन्द न्यूटन के पदचिह्नों पर चलते थे।

एक बार जब स्वामी विवेकानन्द शिकागो सम्मेलन में भाग लेने जा रहे थे, तब प्लेन में उनकी मुलाकात जमशेद टाटा से हुई। वह इस्पात की नई तकनीक खोजने के लिये विदेश जा रहे थे। लेकिन पैसे की कमी से परेशान थे।

तब स्वामी जी ने उन्हें दिलासा देते हुए कहा, **"आत्मविश्वास रखो, सब ठीक हो जाएगा।"**

टाटा ने उनसे प्रेरणा ली और फिर टाटा-स्टील की स्थापना कर दी। आज पूरे विश्व में टाटा का नाम है।

एंड्रयू कारनेगी की कहानी भी कुछ ऐसी ही है, वह ब्रिटेन की एक स्टील फैक्ट्री में चपरासी थे। परन्तु उनमें लगन और आत्मविश्वास था। इसलिये वह सोचते थे कि एक दिन मैं बड़ा आदमी बनूंगा, बाद में वह ब्रिटिश स्टील के मालिक बने।

इसलिए हम कह सकते हैं कि आत्मविश्वास में बड़ी शक्ति है। इसी आत्मविश्वास के कारण महाशियां दी हट्टी के महाशय धर्मपाल गुलाटी मसालों के बादशाह बने।

आज भी धर्मपाल जी जब किसी कार्यक्रम में जाते हैं, तब फोटोग्राफरों में उनके फोटो खींचन की होड़ लग जाती है।

वह 1923 में पाकिस्तान में स्थित सियालकोट के मुहल्ला मियानापुरा के एक मध्यम वर्गीय परिवार में पैदा हुए थे और वह अपने तीन भाईयों में सबसे बड़े थे। लेकिन पढ़ाई में उनका कभी मन नहीं लगा, इसलिए वे पांचवीं कक्षा भी पास नहीं कर पाए।

तब उनके पिता महाशय चुन्नीलाल गुलाटी सियालकोट के बाजार में पंसारी (मिर्च मसाले) की दुकान **'महाशय दी हट्टी'** चलाते थे।

आपकी विचार-शक्ति आपके चरित्र का निमार्ण करती है। क्योंकि विचार-शक्ति से प्रतिभा का जन्म होता है। इसलिए अपने विचारों पर ध्यान दीजिए और पुरूष से पुरूषोत्तम बनने की कोशिश कीजिए। क्योंकि आपके विचार जितने प्रबल और श्रेष्ठ होंगे, आप उतने ही अमीर बन जाएंगे।

मगर धर्मपाल जी का मन पंसारी की दुकान में नहीं लगा। पिता ने उन्हें कांच का सामान बेचने वाली दुकान पर लगाया, लेकिन वहां भी मन नहीं लगा। बाद में साबुन बनाने के काम में लगाया, वहां भी बात नहीं बनी। तब उनके पिता ने उन्हें बढ़ई की दुकान पर काम के लिए भेज दिया।

परन्तु धर्मपाल जी को तो कुछ और ही बनना था। इसलिए वह उस काम को भी छोड़ आए। बाद में उनके पिता ने उन्हें अपनी ही दुकान पर हिसाब-किताब का काम सिखाने के लिए बैठा लिया। परन्तु 1947 में देश के विभाजन के समय पाकिस्तान में मारकाट फैल गई, तब उनके परिवार को भारत आना पड़ा।

शुरुआती दौर में पूरे परिवार ने अमृतसर की रिफ्यूजी सड़कों पर डेरा डाला, परन्तु गुज़र-बसर के लिए धर्मपाल जी दिल्ली आ गए। तब उनके पास पिता से मिले सिर्फ 1,500 रूपये थे, फिर रोटी कमाने के लिए उन्होंने 650 रूपये में घोड़ा-तांगा खरीदा और कुतुब रोड से नई दिल्ली रेलवे स्टेशन के बीच दो आने सवारी पर तांगा चलाने लगे। लेकिन इस काम में भी उनका मन नहीं लगा।

क्योंकि उन्हें तजुर्बा सिर्फ मिर्च मसालों का था, इसीलिए उन्होंने उसी काम को आगे बढ़ाने का फैसला लिया। फिर तांगा बेचकर सबसे पहले उन्होंने अजमल खां रोड पर एक खोखा खरीदा और वहीं से मसालों का काम शुरू किया।

1948 के अंत में सरकार ने खोखे के बदले ग़फ्फार मार्केट में दुकान अलॉट कर दी। फिर बाद में उन्होंने खारी बावली में भी दुकान ले ली। करोबार आगे बढ़ता गया और साठ के दशक में **'महाशियां दी हट्टी'** नाम मशहूर हो गया।

इस दौरान जहां पर मसाले पिसवाए जाते थे, वहां के लोगों ने उसमें मिलावट शुरू कर दी। इससे निजात पाने के लिए उन्होंने कीर्ति नगर में प्लॉट खरीदा और पूरा प्लांट वहीं पर स्थापित कर दिया। बाद में महाशियां दी हट्टी **'एम.डी.एच.'** बनकर उभरा, फिर मसालों का निर्यात भी शुरू हो गया।

आजकल उनकी कम्पनी में 1,100 से अधिक कर्मचारी काम करते हैं और उनका वार्षिक टर्न ओवर 500 करोड़ का है।

जिस तरह डॉक्टर बीमारी का अध्ययन करके रोग खोजते हैं। पंडित पापों का अध्ययन करके उपचार खोजता है। ठीक वैसे ही इस पुस्तक को पढ़कर आप अमीर बनने का फार्मूला खोज सकते हैं!

लेकिन सुधा नारायणमूर्ति के अमीर बनने की कहानी एक दम अलग है। करीब तीन दशक पहले बैंगलूर में इन्जीनियरिंग करने के बाद कम्प्यूटर इन्जीनियर सुधा ने देश की प्रतिष्ठित कम्पनी टेल्को का रिक्रूटमेंट ऐड पढ़ा। सब कुछ ठीक था, बस एक लाइन पर वह अटक गयीं। वह लाइन थी, **"कृपया फीमेल्स कैंडिडेट अप्लाई न करें।"**

क्योंकि टेल्को तब पुरुषों को ही भर्ती किया करता था, लेकिन सुधा ने हिम्मत नहीं हारी। उसने टाटा ग्रुप के फाउंडर जे.आर.डी. टाटा को एक लैटर लिख कर पूछा, **"टाटा जैसी लीडिंग और प्रोग्रेसिव कम्पनी इस तरह के दकियानूसी विचारों पर क्यों चल रही है? आपको तो वक्त के साथ आगे बढ़ने की पहल करनी चाहिए।"**

उस पत्र ने टाटा-पर जादू कर दिया फिर सुधा को टेलीग्राम के जरिए अपने सवाल का जवाब मिला। उसे इंटरव्यू के लिए बुलाया गया था और आने-जाने के लिए फर्स्ट क्लास का किराया देने का वादा किया गया था।

स्लैक्शन हो जाने पर सुधा ने वहाँ लगभग दस साल नौकरी की फिर बाद में उन्होंने देश की सबसे बड़ी आई.टी. कम्पनी **'इंफोसिस'** की नींव रखी।

'इंफोसिस' में अपनी शानदार भूमिका की वजह से आज सुधा जानी-मानी हस्ती बन चुकी हैं और भारत सरकार द्वारा उन्हें **'पद्मश्री'** से भी सम्मानित किया जा चुका है।

उसके बाद महिलाओं ने काफी तरक्की की है। फॉर्चून के मुताबिक दुनिया की 200 बड़ी कम्पनियों में से 91% कम्पनियों ने, महिलाओं को अपने सीनियर मैनेजमेंट में जगह दी है।

पिछले दिनों चंदा कोचर ने देश के सबसे बड़े प्राइवेट बैंक **'आई.सी.आई.सी.आई.'** की एम.डी. बनकर एक नई मिसाल कायम की है।

जोधपुर में जन्मीं कोचर ने इन ऊंचाइयों को छूकर न सिर्फ महिलाओं के लिए तरक्की के नए रास्ते खोले हैं, बल्कि छोटे शहरों से आकर अपना मुकाम बनाने की कोशिश में जुटी लड़कियों के लिए भी एक उदाहरण पेश किया है। 1984 में आई.सी.आई.सी.आई. बैंक से बतौर मैनेजमेंट ट्रेनिंग करने वाली कोचर ने सिर्फ 24 साल में फर्श से अर्श तक का सफर पूरा किया है।

जब आप अपनी अनुभूतियों के अनुसार काम करते हैं तब आपकी एक सीमा होती है। लेकिन जब आप अपनी कल्पना से प्रेरित हो कर काम करते हैं तब आपकी सीमा अनन्त होती है!

जबकि **'बायोकॉन लिमिटेड'** की मैनेजिंग डायरेक्टर किरण मजुमदार शॉ को भारत की सबसे अमीर महिला का खिताब मिल चुका है। किरण ने अपने करियर की शुरुआत **'कार्लटन एंड यूनाइटेड ब्रेवरेज'** कम्पनी में बतौर ट्रेनी की थी। बाद में उन्होंने **'बायोकॉन इंडिया'** की नींव रखी। आज यह कम्पनी भारत की सबसे बड़ी बायोफार्मास्यूटिकल कम्पनियों में से एक है।

कुछ इसी तरह की कहानी भारत की दूसरी सबसे बड़ी फार्मास्यूटिकल कम्पनी **'निकोलस पीरामल'** की डायरेक्टर और **'एसोचैम'** की सीनियर वाइस प्रेज़िडेंट स्वाति पीरामल की है। लगभग 25 हजार मिलियन से बड़ी कम्पनी को स्वाति जिस तरह से चलाती हैं, वह काबिले तारीफ है।

भारत के कॉरपोरेट जगत में अपना परचम लहराने वाली कुछ और महिलाओं पर नजर डालें, तो **'एन.एस.बी.सी. इंडिया'** की कंट्री हेड और ग्रुप जनरल मैनेजर नैना लाल किदवई का नाम सबसे ऊपर आता है।

वह पहली भारतीय महिला हैं, जिन्हें हॉर्वर्ड बिजनेस स्कूल से ग्रेजुएट होने का गौरव प्राप्त हुआ है। परन्तु नैना पहली ऐसी महिला भी हैं, जो भारत में किसी विदेशी बैंक का सारा कामकाज देख रही हैं।

भारतीय कम्पनियों की महिला एम.डी. के रूप में एक और बड़ा नाम **'ब्रिटेनिया'** की एम.डी. विनीता बाली का आता है।

विनीता ने अपने करियर की शुरुआत टाटा ग्रुप की कम्पनी **'वोल्टास लिमिटेड'** के साथ की थी। उसके बाद जवनरी 2005 में उन्होंने बतौर सी.ई.ओ. ब्रिटेनिया ज्वाइन किया और मई 2006 में उसकी एम.डी. बन गईं।

शायद इसीलिए जर्मनी के प्रसिद्ध दार्शनिक और कवि गेटे ने कहा है–

We Are Not Here To Play, To Drem, To Drift
We Have Hard Work To Do, And Loads To Lift.
Shum Not The Strgle Face It, Its God's Gift.

यानी जब आप अपना काम नहीं करते, तब सपने-सपने ही बनकर रह जाते हैं। लेकिन जब आप अपना काम ईमानदारी से करते हैं, तब ईश्वर आपको ऊँचा उठाते हैं। शायद इसीलिए किसी शायर ने कहा है:-

बाधाएं कब बांध सकी हैं, आगे बढ़ने वालों को।
विपदाएं कब रोक सकी हैं, मरकर जीने वालों को।।

यानी मरकर वही जीता है, जो जीने के योग्य काम करता है। परन्तु अपने आप पर विश्वास रखना बहुत जरूरी है, क्योंकि फ़िल्म **'मुकद्दर का सिकन्दर'** में कहा गया है-

"मर के जीने की अदा जो दुनिया को सिखलाएगा,
वो मुकद्दर का सिकन्दर जानेमन कहलाएगा"

इसलिये अपने अमीर बनने के संकल्प पर अटल रहें, क्योंकि यही सफलता का मूल मंत्र है। जो व्यक्ति मर के जीना सीख जाता है, वही सफलता के शिखर पर अपना परचम फहराता है।

पूर्व सी०बी०आई० डायरेक्टर जोगिंदर सिंह का भी यही कहना है, **"जिन्दगी में कुछ पाने के लिए जरूरी है कि आप अपने दृष्टिकोण के साथ अपने सामाजिक, व्यक्तिगत और आर्थिक जीवन में भी बदलाव लाएं।"**

परन्तु इसके लिये आपको अपने लक्ष्य पर सारा ध्यान केंद्रित करना होगा ताकि कठिन परिस्थितियों में भी आप सफलता प्राप्त कर सकें। आप इस सिद्धांत को अपनाते हैं और लगातार इस प्रक्रिया को दोहराते हैं, तब आप अवश्य सफल होंगे।

परन्तु हार के चक्रव्यूह में न फसें, क्योंकि बीच में मिली हार आपको सफलता की ओर ले जाएगी। फिर आपके आत्मविश्वास में तेजी से वृद्धि होगी।

इस तथ्य को गहराई से समझने के लिए मैं आपको एक कहानी सुनाता हूँ। एक बार अपनी माँ से तंग आकर एक लड़का पहाड़ पर चला गया। वहां कुछ देर तो वह चुपचाप घूमता रहा। परन्तु उसके मन में माँ के प्रति गुस्सा था, इसलिए वह जोर से चिल्लाया, **"मैं तुमसे नफरत करता हूं।"**

पहाड़ पर कुछ बोलने से प्रतिध्वनि भी होती है, यह उसे पता नहीं था। जब उसने वह प्रतिध्वनि सुनी, तब वह अपनी ही आवाज को पहचान नहीं पाया और वह बुरी तरह से डर गया।

उसे लगा कि वहां कोई राक्षस है, जो उसे मार डालेगा। लड़का भागकर घर आ गया। उसे परेशान देखकर माँ ने पूछा, **"बेटा क्या हुआ?"**

लड़के ने वह सब बताया।

माँ ने कहा, **"इस बार जब तुम पहाड़ पर जाओ, तो मुझे भी साथ ले चलना। मैं राक्षस को देखना चाहती हूं।"**

कुछ दिनों के बाद वह माँ को साथ लेकर पहाड़ पर गया, और वहां पर माँ ने बेटे से कहा, **"मैं तुमसे प्यार करती हूं।"**

अब वही प्रतिध्वनि बेटे ने सुनी, **"मैं तुमसे प्यार करती हूं।"**

लड़के को हैरत हुई, उसने पूछा, **"यह क्या है माँ?"**

माँ ने कहा, **"बेटा, कहीं कोई राक्षस नहीं होता। अगर होता भी है, तो वह हमारे भीतर होता है। परन्तु यह सच है कि हम कुदरत को जो देते हैं, वह हमें कई गुना बढ़ा-चढ़ा कर वापस कर देता है। अगर तुम नफरत लेना चाहते हो, तो नफरत दो और प्यार पाना चाहते हो, तो प्यार दो।"**

यही बात बाइबिल में भी कही गयी है, **"जो जैसा बोता है, वह वैसा ही काटता है।"**

तभी तो चाणक्य ने कहा था-

"यथाबीज तथा निष्पतिः"

यानी जैसा कर्म वैसा ही फल। इसको दूसरी तरह भी कहा जा सकता है, **"आप काट नहीं सकते, यदि आप बोते नहीं हैं।"**

क्योंकि फसल बोने के लिए बीज बोना जरूरी है। जब आप आम का पेड़ लगाएंगे, तब आपको आम प्राप्त होंगे। यदि वट का पेड़ लगाएंगे, तो छाया मिलेगी। लेकिन बबूल का पेड़ उगाएंगे, तो कांटे ही हाथ लगेंगे। इसलिए सही बीजारोपण करें।

आज के वैज्ञानिक युग में जिस तरह किसान मिट्टी को तैयार करके उसमें अच्छी क्वालिटी के बीज बोता है, ठीक उसी तरह आपको भी अपनी सपने रूपी जमीन में सकरात्मक विचारों के बीज बोने हैं।

लिंकन जब अपने खेत में बीज बो रहे थे, तब उन्हें अचानक किसी अज्ञात शक्ति की आवाज का आभास हुआ, जो कह रही थी, **"लिंकन, यह काम तुम्हारे योग्य नहीं है, क्योंकि तुम्हें तो दासों को मुक्त करना है।"**

लिंकन ने आत्मा की आवाज सुनी और वहीं बैलों को वहीं छोड़कर निकल पड़े। फिर दृढ़ निश्चय कर लिया कि जो दास, दासता का दुःख झेल रहे हैं, उन्हें मुक्त कराना है। उसके बाद लिंकन अपने मिशन में लग गये और सफल हो गये।

क्योंकि दृढ़ संकल्प में बड़ी शक्ति होती है, जो जीवन की काया पलट देती है। फिर उन्नति के सभी द्वार खुल जाते हैं।

एक मनोवैज्ञानिक सिद्धांत है कि आप इस पुस्तक को तब तक पढ़ते रहें, जब तक कि आपके दिमाग में यह पूरी तरह से घुस न जाए कि मुझे हर हाल में अमीर बनना है। तब आप अमीर बनने की राह पर चलने लगेंगे, **परन्तु पुस्तक को ध्यान से पढ़ना जरूरी है।**

महान मनोवैज्ञानिक डॉ० जॉर्ज डब्लयू०क्रेन ने अपनी प्रसिद्ध पुस्तक **'अप्लाइड**

साइकलॉजी' में लिखा है, **"काम करने की भावना पैदा करें, फिर आप अपने काम को नियंत्रित करके अपनी भावनाओं को पैदा कर सकते हैं।"**

क्योंकि सफलता का रहस्य हार से बचना नहीं है, बल्कि हार के बाद विकास करना है। यही वजह है कि कोई भी बच्चा लड़खड़ाए या गिरे बिना चलना नहीं सीख पाता और फ्लॉप फ़िल्में दिये बिना कोई भी हीरो हिट फ़िल्में नहीं दे पाता।

यदि आपने कभी असफलता का मुँह नहीं देखा तब आप समझ सकते हैं कि आपके अन्दर रिस्क लेने की शक्ति कम है और आप अमीर बनने से घबराते हैं।

ठीक वैसे ही जैसे कि मुम्बई में किसी व्यक्ति को पता चला कि वह जिस घर में रहता है, उसके नीचे सोने की खान है। उसने उस मकान को खोदा और फिर एक दिन निराश होकर उसने खोदना बन्द कर दिया।

दूसरा व्यक्ति उस घर में रहने आया, उसने जैसे ही एक फीट और खोदा, चमचमाता हुआ सोना उसे दिखायी दिया।

क्योंकि पहले व्यक्ति में आत्मविश्वास की कमी थी, जिसने उसे सफल होने से वंचित कर दिया। जबकि उसकी सफलता और असफलता के बीच सिर्फ 12 इंच का फासला था।

इस बात से साबित होता है कि सफलता सिर्फ उन्हें ही मिलती है, जो आत्मविश्वास से काम लेते हैं।

यह आत्मविश्वास ही है, जो इस पुस्तक को आप अब तक पढ़ रहे हैं?

शायद इसीलिए महात्मा बुद्ध ने कहा था, "***Throu hast to travel alone***" इसका अर्थ है कि आपको अपने व्यक्तित्व को, बाह्य प्रभावों से मुक्त रखना होगा। क्योंकि बाह्य दबावों से मुक्त रहकर आप अपने मन को संयम में रख सकते हैं, जबकि मन बहुत चंचल होता है और इसको **'अकेले'** रखना नुकसान दायक हैं। तभी तो भगवान कृष्ण ने अर्जुन से कहा था:–

असंशयं महाबाहो मनो दुर्निग्रहं चलम्।
अभ्यासेन नु कौन्तेय वैराग्येण च गृह्यते॥

यानी मन चंचल है और यह कठिनता से वश में आता है, लेकिन अभ्यास और जुनून से मन को वश में किया जा सकता है। इसलिए पूरे आत्मविश्वास के साथ अपने काम की शुरुआत करें और उसे बढ़ाने के लिए नीचे लिखी बातों पर ध्यान दें:-

- **अपनी इच्छा के अनुकूल लक्ष्य का चुनाव करें।**
- **अपनी क्षमता का आंकलन करें।**
- **काम को बीच में कभी नहीं छोड़ें।**

- **चुनौतियों का डटकर सामना करें।**
- **हमेशा सकारात्मक बातें सोचें।**
- **ऊंचे लोगों से सम्पर्क बनाए रखें।**
- **प्रेरक-प्रसंगों का अध्ययन करें।**
- **काम की पूजा करें।**
- **आत्मा की आवाज सुनें।**
- **ईश्वर में आस्था रखें।**
- **अपने इष्ट देवता का ध्यान करें।**
- **सफलता को ईश्वर का आशीर्वाद मानें।**
- **सिद्धांतों से समझौता न करें।**

क्योंकि हर्षद मेहता के अन्दर ये सब गुण थे, तभी वह अमीर बने थे। जबकि उनका जन्म गुजरात के गरीब परिवार में हुआ था। परन्तु रोज़ी रोटी के लिए भटकते हुए वह अपने परिवार के साथ रायपुर आ गए थे।

उस समय छत्तीसगढ़ राज्य नहीं बना था और रायपुर मामूली कस्बा था। फिर मुम्बई पहुंच कर हर्षद मेहता ने कॉमर्स की डिग्री ली और न्यू इंडिया इंश्योरेंस कम्पनी में क्लर्क बने। तब उसका भाई अश्विन पढ़ रहा था।

बाद में उन्होंने शेयरो के कारोबार का वैज्ञानिक तरीके से अध्ययन किया फिर बंबई स्टॉक एक्सचेंज के लिए काम करने वाले एजेंट **'हंबालाल'** के यहां नौकरी करने लगे। लेकिन नौकरी में दिल नहीं लगा और कुछ साल बाद वह **'जे. एल. शाह एंड नंदलाल सेठ कम्पनी'** के सबब्रोकर बन गये। फिर कुछ ही सालों में वह शेयर बाजार के शंहशाह बन गए।

कुछ ऐसे ही भारतीय मूल की महिला उद्यमी मेडी शर्मा ने नॉटिंघम (ब्रिटेन) में इंडियन कुकरी बिजनेस में 22 लाख पाउंड से भी अधिक का वार्षिक कारोबार करके मिसाल कायम की है।

लेकिन मेडी शर्मा इस बात का उदाहरण हैं कि दुनिया में कोई भी तकलीफ इतनी बड़ी नहीं होती जो आपकी तरक्की का रास्ता रोक सके।

मेडी अपने व्यापार की शुरुआत के बारे में बताती हैं, **"जब मैंने ब्रिटेन में काम शुरू किया, तो स्थानीय दुकानदारों से तय हुआ था कि समोसों का स्टॉक अगर एक हफ्ते तक नहीं बिका, तो मैं उनको वापस ले लूंगी।**

लेकिन पहले ही दिन सिर्फ दो घंटे में सारा सामान हाथों-हाथ बिक गया। फिर तो दिन प्रतिदिन मांग बढ़ती ही गई। आज हर दिन समोसों के 10,000 पैकेट जाते हैं, जो सात दिन तक रखे जा सकते हैं।"

अपार्टमेंट की रसोई से हुई मेडी शर्मा की यह छोटी-सी शुरुआत आज **"ओरिजनल ईस्टर्न फूड"** में तब्दील हो चुकी है, जिसमें ब्रिटिश लोग भी काम

करते हैं। मेडी को **'एशियन वूमन एचीवमेंट अवार्ड'**, **'यूरोपयिन फेडरेशन ऑफ ब्लैक वूमन बिजनेस ओनर्स अवार्ड'** और **'लॉयंड्स टी.एस.बी. बेस्ट बॉस अवार्ड'** भी मिल चुके हैं।

इसलिए आप भी अपने अन्दर आत्मविश्वास जगाइए। क्योंकि ***"Who wants to be Millionaire"*** के प्रोग्राम के जन्मदाता तथा वाल्ट डिज़्नी कम्पनी के प्रमुख माइकर ईश्वर का कहना है, **"जब आप अमीर बनने की ठान लेते हैं, तब आपके मस्तिष्क में ठीक वैसे ही विचार आने लगते हैं, जो आपको अमीर बनाने में सहायक होते हैं।"**

महान वैज्ञानिक आइंस्टाइन ने भी अपने जीवन की शुरुआत मौसम विभाग के कार्यालय में एक छोटे-से क्लर्क के रूप में की थी। यदि उनके अन्दर आत्मविश्वास नहीं होता, तो क्या वे महान वैज्ञानिक बन पाते?

■

"दौलत किसी को भी किस्मत से नहीं मिलती, बल्कि उन सपनों से पैदा होती है जिन्हें साहसी लोग अपने आत्मविश्वास के द्वारा हकीकत में बदलते हैं।"

जानवर अपने स्वभाव से सीखता है।
मूर्ख अपनी आवश्यकता से सीखता है।
साधारण व्यक्ति अपने अनुभव से सीखता है।
मीडियम व्यक्ति प्रशिक्षण से सीखता है।
लेकिन बुद्धिमान व्यक्ति पुस्तकों के अध्ययन से सीखता है।
इसलिए यदि आप **सितारों को छूने** का लक्ष्य बना चुके हैं, तब आप इस पुस्तक को पढ़कर **उस चोटी तक तो** अवश्य ही पहुंच जाएंगे, जहाँ से **अमीर** बनने का सफर शुरू होता है!

तीसरा सिद्धांत

अपनी इच्छा शक्ति को मजबूत कीजिए

कोलकाता के विक्टोरिया हॉल के समीप मुझे एक कॉन्फ्रेंस को सम्बोधित करना था। जिसमें भारी तादाद में स्थानिए व्यापारी आये हुए थे, जो अपनी इच्छा-शक्ति को मजबूत करना चाहते थे।

लेकिन कॉन्फ्रेंस शुरू होने में कुछ समय था, इसलिये मैं विक्टोरिया हॉल घूमने चला गया। वहाँ पर कुछ स्टूडेंट मौज-मस्ती कर रहे थे, जिसमें कुछ एम. बी.ए. की लड़कियाँ भी थीं। वह प्रकृति के बारे में बातें कर रही थीं। मुझे उनकी बातों में आनन्द आने लगा और मैं उनके निकट पहुँच गया।

उनमें से एक लड़की मुझे पहचान गयी और बोली, **"मिस्टर इन्जीनियर आप यहाँ? हम सब आपकी कॉन्फ्रेंस अटेंड करने के लिये यहाँ एकत्रित हुऐ हैं और आपको सुनने के लिये बेचैन हैं। परन्तु अब आप यहाँ पर हैं, इसलिए हम चाहेंगे कि आप प्रकृति के बारे में कुछ बताएं।"**

तब मैं उनके निकट बैठ गया फिर पेड़ पौधों को देखते हुए बोला, **"ईश्वर ने जब इस सृष्टि की रचना की थी, तब उनकी इच्छा हुई कि मैं एक ऐसी दुनिया की रचना करूँ, जहां पर हर व्यक्ति के सपने पूरे हो सकें और वह प्राकृतिक सुखों का पूरा आनन्द ले सके।"**

यही सोचकर उन्होंने सबसे पहले ब्रह्मा जी को पृथ्वी पर भेजा। लेकिन जब ब्रह्मा जी सृष्टि का सृजन कर रहे थे, तब उन्हें महसूस हुआ कि मनुष्यों की इच्छा शक्ति बहुत मजबूत है और वह जो चाहता है, वही प्राप्त कर लेता है।

तब से लेकर अब तक हजारों वर्ष बीत चुके हैं, लेकिन आज भी मनुष्य की विकास की यात्रा जारी है। उसने जैसा चाहा, वैसा ही इस दुनिया को विकसित कर लिया। लेकिन आज भी उसकी इच्छा-शक्ति ज्यों कि त्यों बनी हुई है।

इसी विषय पर विश्व के प्रसिद्ध लेखक रसेल ने एक पुस्तक लिखी थी, **'आर्ट ऑफ लाइफ।'** जिसमें उन्होंने एक माँ की इच्छा-शक्ति का वर्णन किया है, जो अपने बच्चे से बहुत प्यार करती है।

परन्तु मृत्यु का समय जैसे ही पास आया, तब यमराज उसे लेने आये और बोले,**"माँते आपका वक्त पूरा हो गया है, आपको स्वर्गलोक जाना होगा।"**

मां ने कहा, **"मेरा बच्चा अभी बहुत छोटा है, उसे खिलाना-पिलाना है। आप मुझे कुछ साल की मोहलत और दे दें।"**

यमराज ने ऐसा ही किया। कुछ साल बाद यमराज दोबारा आए, तो मां बोली, **"बच्चा बड़ा हो रहा है, लेकिन अभी समझदारी नहीं आई। उसे दुनिया के बारे में जानकारी देनी है और पढ़ाई भी पूरी करानी है।"**

यमराज फिर लौट गए। जब कुछ सालों बाद आए, तो मां ने फिर यमराज से मोहलत माँगी और बोली,**"मैं उसका घर बसते देखना चाहती हूँ, उसके बच्चे को देखना चाहती हूँ। जीवन के इस मोड़ पर अगर कोई परेशानी आयी, तो उसे मदद की जरूरत होगी।"**

मां की ममता को देखकर यमराज पिघल गये और बोले,**"माँ, मैं तेरी इच्छा-शक्ति को प्रणाम करता हूँ और तुझे वरदान देता हूँ कि तू तब तक जीवित रहेगी, जब तक तेरे सारे सपने पूरे नहीं हो जाते।"**

महान आविष्कारक चार्ल्स एफ. केटरिंग ने कहा था जब आप जीत के बारे में सोचते हैं तब बह्मांड की सारी शक्तियाँ आपकी मदद करने में जुट जाती हैं।

इस कहानी से शिक्षा मिलती है कि मनुष्य की इच्छाएं कभी पूरी नहीं होतीं और वह मरते दम तक कुछ न कुछ पाने के सपने देखता रहता है। फिर जिस चीज को पाने के सपने देखता है, वह चीज उसके दिल में बस जाती है।

इस बात को समझाने के लिये मैं आपको एक कहानी सुनाता हूँ। एक आदमी था, उसे तोते पालने का बहुत शौक था। उसने तीन छोटे-छोटे तोते खरीदे और बचपन से ही उनको सबकुछ सिखाने लगा। पहले उसने शास्त्र सिखाए, फिर मैथेमेटिक्स सिखाया, फिर साइंस में सबकुछ बताया और उसके बाद उन्हें थोड़ी-बहुत राजनीति भी सिखाई।

जब तोते बड़े हो गए, तब सब मिलकर उन विषयों की चर्चा करने लगे। कोई साईंस के बारे में बोलता था, तो कोई मैथेमेटिक्स के बारे में। कोई शास्त्रों की बात करता था, तो कोई राजनीति के बारे में। तीनों तोते महापंडित हो गए थे।

एक दिन अचानक वह आदमी मर गया, तब उसके रिश्तेदार आए और उसका अंतिम संस्कार करने के बाद सोचने लगे कि इन तोतों को कहां रखें?

काफी सोच-विचार के बाद इस नतीजे पर पहुंचे कि इन्हें छोड़ दिया जाए। फिर उन लोगों ने पिंजड़े की खिड़की खोल दी।

जब तोते पहली बार पिंजड़े से बाहर निकले, तब उन्हें समझ में नहीं आया कि वे क्या करें? फिर वे जाकर एक पेड़ की डाल पर बैठ गए। पहले उन्होंने इधर-उधर देखा, फिर ज्ञान की बातें करने लगे।

उसी पेड़ पर एक जंगली तोता पहले से बैठा हुआ था। उन तीनों को देखकर उसने कहा, **"भाई कौन हो तुम?"**

पेड़ पर बैठा कौवा उसकी शाखाओं के हिलने या टूटने से नहीं डरता। क्योंकि उसे शाखाओं से ज्यादा अपने पंखों पर विश्वास होता है। इसलिए आप अपने कर्म पर विश्वास कीजिए नसीब पर नहीं।

उन्होंने कहा, **"हम विद्वान हैं, कुछ पूछना चाहते हो तो पूछ लो। हमें सब बातों का ज्ञान है।"**

जंगली तोते को बड़ा अचंभा हुआ। लेकिन उसे तो कुछ भी ज्ञान नहीं था, इसलिए वह क्या पूछता?

परन्तु कुछ देर बाद जंगली तोते की नजर अचानक पेड़ के नीचे गई। उसने देखा कि एक बिल्ली चढ़ती हुई ऊपर आ रही है। उसने कुछ सोचकर उन तीनों से पूछा, **"क्या तुम लोगों को उड़ने का भी ज्ञान है?"**

उन्होंने कहा, **"उड़ान कैसे भरी जाती है इसका ज्ञान तो है, परन्तु हम कभी उड़े नहीं। लेकिन यह जरूर जानते हैं कि कैसे उड़ा जाता है।"**

जंगली तोते ने झल्ला कर कहा, **"मैं तुम्हारे ज्ञान की बात नहीं पूछ रहा हूं। मैं यह पूछ रहा हूं कि तुम को उड़ना आता है या नहीं?**

उनमें से एक तोता बोला, **"नहीं!"**

"अगर उड़ना नहीं आता, तो तुम तो आज जान से गए।" इतना कह कर वह जंगली तोता उड़ गया और ज्ञानी तोते उड़ान की तकनीक पर चर्चा करने लगे।

इतने में बिल्ली आई और उन तीनों तोतों को खा गयी, फिर उनका ज्ञान धरा का धरा रह गया।

ठीक ऐसी ही स्थिति आपकी भी है। आप अमीर बनने का ज्ञान तो प्राप्त कर रहें हैं, परन्तु उसे ज्ञान को यदि आपने अमली जामा नहीं पहचनाया, तो आप की स्थिति भी उन तीन ज्ञानी तोतों जैसी हो जाएगी।

इसलिए आपको हर चीज का अनुभव करके चलना है। परन्तु अनुभव के लिए दृढ़ इच्छा-शक्ति की जरूरत होती है। क्योंकि संसार में जो बातें कभी असंभव दिखती थीं, आज वह सब दृढ़ इच्छा-शक्ति के कारण सम्भव हो चुकी हैं।

नेपोलियन छोटे कद का आदमी था, लेकिन उसमें गजब की इच्छा-शक्ति थी, तभी तो उसने कहा था:-

'Impossible Is The Word Found In The Dictionary Of Fools'

इसका अर्थ है कि दृढ़ इच्छा-शक्ति से सम्पन्न व्यक्ति बाधाओं को नहीं देखता। वह कांटों को कुचलकर आगे बढ़ जाता है।

अगर यह बात सच नहीं होती, तो इच्छा-शक्ति के बिना विल्मा रिडोल्फ क्या सफल धाविका बन पाती? जबकि उसका जन्म टेनसी के एक गरीब परिवार में हुआ था। जब चार वर्ष की थी, तब वह पोलियो की शिकार हो गयी थी, फिर डॉक्टरों ने साफ कह दिया, **"तुम कभी चल नहीं पाओगी।"**

तब उसने अपनी माँ से पूछा था, **"क्या डॉक्टर सही कह रहे हैं?"**

माँ ने कहा, **"ईश्वर में विश्वास रखोगी और लगन से काम करोगी, तो डॉक्टरों की बात गलत साबित हो सकती है।"**

फिर उसका आत्मविश्वास जाग उठा, फिर वह रोज अपने मन में दोहराने लगी, **"कौन कहता है कि मैं चल नहीं सकती? मैं एक दिन ऐसी चलूंगी कि पूरा विश्व मुझ पर आश्चर्य करेगा।"**

फिर जब वह नौ वर्ष की हुई, तब उसने चलना शुरू किया और 13 साल की उम्र में उसने एक दौड़ प्रतियोगिता में भाग लिया।

उसके बाद वह यूनिवर्सिटी के कोच मि० टेंपल से मिली। टेंपल ने उसके उत्साह को देखते हुए कहा, **"तुम्हारी इच्छा-शक्ति तुम्हें अवश्य ही सफलता दिलायगी।"**

फिर वह दिन भी आया, जब उसका मुकाबला जुत्ता हैन से होना था। तब विल्मा ने उसे 100, 200, 400 मीटर की दौड़ में पराजित कर दिया और अन्त में विजेता घोषित हुई।

संघर्ष के बिना आदमी अधूरा है। प्यार के बिना औरत अधूरी है। उसके बाद भी दोनों का मिलन जरूरी है। इसलिए जुनून पैदा करो अपने दिल में! क्योंकि आग में तपकर सोना निखरता है। गर्म हवाओं से बर्फ पिघलता है। लेकिन जिसे अवसर मिले इस किताब को पढ़ने का, वह हर हाल में अमीर बनता है।

परन्तु यह चमत्कार उसकी दृढ़ इच्छा-शक्ति के कारण हो पाया था।

कुछ इसी तरह मैडम क्यूरी ने रेडियम की खोज में कई साल बिता दिए, परन्तु उन्हें सफलता नहीं मिल पा रही थी। फिर आर्थिक संकट ने भी उन्हें तोड़ दिया था। अन्त में उनकी मेहनत रंग लायी और उन्होंने रेडियम को खोज निकाला।

इतिहास ऐसे लोगों से भरा पड़ा है, जिन्होंने अपनी इच्छा-शक्ति के बल पर सफलता प्राप्त की। आज भी ऐसे लोगों की कमी नहीं है। एक घटना मुझे याद आती है, किसी कम्पनी में एक युवक इन्टरव्यू देने के लिए पहुँचा। उसका इन्टरव्यू जब अंतिम चरण में था, तब उससे पूछा गया, **"आपके जीवन का उद्देश्य क्या है?"**

लोग कहते हैं कि पैसा हर समस्या की जड़ है। लेकिन मैं कहता हूँ कि हर समस्या के पीछे पैसा है। इसलिए समस्या को मत ढूँढो पैसे की जड़ को ढूँढो फिर समस्या खुद ही खत्म हो जायेगी।

उस युवक ने कहा, **"आप ऐसे प्रश्न मत पूछिए, क्योंकि मेरा उत्तर सुनकर आपको बुरा लगेगा।"**

परन्तु अधिकारी नहीं माने और उस युवक पर इस प्रश्न का उत्तर देने के लिए दबाव डालने लगे।

फिर उस युवक ने कहा, **"मेरा उद्देश्य आपकी कुर्सी पर काबिज़ होना है, इसलिए मैं आपकी कम्पनी ज्वाइन करना चाहता हूँ।"**

इतना सुनने के बाद भी उस अधिकारी ने उसे चुन लिया, क्योंकि उस युवक का मनोबल बहुत ऊँचा था और इच्छा-शक्ति बहुत प्रबल थी।

कहा जाता है। कि नेपोलियन अपनी इच्छा-शक्ति की वजह से अमेरिका का राष्ट्रपति बना था। जबकि वह इतना गरीब था कि अपने समाज में उसे कोई स्वीकार नहीं करता था। इसलिए उसने अपना मुहल्ला बदल लिया था, फिर नए मुहल्ले में वह शाम को अपने घर से बाहर निकलता और पूरी दृढ़ता और आत्मविश्वास के साथ सड़कों पर टहलता।

लोगों ने समझा यह व्यक्ति जरूर कोई सभ्य व्यक्ति है। तब उसने उस मुहल्ले में रहते हुए निगम का चुनाव जीता, फिर राज्य का चुनाव जीता और उसके बाद वह अमेरिका का राष्ट्रपति चुना गया।

कुछ ऐसी ही कहानी राबर्ट फुलटोन की भी है, क्योंकि उनकी इच्छा थी कि वह ऐसी नाव बनाएं, जो भाप से चले। फिर वे अपने प्रयोग में जुट गये। एक दिन वो भी आया, जब नाव को नदी में उतारा गया और वह दौड़ने लगी।

राबर्ट फुलटोन की तरह ही जॉन स्टुअर्ट मिल भी थे, जिन्हें इंग्लैण्ड का महान दार्शनिक और अर्थशास्त्री माना जाता है। लेकिन वह सत्य की खोज करना चाहते थे।

परन्तु 1986 में वे मनोरोग के शिकार हो गए और उनकी रिसर्च बीच में अटक गयी। लोगों ने कहा कि अब कुछ नहीं होगा। लेकिन उन्होंने अपनी दृढ़ इच्छा-शक्ति के कारण यह साबित कर दिया कि वे एक महान चिन्तक, दार्शनिक और अर्थशास्त्री हैं।

एक जुनून ही था जिसने कोलंबस को अमेरिका की खोज करने के लिए मजबूर किया था वर्ना उसके साथी तो बीच समुद्र में उसे अकेला छोड़कर जा रहे थे।

विलियम जेम्स भी जवानी में दुबले-पतले और कमजोर थे। उन्हें भी मानसिक रोग का दौरा पड़ा था, लेकिन उन्होंने अपनी दृढ़ इच्छा-शक्ति से अपने व्यक्तित्व की सारी कमियों को दूर किया और महान दार्शनिक बने।

बीजिंग ओलंपिक में माइकल फेलप्स को जीत का रेकार्ड बनाते देख ज्यादातर लोगों का कहना था, **"माइकल तुसी ग्रेट हो, तुसी चैम्पियन हो!"**

परन्तु उन्हें उन आठ गोल्ड पदकों ने महान बनाया था, जो उन्होंने ओंलपिक में जीते थे।

शायद इसीलिए अमेरिका के प्रसिद्ध सैल्फ इंप्रूवमेंट गुरु रॉबिन शर्मा कहते हैं, **"चैंपियंस किसी एक लम्हे या घटना से नहीं बनते बल्कि वे प्रैक्टिस के दौरान चैंपियंस के गुण सीखते हैं। तब चारों तरफ शांति होती है और सपने उनकी जिन्दगी का अहम हिस्सा होते हैं।"**

दक्षिण अफ्रीका में जन्में और कनाडा में पले-बढ़े रॉबिन शर्मा के पिता भारत के कश्मीर राज्य के रहने वाले हैं। करियर के तौर पर इन्होंने लॉ चुना और नोवा स्कोटिया की सुप्रीम कोर्ट में ज्यूडिशियल लॉ क्लर्क बने।

लेकिन उन्हें यह जिन्दगी रास नहीं आयी, फिर उन्होंने मोटिवेशन सिखाने का रास्ता ढूंढ लिया। आज रॉबिन शर्मा अपनी किताबों के माध्यम से अमीर बन चुके हैं।

इसलिए महान बनने के लिए अपने अनुभवों का विश्लेषण खुद करना सीखना होगा। अपने मन की आंखों को खुला रखना होगा। दिल को उदार रखना होगा। साहसी बनना होगा। बस यही महान बनने की पहली सीढ़ी है।

"तुमसे बेहतर कोई नहीं हो सकता।" खरबपति वॉरेन बाफेट इस वाक्य को अपनी सफलता का सूत्र मानते हैं और कहते हैं, **"लोग आपकी कॉपी हो सकते हैं, लेकिन आप नहीं हो सकते।"**

इसलिए अपनी इच्छा-शक्ति को जगाने का प्रयास करो और जितनी जल्दी हो सके उसे इस्तेमाल करने की कोशिश करो। क्योंकि आज से बेहतर कोई समय नहीं आएगा।

इसी इच्छा-शक्ति के बल पर क्रांतिकारी भगत सिंह 55 दिनों तक भूखे रहे, जबकि वे कोई साधू या महात्मा नहीं थे। उनका ईश्वर में भी कोई विश्वास नहीं था। केवल अपनी बात मनवाने के लिए उन्होंने अनशन शुरू किया था।

गांधी जी भी कई दिनों तक लगातार अनशन पर बैठे रहे थे, तब उन्होंने अन्न का त्याग किया था। जब देश हित में उन्हें किसी बात को मनवाना होता था, तब वे उपवास शुरू कर देते थे। ठीक उसी तरह भगत सिंह ने भी भोजन का त्याग किया था।

यदि आपने अच्छे विचारों पर अमल नहीं किया, तो वह सिर्फ आपके अच्छे सपने बन कर रह जाएंगे। क्योंकि मशीनों का काम है चलना और मनुष्य का काम है अच्छे विचारों पर प्रयोग करना। तभी आप विचारों से धन कमा सकते हैं।

फिर देश के अधिकतर लोगों ने अनशन किया था। अब आप सोचिये कि जब एक साधारण-सा क्रांतिकारी अपनी इच्छा-शक्ति के बल पर 55 दिनों तक भूखा रह सकता है, तब आप इच्छा-शक्ति के बल पर अमीर क्यों नहीं बन सकते?

जब रावण ने सीता का हरण किया था, तब राम जामवन्त के पास गये और बोले, **"लंका कितनी दूर है?"**

जामवन्त ने कहा, **"लंका इतनी दूर है कि हजारों सालों में भी वहां नहीं पहुंचा जा सकता, लेकिन वह इतनी पास भी है कि वहां जाने के लिए बस एक कदम उठाने की जरूरत है।"**

राम हैरान होकर जामवन्त का मुंह देखने लगे और बोले, **"एक तरफ तो आप कहते हैं कि वहां हजारों सालों में नहीं पहुंचा जा सकता और दूसरी तरफ कह रहे हैं कि वहां जाने के लिए बस एक कदम उठाने की आवश्यकता है। आपके कहने का अर्थ क्या है?"**

जामवन्त ने कहा, **"महाराज! जिस मनुष्य के दिल में लगन, उत्साह और पुरुषार्थ की भावना नहीं होगी, वह हजारों साल बीतने पर भी लंका नहीं पहुंच सकता, लेकिन जिसके अन्दर दृढ़ विश्वास और इच्छा-शक्ति होगी है, वह कुछ ही समय में वहां पहुंच सकता है।"**

शायद इसी बात को ध्यान में रखते हुए एयरटेल के एम.डी. सुनील मित्तल ने कहा था, **"यदि आप सोचते हैं कि आप अमीर बन सकते हैं, तब आप अवश्य ही अमीर बन सकते हैं।**

क्योंकि इच्छा-शक्ति जब अपना काम करती है, तब दृढ़ विश्वास उसमें रुपांतरित हो जाता है।

जब घनश्यामदास बिड़ला पहली जूट मील खोलना चाहते थे, तब देश में अग्रेज़ों का राज था और वह इसकी अनुमति नहीं देना चाहते थे।

लेकिन अपनी दृढ़ इच्छा-शक्ति के बल पर वह मील लगाने में सफल हो गए। तब उन्होंने कहा था, **"आदमी चाहे तो क्या नहीं कर सकता इच्छा-शक्ति के बल पर वह समुद्र भी लांघ सकता है।"**

जबकि इच्छा-शक्ति मनुष्य के अन्दर जन्मजात होती है, लेकिन उसे जगाना होता है और इस क्रिया को आटो-सजेशन ***(Auto Suggestion)*** कहते हैं।

यदि आपको सुबह हवाई जहाज से जाना है और आप रात को सोते वक्त अपने आप से कहते हैं कि मुझे सुबह चार बजे उठना है, तब आप ठीक चार बजे बिना अलार्म घड़ी के उठ जाते हैं। क्योंकि आप जो भी विचार करते हैं या बार-बार सोचते हैं, वह भीतर आपके अवचेतन (चित्त) में संचय हो जाता है और फिर वह आपको लक्ष्य तक पहुंचने में मदद करता है।

इसीलिए जर्मन कवि गेटे ने कहा है, **"जिसकी इच्छा-शक्ति अटल और अटूट है, वह सब कुछ कर सकता हैं।"**

अब्राहम लिंकन ने जब 22 सितम्बर, 1862 को स्वाधीनता का घोषणा पत्र तैयार किया था, तब उन्होंने कहा था, **"मैं ईश्वर के सामने इस बात की प्रतिज्ञा करता हूं कि एक दिन मैं आपको आजादी दिलाकर रहूंगा।"** फिर कुछ साल बाद अब्राहम लिंकन ने स्वाधीनता की घोषणा कर दी थी।

उसके बाद भारत में पंडित जवाहरलाल नेहरू ने 26 जनवरी 1945 को रावी के तट पर घोषणा की, **"हम भारत को आजाद कराकर रहेंगे।"** और फिर जवाहरलाल नेहरू ने अपने संकल्प को पूरा करके दिखाया।

ज्ञान आप तीन तरीकों से हासिल कर सकते हैं।
पहला पढ़कर
दूसरा सुनकर
और
तीसरा अनुभव लेकर।
परन्तु तीसरा तरीका बहुत जटिल है क्योंकि अपनी गलतियों को आप जो नाम देते हैं उसे अनुभव कहते हैं।

क्योंकि संकल्प आत्मविश्वास और इच्छा-शक्ति से पूर्ण उस क्रिया का नाम है, जिसके कारण मनुष्य दिलो-जान से अपने काम में जुट जाता है। फिर उसकी सारी इंद्रियां उसमें लग जाती हैं।

यही वजह है कि अमीर लोग अपनी इच्छा-शक्ति को सुदृढ़ करके रूचि, लगन और आत्मविश्वास के साथ अपने काम में लग जाते हैं। लेकिन गरीब लोग उस काम को बोझ समझते हैं। तभी तो विक्टर ह्यूंगो ने कहा था:-

" People Do Not Lack Strenght,
They Lack Will-Power."

यानी निर्धारित लक्ष्य की ओर बढ़ने के लिए यह जरूरी है कि आप पहले अपनी इच्छा-शक्ति को मजबूत करें। क्योंकि आपकी इच्छा-शक्ति जितनी प्रबल होगी, उतनी ही आप में दृढ़ता आएगी। फिर आपके अन्दर पाँच चीजों का विकास होगा-

- **आपकी रूचि बढ़ेगी।**
- **आपके उत्साह को ऊर्जा मिलेगी।**
- **आप दृढ़ निश्चयी बनेंगे।**
- **आपके आत्मविश्वास में वृद्धि होगी।**
- **आप लगन से काम में जुटे रहेंगे।**

उसके बाद आप निश्चित तौर पर सफलता की चोटी पर पहुँच जाएंगे, ठीक वैसे ही जैसे रमोला बच्चन पहुँची हैं।

उनकी सफलता को देखते हुए बॉलीवुड के सुपरस्टार अमिताभ बच्चन ने कहा था, **"जिन्दगी में आप जो लक्ष्य चुनते हैं, उन्हें हासिल करने के लिए आपको अपनी लगन और मेहनत पर भरोसा होना चाहिए।"**

इसीलिए आपको रमोला बच्चन को जानने के लिए एक नहीं कई विशेषणों की जरूरत पड़ सकती है। क्योंकि वह सोशलाइट हैं, पार्टियों में उनके जाने से रौनक बढ़ती है। लेकिन उन्हें एक सफल महिला उद्यमी भी कहा जा सकता है जबकि वह वकील हैं और एक पब्लिक रिलेशंस ऑफिसर भी।

आजकल वह दिल्ली की पत्र-पत्रिकाओं के **'पेज थ्री सर्किट'** में चर्चा में हैं, परन्तु इस बार भारत में उनका आगमन एक नए रूप में हुआ है। क्योंकि, उन्होंने राजधानी दिल्ली में यूरोपियन स्टाइल का एक रेस्टोरेंट खोला है।

अब वह उस रेस्टोरेंट को अच्छी तरह से स्थापित करने के प्रयासों में जुटी हुई हैं। रमोला बच्चन अजिताभ बच्चन की पत्नी हैं, और सदी के महानायक अमिताभ बच्चन की भाभी हैं।

रमोला बच्चन लंदन में 20 साल तक रही हैं। परन्तु उनकी जिन्दगी में चुनौतियां कम नहीं हुई। क्योंकि वह लीक से अलग हटकर कुछ करना चाहती थीं। इसलिए उन्हें चुनौतियों से रूबरू होना पड़ा।

इस बात को स्वीकारते हुए रमोला बच्चन कहती हैं, "मैंने कई व्यवसायों

बॉलीवुड की सुपरहिट फ़िल्म खतरों के खिलाड़ी में कहा गया है कि कुछ पाने के लिए रिस्क लेना जरूरी है। फिर जितना बड़ा खतरा होगा, उतना ही बड़ा मुनाफा होगा। परन्तु उन खतरों से खेलने का हुनर आना जरूरी है!

में सफलता पायी है, जिनमें टेलीविज़न, पब्लिक रिलेशंस, कानून का क्षेत्र आता है। परन्तु मेरी दिली इच्छा थी कि मैं एक रेस्टोरेंट खोलूं जोकि अब पूरी हुई है।

मेरे नाम के साथ बच्चन शब्द जुड़ा है, इससे आप यह सोच सकते हैं कि शुरुआती दौर में ही मुझे सब कुछ मिल गया होगा। परन्तु यह सच नहीं है। क्योंकि सफलता के लिए कठिन परिश्रम और प्रोफेशनल नजरिया जरूरी है।

लेकिन मेरी सफलता के पीछे मेरी पारिवारिक पृष्ठभूमि का भी काफी हद तक योगदान रहा है। क्योंकि मैं सिंधी परिवार से सम्बंध रखती हूं, इसलिए मेरा मानना है कि सिंधी व्यापार और कारोबार के मामले में काफी कुशल होते हैं।

फिर जब मैंने अपने पापा के सामने यह इच्छा जताई कि मैं अपने बलबूते पर अपना करियर बनाना चाहती हूं, तब उन्होंने मेरी बात का समर्थन किया। इसीलिए आज मैं स्वतंत्र रूप से कोई भी फैसला लेने में सक्षम हूँ।

परन्तु अमिताभ बच्चन को मैं अपना मार्गदर्शक मानती हूं। उन्होंने जिन्दगी के हर क्षेत्र में मेरा मार्ग दर्शन किया है।"

इसलिए आप भी सबकुछ कर सकते हैं। क्योंकि अब्राहम लिंकन, स्टालिन और हिटलर जैसे लोगों ने अपनी इच्छा-शक्ति के बल पर सफलता का आसमान छुआ है। तभी तो किसी दार्शनिक ने कहा है, "***A Man Can Do, What Man Has Done***" यानी मनुष्य वह सबकुछ कर सकता है, जो वह चाहता है।

क्योंकि मनुष्य का शरीर पृथ्वी, जल, अग्नि, वायु तथा आकाश से बना है, जिस पर मन का शासन होता है और मन के ऊपर संकल्प का शासन चलता है।

इसलिए गीता में कहा गया है, "**मन को वश में करना कठिन अवश्य है, परन्तु असम्भव नहीं।**' लेकिन जुनून और अभ्यास के द्वारा उसको वश में किया जा सकता है-

असंशयं महाबाहो मनो दुर्निग्रहं चलम्
अभ्यासेन तु कौन्तेय वैराग्येण च गृह्यते।

इसका अर्थ है कि इच्छापूर्ति के अभाव में मनुष्य को निराशा का अनुभव होता है। परन्तु मन की चंचलता उसका फल होता है। जबकि मन की चंचलता इच्छा को भी अस्थिर बना देती है तब मनुष्य निकम्मा हो जाता है, फिर संशय नाश का कारण बनता है-

'संशयात्मा विनश्यति।'

लेकिन अभ्यास के द्वारा '**इच्छा**' एक शक्ति के रूप में उभरकर सामने आती है और आपके संकल्पों को हकीकत में बदलती है, फिर आप इच्छाओं के अनुरूप बन जाते हैं।

वृहदारण्य उपनिषद् में लिखा है, "**मनुष्य इच्छामयी है**" यानी इच्छा का दमन नहीं करना चाहिए, बल्कि उसका उत्थान करना चाहिए।

क्योंकि हैबर क्रैस्टो ने कहा है, "**शांति की प्राप्ति, इच्छाओं का दमन**

खुशी कोई ऐसी चीज नहीं है, जिसका आप अनुभव कर सकें, परन्तु उसे याद अवश्य कर सकते हैं। क्योंकि खुशी हमेशा यादों के झरोकों से आपके दिल में प्रवेश करती है।

करने से नहीं, उन्हें उभारने से होती है।"

यह प्रकृति का नियम ***'Nature Is Conquered By Obedience.'*** है, जिसका अर्थ है कि प्रकृति पर विजय प्राप्त करने के लिए प्रकृति के नियमों का पालन करना जरूरी है। जैसे पानी के प्रवाह को रोककर आप उस पर पुल बनाते हैं, ठीक वैसे ही आप कठिनाइयों पर विजय प्राप्त करके अमीर बन सकते हैं। लेकिन दोनों कामों में इच्छा-शक्ति का होना जरूरी है।

विश्व के महान लेखक स्वेट मार्डन ने भी यही कहा है, **"किसी काम को करने से पहले आप उस काम को करने की दृढ़ इच्छा मन में लाएं, फिर सारी मानसिक शक्तियों को उस आर झुका द, तब आपको बड़ी सफलता प्राप्त होगी।"**

एडविन आर्नलड ने अपनी पुस्तक '***Light Of Asia***' में लिखा है कि **'एडमंड हिलेरी ने सिर्फ इच्छा-शक्ति के बल पर हिमालय पर विजय प्राप्त की थी।'**

इच्छा-शक्ति का वर्णन रामायण में भी मिलता है। जब रावण ने सीता हरण किया था, तब भगवान राम ने रावण के साथ युद्ध करने की योजना बनाई।

न्याय के पक्ष में अपने प्राण हथेली पर रखकर रीछ और वानरों की सेना युद्ध में जूझने को तैयार हुई। जिसमें हनुमान, जामवंत, अंगद, सुग्रीव जैसे कई प्रतापी योद्धा थे। परन्तु जो साधारण थे वे भी लकड़ी, पत्थर लेकर लड़ाई में उतरे और बढ़-चढ़कर अपना पराक्रम दिखाने लगे।

पेड़ पर बैठी एक गिलहरी यह सारा दृश्य देख रही थी। उसने सोचा कि वह भी इस धर्म युद्ध में अपना सहयोग देगी, भले ही यह योगदान छोटा क्यों न हो। फिर गिलहरी को एक उपाए सूझा। वह अपने बालों में बालू भरती और उसे समुद्र में झाड़ देती। लगातार वह इसी काम में लगी रही।

अचानक राम की दृष्टि उस पर पड़ी। यह दृश्य देखकर राम पुलकित हो उठे। उन्होंने गिलहरी के समीप जाकर उसके साहस को देखा और भावपूर्वक उसे हाथ में उठा लिया। फिर हथेली पर बिठाया और दूसरे हाथ की उंगलियों से स्नेहपूर्वक उसकी पीठ को सहलाने लगे।

कहते हैं कि राम सांवले थे इसीलिए पीठ पर हाथ फेरते रहने से गिलहरी की पीठ पर काली धारियां बनती चली गईं। जबकि पहले उस वंश के प्राणी सफेद होते थे।

परन्तु गिलहरी ने अपना योगदान सिर्फ अपनी इच्छा-शक्ति की वजह से दिया था। इसलिए आप अपनी इच्छा-शक्ति को प्रबल रखें, और नीचे लिखे सात

नियमों का पालन करें–

जो पहले आपने पढ़ा
वह अतीत था
जो अब पढ़ रहे हैं
वह भविष्य है
इसलिए अतीत को
भूल जाइए
और भविष्य की
चिन्ता कीजिए।

1. क्रियाशील बनें: जीवन में हर बात की जिम्मेदारी लेना सक्रिय होना है। क्योंकि आपके अन्दर परखने की क्षमता है और यही बात आपको पशुओं से अलग करती है। आप अपने विचारों पर सोच सकते हैं। यह विशेष गुण आपको परिस्थितियों से लड़ने की शक्ति देता है।

2. अन्त को सोचकर काम शुरू करें: जब आप ऐसा करते हैं, तब आपको विचारों का दस्तावेज यानी **'पर्सनल विज़न स्टेटमेंट'** मिल जाता है। फिर आपकी कल्पना का विस्तार तेजी से होने लगता है और आप उस काम के अन्त के बारे में आसानी से सोचने लगते हैं।

3. कठिन काम को पहले करें: जो काम जरूरी है, उसको छोटी उपलब्धियों के लिए रोकना नहीं चाहिए। क्योंकि वह आपको आगे बढ़ाता है और सफलता के शिखर तक पहुँचाता है।

4. हमेशा जीत के बारे में सोचें: यह एक नजरिया है, जिसके परिणाम समाधानों के रूप में प्राप्त होते हैं, जो आपको संतुष्टि प्रदान करते हैं। फिर आपको अपने काम में जीत दिखाई देने लगती है।

5. दूसरों को समझने की कोशिश करें: किसी व्यक्ति की परिस्थिति को समझने से पहले सोचें। यदि आप ऐसा नहीं करते, तब आप उसके बारे में सही अनुमान नहीं लगा पाएंगे। क्योंकि जल्दबाजी में लिया गया निर्णय आपके समझने के अवसर कम कर देता है।

6. दूसरों का सहयोग लेने की कोशिश करें: यह टीम में काम करने का एक तरीका है, जिसमें प्रभावशाली तरीके से समस्या का समाधान खोजा जाता है। सहक्रिया को आदत के रूप में ढाला जाता है, तब टीमवर्क का नतीजा सकारात्मक आता है। यह **'योगफल'** का सिद्धांत है।

7. आरी की धार तेज करें– यह अपने आपको बुद्धिशाली व्यक्त करने का तरीका है। इसमें सबसे पहले काम को करने के तरीके के बारे में सोचा जाता है, फिर काम को निश्चित समय में पूरा किया जाता है। इसमें शारीरिक श्रम कम हो जाता है और परिणाम अच्छे मिलते हैं।

इन्हीं बातों को ध्यान में रखते हुए एक किसान की बेटी अपने सपने को साकार करने के काफी करीब पहुंच गई है, जिसका नाम अवनीत कौर सिद्धू है। उसने बादल गांव से बीजिंग ओलंपिक तक का सफर पूरा किया था।

10 मीटर एयर राइफल से ओलंपिक के लिए क्वालिफाई करने वाली अवनीत कौर बताती हैं, "मैंने शूटिंग शौकिया शुरू की थी, क्योंकि मैं पढ़ाई में बहुत अच्छी थी। इसलिए मैंने कभी नहीं सोचा था कि मैं खेलों में जाऊंगी। क्योंकि मैं सिविल सर्विसेज़ में जाना चाहती थी।

परन्तु किस्मत को कुछ और ही मंजूर था। करीब एक साल पहले मुख्यमंत्री प्रकाश सिंह बादल ने दशमेश गर्ल्स कॉलेज में शूटिंग रेंज़ शुरू की थी, तब कॉलेज में मेरा पहला साल था। मैंने डेमोंस्ट्रेशन लिया, उसके बाद मेरा मकसद ही बदल गया।

बेचने की कला सीखने के लिए आपको ग्राहक की कमजोरी जाननी होगी फिर आप विज्ञापन के माध्यम से उसे आकर्षित कर सकते हैं। तब आपका विज्ञापन जो वादा करेगा ग्राहक उसे कायम रखने की कोशिश करेगा।

फिर छह साल में मैं बींजिग तक पहुंच गई। अब तक मैं 40 मैडल जीत चुकी हूँ। लेकिन जब पीछे मुड़कर देखती हूं, तो मुझे खुद पर विश्वास नहीं होता। सब सपने जैसा लगता है।

लेकिन अब मेरा एक ही सपना है कि अगले ओलंपिक खेलों में गोल्ड मैडल जींतू। मैं पिछले कुछ टूर्नामेंट में अच्छा नहीं कर सकी, लेकिन विश्वास है कि आगे रिज़ल्ट अच्छा आएगा।

अवनीत आज अपने गांव की रियल मॉडल बनी हुई हैं। अब उस गाँव में लगभग 100 लड़कियां निशानेबाज़ी में हाथ आजमां रही हैं।

इसलिए सफलता प्राप्त करने के लिए आपको अपने भीतर की खुदाई करनी है, क्योंकि वहां पर सफलता का स्रोत प्रवाहित हो रहा है। बराबर खोदते रहो, वह निरन्तर बहता रहेगा, परन्तु खोदने से पहले यह निश्चित कर लो कि आपको किस स्तर तक सफल होना है

क्योंकि डिज़्नीलैंड के जनक वॉल्ट डिज़्नी ने कहा था, ***"Great Men Of The Earth Are But The Marking Stones Of The Road Do Humanity."*** इसका अर्थ है कि **"महान पुरुष मानवता की सड़क पर लगाए जाने वाले मील के पत्थर होते हैं।"**

एक पुरानी कहानी है, एक दिन एक व्यक्ति ने सुकरात से सफलता का रहस्य पूछा। तब सुकरात उसे एक नदी की तरफ ले गए। नदी के अन्दर बढ़ते-बढ़ते जब पानी उनकी गर्दन तक आ पहुंचा, तो उन्होंने अचानक उस व्यक्ति का सिर पकड़कर पानी में डुबो दिया। वह सिर को बाहर निकालने के लिए छटपटाया।

जैसे ही उसका सिर पानी के ऊपर निकला, सबसे पहले उसने एक गहरी सांस ली, तब सुकरात ने पूछा, **"तुम्हारा सिर पानी के अन्दर था, तब तुम्हें किस चीज की सबसे ज्यादा इच्छा महसूस हुई थी?"**

व्यक्ति ने जवाब दिया, **"हवा की।"**

सुकरात बोले, **"यही सफलता का रहस्य है, जो तुम जानना चाहते हो। सफलता पाने की इच्छा उतनी ही गहरी होनी चाहिए, जितना की पानी में डूबने वाले को हवा की होती है।"**

लेकिन इसके लिए इच्छा-शक्ति का होना जरूरी है। फिर मनुष्य की सारी शक्तियां क्रियाशील हो जाती हैं और उन शक्तियों का प्रयोग करना मनुष्य अच्छी तरह से जानता है।

आपका चरित्र आपके कामों से बड़ा है। इसलिए आपके शब्द चरित्र के सामने छोटे पड़ जाते हैं।

जबकि पुराने जमाने में इच्छा-शक्ति का प्रयोग मनचाही सन्तान पाने के लिए किया जाता था। इसीलिए धृष्टद्युम्न का जन्म हवनकुंड से हुआ था। तब लक्ष्य था ऐसा बच्चा पैदा करना, जो द्रोणाचार्य का वध कर सके।

फिर ऋषियों ने हवनकुंड से वैसा ही बच्चा सृजित कर दिया। इसी तरह द्रोपदी का जन्म भी विशिष्ट लक्ष्य की पूर्ति के लिए हवनकुंड से हुआ था।

पांडु पुत्रों के जन्म में भी उच्च वैज्ञानिक तकनीक का प्रयोग किया गया था। तब पाँचों पांडवों के जन्म की प्रक्रिया में **'नियोग पद्धति'** से अलग-अलग देवताओं के अंश लेकर, उन्हें कुन्ती के शरीर में प्रविष्ट कराया गया था।

राजा दशरथ ने भी **'पुत्रोष्टि यज्ञ'** करवाया था, ताकि सात्विक संतान पैदा हो। यज्ञ के बाद औषधियुक्त खीर तीनों रानियों को खाने के लिए दी गयी, जिससे सर्वगुण सम्पन्न राम, भरत, लक्ष्मण और शत्रुघ्न का जन्म हुआ था।

एक और रोचक घटना विश्वामित्र और परशुराम के जन्म से जुड़ी हुई है। बताते हैं कि हवन के बाद ऋषियों ने विश्वामित्र और परशुराम की माँ को खीर के कटोरे दिए थे और दोनों कटोरों में विशिष्ट गुण वाले बच्चे पैदा करने के लिए अलग-अलग खीर थी।

एक कटोरे की खीर से बच्चे में क्षत्रिय गुण आने थे और दूसरे से ब्राहमण के। परन्तु गलती से खीर के कटोरे बदल गए। परिणाम स्वरूप ब्राह्मण-पुत्र परशुराम में क्षत्रियों वाले गुण आ गए और विश्वामित्र में ब्राह्मणों वाले गुण विकसित हो गये।

प्रचीन भारत के उन्नत प्रजनन-विज्ञान का एक और उदाहरण देवकी के संदर्भ में मिलता है। कथा कहती है कि जब देवकी ने गर्भ धारण किया था, तब

भ्रूण को रोहिणी के गर्भ में प्रत्यारोपित कर दिया गया था। फिर भगवान कृष्ण का जन्म हुआ था।

इसलिए आप अपने अमीर बनने के लक्ष्य में मन की सारी शक्तियों को लगा दें और इच्छाओं को दृढ़ रखें। फिर उसे पूरा करने का विचार मन में लाएं, ठीक वैसे ही जैसे कारपेंटर कुछ बनाता है। तब पहले वह अपने मन में विचार लाता है, फिर उसकी कल्पना करता है, उसके बाद उसे आकार देता है।

क्योंकि जो कल्पना मन में जन्म लेती है, उसी का रिएक्शन बाद में सामने आता है। जो नक्शे के रुप में होता है।

इसलिए मन में अपने लक्ष्य का नक्शा अवश्य बनाएं। क्योंकि जब तक किसी महल का नक्शा नहीं बनता, तब तक यह पता नहीं चलता कि महल कैसे बनाना है? परन्तु नक्शा बनने के बाद कारीगर उसे हकीकत में परिवर्तित करते चले जाते हैं।

क्या धीरूभाई अम्बानी के पास इतनी योग्यता थी कि वह विश्व के सबसे अमीर आदमी बनते?

क्या फुटपाथ पर साइकिल-मरम्मत का काम करने वाले हेनरी फोर्ड के पास इतना पैसा था, जो वह कार बनाने का प्लांट लगाते?

क्या चेतन चौहान एक मेजर के घर में पैदा होकर एक विश्वख्यात क्रिकेटर बन पाते?

आपका उत्तर होगा, **"नहीं!"**

लेकिन ये सब अपने लक्ष्य में सफल हुए, क्योंकि इन लोगों की इच्छा-शक्ति बहुत मजबूत थी। इसी इच्छा-शक्ति के बल पर विश्व के कई लोगों ने इतिहास को बदला है-

- जब अमेरिका गृहयुद्ध से झुलस रहा था, तब अब्राहम लिंकन की इच्छा-शक्ति ने उसे उभारा था, यदि वह ऐसा न करते, तो आज अमेरिका की स्थिति क्या होती, यह आप अनुमान लगा सकते हैं।
- द्वितीय विश्वयुद्ध के दौरान विंस्टन चर्चिल की दृढ़ इच्छा-शक्ति ने एक निर्णायक भूमिका निभाई थी, तब उनके पास देने के लिए खून, पसीना और आंसुओं के अतिरिक्त कुछ भी नहीं था। यदि चर्चिल में सच्ची देशभक्ति की इच्छा-शक्ति का अभाव होता, तो आज समृद्धि में डूबे इंग्लैण्ड और यूरोप की क्या स्थिति होती यह आप खुद सोच सकते हैं।
- गांधी ने अपनी इच्छा-शक्ति के बल पर अग्रेज़ों को भारत से खदेड़ा था और देशवासियों को एक झण्डे के नीचे लाकर खड़ा किया था।

इसलिए आप अपनी इच्छाओं का सम्मान करें। क्योंकि इच्छाओं का सम्मान करने से आपकी इच्छा-शक्ति विकसित होगी।

शायद इसी बात को ध्यान में रखते हुए गिनीज़ बुक के अविष्कारक डयूबीयर ने कहा था, **"मनुष्य को कभी भी अपनी वर्तमान स्थितियों से सन्तुष्ट नहीं होना चाहिए।"**

इस बात को विस्तार से समझाने के लिये में आपको एक कहानी सुनाता हूँ। एक बार एक मैथमेटिशियन ने सभी नौ अंकों को अपने यहां आमंत्रित किया। मीटिंग की शुरुआत हो ही रही थी कि किसी अंक ने नोटिस किया कि ज़ीरो वहां मौजूद नहीं है। उसे हर तरफ ढूंढ़ा गया फिर काफी समय बाद ज़ीरो को जियोमेट्री बॉक्स से ढूंढ निकाला गया, तब वह उदास था।

टीचर ने ज़ीरो से पूछा, **"ज़ीरो क्या बात है, तुम क्यों जियोमेट्री बॉक्स में छिपे हुए थे?"**

उसने इस सवाल के जवाब में टीचर से कहा, **"मैं ज़ीरो हूं, मेरी कोई वैल्यू नहीं है, कोई मेरी परवाह नहीं करता। इसीलिए मैं उदास हूँ।"**

ज़ीरो की बात सुनकर टीचर को हंसी आ गई। उन्होंने ज़ीरो को थोड़ा आगे आने को कहा, फिर सभी अंकों से पूछा, **"क्या आप लोग बता सकते हैं कि ज़ीरो की वैल्यू क्या है?"**

सारे अंकों ने एक स्वर में कहा, **"एक"**।

इस पर टीचर ने ज़ीरो को थोड़ा और आगे आने को कहा और फिर दूसरे अंकों से सवाल किया, **"अब जीरो की कितनी वैल्यू है?"**

सभी ने कहा, **"दस"**।

फिर टीचर ने ब्लैकबोर्ड पर ढेर सारे ज़ीरो बनाए और उन ज़ीरो के आगे दस अंक को जोड़ते चले गए।

अब वह वैल्यू सौ, हजार, दस हजार और लाख से आगे बढ़ती जा रही थी। फिर वैल्यू इतनी ज्यादा हो गयी कि कोई भी उसे काउंट नहीं कर पा रहा था।

तब टीचर ज़ीरो की तरफ मुड़ा और बोला, **"क्या अब तुम अपनी वैल्यू समझ सकते हो? तुम एक छोटे-से अंक जरूर हो, लेकिन जैसे ही तुम किसी नंबर के साथ जुड़ जाते हो, तब उस अंक की वैल्यू इतनी बढ़ जाती है कि वह काउंट नहीं होती।"**

विश्वास और ग्राहक दोनों एक सिक्के के दो पहलू हैं। क्योंकि ग्राहक वहीं जाता है जहाँ उसे विश्वास होता है। इसलिए अपने व्यापार में ईमानदारी बरतिए फिर ग्राहक चलकर खुद आपके पास आएगा।

ज़ीरो अपनी **'वैल्यू'** सुनकर खुश हो गया। फिर वह मन ही मन सोचने लगा कि यदि मैं अपना रोल बेहतर ढंग से अदा करूँ, तो मैं भी बड़े से बड़े काम को अंजाम दे सकता हूं।

आपकी स्थिति भी कुछ इसी तरह की है। आप ज़ीरो हैं। यदि आप अपनी इच्छा-शक्ति को मजबूत कर लेंगे, तब आप ज़ीरो से हीरो बन जाएंगे।

क्योंकि सिखों के धार्मिक ग्रंथ गुरुवाणी में लिखा है-

"धरती ते आकाश चढ़ावै, चढ़े अकाश गिरावै।"

इसका अर्थ है कि किसी भी मामूली हैसियत वाले मनुष्य को ईश्वर एका-एक उठाकर आसमान की बुलंदियों पर पहुँचा देता है और बिना इच्छा-शक्ति वाले मनुष्य को आसमान से जमीन पर लाकर पटक देता है।

आपने ग्रीक के राजा मिडास की कहानी अवश्य सुनी होगी। मिडास जिस चीज को छू लेता था, वह सोने में बदल जाती थी। ऐसी क्षमता वाले एक काल्पनिक पत्थर को हम पारस के नाम से जानते हैं, जो लोहे को सोने में बदल सकता है।

गुरुकुल में भी एक ऐसे आचार्य थे, जो सेवा भाव से खुश होने के बाद अपने शिष्य को एक ऐसा दिव्य दर्पण भेंट करते थे, जिसमें व्यक्ति के मन के भाव को दर्शाने की क्षमता होती थी। कुछ ऐसा ही एक दर्पण उन्होंने अपने शिष्य को दिया, जो उनकी दिन-रात सेवा करता था।

शिष्य उस दिव्य दर्पण को पाकर प्रसन्न हो गया। उसने परीक्षा लेने की जल्दबाजी में दर्पण का मुंह सबसे पहले गुरुजी के सामने कर दिया। वह देखकर आश्चर्यचकित हो गया कि गुरुजी के हृदय में मोह, अहंकार, क्रोध आदि दुर्गण परिलक्षित हो रहे थे।

इससे उसे बड़ा दुख हुआ, क्योंकि वह अपने गुरु को समस्त दुर्गणों से रहित समझता था।

फिर दर्पण लेकर वह गुरुकुल से रवाना हो गया। उसने अपने कई दोस्तों और रिश्तेदारों के सामने दर्पण रखकर परीक्षा ली। सबके हृदय में कोई न कोई दुर्गण अवश्य दिखाई दिया।

अन्त में वह अपने माता व पिता की भी दर्पण से परीक्षा करने से नहीं चूका। उनके हृदय में भी कोई न कोई दुर्गुण था, तब वह बौखला गया।

कुछ दिनों बाद उस दर्पण को लेकर फिर गुरुकुल पहुंचा। उसने गुरुजी से कहा, **"गुरुदेव, मैंने आपके दिए दर्पण की मदद से देखा कि सबके दिलों में दोष हैं।"**

तब गुरुजी ने दर्पण का रुख़ शिष्य की ओर कर दिया। शिष्य देखकर दंग रह गया, क्योंकि उसके मन के हर कोने में राग, द्वेष, अहंकार, क्रोध जैसे दुर्गुण थे। तब गुरुजी ने कहा, **"यदि तुम दूसरों के दुर्गण देखने के बजाए अपने दुर्गण देख लेते, तो अब तक तुम्हारा व्यक्तित्व बदल चुका होता। यही मनुष्य की सबसे बड़ी कमजोरी है कि वह दूसरों के दुर्गुण जानने में ज्यादा रूचि रखता है, लेकिन खुद को सुधारने के बारे में नहीं सोचता।"**

इसीलिए आपको सिर्फ अपने बारे में सोचना है। क्योंकि दूसरों का काम है टैंशन देना।

कंस शायद देवकी की सिर्फ आठवीं संतान की हत्या नहीं करता, यदि नारद जी ने उसे ये ज्ञान न दिया होता कि आठ की गिनती कहां से शुरु होती है। कहीं से भी शुरू करो, तो कोई भी संतान आठवीं हो सकती है।

रामयण में एक प्रसंग आता है जब लक्ष्मण के लिए संजीवनी की तलाश में हनुमान जी पूरा पहाड़ उठा लाए थे। इतना बड़ा काम, परन्तु न कोई थकान, न माथे पर कोई शिकन। हनुमान जी अपनी पूंछ में आग लगने पर भी चिंतित नहीं हुए थे।

बचपन से लेकर अंत तक भगवान कृष्ण सदा मुस्कुराते हुए हर क्षण को जीते रहे, जबकि उनके सामने संकट की बहुत-सी स्थितियां आईं। लेकिन उन्होंने कभी भी टैंशन का सहारा नहीं लिया। हमेशा शांत भाव से स्थितियों का सामना किया और दुश्मन को तुरन्त मारना भी जरूरी नही समझा।

जरासंध ने कई बार द्वारका पर हमले किए, लेकिन भगवान कृष्ण ने शांत भाव से उसे झेला। लेकिन जब उनकी इच्छा-शक्ति जागी, तब उन्होंने जरासंध का वध कर दिया।

इसीलिए आप भी अपनी इच्छा-शक्ति को समय-समय पर चैक करते रहिए, क्योंकि यही इच्छा-शक्ति आपको अमीर बनाएगी।

इसे चैक करने का तरीका बहुत आसान है। आपको सिर्फ नीचे लिखे उत्तर के सामने सही (✓) का निशान लगाना है-

1. आप कड़ी मेहनत करते हैं। हाँ ☐
2. बिजनेस करने में आपकी बचपन से रूचि है। हाँ ☐
3. आपको खेलकूद में मजा आता है। हाँ ☐
4. आप चुनौती का सामना धैर्य के साथ करते हैं। हाँ ☐
5. आपको पढ़ाई से ज्यादा बिजनेस में दिलचस्पी है। हाँ ☐
6. आपकी जरूरत से ज्यादा बिजनेस में दिलचस्पी है। हाँ ☐
7. आप लक्ष्य को पाने में पूरी तरह जुट जाते हैं। हाँ ☐
8. आप बहुत भावुक हैं। हाँ ☐
9. आपको हारना बिल्कुल अच्छा नहीं लगता। हाँ ☐
10. आप अधिक शांत रहते हैं। हाँ ☐
11. आप अपने परिवार के साथ नज़दीकी महसूस करते हैं। हाँ ☐
12. आप अपना नियंत्रण खो बैठते हैं। हाँ ☐
13. बिजनेस के समय आपकी नींद उड़ जाती है। हाँ ☐
14. आपको नया सीखना अच्छा लगता है। हाँ ☐
15. आप हार बिल्कुल बर्दाश्त नहीं कर सकते। हाँ ☐

16. आप दूसरे लोगों के साथ काम नहीं कर सकते। हाँ ☐
17. आपको बिजनेस के समय भूख नहीं लगती। हाँ ☐
18. आपको अमीरों की जीवनी पढ़ने में मजा आता है। हाँ ☐
19. आप एक काम को बार-बार करने में बोर हो जाते हैं। हाँ ☐
20. क्रिएटिव काम आपको अधिक पसन्द हैं। हाँ ☐

अब आप अपनी इच्छा-शक्ति की तीव्रता नापने के लिए सही(✓)के निशान लगे **"हाँ"** वाले बाक्स को जोड़ें।

- यदि आपका योग 10 से कम है, तब आपकी इच्छा-शक्ति बहुत कमजोर है और आपको इसे बढ़ाने के लिए लगातार प्रयत्न करने होंगे।
- यदि आपका योग 15 से कम है, तब आपको भी अपनी इच्छा-शक्ति को बढ़ाना होगा तथा पुस्तक के इस अध्याय को ध्यान से पढ़ना होगा।
- यदि आपका योग 15 से अधिक है, तब आप अपनी इच्छा-शक्ति के माध्यम से अमीर बन सकते हैं। ठीक वैसे ही जैसे कि नोएडा में रहने वाले नवाब सिंह नागर बनें।

गांव की झोंपड़ी में रहने वाला कोई व्यक्ति उद्योग जगत का सरताज बनेगा, यह शायद किसी ने नहीं सोचा होगा। उद्योग जगत में बुलंदियां पाने के बाद वह राजनीति में नया अध्याय लिखेगा, यह भी किसी ने नहीं सोचा था।

नवाब सिंह सरकार में पूर्व सिंचाई मंत्री रह चुके हैं। जबकि उनका जन्म मेरठ जिले के एक छोटे से गाँव छुछाई में, एक निर्धन किसान भरत सिंह के घर हुआ था। लेकिन माँ से मिली सीख की वजह से उन्होंने अपनी प्रारंभिक शिक्षा मेरठ से पूरी की, फिर आगे की पढ़ाई का सपना लेकर वे दादरी में अपने चाचा के घर आ गए।

पहले गाजियाबाद के एम.एम.एच. कॉलेज में एल.एल.बी. में एडमिशन लिया, लेकिन लॉ पूरा नहीं हो सका। क्योंकि उनके चाचा बीमार हो गये। इसलिए नवाब सिंह ने उनकी मदद से केवल एक लाख रुपए में नोएडा के सेक्टर दो में तरुण उद्योग के नाम से पॉलीथिन बैग बनाने वाली कम्पनी स्थापित की।

फिर कम्पनी में मजदूरी से लेकर सेल्समैन तक की सारी जिम्मेदारी खुद उठाई। उनकी इच्छा-शक्ति बहुत मजबूत थी, फिर हौसला इतना बढ़ा कि सेक्टर दो में उन्होंने एक और उद्योग इकाई स्थापित कर ली। उसके बाद नवाब सिंह ने पीछे मुड़कर नहीं देखा। फिर फेज दो में **'गुर्जर प्लास्टिक'** कम्पनी खोली।

जिसमें पैकेजिंग का काम शुरू किया। काम और बढ़ा तो सेक्टर 60 में चौथी उद्योग इकाई **'गजानन पैकर्स प्राइवेट लिमिटेड'** के नाम से खोल दी। जिसमें गत्ते के डिब्बे बनाने का काम होता है। आज उनकी कम्पनी का सालाना कारोबार 200 करोड़ रुपए का है।

इसलिए आप अपनी इच्छा-शक्ति को मजबूत कीजिए, क्योंकि इच्छा-शक्ति प्रबल होने पर आप अपना लक्ष्य आसानी से चुन सकते हैं। क्योंकि सिखों के धर्मगुरु तेग बहादुर सिंह ने कहा है-

हरि की गति नहीं कोउ जानै।
जोगी जती तपी पचि हारे अरु बहु लोग सिआने॥
छिन महि राउ रंक कउ करई राउ रंक करि डारे।
रीते भरे भरे सखनावै यह ताको बिवहारे॥

यानी आपकी इच्छा-शक्ति का कोई अन्त नहीं है और जिसकी इच्छा-शक्ति तीव्र होती है, उसको ईश्वर दुनिया की सारी दौलत देता है।

■

"अमीर बनने के लिए आप पहला कदम बढ़ाइए, फिर दूसरा कदम इस पुस्तक को पढ़ने के बाद खुद ही बढ़ जाएगा। क्योंकि हर यात्रा की शुरूआत हमेशा पहले कदम से ही होती है।"

यह किताब आपको अमीर बना सकती।
क्योंकि यह कोई मामूली किताब नहीं है
बल्कि
अमीर बनने का विज्ञान है।
इसलिए इसे ध्यान से पढ़ें,
क्योंकि पूरी दुनिया में
अभी तक कोई ऐसा इंस्टीट्यूट नहीं खुला है
जहां आप अमीर बनने का प्रशिक्षण ले सकें।

चौथा सिद्धांत

अमीर बनने के लिए लक्ष्य चुनिए

नई दिल्ली का फिक्की ऑडिटोरियम देश के जाने-माने उद्योगपतियों से खचा-खच भरा हुआ था, तब वित्तमंत्री पी. चिदम्बरम उन्हें सम्बोधित करने वाले थे। विषय था **'एक्सपोर्ट बढ़ाने का लक्ष्य-2010'।**

एक्सपोर्टर होने की वजह से मैं भी वहां आमंत्रित था। इत्तेफाक से मेरी बगल वाली सीट पर मुकेश अम्बानी आकर बैठ गए। वह मुझे जानते थे, क्योंकि मैंने उनके परिवार पर आधारित पुस्तक **'अम्बानी एण्ड अम्बानी'** लिखी थी और उन्हें वह पुस्तक बहुत पसन्द आई थी।

उन्होंने मुस्कुराकर मेरा अभिवादन किया, फिर मेरे कंधे पर हाथ रखते हुए बोले, **"मिस्टर इन्जीनियर, आप अपने व्यस्त बिजनेस शैडयूल से लिखने का समय कैसे निकालते हैं?"**

मैंने कहा, **"अम्बानी साहब, शौक के लिए आदमी समय निकाल ही लेता है। जैसे आप क्रिकेट देखने के लिए समय निकाल लेते हैं, वैसे ही मैं लिखने के लिए समय निकाल लेता हूँ।"**

"आपने इतनी कम उम्र में 'सम्भोग से स्वर्ग तक' जैसी आध्यात्मिक पुस्तक कैसे लिख दी?" मुकेश अम्बानी ने मुझसे अचानक ऐसा प्रश्न कर डाला, जिसका उत्तर मेरे पास नहीं था।

परन्तु उत्तर तो देना ही था, इसलिए मैंने उनसे कहा, **"आपने बालक ध्रुव की कहानी तो सुनी होगी।"**

मुकेश अम्बानी ने कहा, **"नहीं!"**

तब मैंने कहा, **"बालक ध्रुव ने केवल पांच साल की उम्र में इतना ज्ञान प्राप्त कर लिया था कि बड़े-बड़े ऋषि-मुनियों को भी अपना अस्तित्व खतरे में नजर आने लगा था।"**

"फिर ऋषि-मुनियों ने क्या किया?" मुकेश अम्बानी ने उत्सुक्ता से पूछा।

"तब उन्होंने भी खूब साधना की, लेकिन वे बालक ध्रुव से जीत नहीं पाए।"

अन्त में वे सब नारद जी के पास गए और बोले, "नारद जी, हम सब आपके भक्त हैं और बहुत दिनों से आपकी साधना कर रहे हैं, परन्तु यह पांच साल का बालक ध्रुव साधना में हमसे आगे निकल गया है, जो कि हम लोगों के लिए शर्म की बात है। अब हमारी इज्जत आप ही बचा सकते हैं।"

नारद जी ने कहा, "ठीक है मैं खुद ध्रुव के पास जाऊंगा।"

ऋषि-मुनियों के वापस जाने के बाद, नारद जी ध्रुव के पास पहुँचे और बोले, "बेटा, तुमको क्या पसंद है? तुम कौन-सा खिलौना लेना चाहते हो? कौन-सी मिठाई खानी चाहते हो?"

बालक ध्रुव बोला, "खिलौना-मिठाई आपके लिए ठीक हैं नारद जी, मुझे इन सबकी जरूरत नहीं है।"

"फिर क्या कोई राज्य चाहते हो? या साम्राज्य चाहते हो? बताओ, तुम्हें वही मिलेगा, लेकिन इतनी छोटी उम्र में साधना-भजन क्यों करते हो? जब बुढ़ापा नजदीक दिखाई दे, तब करना।"

एक पुरानी कहावत है 'आसाढ़ माह जो दिन में सोय ओकर सिर सावन में रोए।' इसका अर्थ है जिस तरह आसाढ़ माह में दिन में सोने से सावन में पीड़ा होती है। ठीक वैसे ही जवानी में समय गंवाने से बुढ़ापे में पैसा कमाने में परेशानी होती है।

ध्रुव ने कहा, "देखिए नारद जी! आप तो बड़े-बुजुर्ग हैं, आप हमसे अधिक जानते हैं, आप ही बताइए कि कितने जीवन के बाद मनुष्य का जीवन मिलता है और जिन्हें यह जीवन मिलता है, उनमें से कितने लोग अपने लक्ष्य के बारे में सोचते हैं?

जो सोचते हैं, वे महान बन जाते हैं। आप तो बूढ़े हो गए, आपको बुढ़ापे तक साधना-भजन करने का मौका मिला, लेकिन जरूरी नहीं है कि ये मौका मुझे भी मिले। हो सकता है आज की रात ही मेरी मौत हो जाए। तब बुढ़ापे का इंतजार कैसे कर पाऊँगा? इसलिए मैं अभी से साधना-भजन कर रहा हूँ, ताकि आने वाली पीढ़ियां मुझे याद करें।"

कहानी सुनकर मुकेश अम्बानी मुस्कुराए, फिर बोले, "मुझे अपने प्रश्न का उत्तर मिल गया मिस्टर इन्जीनियर! मुझे उम्मीद है कि आप अवश्य ही बालक ध्रुव की कहानी को दोहराएंगे।

तब मैंने कहा, **"अम्बानी साहब! दुनिया का हर व्यक्ति एक सपना लेकर पैदा होता है। मैं भी एक सपना लेकर पैदा हुआ हूँ और चाहता हूँ कि कुछ ऐसा साहित्य लिखूं, जिसे पढ़ने के बाद लोग मुझे सदियों तक याद करें।"**

"मेरी शुभकामनाएं आपके साथ है मिस्टर इन्जीनियर!"

इतना कहकर मुकेश अम्बानी सीट से उठकर स्टेज की ओर बढ़ गए, क्योंकि स्टेज पर पी. चिदम्बरम आ चुके थे।

उनके जाने के बाद मैं सोचने लगा कि विश्व का सबसे अमीर आदमी बनने के बाद भी मुकेश अम्बानी में जरा भी घमंड नहीं है। आज भी वे व्यापार को बढ़ाने के सपने देखते हैं और उनको साकार करने में लग जाते हैं।

क्योंकि वे जानते हैं कि सपने उन्हीं के सच हो पाते हैं, जिनके पास **3D** की पावर होती है:-

Direction यानी **सही हो।**

Determination यानी **दृढ़-निश्चय हो।**

Dedication यानी **पूर्ण समर्पण हो।**

और वह लक्ष्य के बीच में आयी हर बाधा को पार कर सकता हो।

तभी तो उनके पिता धीरुभाई अम्बानी ने कहा था, **"जिन्दगी के हाइवे पर चलते हुए आपकी आंखे सिर्फ लक्ष्य पर होनी चाहिए, तभी आप अमीर बन सकते हैं।"**

लेकिन लक्ष्य तय करने से पहले आपको यह जानना जरूरी है कि आप किस दिशा में जा रहे हैं? कहां पर खड़े हैं? और इस किताब को पढ़ने के बाद आप अपने आपको कहां देखना चाहते हैं?

इसलिए तैयार हो जाइए और रिलैक्स स्थिति में नीचे दिए गए प्रश्नों के उत्तर के सामने सही (✓) का निशान लगाइए–

1. **अब तक आपका लक्ष्य कैसा था?**
   - a. प्रोफिटेबल नहीं था — हाँ ☐
   - b. मेहनत बहुत थी — हाँ ☐
   - c. नॉलेज नहीं थी — हाँ ☐
   - d. आइडिया पुराना था — हाँ ☐
   - e. कुछ भी नहीं था। — हाँ ☐
2. **लक्ष्य आपके लिए कैसा साबित हुआ-?**
   - a. नुकसान दायक था। — हाँ ☐
   - b. कम प्रॉफिट वाला था। — हाँ ☐
   - c. जगह अधिक घेरता था। — हाँ ☐

d. दिमागी टैंशन देता था। हाँ ☐
e. कोई टारगेट नहीं था। हाँ ☐

3. **लक्ष्य का विजुलाइज़ेशन कैसा था?**
a. वर्तमान जिन्दगी की तरह। हाँ ☐
b. वर्तमान जिन्दगी से थोड़ा अलग। हाँ ☐
c. वर्तमान जिन्दगी से काफी अलग। हाँ ☐
d. भविष्य की जानकारी नहीं थी। हाँ ☐
e. प्रेक्टिकल नॉलेज नहीं थी। हाँ ☐

4. **लक्ष्य पाने के लिए सपना कैसा था?**
a. बहुत अच्छा था। हाँ ☐
b. अच्छा था। हाँ ☐
c. ठीक था। हाँ ☐
d. अच्छा नहीं था। हाँ ☐
e. डरावना था। हाँ ☐

5. **लक्ष्य का स्वरूप कैसा था?**
a. अधिक जगह घेरता था। हाँ ☐
b. कम जगह घेरता था। हाँ ☐
c. घर भी भरा रहता था। हाँ ☐
d. फोन पर काम चलता था। हाँ ☐
e. जगह का इन्तजाम नहीं था। हाँ ☐

6. **क्या लक्ष्य के लिए कोई प्लान बनाया था?**
a. दूसरों को देखकर किया था। हाँ ☐
b. बिना सोचे किया था। हाँ ☐
c. कभी सोचा ही नहीं था। हाँ ☐
d. थोड़ा बहुत पेपर वर्क किया था। हाँ ☐
e. कुछ नहीं किया था। हाँ ☐

7. **लक्ष्य आपको किस रास्ते पर ले जा रहा था?**
a. बर्बादी की ओर हाँ ☐
b. अमीरी की ओर हाँ ☐
c. नहीं मालूम। हाँ ☐
d. स्थिर था। हाँ ☐
e. केवल खर्चा निकलता था। हाँ ☐

8. **आपका भविष्य लक्ष्य के बाद कैसा था?**
a. अनिश्चित था। हाँ ☐
b. अवसर पर निर्भर करता था। हाँ ☐

c. किस्मत पर निर्भर करता था। हाँ ☐

d. मौसम पर निर्भर करता था। हाँ ☐

e. व्यवहार पर निर्भर करता था। हाँ ☐

9. **लक्ष्य को परखने की विधि कैसी थी?**

a. सरल थी। हाँ ☐

b. काफी सरल थी। हाँ ☐

c. टिपिकल थी। हाँ ☐

d. थोड़ा मुश्किल थी। हाँ ☐

e. कोई नहीं थी। हाँ ☐

10. **क्या लक्ष्य का आपने प्रोजेक्ट बनाया था?**

a. कोशिश नहीं की थी। हाँ ☐

b. इस बारे में पता नहीं था। हाँ ☐

c. घर वालों से सलाह ली थी हाँ ☐

d. सबकुछ मुँह जुबानी था। हाँ ☐

e. पुस्तक में देखा था। हाँ ☐

अपनी स्थिति जानने के लिए अब **'हाँ'** पर सही का निशान (√) लगे उत्तरों की गणना कीजिए, क्योंकि ये दस प्रश्नों के उत्तर आपको बताने जा रहे हैं कि आप जिन्दगी से क्या चाहते हैं? और इसके लिए आपने अब तक क्या किया है।

यदि आपके उत्तर का योग 15 से 30 तक है तब लक्ष्य की योजना आपके लिए पूरी तरह नई प्रक्रिया है या फिर आप इसे केवल दूसरों पर लागू होते हुए देखते हैं। अगर आप कुछ वक्त योजना बनाने में बिताएंगे, तो आपकी जिन्दगी काफी हद तक बदल सकती है।

परन्तु इसके लिए आपको पुस्तक के अगले अध्यायों को ध्यान से पढ़ना होगा। हो सकता है आपको पुस्तक दो या तीन बार पढ़नी पढ़े। क्योंकि आगे आपको पुस्तक बताएगी कि लक्ष्य कैसे चुनना है ताकि आपका अमीर बनने का सपना पूरा हो सके।

यदि आपके उत्तर का योग 30 से 40 तक आता है, तब समझ लीजिए कि आप लक्ष्य की योजना से अनजान नहीं हैं। लेकिन अगर आप अपने भविष्य के लिए वक्त दे पाएं, तो जीवन में और भी बेहतर बदलाव ला सकते हैं। मगर आवश्यकता है पुस्तक के हर अध्याय को कम से कम दो बार ध्यान से पढ़ने की, ताकि आपके अमीर बनने के रास्ते में कोई स्पीड ब्रेकर न आ सके।

अगर आपके उत्तर का योग 40 से 45 के बीच आता है, तब समझिए कि आपने लक्ष्य पर काफी काम किया है। लेकिन संतुष्ट होकर रुकना नहीं है, बराबर अपने लक्ष्य पर नजरें जमाए रखनी हैं।

क्योंकि धीरूभाई अम्बानी ने कहा है, ***"There Is Always Room At The Top"*** यानी सबसे ऊपर चोटी पर हमेशा स्थान रहता है, नीचे भीड़ के कारण स्थान कम हो सकता है। परन्तु ऊपर शिखर पर स्थान मिल ही जाता है।

प्रकृति का भी यही नियम है ***"Survival Of The fittest"*** यानी जो सबसे अधिक चुस्त-दुरूस्त है, वही सफल है। क्योंकि सफलता न तो पेड़ पर उगती है, न ही किसी स्टोर से खरीदी जा सकती है।

जब तक आप गिरेंगे नहीं तब तक आप ठीक से चलना नहीं सीख सकते। लेकिन गिरकर न उठ पाना गलत है। क्योंकि 99% वे लोग होते हैं ज़ो गिरकर उठने का साहस नहीं करते!

सफलता वह ऊंचाई है, जहां पहुंचने के लिए कोई लिफ्ट काम नहीं करती। वहां तो एक-एक सीढ़ी चढ़कर ही पहुंचा जा सकता है।

ठीक वैसे ही, जैसे कि अर्जुन पहुंचा था। क्योंकि जब गुरु द्रोणाचार्य अपने शिष्यों को धनुष विद्या सिखा रहे थे, तब उन्होंने लक्ष्य के रूप में पेड़ पर बैठी एक चिड़िया को देखते हुए शिष्यों से कहा था, **"तुम्हें उस चिड़िया की आंख पर निशाना लगाना है, लेकिन पहले यह बताओ कि तुम्हें क्या दिखाई दे रहा है।"**

इस प्रश्न के उत्तर में एक शिष्य बोला, **"पेड़, टहनियां और पत्ते।"**

दूसरा शिष्य बोला, **"आकाश।"**

तीसरा शिष्य बोला, **"चिड़िया।"**

लेकिन जब अर्जुन की बारी आई, तब उसने कहा, **"मुझे सिर्फ चिड़िया की आंख दिखाई दे रही है।"**

यह सुनकर द्रोणाचार्य प्रसन्न हुए और तीर चलाने के लिए अर्जुन को इशारा किया। अर्जुन का तीर सीधा चिड़िया की आंख में जाकर लगा क्योंकि यही उसका लक्ष्य था।

अब्राहम लिंकन ने भी अपनी वाणी में जादू भरने का लक्ष्य बनाया था, जिससे वे एक कुशल वक्ता बने। फैंकलिन पीयर्स अपने दृढ़ संकल्प के बल पर सफल हुए और अमेरिका के प्रेसीडेंट बने। तब फैंकलिन पीयर्स ने कहा था, **"यदि आप अपने लक्ष्य में सफलता प्राप्त करना चाहते हैं तब आपको नीचे लिखे सिद्धांतों पर चलना होगा-**

- **हमेशा मुस्कुराते रहें।**
- **दूसरों की भावनाओं की कद्र करें।**

- **नम्रता का गुण अपनाएं।**
- **दूसरों को प्रोत्साहित करें।**
- **अपना वादा कभी न भूलें।**
- **अपनी इच्छा-शक्ति को रोज़ बढ़ाएं।**
- **समाज की सेवा करें।**
- **दूसरों को सहारा दें।**
- **प्रेरणादायक पुस्तकों का अध्ययन करें।**
- **महापुरुषों के साथ खाली समय व्यतीत करें।**
- **रोज मॉर्निंग वॉक करें**
- **हृदय से धन्यवाद दें।**
- **कभी अभिमान न करें।**
- **दूसरों के सुझावों का आदर करें।**
- **क्षमा करने की आदत डालें।**
- **क्रोध, घृणा, ईर्ष्या, द्वेष से दूर रहें।**
- **जीवन के प्रति सही दृष्टिकोण बनाएं**
- **ईश्वर की रोज़ प्रार्थना करें।**

एक पुरानी कहावत है, **'जहां चाह वहां राह!'** यानी पाने के लिए कोई उम्र तय नहीं है।

ब्रिटेन के **'यंग एचीवर ऑफ द इयर'** रवि गहलोत इसके उदाहरण हैं। गहलोत ने केवल 15 साल की उम्र में लंदन में अपने घर से कारोबार शुरू किया था। 17 साल की उम्र में उन्हें ब्रिटेन में सबसे कम उम्र का स्वनिर्मित करोड़पति माना गया।

क्योंकि **"वन ऑफिस कम्पनी"** की शुरुआत सबसे पहले गहलोत ने की थी, जो लंदन में छोटी और बड़ी कम्पनियों को किराए पर ऑफिस दिलाती थी।

रवि गहलोत का सबसे पहला व्यावसायिक सौदा स्कूल में डिस्कोज़ का आयोजन कराना था, जिसके बारे में गहलोत खुद बताते हैं, **"मैंने बैंक से किसी भी तरह की वित्तीय मदद नहीं ली, मैंने पैसा खुद कमाया है। सिर्फ पहली बार मैंने अपने एक मित्र से 100 पाउण्ड उधार लिए थे।"**

16 साल की उम्र में स्कूल छोड़ने पर रवि गहलोत आइया नैपा के उस साइप्रस रिसोर्ट में गए, जो पूरे यूरोप के युवाओं के लिए एक जाना-माना मनोरंजन स्थान माना जाता है। फिर उन्होंने नाइट क्लबों को बढ़ावा देना शुरू किया और बाद में एम.टी.वी. पार्टियों के आयोजन का भी ठेका लिया।

अपनी जिन्दगी के बारे में रवि गहलोत का कहना है, **"मुझे उच्च शिक्षा न पाने के बारे में पछतावा नहीं है। मेरा मानना है कि प्रारंभिक जीवन में**

डिस्कोज की स्थापना और वर्तमान में वन ऑफिस के रूप में कारोबारी विस्तार मेरे जीवन की एक अच्छी योग्यता है।"

आज गहलोत के पास लगभग 2 मिलियन पाउण्ड की मिलकियत है। अब वह उन युवा उद्यमियों को मदद कर रहे हैं, जिनके पास आइडिया तो है परन्तु यह पता नहीं है कि उसे कैसे अंजाम देना है।

इसलिए रवि गहलौत का कहना है, **"अगर आप बेरोजगार हैं और अमीर बनना चाहते हैं, तो एक नौकरी ढूंढने से शुरुआत करें, फिर अपने आपको पूरी तरह उसमें झोंक दें और बचत करना शुरू करें।"**

जो लोग खुली आंखों से दिन में सपने देखते हैं वे लोग उन लोगों से अधिक अमीर होते हैं जो रात में सोते समय सपने देखते हैं!

इसके लिए आपको अपनी सोच और मानसिकता को **'नहीं'** से **'हां'** में बदलना होगा। उसके बाद आप जो भी करने का सपना देखते हैं, उसे तुरन्त शुरू करें। यह सपनों को सच करने की दिशा में पहला कदम है। फिर नई संभावना और विकल्प की तलाश करें, जो आपको सपनों के करीब ले जा सके।

परन्तु हमेशा आशावादी बने रहें, फिर अपने आपसे हमेशा पूछें कि आप ऐसा क्या कर सकते हैं, जो आपको मंज़िल के पास ले जा सके।

यदि आप अपनी बनाई योजना पर अमल करके अपना लक्ष्य हासिल नहीं कर पा रहे हैं, तब सोचिए कि वे कौन-से कारण हैं, जो आपको पीछे खींच रहे हैं? और आपको अपनी मंज़िल के पास जाने से रोक रहे हैं। क्योंकि दीर्घनिकाय ग्रंथ में एक श्लोक है:-

अतिसीतं अतिउण्हं अतिसायमिदं अहु।
इति विस्स्ट्ठकंपंते अत्था अच्चेंति माणवे॥

इसका अर्थ है कि जिन्दगी काम करने का दूसरा नाम है। काम करते हुए फुरसत के लम्हों को ढूंढना अच्छा लगता है, लेकिन काम न करते हुए फुरसत के क्षण ढूंढना गलत है। क्योंकि काम से बचने का मतलब है, अपने कर्त्तव्यों से दूर भागना। जबकि काम खुशहाली लाता है और आपको एक पहचान देता है।

नेपोलियन से एक बार किसी पत्रकार ने पूछा, **"आपकी सफलता का राज क्या है, क्या इसके पीछे कोई दैवीय शक्ति है?"**

नेपोलियन धीरे से मुस्कुराए और सहजभाव से बोले, **"यदि आप पूरी ईमानदारी और समर्पण से अपने लक्ष्य की ओर बढ़ने का संकल्प लें, तब आपको सफलता अवश्य मिलेगी। ऐसा मेरा अनुभव है।"**

खुश्बूदार फूल धीरे-धीरे उगते हैं जबकि घास तेजी से बढ़ती है। अब यह आपकी इच्छा-शक्ति पर निर्भर करता है कि आप फूल उगाना चाहते हैं या घास?

इसलिए सफलता के सफर की चौथी सीढ़ी है लक्ष्य निर्धारित करना। यदि आपका लक्ष्य स्पष्ट है, तब आप समझ लें कि आपने सफलता की चौथी सीढ़ी पार कर ली है।

परन्तु लक्ष्य हमेशा बड़ा ही होना चाहिए। क्योंकि आप जब आसमान को छूने का लक्ष्य बनाते हैं, तब आप सिर्फ पहाड़ की चोटी तक पहुंच पाते हैं।

कुछ दिनों पहले की बात है, मेरी छोटी बेटी विल्शा मेरे पास बैठी पढ़ रही थी। उसकी फस्ट क्लास की हिन्दी की किताब मेज पर पड़ी थी। अचानक मेरी नजर उस किताब पर पड़ी। मैंने उत्सुक्ता से उसे खोला, जिसके पहले पृष्ठ पर लिखा था, **"गाय दूध नहीं देती, बल्कि उसे निकालना पड़ता है और वह भी बूंद-बूंद में।"**

जीवन की इस कठोर और बड़ी सच्चाई को जानकर मैं रोमांचित हो गया। मैं अपने आपको ठीक उसी तरह उत्साहित महसूस करने लगा, जैसे कि कभी महान् बुद्ध ज्ञान को प्राप्त करने के बाद हुए होंगे। फिर यह मेरी जिन्दगी का मूल सिद्धांत बन गया कि **'गाय दूध नहीं देती, बल्कि उसे निकालना पड़ता है।'**

क्योंकि इस बात ने मुझे आगे सोचने के लिए प्रेरित किया कि जिन्दगी में सफलता पाने के लिए खोजी प्रवृति का होना जरूरी है।

इसलिए आप भी काम करने के नए तरीके तलाशते रहिए, न जाने जीवन के किस मोड़ पर सफलता आपका इन्तजार करते हुए मिल जाए।

दो नावों पर पैर न रखें: दो नावों पर पैर रखने वाले लोग अधिकतर डूब जाते हैं। इसलिए आप एक समय पर एक ही लक्ष्य पर काम करें। ठीक वैसे ही जैसे कि **'एयर होस्टेस एकेडमी'** की संस्थापक और मैनेजिंग डायरेक्टर सपना गुप्ता ने किया है।

जिसकी वजह से आज एयर होस्टेस अकादमी (ए.एच.ए.) भारतीय एविएशन और हॉस्पिटैलिटी के क्षेत्र में नम्बर वन प्रशिक्षण केंद्र माना जाता है। जहां एयरलाइंस और होटलों में काम करने के इच्छुक युवाओं को प्रशिक्षित किया जाता है।

सपना गुप्ता पहले दिल्ली विश्वविद्यालय के साथ-साथ वाई.एम.सी.ए, भारतीय विद्या भवन और साउथ दिल्ली पॉलीटेक्निक जैसी संस्थाओं में **'ट्रेवल एंड टूरिज्म'** पढ़ाती थीं। पढ़ाते वक्त उनके पास कई ऐसी छात्राएं आती थीं, जो एविएशन और हॉस्पिटैलिटी क्षेत्र में अपना भविष्य बनाना चाहती थीं। लेकिन उन्हें यह नहीं पता था कि वह इसके लिए क्या करें और कहाँ जाएं।

शुरुआती दौर में उन्होंने कॉलेज के बाद कुछ समय छात्रों को देना शुरू किया, फिर उन्हें एहसास हुआ कि भारत इस क्षेत्र में बहुत पीछे चल रहा है और लोगों को एक अच्छे स्तर का व्यावसायिक प्रशिक्षण देने की आवश्यकता है।

मनोवैज्ञानिक विलियम जेम्स ने कहा था इक्कीसवीं सदी की सबसे बड़ी उपलब्धि यह होगी कि हर व्यक्ति अपने मानसिक नजरिये को बदलकर अपने आपको बदलने में सक्षम होगा।

नई एयरलांइस और होटलों को खुलते देख, उन्हें यह महसूस हुआ कि इस क्षेत्र में रोजगार के अच्छे अवसर मौजूद हैं।

परन्तु भारतीय युवाओं तक इनका लाभ नहीं पहुँच रहा है। उसके बाद सपना गुप्ता ने अपने छात्रों का सपना पूरा करने के लिए 1997 में दक्षिण दिल्ली की अमर कॉलोनी में किराए के मकान में मात्र तीन छात्रों को पढ़ाना शुरू किया।

लेकिन उनके सामने सबसे बड़ी चुनौती एक ऐसा ब्रांड तैयार करना था, जिससे बच्चों को आसानी से काम मिल सके। फिर मेहनत, लगन और दृढ़निश्चय के साथ उन्होंने दस सालों के अन्दर एक अंतर्राष्ट्रीय स्तर का प्रशिक्षण संस्थान खड़ा कर दिया।

जिसका पता इस बात से चलता है कि ए.एच.ए. आज कैंब्रिज विश्वविद्यालय से मान्यता प्राप्त संस्थान है, जो विश्वस्तर की सेवा और गुणवत्ता का मुकाबला कर सकता है।

यह कामयाबी की वो सीढ़ी थी, जहाँ तक किसी भी संस्थान को चढ़ने का मौका नहीं मिला। आज 29 शहरों में ए.एच.ए. के 49 केंद्र युवाओं को प्रशिक्षित कर रहे हैं और इसका कुल कारोबार 80 करोड़ रुपए का है परन्तु सपना गुप्ता ने हमेशा एक ही लक्ष्य पर काम किया, जिसकी वजह से आज उन्हें इतनी बड़ी सफलता मिली है।

सीखना जरूरी है: सीखने से आत्मविश्वास बढ़ता है, फिर आप दुनिया को बेहतर तरीके से जान पाते हैं। लेकिन जिस दिन आपके अन्दर सीखने की इच्छा समाप्त हो जाएगी, उस दिन आपका जीवन स्थिर हो जाएगा।

क्योंकि जब आप कोई लक्ष्य पाने की कोशिश करते हैं, तब अच्छे-बुरे दोनों तरह के लोग आपके सम्पर्क में आते हैं। लेकिन जो लोग आपकी बुराई करते हैं, उनसे आप दूर रहना चाहते हैं। क्योंकि उन लोगों की बातें आपको निराश करती हैं।

परन्तु आपको उन निराशाओं से डरना नहीं है, बल्कि कुछ सीखना है।

तन और मन को स्वस्थ रखें: लक्ष्य की प्राप्ति के लिए यह जरूरी है कि आपका तन और मन दोनों स्वस्थ हों। कहते हैं तंदुरुस्ती हजार नेमत है। क्योंकि स्वस्थ शरीर में ही स्वस्थ मन निवास करता है, इसलिए अपनी वर्तमान शैली को जांचें:-

1. क्या आपका वजन ज्यादा है? हाँ ☐
2. क्या तीन सीढ़ियां चढ़ने के बाद आपकी सांस फूलती है। हाँ ☐
3. क्या आपको पूरी नींद नहीं आती? हाँ ☐
4. क्या आप अपने खाने में फल, सब्जियों और दूसरे पोष्टिक खाद्य पदार्थों का सेवन करते हैं? हाँ ☐
5. क्या आप अपने लिए आराम करने का समय निकाल पाते हैं? हाँ ☐

अपने स्वास्थ्य के बारे में भली भांति जाननें के लिए (√) सही का निशान लगाये उत्तरों को देखें। यदि प्रश्न न॰ 4 और 5 का उत्तर **'हाँ'** में है, तब आप अपने स्वास्थ्य के प्रति काफी सजग रहने वाले इंसान है।

परन्तु प्रश्न न॰ 1, 2 और 3 का उत्तर **'हां'** में होने पर आपको अपने स्वास्थ्य के बारे में अधिक ध्यान देना होगा और फिट रहने के लिए चार बातों पर विशेष ध्यान देना होगा:-

- **लचीलेपन को बढ़ाएं।**
- **मॉर्निंग वॉक करें।**
- **ब्रेकफॉस्ट में फल खाएं।**
- **लिफ्ट के स्थान पर सीढ़ियों का प्रयोग करें।**

क्योंकि आपकी बॉडी के कंपोनेंट कार की तरह होते हैं। जितना आप अपनी बॉडी को बेहतर रखेंगे, उतना ही इसका प्रदर्शन अच्छा होगा।

जब तक आप अपने काम को जिम्मेदारी के साथ नहीं करेंगे, तब तक सफलता आपसे दूरी बनाए रहेगी।

अपनी क्षमताओं को पहचानें: हर व्यक्ति में कुछ न कुछ क्षमताएं होती हैं, परन्तु उन्हें पहचानकर उनका उपयोग करने की कला बहुत कम लोगों में होती है। इसलिए आप जो कर सकते हैं, उसे करें। क्योंकि अपनी क्षमताओं का आप जितना अधिक सदुपयोग करेंगे, सफलता मिलने की संभावना उतनी ही अधिक हो जाएगी।

चरक जब गुरुकुल में पढ़ते थे, तब उनको वनऔषधि का काम सौंपा गया था। उन्हीं दिनों उनके एक छोटा-सा फोड़ा निकला। फिर गुरु ने उन्हें फोड़ा ठीक करने के लिए विशेष वनऔषधि की आवश्यकता बताई और उनसे औषधि ढूँढकर लाने के लिए कहा।

चरक ने उस वनऔषधि को ढूँढने के लिए दूर-दूर तक सैकड़ों वनस्पतियों को देखा, परन्तु वह वनऔषधि उन्हें नहीं मिल सकी।

जब वे निराश लौटे तो गुरुदेव ने कहा, **"वह वनऔषधि आश्रम के पीछे बाड़े में मौजूद है। तुम उसे उखाड़ लाओ और सेवन करो।"**

चरक ने ऐसा ही किया, जिससे वे कुछ दिन में ही रोग मुक्त हो गए। एक दिन चरक ने गुरुदेव से पूछा, **"गुरुदेव! जब वह वनऔषधि आश्रम के पीछे ही मौजूद थी, तो आपने मुझे उस लम्बी खोजबीन में क्यों लगाया?"**

जब तक आप अपने काम को जिम्मेदारी के साथ नहीं करेंगे, तब तक सफलता आपसे दूरी बनाए रहेगी।

गुरु ने कहा, **"शोध के लिए लगन का होना बहुत जरूरी है। यदि तुम वहां नहीं जाते, तो दूसरी वनऔषधियों की जानकारी कैसे मिलती?"**

कठिन काम पहले करें: यदि आपके पास दो काम हैं- एक आसान है और दूसरा कठिन, तो हमेशा कठिन काम पहले करें। फिर जब आप काम शुरू करते हैं तो आपके पास समय भी होता है और स्फूर्ति भी। ऐसे में आप कठिन काम के लिए पूरा समय और शक्ति लगा सकते हैं? उसके बाद आसान काम और आसान लगने लगेगा, फिर आप उसे जल्दी कर लेंगे।

चिन्ता में वक्त न गवाएं: काम की चिन्ता करने से बेहतर है काम करना, काम की चिन्ता में गंवाया गया समय अगर आप काम में लगा देंगे, तो मंज़िल आपके और करीब होगी।

अपनी कमजोरियों को जानें: हर किसी में कोई-न-कोई कमी होती है। कोई भी व्यक्ति सम्पूर्ण नहीं होता। इसलिए अपनी कमियों को छिपाने की बजाए उन्हें दूर करने का प्रयास करें।

परन्तु अपनी कमजोरियों के लिए लज्जित न हों। उन्हें गर्व से स्वीकारें, नहीं तो पूरी जिन्दगी आप अज्ञानी बने रहेंगे। क्योंकि पंचतंत्र में लिखा है:-

बुद्धेर्बुद्धिमतां लोके नास्तस्यागम्यं हि किंचन।
बुद्धया यतो हता नंदाश्चाणकयेनासिपाणयः॥

इस श्लोक का अर्थ है कि बुद्धि का जीवन में सबसे अधिक महत्व है। अगर मनुष्य में बुद्धि होगी, तो बाकी सबकुछ खुद ही हो जाएगा। क्योंकि दुनिया ने तरक्की बुद्धि से ही की है।

इसलिए बुद्धिमान होना सबसे बड़ा वरदान माना गया है। आपकी कामयाबी के पीछे भी बुद्धि है, तभी तो तुलसीदास ने कहा है:-

जाको प्रभु दारुण देहिं, ताकी मति पहिलैंहि हरि लेहिं।

यानी ईश्वर जिसको दुख देना चाहते हैं, उसकी बुद्धि वह पहले ही हर लेते हैं। क्योंकि ज्ञान और विवेक, बुद्धि के दो पहलू हैं। इसलिए दोनों का संतुलन जरूरी है और संतुलन के लिए ज्ञान का होना जरूरी है। क्योंकि ज्ञान के बिना आप दुनिया को जान नहीं पाएंगे।

राजा नंद के पास तो सबकुछ था, जबकि चाणक्य के पास कुछ भी नहीं था, परन्तु चाणक्य की बुद्धि के आगे पूरा नंद वंश ही खत्म हो गया।

श्रीमद्भगवद्गीता के प्रसिद्ध वाक्य **'स्वधर्मे निधनं श्रयः'** का भी यही उपदेश है कि काम कोई भी हो, कैसा भी हो, उसको पूरी निष्ठा और ईमानदारी के साथ करना चाहिए।

फिर जिस चीज की कामना आप अपने मन में करेंगे, तब मन की सभी शक्तियां उसी ओर खिंची चली आएंगी। कुछ ऐसा ही मनोवैज्ञानिक भी कहते हैं, **"यदि आपका मन विलासिता की ओर अग्रसर है, तो आप नाचघर, सिनेमाघर या कालगर्ल को ढूँढते नजर आएंगे।"**

यदि आप अमीर बनना चाहते हैं, तो सबसे पहले अपने मन में यह विश्वास भरें कि आपके अन्दर वे समस्त शक्तियां मौजूद हैं, जो एक अमीर व्यक्ति में होती हैं।

क्योंकि उद्देश्य जितना ऊंचा होगा, प्रयास भी उतने गंभीर होंगे।

एडिसन जो आज विश्व का महान वैज्ञानिक माना जाता है, उसकी सफलता का रहस्य भी यही था। यदि वह अपनी सफलता पर सन्देह करने लगता, तब क्या वह दूसरे वैज्ञानिकों से आगे निकल पाता? क्या वह महान वैज्ञानिकों में गिना जाता?

उसकी सफलता का रहस्य उसके विश्वास में था। वह हमेशा वैज्ञानिक बनने के सपने देखा करता था, फिर उन्हें पूरी लगन से साकार करने में जुट जाता था।

तभी तो रतन टाटा ने कहा है, **"मनुष्य का अमीर होना उसके भाग्य पर निर्भर नहीं करता, बल्कि उसकी सूझ-बूझ पर निर्भर करता है।"**

इसलिए अपने लक्ष्य को ऊँचा रखिए, मन को विशाल बनाइए, प्रयत्नों को असीम बनाइए, दोस्तों की संख्या बढ़ाते रहिए।

यदि आपके विचार अमीर हैं, तो आप अवश्य अमीर बनेंगे।

'साधारण' बनने से इंकार कीजिए, **'मध्यम'** बनने का विरोध कीजिए और **'बड़ा'** बनने की कोशिश कीजिए।

क्योंकि जी.टीवी के एम.डी. सुभाष चंद्रा ने इसी सिद्धांत पर चलकर सफलता पाई है। जबकि उनका जन्म 30 नवम्बर 1950 को हरियाणा के एक छोटे से गाँव आदमपुर मंडी में हुआ था। वे इंजीनियर बनना चाहते थे, लेकिन किस्मत को कुछ और ही मंजूर था। इसीलिए उन्हें मजबूरी में इंटर के बाद पढ़ाई छोड़नी पड़ी।

परन्तु उनकी व्यापारिक निगाहें इतनी पैनी थी कि सिर्फ देखकर ही उनके मन में बिजनेस के अनोखे विचार आने लगे। फिर 1982 में उन्होंने **'एसेल**

पैकेजिंग लिमिटेड' की स्थापना की।

उस समय भारत में एल्युमिनियम ट्यूब का चलन था। परन्तु उन्होंने लेमिनेटेड प्लास्टिक ट्यूब बनानी शुरू की, जिसका इस्तेमाल टूथपेस्ट, दवाओं, सौंदर्य प्रसाधनों, और एफ.एम.सी.जी. उद्योगों की पैकिंग में होने लगा। आज **'एसेल प्रोपैक लिमिटेड'** एशिया की सबसे बड़ी और दुनिया की दूसरी सबसे बड़ी लेमिनेटेड ट्यूब निर्माता कम्पनी बन चुकी है।

फिर उन्होंने बिजनेस की दुनिया के कई अनछुए क्षेत्रों में कदम रखा और सफलता हासिल की। उनकी सफलता का अंदाजा इसी बात से लगाया जा सकता है कि आज उनका नाम विश्व के बिलियनेअर्स की सूची में 407वें स्थान पर है और उनके पास 2.3 बिलियन डॉलर की संपत्ति है।

पढ़ा-लिखा मूर्ख एक अनपढ़ मूर्ख से अधिक मूर्ख साबित होता है। क्योंकि पढ़ने का मतलब होता है दूसरे के दिमाग से सोचना, परन्तु पढ़ा-लिखा व्यक्ति अपने ही दिमाग से सोचने लगता है!

इसलिए सुभाष चंद्रा की सफलता से यह सिद्ध हो जाता है कि **'आवश्यक्ता ही अविष्कार की जननी है।'**

क्योंकि च्यूइंगम की खोज भी कुछ इसी तरह से हुई थी। बात 1869 की है, अमेरिका के न्यूजर्सी शहर में थॉमस एडम्स नाम के एक व्यवसायी रबर का विकल्प खोज रहे थे। उन्होंने इसके लिए **'सापोडिला'** वृक्ष को चुना।

एक दिन उन्होंने उस गोंद को चखकर देखा, तो उन्हें उसका स्वाद बहुत पसंद आया। फिर 1871 में उन्होंने उसको पेटेंट कराया और उसे **'एड्मस न्यूयार्क गम'** के नाम से बाजार में उतार दिया।

परन्तु खाने से पहले **'एड्मस न्यूयार्क गम'** को गर्म किया जाता था, इसलिए बाद में डॉक्टर सी मैन ने उसमें **'पैपासीन'** नामक सुगंधित पदार्थ मिलाकार उसे और स्वादिष्ट बना दिया।

उसके बाद इस क्षेत्र में लगातार रिसर्च होती रही। फिर **'गुडा सिपैक'** प्रजाति के वृक्षों को च्यूइंगम बनाने के लिए चुना गया, जोकि लोगों को बहुत ज्यादा पसन्द आया और आज वही च्यूइंगम पूरे विश्व में धूम मचा रहा है।

जबकि इससे पहले किसी ने यह नहीं सोचा था कि इन वृक्षों का इस्तेमाल च्यूइंगम बनाने के लिए भी हो सकता है। ठीक वैसे ही जैसे कि दूसरे विश्व युद्ध से पहले, वैज्ञानिकों को यह पता नहीं था कि परमाणु को किस तरह विखंडित किया जाए, ताकि इसमें विस्फोट हो सके।

लेकिन जब अमेरिका युद्ध में उतरा, तो वैज्ञानिकों ने परमाणु बम की संभावित शक्ति को देखा। फिर एक योजना बनी जिसका लक्ष्य था, परमाणु बम

को और अधिक शक्तिशाली बनाया जाए। कुछ ही सालों में वैज्ञानिकों की लगन और मेहनत रंग लाई, फिर हीरोशिमा और नागासाकी पर जब परमाणु बम गिराए गए, तब युद्ध खत्म हो गया।

इसलिए जब आप एक इच्छित लक्ष्य बना लेते हैं और उस लक्ष्य की तरफ बढ़ने का संकल्प करते हैं, तो आपकी ऊर्जा बढ़कर कई गुना हो जाती है।

फिर जब आप लक्ष्य की शक्ति में थोड़ा और गहराई तक जाते हैं, तब आप अपनी इच्छाओं के आगे समर्पण करते हैं और लक्ष्य आपके दिमाग पर हावी हो जाता है। उसके बाद आपके अन्दर शारीरिक शक्ति, ऊर्जा और उत्साह का संचार होता है, जिसके सहारे आप उस लक्ष्य को हासिल कर लेते हैं।

एक पुरानी कहानी है, एक व्यक्ति भगवान का भक्त था। एक बार उसके मन में अमीर बनने की इच्छा जाग गयी। फिर वह रोज मंदिर में अमीर बनने की प्रार्थना करने लगा। कई साल बीत गए, एक दिन भगवान कृष्ण प्रकट हुए और उस भक्त से बोले, "**तू क्या चाहता है?**"

वह बोला, "**भगवन्! कुछ ऐसा कर दो कि मैं अमीर बन जाऊं।**"

सोचिए कि नींबुओं को दौलत में कैसे बदला जा सकता है? पहले समझदारी+ज्ञान=बुद्धिमानी का फार्मूला लगाइए फिर आपको नींबुओं की जगह दौलत दिखाई देगी!

भगवान कृष्ण ने कहा, "**कुछ ऐसा ही कर दूंगा, क्योंकि तेरी भक्ति से मैं प्रसन्न हूं, मगर तू भी तो कुछ कर।**"

व्यक्ति ने आश्चर्य से पूछा, "**मैं क्या करूं, भगवान? मैं तो आपकी भक्ति करता हूं।**"

भगवान कृष्ण ने कहा, "**यह मेरी भक्ति का ही फल है कि तू निकम्मा होकर भी अब तक भूखा नहीं मरा। यदि तुझे अमीर बनना है, तो कुछ श्रम कर। क्योंकि मुझ पर विश्वास करके जो श्रम करता है, उसकी मैं हर इच्छा पूरी करता हूं, तुझ जैसे निकम्मे की नहीं।**"

इस घटना से साफ हो जाता है कि भगवान को, हर मामले में घसीटने से सफलता नहीं मिलेगी, सफलता मिलेगी सिर्फ कर्म करने से। क्योंकि किसी शायर ने कहा है:-

जब कोई व्यक्ति कुछ करने की ठान लेता है, तब सब कुछ वैसा ही होने लगता है जैसा कि वह चाहता है। इसलिये आप सिर्फ अमीर बनने की ठानिए, फिर अमीर बनाने वाले साधन आपको खुद ही उपलब्ध हो जाएंगे!

न जा तू मंदिर-मस्जिद, न जा कभी चर्च-गुरुद्वारे।
करता रह तू अपना कर्म, ईश्वर तेरे काम संवारे॥

यदि आपको जीवन में सफल होना है, तो कठिनाइयों से लड़ना होगा, क्योंकि तेज दौड़ने वाले के शरीर में ठण्डी हवा का झोंका अधिक लगता है। इसलिए सकारात्मक ***(Positive)*** सोच के साथ उद्देश्य ***(Objective)*** का निर्धारण करना है और उस उद्देश्य की पूर्ति के लिए लक्ष्य का निर्माण करना है।

कोलंब्स जब **'नई दुनिया'** यानी **'भारत'** खोजने निकला था, तब उसके कप्तान अनजान समुद्र में पश्चिम की ओर यात्रा कर रहे थे। लेकिन कोलंबस ने **'फॉर ईस्ट'** का शॉर्टकट खोजने का निर्णय लिया। फिर दो दशक से भी अधिक समय तक उसने अपनी ऊर्जा को **'समुद्री अभियान'** पर लगाया और अन्त में उसने **'अमेरिका इंडियाना'** को खोज लिया।

चार्ल्स लिंडबर्ग की कहानी भी कुछ ऐसी ही है। वह पहला पायलट नहीं था, जिसके मन में अटलांटिक को बिना रुके अकेले पार करने का विचार आया था। परन्तु उसकी **'सपने की मशीन'** उड़ने वाली मशीन से कहीं बेहतर थी। फिर उसने दुनिया का पहला प्लेन बनाया और दुनिया में मशहूर हो गया।

जबकि वान ब्रॉन उच्च शिक्षित रॉकेट इन्जीनियर नहीं था, परन्तु वह सबसे समर्पित, निष्ठावान तथा प्रेरित रॉकेट इन्जीनियर बना। फिर उसने चन्द्रमा पर विजय प्राप्त करने में मुख्य भूमिका अदा की। उसी की वजह से आज अमेरिकी झंडा चन्द्रमा पर लहराता है।

मशहूर एक्टर कमल हासन ने एक बार कहा था, **"मेरी फिल्मों को देखकर लोग मुझे साइंटिस्ट समझते हैं, लेकिन मैं स्कूल ड्रॉपआउट हूँ।"**

कमल हासन की बात में दम था, क्योंकि आपकी जिन्दगी में जब भी कुछ बड़ा करने की बात आएगी, तब आपकी स्कूली परफॉर्मेंस का योगदान उसमें नहीं के बराबर होगा।

जाने-माने क्रिकेटर सचिन तेंदुलकर भी कभी अच्छे स्टूडेंट नहीं रहे। लेकिन क्रिकेट के दम पर उन्होंने पूरे विश्व में अपनी योग्यता का लोहा मनवा लिया है।

गीता केवल धार्मिक ग्रंथ नहीं है बल्कि उसके अन्दर अमीर बनने का विज्ञान छिपा है। क्योंकि वह आपको संकल्प लेने का सिद्धांत सिखाती है। विरोधियों से निपटने का तरीका बताती है। और कर्म करते रहने की प्रेरणा देती है।

इसलिए यह न सोचें कि आप पढ़े लिखे नहीं हैं, तो अमीर नहीं बन सकते। आप अमीर बन सकते हैं, परन्तु आपको नीचे लिखे सिद्धांतों को अपने मस्तिष्क में उतारना होगा:-

- **दृढ़ता से बड़ी शक्तिशाली तस्वीरें बनाइए और सोचें कि आप क्या कर सकते हैं। क्या हासिल कर सकते हैं और किन चीजों के मालिक बन सकते हैं?**
- **जीवन को एक बगीचे की तरह मानें और वहाँ वैसे ही बीज बोएं, जैसा कि आप पेड़ चाहते हैं।**
- **अपने दिल से पूछिए कि मेरे अमीर बनने की संभावना क्या है?**
- **अपने महान सपने को बोने के लिए अपने मस्तिष्क रूपी खेत को तैयार कीजिए। फिर धूल, कीचड़ और ग्रीस को धोकर साफ कीजिए।**
- **अपने सपने के बीज को कल्पना और प्रोत्साहन रूपी पानी से सींचिए।**

यदि अब तक भी आप अपने लक्ष्य के बारे में कुछ नहीं सोच पाए, तो नीचे लिखे प्रश्नों के उत्तर के सामने सही (✓) का निशान लगाइए, फिर आप अपने लक्ष्य के करीब पहुंच जाएंगे:–

1. **आपकी किस क्षेत्र में रूचि है?**

a. फ़िल्म उद्योग में प्रवेश करना चाहता हूं। हाँ ☐
b. राजनीति में जाना चाहता हूं। हाँ ☐
c. बिजनेस करना चाहता हूं। हाँ ☐
d. उद्योग लगाना चाहता हूं। हाँ ☐
e. प्रशासनिक सेवा में जाना चाहता हूं। हाँ ☐
f. सेना में भर्ती होना चाहता हूं। हाँ ☐
g. शिक्षक बनना चाहता हूं। हाँ ☐

2. **आपकी शैक्षाणिक योग्यता कितनी है?**

a. हाई स्कूल। हाँ ☐
b. इन्टरमीडिएट। हाँ ☐
d. ग्रेजुएट। हाँ ☐
e. प्रोफेशनल क्वालिफिकेशन। हाँ ☐
f. बिल्कुल भी नहीं। हाँ ☐

3. **आप किससे प्रेरित हैं?**

a. फ़िल्म स्टार से। हाँ ☐
b. नेता से। हाँ ☐
c. बिजनेस मैन से। हाँ ☐
d. उद्योगपति से। हाँ ☐
e. ऑफिसर से। हाँ ☐
f. सैनिक से। हाँ ☐
g. शिक्षक से। हाँ ☐

उस व्यक्ति का नाम लिखें, जो आपकी प्रेरणा का स्त्रोत है:-

4. **क्या आपको अपने काम का अनुभव है?**

a. कुछ साल काम किया था। हाँ ☐

b. सिर्फ आकर्षित हूं। हाँ ☐

c. ट्रेनिंग लेने की कोशिश करूंगा। हाँ ☐

d. पुस्तक से सीखूंगा। हाँ ☐

आपको अब तक पता चल गया होगा कि आपका लक्ष्य क्या है? उस लक्ष्य को नीचे लिखिए:-

मेरा लक्ष्य..है।

(उदाहरण के लिए: फ़िल्मों में प्रवेश करने का है)

अब अपने लक्ष्य को परखिए, ताकि आपको पता चल सके कि आप अपने लक्ष्य में सफलता प्राप्त कर सकते हैं या नहीं:-

1. **क्या यह जीवन-उद्देश्य की पूर्ति में सहायक है?** हाँ ☐
2. **क्या यह नैतिक मूल्यों पर आधारित है?** हाँ ☐
3. **क्या यह आपकी रुचि योग्यता और क्षमता में है?** हाँ ☐
4. **क्या यह आपको मानसिक शांति प्रदान करेगा?** हाँ ☐
5. **क्या यह आपकी सेहत के अनुकूल है?** हाँ ☐
6. **क्या यह आपको भौतिक-समृद्धि देगा?** हाँ ☐
7. **क्या यह परिवार के लिए उचित है?** हाँ ☐
8. **क्या इससे आपको ख्याति मिलेगी?** हाँ ☐
9. **क्या यह आपको खुशियाँ देगा?** हाँ ☐
10. **क्या आप इसे पूरा करना चाहते हैं?** हाँ ☐

उत्तर जानने के लिए अब सिर्फ **'हाँ'** वाले बॉक्स में लगे (✓)सही के निशानों को जोड़िए। यदि आपके 10 में से 8 का उत्तर सही है, तब आपका लक्ष्य आपको अमीर बना सकता है। लेकिन यदि आपके उत्तर 8 से कम सही हैं, तब आप अपने लक्ष्य को बदल लें। क्योंकि आपका लक्ष्य आपको अमीर बनाने में सहायक नहीं होगा।

इसलिए लक्ष्य चुनने की प्रक्रिया को तब तक करते रहें, जब तक कि आपका योग 8 या 8 से अधिक नहीं आ जाता। क्योंकि विश्व के महान दार्शनिक सिडनी स्मिथ ने कहा है, **"जिस काम में आपकी रूचि हो सिर्फ उसी काम को करो, रूचि से अलग काम मत करो। क्योंकि आपकी रूचि ही आपको शिखर तक पहुंचा सकती है।"**

इस बात को सिद्ध करके दिखाया है बेंजामिन डिजरायली ने। वह भी उस समय जब इग्लैंड में महारानी विक्टोरिया का राज था।

जबकि बेंजामिन डिजरायली को देखकर कोई सोच भी नहीं सकता था कि

इस व्यक्ति के छोटे से मस्तिष्क में महान उद्देश्यों का समावेश होगा। क्योंकि उनकी महत्वाकांक्षाएं उन्हें इधर-उधर झांकने का मौका नहीं देती थीं और न ही यह जानने की उत्सुकता पैदा करती थीं कि लोग उनके बारे में क्या सोचते हैं।

परन्तु वह अपने लक्ष्य को हासिल करने के संकल्प को याद रखते थे। वह जीवन का महत्व जानते थे और अपनी क्षमताओं तथा सामर्थ्य से भी परिचित थे। इसलिए उन्होंने इंग्लैड का प्रधानमंत्री बनने का लक्ष्य बनाया और फिर दृढ़ संकल्प के बल पर ब्रिटेन के प्रधानमंत्री बने।

इससे पता चलता है कि सफल लोग वर्तमान नौकरी, परिवार, सेहत या आमदनी की तरफ ध्यान नहीं देते। वे भीड़ से आगे निकल जाते हैं। क्योंकि वे **'मैं जीतूंगा'** के सिद्धांत पर चलते हैं।

इसलिए आप किस तारीख तक लक्ष्य हासिल करेंगे, यह अवश्य तय कीजिए। फिर सोचिए कि आप उतने समय में कितना हासिल करना चाहते हैं?

क्योंकि आप केवल उतना ही हासिल कर सकते हैं, जितना हासिल करने की आप योजना बना रहे हैं। इसलिए सबसे पहले अपने लक्ष्य पर ध्यान दें, क्योंकि आगे यह पुस्तक बताने जा रही है कि लक्ष्य पर कैसे काम करना है। और कैसे लक्ष्य को साधना है। ■

"आपका मस्तिष्क खेत की उस मिट्टी की तरह है, जिसे इस बात की परवाह नहीं होती कि उस मट्टी में कौन-सा बीज बोया जा रहा है। क्योंकि मिट्टी का काम है आपके द्वारा बोए गए बीज को पोषण देना। इसलिए आप अपने मस्तिष्क रूपी खेत में अमीरी के बीज बोएं!"

अमीर बनने के लिए अपने विचार शुद्ध रखें।
क्योंकि आपके विचार आपकी आदत में ढल जाएंगे।
अपने शब्दों पर ध्यान दें।
क्योंकि आपके शब्द आपके काम में बदल जाएंगे।
अपने काम पर ध्यान दें
क्योंकि आपके काम आपकी आदत बन जाएंगे।
अपनी आदतों पर ध्यान दें
क्योंकि आपकी आदतें आपकी पहचान बन जाएंगी।
अपनी पहचान बनाने पर ध्यान दें।
क्योंकि आपकी पहचान ही आपको अमीर बनाएगी।

पाँचवां सिद्धांत

अमीरों की तरह सकारात्मक सोचिए

बात तब की है जब अमेरिका में मंदी का दौर शुरू हुआ था। उन दिनों बॉलीवुड की फ़िल्में एक के बाद एक रिलीज हो रही थीं, लेकिन पूना स्थित **'फ़िल्म एण्ड टेलीविजन इस्टीट्यूट ऑफ इंडिया'** के छात्र बहुत उदास थे।

क्योंकि उन्हें आभास होने लगा था कि अमेरिका की मंदी का असर कुछ दिनों बाद बॉलीवुड पर जरूर पड़ेगा, तब फिल्में भी बननी कम हो जाएंगी, और जब फिल्में कम बनेंगी, तो उनके वॉलीवुड में प्रवेश करने के अवसर भी कम हो जाएंगे, फिर उनके भविष्य के सतरंगी सपनों का क्या होगा?

यही उनकी उदासी का कारण था। जिसकी वजह से उनके अन्दर डर ने अपने पाँव पसार लिए थे और वे नकारात्मक तरीके से सोचने लगे थे।

जब इंस्टीट्यूट के मैनेजमैंट को इस बात का अनुभव हुआ, तब उन्होंने छात्रों को मोटिवेट करने के लिए बाहर से कुछ एक्सपर्ट बुलाए, जिनमें से एक मैं भी था। मुझे बोलने के लिए सिर्फ एक घंटे का समय दिया गया था और विषय था **'सकारात्मक सोच से जीवन बदलो।'**

जब स्पीच देने का मेरा नम्बर आया, तब हॉल में खामोशी थी और अधिकतर छात्रों के चेहरों पर डर के भाव साफ नजर आ रहे थे। लेकिन मैं चाहता था कि छात्रों में जोश आए, इसलिए मैंने माइक को थामकर तेज स्वर में कहा:-

देखो सपने अमीर बनने के, डरो न कभी तूफानों से।
करो हौसले बुलंद तुम अपने, फिर टकराओ चट्टानों से।।

ये पंक्तियां आपके अन्दर सकारात्मक सोच विकसित करेंगी, इसलिए आप रोज सवेरे उठके इन पंक्तियों को दोहराएं। क्योंकि बॉलीवुड के बादशाह शाहरुख़

ख़ान ने कहा है, **"सफल होने के लिए डरना मना है और जो डर गया वह कभी सफल नहीं हो सकता।"**

बचपन में मेरी माँ मुझे एक कहानी सुनाती थीं, जो एक सेठ की थी। उसके पास बेशुमार दौलत थी, परन्तु वह हमेशा उदास रहता था। क्योंकि उसे अपनी भावी पीढ़ी की चिन्ता सताती रहती थी।

व्यापार धन को आकर्षित करता है और धन लोगों को। इसलिए धन का बेहतर प्रबंध कीजिए क्योंकि धन खाद की तरह होता है और खाद को जब तक फैलाया नहीं जाता तब तक वह बहुत कम उपयोगी साबित होती है।

एक बार भगवान महावीर उसके शहर में आए। सेठ उनका प्रवचन सुनने गंगा के तट पर गया, परन्तु उसका मन कहीं और था। प्रवचन के बाद भगवान महावीर ने उसकी उदासी का कारण पूछा, तो सेठ ने कहा, **"प्रभु, मुझे किसी चीज की कमी नहीं है। मेरे पास इतनी दौलत है कि मेरी सात पीढ़ियां आराम से खा-पी सकती हैं। लेकिन मुझे चिंता है अपनी आठवीं पीढ़ी की, उसका गुजर-बसर कैसे होगा?"**

भगवान महावीर ने कहा, **"तुम्हारी चिंता मैं दूर कर दूंगा। मैं तुम्हें इतनी दौलत दूंगा कि तुम्हारी आठवीं पीढ़ी भी सुख से रहेगी। परन्तु इसके लिए तुम्हें एक काम करना होगा। मेरे आश्रम के पीछे झोपड़ी में एक मजदूर का परिवार रहता है। तुम उससे कहो कि वह अपनी आवश्यकता का आटा अपने पास रखकर बाकी तुम्हें दे दे।"**

सेठ वहां गया और उसने वैसा ही कहा। मजदूर की पत्नी घर के अंदर से एक हंडिया ले आई और उसे देते हुए बोली। **"ले जाओ भाई। मेरे पास इतना ही आटा है।"**

सेठ ने कहा, **"तुम अपनी जरूरत का आटा रख लो, जो बचे उसे मुझे दे दो।"**

मजदूर की पत्नी बोली, **"अगर मैंने अपनी जरूरत का आटा रख लिया, तो तुम्हें क्या दूंगी? मुझे जिसने आज दिया है, वह कल भी देगा।"**

मजदूर की पत्नी की बात सुनकर सेठ खाली हाथ लौट आया, फिर उसने भगवान महावीर को सारी बात बताई।

भगवान महावीर बोले, **"सेठ, एक वह मजदूर की स्त्री है, जिसे कल की भी चिंता नहीं है और एक तुम हो कि अपनी आठवीं पीढ़ी की चिंता कर रहे हो। क्या तुम्हारी आठवीं पीढ़ी अपाहिज और निकम्मी पैदा होगी, जो तुम इतने चिंतित हो।"**

भगवान महावीर की बात़ सुनकर सेठ के दिल से सारा डर निकल गया, फिर वह निश्‍िंचत जीवन गुजारने लगा। इसलिए सबसे पहले अपने दिल से डर को निकालो, फिर जो बनने की सोचोगे वही बन जाओगे।

'क्योंकि ***Thinking is The Talking Of The Soul With its Self.*** ' यानी सोच ही आपको अमीर बनाती है। लेकिन जो बाधाओं से डरते हैं, वे सफल नहीं हो सकते, जो हारने से डरते हैं वे आगे नहीं बढ़ सकते।

क्रोध
एक ऐसा जहर है,
जिसे पीने के बाद
आप तरक्की के
मार्ग खोजने लगते हैं,
फिर आप
जो चाहते हैं
वही बन जाते हैं!

जीतने वाला व्यक्ति बाधाओं को लांघ जाता है, फिर वह अपने सकारात्मक चिन्तन से हर चुनौती को अवसर में बदल देता है।

यही वजह थी कि द्वितीय विश्वयुद्ध में ब्रिटिश प्रधानमंत्री विंस्टन चर्चिल ने सकारात्मक चिन्तन के बारे में सिर्फ छह शब्दों का ऐतिहासिक भाषण दिया था, '***Never Geve In, Never, Never.*** ' इसका मतलब था कि सकारात्मक सोच के व्यक्ति असफलता के बारे में नहीं सोचते, वे दुगने उत्साह से उठ खड़े होते हैं और बाधाओं से टकरा जाते हैं, फिर बाधाएं उनके आगे सिर झुका देती हैं।

अभी कुछ दिनों पहले मैं एक किताब पढ़ रहा था, जिसमें लिखा था-

If You Think You Are Beaten, You Are,
If You Think You Dare Not, You Don't It.
If You To Win, But You Think You Can't,
If is Almost Certain You Won't.
If is Think You Will Lose You Are Lost,
You Have Got To Be Sure Of Yourself
Before You Can Ever Win A Prize,
Life's Battles Don't Always Go
To The Stronger or The Faster Man,
But Soon Or Late He Who Wins
Is The Main Who Thinks He Can.

इसका अर्थ है कि यदि तुम सोचते हो कि मैं पराजित हो जाऊंगा, तो तुम अवश्य ही पराजित हो जाओगे। यदि तुम सोचते हो कि यह काम मेरे वश का नहीं है, तो तुम उस काम को करने का कभी साहस नहीं बटोर पाओगे। यदि तुम सोचते हो कि मैं जीत नहीं पाऊँगा, तो तुम कभी भी जीत नहीं पाओगे।

अभी कुछ दिनों पहले अनिल अम्बानी ने एक बिजनेस मिटिंग में कहा था, '***Never Say Die***' यानी कभी मत कहो कि मैं मर जाऊंगा। उपनिषद् भी यही कहती है, **"तमसो मा ज्यातिर्गमय"** अर्थात् मुझे अंधकार से प्रकाश की ओर

ले चलो। अंधकार के सामने पराजय स्वीकार मत करो। हाथ पर हाथ रखकर मत बैठो। क्योंकि अदृश्य प्रकाश तुम्हारी सहायता तभी करेगा, जब तुम सही मार्ग पर चलते रहोगे।

जब तूफान आने पर नाविकों के चारों ओर अंधेरा छा जाता है, तब सैकड़ों मीलों तक किसी प्रकार की सहायता उपलब्ध होने की संभावना नहीं होती। परन्तु वे हताश होकर समुद्र में डूब जाने के लिए अपना मन नहीं बनाते। वे हरपल सागर की तेज लहरों के विरूद्ध संघर्ष करते रहते हैं, फिर अंधकार उन्हें मार्ग देता जाता है और अन्त में वे अपनी मंजिल तक पहुँच जाते हैं।

मजा तनाव में कमी ला देता है और तनाव मजे को कम कर देता है। इसलिए जीवन में खूब मजे लूटिए परन्तु कोई ऐसा काम मत कीजिए जिससे तनाव पैदा हो। क्योंकि तनाव आपकी शारीरिक ऊर्जा को नष्ट कर देगा फिर आप मजा लेने लायक ही नहीं रहेंगे।

एवरेस्ट पर विजय प्राप्त करते समय अभियान से जुड़े लोगों के साथ भी कुछ ऐसे अवसर आए थे, जब उनकी आंखों के सामने अंधेरा छा गया था। परन्तु दृढ़ संकल्पी वीरों को मार्ग देने के लिए अंधकार को विवश होना पड़ा।

क्योंकि असफलता के क्षण हमेशा निराशा और अंधकार से भरे होते हैं। यदि आप उस अंधकार से डर जाते हैं, तब आप पर असफलता हावी हो जाती है। परन्तु सफल लोगों में कुछ अलग गुण होते हैं:-

A) सकारात्मक सोच के व्यक्ति में भविष्य के प्रति उत्साह होता है। वह बीते कल का रोना नहीं रोते। वह गिरकर खड़े होते हैं। बाधाएं उनसे डरती हैं। वह चुनौतियों को गले लगाते हैं, फिर उन्हें अवसरों में बदल लेते हैं।

B) सकारात्मक सोच के व्यक्ति विपरीत परिस्थितियों में भी धीरज रखते हैं। क्योंकि वह जानते हैं कि अंधेरा हमेशा नहीं रहता। इसलिए वह अंधेरे में भी प्रकाश की किरण खोज लेते हैं।

जब सिकन्दर विश्व विजय के अभियान पर निकला था, तब उसने अपने सैनिकों से कहा था, **"याद रखो, मन में जैसा भाव लेकर चलोगे, वैसा ही परिणाम पाओगे। इसलिए तुम अपने आपको विश्व का सर्वश्रेष्ठ योद्धा समझो, फिर जीत तुम्हारी होगी।"**

उसके बाद सिकन्दर की सेना को जो भी देखता, वह अपनी हार स्वीकार कर लेता। फिर सिकन्दर एक के बाद एक युद्ध जीतता गया।

इसलिए आपको भी कुछ ऐसा ही नजरिया बनाना है और नीचे लिखी बातों पर ध्यान देना है:-

- **रूढ़िवादी परम्पराओं से अपना नाता तोड़ना होगा।**
- **नैतिक मूल्यों को समझना होगा।**
- **इच्छा-शक्ति को प्रबल करना होगा।**
- **हर चीज के अच्छे पहलुओं को सोचना होगा।**
- **समय-समय पर अपनी कमियों को ढूंढना होगा।**

जैसे कि एक विशाल इमारत बनाने के लिए उसकी मजबूत नींव ***(Strong Foundation)*** की आवश्यकता होती है, ठीक वैसे ही **'अमीर'** बनने के लिए अमीर **'सोच'** की जरूरत होती है। लेकिन इस तरह की सोच विकसित करने के लिए छह गुणों का होना जरूरी है:-

1. अच्छा स्वास्थ्य: इसका मूलमंत्र है खुद को कुदरत के करीब रखना। इसलिए ज्यादा पानी पिएं, ज्यादा कच्ची, सब्जियां और फल खाएं। ज्यादा पैदल चलें। जंक फूड से बचें। सकारात्मक खाना खाएं।

जहां तक संभव हो लिफ्ट और एक्सिलेटर के इस्तेमाल से बचें। हमेशा बैठकर काम करें। पार्क में घूमते समय तेजी से चलें तथा अपनी चाल की गति को 25 प्रतिशत तक बढ़ाएं। रोज स्नान करें और अपने आपको फुर्तीला रखें।

2. सीमित धन: धन खुशी का एकमात्र स्रोत नहीं है, फिर भी जीवन का मजा लेने के लिए इसकी जरूरत पड़ती है। लेकिन अनैतिक साधनों के जरिए धन कमाना गलत है।

यदि आप अपने बिजनेस से प्यार करते हैं और साधनों से धन कमाते हैं, तब आप एक तनावरहित जीवन जीते हैं। फिर परिवार के लोग आपको सम्मान देते हैं। क्योंकि धन एक बहुत अच्छा नौकर है, लेकिन बहुत खराब मालिक भी है। परन्तु जब आप इस पर नियंत्रण रखते हैं, तब यह आपको इच्छित परिणाम देता है।

3. परिवार का सहयोग: जिस तरह आप बच्चे के बिना किसी के पिता नहीं बन सकते। पत्नी के बिना किसी के पति नहीं बन सकते। उसी तरह आपके अस्तित्व के लिए हर रिश्ता महत्वपूर्ण है।

जब आप उन्हें महत्व देंगे, तो वे भी आपको महत्व देंगे। इसलिए प्यार को पाने के लिए समय का निवेश करें। केवल गलतियां ढूंढने वाले न बनें। स्वीकार करने की आदत डालें, तालमेल बिठाएं और सबका सम्मान करें।

एक ऑर्केस्ट्रा की तरह जीवन जिएं। क्योंकि अकेला व्यक्ति जब गलत तरीके से उसे बजाता है, तो ऑर्केस्ट्रा संगीत नहीं शोर पैदा करता है। इसलिए आप अपने परिवार से तकनीकी रूप से जुड़ें, चाहें कुछ सैकण्ड के लिए ही मिलना क्यों न हो।

4. समाज का साथः मनुष्य एक सामाजिक प्राणी है। इसलिए सहयोग को जीने का तरीका बनाएं। क्योंकि समाज किसी भी व्यक्ति को सफल होने में सहायता करता है।

पैसा
आपका चोरी हो
सकता है।
सेहत और ताकत
आपका साथ
छोड़ सकती है।
परन्तु जो आप
पुस्तकों के अध्ययन से
सीखते हैं
वह हमेशा आपके
साथ रहता है।

ठीक वैसे ही जैसे कि एक कछुए को तेज दौड़ने के लिए किसी खरगोश की जरूरत होती है और खरगोश को पानी में तैरने के लिए कछुए की। इसलिए समाज की नजरों में खुद को ऊँचा उठाएं। दूसरों की सहायता करें और उनके जीवन में योगदान दें।

5. थोड़ा सा दिमागः इस कॉम्पटीशन की दुनिया में दिमाग का बहुत अधिक महत्व है। क्योंकि ज्ञान का स्तर मनुष्य की पहचान है। इसलिए इसे कभी कमजोर न होने दें। फ़िल्म, टीवी प्रोग्राम, किताबें, पत्रिकाएं, तथा सेमिनार से सूचनाएं हासिल करें। यदि पढ़ने के लिए समय कम हो, तो मोटिवेशन की किताबें पढ़ें।

6. शुद्ध आत्माः जो मनुष्य ईश्वर को मानता है, उसके अन्दर अलग इच्छाएं होती हैं। जिसकी वजह से आप प्यार कर सकते हैं, रो सकते हैं, हंस सकते हैं, प्रेरित हो सकते हैं।

क्योंकि आप जानवरों से अलग हैं और आपके पास अपना व्यक्तित्व है, जिसकी वजह से आप अच्छा बर्ताव करते हैं। फिर आपकी आत्मा शुद्धता का अनुभव करती है।

इसलिए बड़ा बनने के लिए बड़ा होने की कामना करें। क्योंकि आप जो भी सोचते हैं, उसमें दिमाग रंग भरता है और शरीर उस क्रिया को पूरा करता है।

जब क्रिकेट खिलाड़ी छक्का मारना चाहता है, तब उसका दिमाग तुरन्त वैसी ही तस्वीर पेश कर देता है और उसी के अनुसार उसका शरीर काम करता है।

एक पुरानी कहानी है। दिल्ली के एक सेठ रोज सुबह इडिया गेट घूमने जाते थे। एक दिन उन्हें रास्ते में एक भिखारी मिला। वह भिखारी उनके पैरों पर गिर पड़ा और गिड़गिड़ाते हुए बोला, **"साहब, मैंने दो दिन से खाना नहीं खाया, बहुत भूख लगी है। आप मेहरबानी करके कुछ रुपये दे दीजिए, ताकि मैं खाना खा सकूं।"**

सेठ को भिखारी पर तरस आ गया। उन्होंने अपनी जेब से पचास का नोट निकाला और उसे झाड़ियों की तरफ फेंक दिया। नोट उड़कर झाड़ियों के बीच में जा गिरा।

फिर वह वहां से चले गए, लेकिन भिखारी झाड़ियों में नोट ढूंढने लगा। आधे घंटे के बाद आखिर उसे नोट मिल गया। वह बहुत खुश हुआ।

कुछ देर बाद सेठ उसी रास्ते से वापस लौट रहे थे, तब वही भिखारी उन्हें फिर मिल गया। सेठ ने भिखारी से पूछा, **"क्यों, वह नोट मिल गया तुम्हें?"**

"जी हां, मैंने उसे ढूंढ लिया।" भिखारी ने जवाब दिया।

अगले दिन सेठ जब सैर को निकले, तो उन्हें वही भिखारी फिर मिला और उसने रुपये मांगे। सेठ ने अपनी जेब से सौ का नोट निकालते हुए कहा, **"ये लो।"** और नोट को गहरे गड्ढे में डाल दिया। फिर सेठ चले गए।

विरोध तनाव को जन्म देता है, विचार परिणाम तक पहुँचते हैं, लेकिन प्रतिभा हमेशा प्रदर्शन का मार्ग ढूँढती है!

एक घंटे की जी-तोड़ मेहनत के बाद वह नोट भिखारी को मिल गया। लेकिन जब वह घूमकर वापस जा रहे थे, तब उन्होंने भिखारी से पूछा, **"क्यों वह नोट मिल गया?"**

भिखारी बोला, **"सेठ जी, नोट तो मिल गया, लेकिन मैं आपसे एक बात पूछना चाहता हूं?"**

"हां, पूछो, क्या पूछना चाहते हो?" सेठ ने मुस्कुराते हुए कहा।

"आप हर रोज आते हैं और मुझे रुपए भी देते हैं, लेकिन मैं यह नहीं समझ पाया कि आप इस तरह नोट को क्यों फेंकते हैं कि मुझे उसे ढूंढने में मेहनत करनी पड़े?"

सेठ ने हंसते हुए कहा, **"मैं तुम्हें मेहनत करने की सीख देना चाहता हूं। तुम हट्टे-कट्टे हो, मेहनत करके कमा सकते हो। अगर ऐसे ही तुम्हें बिना मेहनत के मिलता रहा, तो तुम काम से जी चुराने लगोगे। लेकिन जब तुम मेहनत से कमाओगे, तब एक दिन जरूर मेरी तरह अमीर बन जाओगे।"**

यह सेठ की सकारात्मक सोच का एक नमूना था, लेकिन सकारात्मक सोच के साथ जो चीज जुड़ी है, वह है आशा। क्योंकि जहां आशा होती है, वहां सफलता अवश्य मिलती है। इसलिए जब आप यह सोचते हैं कि **'मैं कर सकता हूं'** या **'मैं लक्ष्य प्राप्त करूंगा।'** तब आप अवश्य सफल होते हैं।

क्योंकि सकरात्मक विचार में विश्वास की शक्ति होती है और विश्वास से आत्मविश्वास उपजता है। फिर वही आत्मविश्वास आपको सफलता दिलाता है।

जबकि हीन भावना से ग्रस्त व्यक्ति अपने जीवन को पीछे धकेल देते हैं। यह जानते हुए भी कि चोटी पर पहुंचने के लिए पर्वत की उबड़-खाबड़

नारी हमेशा सुन्दर दिखने की चाह में जीती है। और पुरुष हमेशा अमीर बनने के सपनों में जीते हैं!

पगडंडियों को पार करना जरूरी है। उसके बाद भी वे '***Empty vessel makes much noise***' यानी खाली बर्तन की तरह बहुत शोर करते हैं।

राबर्ट फुलटन जब हडसन नदी के तट पर अपने जहाज **'क्लेरमॉन्ट'** का प्रदर्शन कर रहा था, तब लोगों की भीड़ ने यह कहकर उसका मजाक उड़ाया था, **"हडसन नदी की लहरों को काटकर जहाज कैसे पार जा सकता है?"**

लेकिन फुलटन का **'क्लेरमॉन्ट'** जहाज हडसन नदी की लहरों को चीरता हुआ आगे बढ़ गया।

इसीलिए फ़िल्म **"लगे रहो मुन्नाभाई"** में गांधीगीरी को काफी दिलचस्प अंदाज में पेश किया गया है। लेकिन **'लगे रहो'** का जज्बा फ़िल्म के डायरेक्टर ने ईजाद किया था। क्योंकि **"हार न मानने का गुण"** यदि आपके अन्दर विकसित हो गया, तब आपका अमीर बनना पक्का है।

यही वजह है कि विश्व के सारे धर्म शास्त्र आपको सकारात्मक नजरिया देते हैं। परन्तु वे आपको शिक्षा देने के साथ चेतावनी भी देते हैं। क्योंकि वे जिन्दगी को जीने की कला बताते हैं। जैसे इलेक्ट्रिक पैनल के ऊपर खतरा लिखा होता है। वैसे ही शास्त्रों में चेतावनी लिखी होती है। जबकि खतरा लिखने का मतलब यह नहीं है कि आपको उस उपकरण का इस्तेमाल नहीं करना है।

बल्कि इस्तेमाल करना है, बिजली का भी इस्तेमाल करना है, लेकिन जरा ध्यान से करना है और निर्देशों को ध्यान में रखना है। क्योंकि अगर गलत इस्तेमाल कर लिया, तब उपकरण खराब हो सकता है। और आपको बिजली झटका मार सकती है।

इसलिए ऋषि-मुनियों ने जो ज्ञान आपको अपनी तपस्या के बाद दिया है, वह जिन्दगी जीने का एक बढ़िया फार्मूला है। शास्त्र कहते हैं कि इस फार्मूले को जानों, फिर जैसे जी आए, वैसे जिओ।

डर जब आपको डराता है, तब आप अपने आपको कमजोर महसूस करने लगते हैं। **लेकिन जब आप उस डर का डट कर मुकाबला करते हैं, तब डर आपसे हार जाता है।** फिर आप अपने आपको ताकतवर महसूस करने लगते हैं।

क्योंकि स्वेटर का एक धागा यदि आपके हाथ आ गया, तब वह स्वेटर उधड़ना शुरू हो जाता है। यदि दूध के अंदर एक भी बूंद दही का गिर गया, तो पूरा दूध दही बन सकता है।

एक पौराणिक कहानी है, एक बार नारद जी स्वर्ग जा रहे थे। रास्ते में उन्हें एक वृद्ध सन्यासी मिला। नारद जी ने उससे कहा, **"मैं भगवान के पास जा रहा हूं, यदि कुछ फरियाद हो तो बताओ?"**

सन्यासी ने उत्तर दिया, **"भगवान से निवेदन करना कि पिछले तीन जन्मों से मैं साधना कर रहा हूं, वे मुझे दर्शन कब देंगे?**

नारद जी ने कहा, **"मैं तुम्हारी बात उन तक पहुँचा दूँगा।"**

पास में एक युवा सन्यासी बैठा गिटार बजा रहा था। नारद जी ने उससे भी पूछा, **"क्यों भाई, तुम्हें तो कोई बात नहीं कहलवानी है भगवान तक?"**

उसने उत्तर दिया, **"मेरी ओर से भगवान को कष्ट मत देना, क्योंकि उन्होंने जो कुछ मुझे दिया है, वह बहुत है।"**

कुछ समय बाद नारद जी वापस आए, तो वृद्ध सन्यासी ने उनसे पूछा, **"भगवान ने मेरी बात का क्या उत्तर दिया?"**

नारद जी बोले, **"भगवान ने कहा है कि सन्यासी जिस वृक्ष के नीचे बैठा है, उसमें जितने पत्ते हैं उतने जन्म अभी उसे और लेने होंगे, तब जाकर उसे मेरे दर्शन होंगे।"**

वृद्ध सन्यासी नाराज हो गया और बोला, **"यह मेरे साथ अन्याय है, मैं तीन जन्मों से तप कर रहा हूं। भगवान कह रहे हैं कि मुझे और तप करना पड़ेगा।"**

लेकिन जब नारद जी ने वही बात गिटार बजाने वाले युवा सन्यासी से कही, तब वह खुशी से नाचने लगा, और बोला, **"भगवान मुझसे कभी भी मिलें, मुझे मंजूर है और मुझे खुशी है कि मेरी बात भगवान तक तो पहुँची।"**

यही अंतर है सकारात्मक और नकारात्मक सोच में। आपका नजरिया जितना बेहतर और रचनात्मक होगा, आप अपने लक्ष्य के उतने करीब पहुँच जाएंगे। क्योंकि सफलता नजरिए का ही परिणाम होती है। इसलिए सबसे पहले यह पता लगाइए कि आप किस तरह सोचते हैं? सकारात्मक या नकारात्मक:-

1. क्या आप अपने सफल होने पर विश्वास करते हैं? हाँ ☐
2. क्या आप बहाने बाजी करते हैं। हाँ ☐
3. क्या आप अपनी सेहत के बारे में सोचते हैं? हाँ ☐
4. क्या आप अपने दिमाग का प्रयोग करते हैं? हाँ ☐
5. क्या आप समस्या के बारे में सोचते हैं? हाँ ☐
6. क्या आप किसी काम को करते समय डरते हैं? हाँ ☐
7. क्या आप अपनी आत्मा की आवाज सुनते हैं? हाँ ☐
8. क्या आप अपनी योग्यता पर विश्वास करते हैं? हाँ ☐

9. क्या आप भविष्य के बारे में सोचते हैं? हाँ ☐
10. क्या आप कम बोलते हैं? हाँ ☐
11. क्या आप रचनात्मक तरीके अपनाते हैं? हाँ ☐
12. क्या आप मेहनत से डरते हैं? हाँ ☐
13. क्या आप नए दोस्त बनाते हैं? हाँ ☐
14. क्या आप जादू-टोने में विश्वास रखते हैं? हाँ ☐
15. क्या आप बार-बार गलतियाँ करते हैं? हाँ ☐

यदि आपके दस उत्तर **'हाँ'** में हैं, तब आपको अपनी सकारात्मक सोच को विकसित करना होगा। परन्तु दस से अधिक उत्तर **'हाँ'** में होने पर आप अपने लक्ष्य में सफल हो सकते हैं, लेकिन समय का सही इस्तेमाल करना होगा।

जिस तरह साधू को वासना, चोर को खांसी, प्रेम को हंसी नष्ट कर देती है। उसी तरह शक करने की आदत व्यापार को नष्ट कर देती है!

इसलिए जब भी आपके दिल में कोई नया काम करने की इच्छा पैदा हो तब आप उसे तुरन्त करें। क्योंकि हर काम के शुभ और अशुभ महूर्त होते हैं। लेकिन पहली बार जो दिल में बात आती है, वह हमेशा सही होती है।

यही सकारात्मक सोच आपको सुखी जीवन की ओर ले जाएगी, फिर आप अपने आपको तनाव-मुक्त और तरोताजा महसूस करेंगे। जबकि नकारात्मक सोच आपको निढाल, थका हुआ, हताश और निराश कर देती है। इसलिए हमेशा सकारात्मक सोचें और नीचे लिखे नियमों का पालन करें:-

- मन से हीन भावना निकाल दें और अपनी क्षमता और योग्यता पर पूरा विश्वास करें, फिर आपके आत्मविश्वास में वृद्धि हो जाएगी।
- जो मौजूद है, उसे न देखें, बल्कि जो हो सकता है उसे देखने का प्रयत्न करें।
- **'असंभव'** शब्द को मन से निकाल दें और **'संभव'** जैसे शब्दों का प्रयोग करें।
- एक अच्छा खोजी बनें। किसी व्यक्ति में कमियां न देखें, बल्कि उसकी अच्छाइयों को ढूंढने का प्रयत्न करें।
- मन में हमेशा अच्छे विचार लाएं।

दिन की शुरुआत करने से पहले संकल्प लें कि आप अच्छा सोचेंगे, अच्छा सुनेंगे, अच्छा बोलेंगे, अच्छा काम करेंगे। फिर आप 48 दिनों के बाद वैसे ही हो जाएंगे। यह एक अनुभव है, जिसे आप महसूस करेंगे।

दुनिया का हर अनुभव एक विचार से पैदा हुआ है, फिर एक विचार दूसरे विचार को खोजता है। नकारात्मक विचार नकारात्मकता खोजता है और सकारात्मक विचार सकारात्मकता ढूंढता है।

क्योंकि आप ऊर्जा के साथ जन्में हैं, इसलिए आपका मस्तिष्क एक कम्प्यूटर, की भांति काम करता है और अंतरिक्ष विज्ञान तथा रसायन-शास्त्र की तरह आपके शरीर के **'ग्रे-सेल्स'** पॉवर हाउस की तरह काम करने लगते हैं। यही वजह है कि आप जब किसी बात को सकारात्मक तरीके से सोचते हैं, तब उसका हल भी सकारात्मक निकलता है। इसलिए नीचे लिखी बातों पर ध्यान दें:-

यदि आप सुबह के समय पार्क में दौड़ने जाते हैं तब आप रोज एक किलोमीटर अधिक दौड़िए, क्योंकि अमीर बनने का विज्ञान कहता है कि जो लोग ज्यादा दौड़ते हैं वे ज्यादा सफलता प्राप्त करते हैं!

- दूसरों को देने की नियत रखें।
- क्रोध से दूर रहें, क्योंकि यह आपकी उम्र घटाता है और शारीरिक सुन्दरता को कम करता है।
- दूसरों की मदद करें परन्तु एहसान कभी न जताएं।
- जल्दीबाजी में कोई काम न करें।
- न बुरा देखें, न बुरा सुनें, न बुरा कहें और न बुरा सोचें।
- दिमाग को सोचने पर लगाए रखें।
- छोटी-छोटी बातों पर ध्यान न दें।
- लोगों को अपने राज कभी न बताएं।

क्योंकि जीवन की योजनाओं में सफलता प्राप्त करने के लिए कर्म के प्रति दृढ़-संकल्प होना जरूरी है। तभी तो मशहूर चिंतक जॉन मैक्सवेल ने कहा है, **"यदि आपके मन में नकारात्मक सोच हावी हो गई, तो समझो सफलता आपके हाथ से निकल गई।"**

लेकिन सकारात्मक सोच होने पर आपकी सफ़लता निश्चित है। क्योंकि पॉजिटिव सोच आपकी पर्सनैलिटी को चमकाती है।

इसलिए आपको अपने मस्तिष्क से नकारात्मक चीजों को हटाना है और गुस्से पर काबू रखना है, डर और चिन्ता को दूर भगाना है।

क्योंकि नेगेटिव सोच समस्याओं को जन्म देती है। जबकि पॉजिटिव सोच समस्याओं का समाधान खोजने में मदद करती है।

कई बार आपको ऐसा लगता है कि कोई दोस्त अचानक अमीर हो गया है। लेकिन जब आप उसका इतिहास उठाकर देखते हैं, तो पता चलता है कि उसने पहले काफी जमीनी तैयारी की थी।

आपके पास कम्प्यूटर से भी तेज चलने वाला दिमाग है। यदि आप इसको री-प्रोग्राम करके अमीरी का सॉफ्टवेयर लोड करते हैं तब यह चुटकी बजाते ही दौलत कमाना शुरू कर देता है।

क्योंकि जिस तरह कोई सुन्दर इमारत पत्थर के टुकड़ों से बनती है, उसी तरह सफलता भी टुकड़ों में मिलती है। अमीर लोग सफलता की कोई बड़ी छलांग नहीं लगाते बल्कि वे सीढ़ी दर सीढ़ी शिखर पर पहुंचते हैं।

स्लमडॉग मिलेयनियर के चरित्र जमाल की तरह ही साउंड रिकॉडिस्ट रसूल पूकुट्टी की जिन्दगी भी निरंतर प्रयासों का नतीजा है। रसूल खुद भी साउंड मिक्सर के रूप में बेस्ट साउंड मिक्सर का ऑस्कर अवॉर्ड प्राप्त कर चुके हैं।

जबकि रसूल पूकुट्टी का जन्म मुस्लिम परिवार में केरल के कोलम जिले से 23 किलोमीटर दूर अंचल में विलक्कुपारा गांव में हुआ था। आठ बच्चों में रसूल सबसे छोटे थे और उनके घर की आर्थिक स्थिति अच्छी नहीं थीं। उनके पिता प्राइवेट बस के कंडक्टर थे। वे दिन-रात मेहनत करते थे ताकि उनके बच्चे पढ़-लिखकर कुछ बन सकें।

परन्तु गरीबी और किल्लत भरी जिन्दगी जीने वाले रसूल के दिमाग में बचपन से ही फ़िल्मों में जाने का ख्याल आ गया था। लेकिन उन्होंने यह बात कभी भी अपने परिवार के सदस्यों को नहीं बताई। परन्तु रसूल ने सेल्युलाइड की दुनिया में कदम रखने से पहले चरवाहे के रूप में काम किया, दूध बेचा फिर कॉलेज की पढ़ाई की और पढ़ाई का खर्चा पूरा करने के लिए ट्यूशन पढ़ाया।

फिर रसूल ने फिजिक्स विषय से प्रथम श्रेणी में स्नातक किया। उसके बाद एम.एस.सी. के लिए प्रयास किया, लेकिन वहां उन्हें सीट नहीं मिली और फिर उन्होंने 1990 में तिरुवनन्तपुरम में लॉ कॉलेज में एडमिशन ले लिया।

लॉ कॉलेज में पढ़ाई के दौरान उनके एक दोस्त ने **'फ़िल्म एण्ड टेलीविज़न इंस्टीट्यूट ऑफ इंडिया'** पूना का एक फार्म उन्हें लाकर दिया। फिर रसूल ने एफ.टी.आई.आई. में साउंड इंजीनियरिंग कोर्स के लिए आवेदन किया।

प्रवेश परीक्षा और ग्रुप डिस्कशन में रसूल सफल हो गए तथा 1995 में पूकुट्टी साउंड इन्जीनियरिंग की पढ़ाई पूरी करने के बाद मुम्बई चले आए। जब रसूल मुम्बई आए तब टेलीविज़न उद्योग अपने अच्छे दौर में प्रवेश कर चुका था।

रसूल ने अच्छी संभावनाओं को देखते हुए टेलीविज़न से शुरुआत की। फिर उन्होंने प्रतिभाशाली निर्देशकों की कम बजट की फ़िल्में करनी शुरू की।

रजत कपूर उस समय प्राइवेट डिटेक्टिव फ़िल्म बना रहे थे और विक्रम फ़िल्म के साउंड रिकॉर्डिस्ट थे। रसूल को उनके सहायक के रूप में काम करना था। परन्तु फिल्म निर्माण शुरू होने के 40 दिन बाद विक्रम इटली चले गए।

इस दौरान रजत का रसूल के ऊपर विश्वास कायम हो गया और उन्होंने विक्रम की जगह रसूल को अपना साउंड रिकॉर्डिस्ट बना लिया। फिर रसूल ने मुड़कर नहीं देखा और '**स्लमडॉग मिलेयनियर**' ने उन्हें विश्वस्तर का साउंड रिकॉर्डिस्ट बना दिया। लेकिन यह सब रसूल की मेहनत और सकारात्मक सोच की बदौलत सम्भव हुआ था।

स्वपनदर्शी लोग बादलों में घर बनाते हैं। लेकिन जो लोग यथार्थ में जीते हैं वे इतिहास के पन्नों पर उभर कर आते हैं!

इसलिए यदि आप किसी काम में असफल हो रहे हैं, तो हताश न हों। क्योंकि जब आप साहस और उत्साह के साथ अपना अगला कदम आगे बढ़ाएंगे, तब आपको सफलता अवश्य मिलेगी।

वर्षों पहले हिमालय को अजय माना जाता था। लेकिन एडमंड हिलेरी ने एक साहसिक कदम उठाया और हिमालय पर विजय प्राप्त कर ली।

क्योंकि दुनिया में अब तक जो भी कीर्तिमान बनते हैं, वे पहले असम्भव माने जाते थे। परन्तु सच यह है कि कीर्तिमान हमेशा टूटने के लिए ही बनते हैं।

इसलिए आप मान सकते हैं कि दुनिया में असफलता नाम की कोई चीज नहीं है। जरूरत है तो सिर्फ सकारात्मक सोच के साथ कदम आगे उठाने की।

जब विनीत बुच ने सकारात्मक सोच के साथ अपने कदम बढ़ाए, तब सफलता ने उनके कदम चूम लिए। जबकि समुद्री तूफानी लहरों से कहीं खतरनाक तूफान का सामना विनीत ने अपनी जिन्दगी में किया है।

21 वर्ष की उम्र में जब पता चला कि उन्हें एंकीलूजिंग स्पॉन्डिलाइटिस नामक निदानरहित, जटिल, लम्बे समय तक रहने वाली, तीव्र स्वप्रतिरोधी बीमारी है, तब विनीत कानपुर में पढ़ाई के दौरान वेटलिफ्टिंग करते थे, लेकिन कॉलेज के अंतिम वर्ष में वे इस रोग से ग्रस्त हो गए।

असहनीय दर्द से पीड़ित विनीत को एक और दुखद समाचार एम्स के डॉक्टर से मिला कि उनके खिलाड़ी जीवन को यहीं विराम देना होगा। क्योंकि एंकीलूजिंग स्पॉन्डिलाइटिस का कोई इलाज नहीं है। डॉक्टर के मुताबिक अब वे सिर्फ ऑफिस में काम कर सकते थे या ज्यादा से ज्यादा टहल सकते थे।

अपनी किस्मत से खफा और बिखरे मन से विनीत ने यू.एस. की कॉरनेल यूनिवर्सिटी से एम.एस. करने के लिए 1995 में भारत छोड़ दिया। लेकिन जगह बदलने से मुश्किलें कम नहीं होतीं, परन्तु विनीत उनमें से नहीं थे, जो बिना लड़े हार जाते।

यदि आप कुछ नया नहीं कर सकते तो अपने सपनों का ताजमहल मत खड़ा कीजिए। क्योंकि शेविंगक्रीम तभी स्मूथ दाढ़ी बनाने में सहायक हो सकती है जब आपके रेजर में धार हो।

वे सैनफ्रांसिस्को में नौकरी करने के लिए चले गए। वहां धीमा, स्व-निर्देशित पुनर्वास कार्यक्रम शुरू किया ताकि अपने आपको सामान्य व्यक्ति के रूप में देख सकें।

फिर 1998 में आई नई दवाई ने उन्हें कुछ राहत दी और अपने जकड़े हुए जोड़ों में दर्द होने के बावजूद विनीत ने टहलना और साइकिल चलाना शुरू किया।

उसके बाद विनीत ने अलट्रामैराथन रोड बाइकिंग में हिस्सा लिया और जुलाई 2001 में हुए **'डेथ राइड'** में 129 मील की दूरी तय की। परन्तु विनीत की बीमारी ने उन्हें फिर धर दबोचा और उन पर दबाव डाला कि वे बाइक राइड छोड़ दें।

इसलिए विनीत को अब ऐसा खेल खोजना था, जिसमें उन्हें पैरों का इस्तेमाल न करना पड़े। फिर उनकी खोज स्कीइंग पर आकर खत्म हुई।

'कुनू एंड क्याक' के प्रोग्राम डायरेक्टर केत्री हॉवेल विनीत के प्रयासों के बारे में बताते हैं, **"मैंने कभी किसी को विनीत जैसे व्यक्ति के खेल का हिस्सा बनते नहीं देखा। प्रशिक्षण के प्रति उसका उत्साह देखते ही बनता था। उनका यही उत्साह हमें प्रेरित करता है कि सकारात्मक सोचें और दृढ़ता से जीवन में आगे बढ़ें।"**

क्योंकि हवाओं का रुख जिधर होगा, उस तरफ चलते रहने से कुछ हासिल नहीं होगा। मजा तो तब है, जब आप हवाओं को मजबूर कर दें कि वह अपनी राहें मोड़ लें।

इसीलिए भगत सिहं हवाओं के साथ चलते जाने को जिन्दगानी नहीं मानते थे। अपनी तदबीर से बिगड़ी तकदीर को संवारने का साहस लेकर जब वे चले थे, तब विपरीत हवाओं के थपेड़ों का उन्हें अंदाजा नहीं था। परन्तु उन्होंने अपने दृढ़-विश्वास से उन हवाओं का रुख मोड़ दिया था।

लेकिन धारा के विपरीत तैरने का जोखिम वही उठा पाते हैं, जिन्हें इस बात की परवाह नहीं होती कि पानी का बहाव कितना तेज है। वह सिर्फ तैरते ही रहते हैं और अन्त में एक नया रिकार्ड बनाते हैं। तभी तो किसी शायर ने कहा है:-

खेला जो तूफानों से, वह हमेशा सफल हुआ है।
मोड़ सका जो धार समय की, वह दुनिया में अमीर बना है॥

लेकिन समय केवल उन्हीं का साथ देता है, जो परिश्रमी होते हैं। परन्तु सपनों ने हमेशा मनुष्य को शराब के समुद्र में डुबोया है। इसीलिए सपने सिर्फ खुली आँखों से देखिए, क्योंकि रात के सपने कभी सच नहीं होते।

परन्तु सपनों को हकीकत में बदलने के लिए सकारात्मक चिंतन जरूरी है। चिंतन से आपके दिमाग में नए-नए विचार आते हैं, जो आपके लक्ष्य के निर्माण में सहायक होते हैं।

कुछ लोग कहते हैं, **"हम अपने लक्ष्यों को जानते हैं।"** लेकिन कुछ लक्ष्य ऐसे होते हैं, जिनके बारे में उन्होंने कभी सोचा तक नहीं होता। फिर वही लक्ष्य राह में रोड़े बन जाते हैं।

जब आपके अन्दर नई चीजों को सीखने का जज़्बा कम हो जाता है, तब आप अपने आपको बूढ़ा कह सकते हैं!

ऐसे समय में विकल्प यह है कि आप जिस ढंग से सोचते हैं, उससे हटकर सोचने की प्रक्रिया खोजें और तीन बातों पर विशेष ध्यान दें:-

- निडर होकर सोचना सीखें, तथा हर तरह की सम्भावनाओं पर गौर करें।
- दिमाग को खुला छोड़ दें और सामने आए विकल्पों पर विचार करें।
- विवेक से काम लें और हीन भावना को बाहर निकाल दें।

एक समय ऐसा भी था, जब कैलिफोर्निया की वादियां रेगिस्तान थीं। परन्तु कुछ स्वप्नदर्शियों ने उस **'बेकार'** भूमि को **'सोना'** उगलने वाली मशीन के रूप में देखा, जहां लोगों के लिए उपयोगी अनाज उगाया जा सकता था। फिर जिन लोगों ने वह जमीन खरीदी, वे सब अपने सपनों पर मेहनत करके मालामाल हो गए।

लेकिन उनकी सफलता में सकारात्मक संवाद का बहुत महत्व था। क्योंकि इसका मतलब होता है, अपनी बात को सही तरीके से दूसरों तक पहुँचाना। जिसे पॉजिटिव कम्युनिकेशन भी कहते हैं। इसलिए सकारात्मक ढंग से अपनी बात कहने का हुनर सीखिए। इसे सीखने का तरीका बहुत आसान है, आपको सिर्फ नीचे दिए गए सिद्धांतों पर चलना होगा:-

- निगेटिव शब्दों को बोलने से परहेज करें। क्योंकि ऐसे शब्द कभी भी सकारात्मक प्रभाव नहीं छोड़ते। इसलिए अपनी बोलचाल में **'नहीं कर सकता'**, **'नहीं करूंगा'** या **'नहीं हो सकता'** जैसे शब्दों पर पूरी तरह से प्रतिबंध लगा दें।
- कोई भी आइडिया कितना भी निगेटिव क्यों न हो, उसमें कुछ न कुछ पॉजिटिव तत्व जरूर होते हैं। आपको उसमें से पॉजिटिव तत्वों को खोज निकालना है।
- किसी को **'ना'** कहने से बचें। लेकिन इसके लिए आपको गजब की विश्लेषण क्षमता पैदा करनी होगी। ऐसा करने से आपकी प्रतिष्ठा बढ़ जाएगी।
- धमकाने का अंदाज न अपनाएं, हमेशा विनम्रता से अपनी बात कहें। इससे सामने वाला व्यक्ति अपमानित महसूस नहीं करेगा।

पर्वत जितना ऊंचा होगा
उतनी ही वहाँ पर
ठंडक होगी और मनुष्य
जितना महान होगा
उतना ही वह
उदार और शान्त होगा।
क्योंकि मनुष्य जैसे-जैसे
सफलता की ऊंचाइयों पर
चढ़ता जाता है
वैसे-वैसे उसकी आन्तरिक
शीतलता बढ़ती जाती है!

➲ अपनी बोली और व्यवहार को पॉजिटिव रखें। जिससे दूसरों को लगे कि आप मददगार हैं, आक्रामक रिंगमास्टर नहीं। क्योंकि 'न' का संदेश अगर मदद के वादे के साथ दिया जाए, तो उसे सहज स्वीकार किए जाने की संभावना सौ प्रतिशत रहेगी।

जो व्यक्ति इन बातों को ध्यान नहीं रखता, वह हार जाता है। जो इन्हें अपना लेता है, वह जीत जाता है। इसलिए आपको उन यादों को धोकर साफ करना है, जो आपको पीछे धकेल रही हैं।

जॉन लेजी बेयर्ड एक व्यवसायी थे। उन्हें कुछ समय के लिए भीषण संकट से गुजरना पड़ा था। तब वे बीमार हो गए और उनका व्यवसाय चौपट हो गया। दिन कैसे कटें, गरीबी और भुखमरी सामने खड़ी थी।

इतना होने के बाद भी मन लगाने के लिए उन्होंने एक शौक पाल लिया था और वो शौक था नया अविष्कार करने का। इसलिए वे इंग्लैण्ड चले गए, वहां उन्होंने एक लैबोरेट्री बनायी और रोशनी पर प्रयोग करने लगे। फिर उन्होंने चौदह सालों तक लगातार प्रयोग किया और अन्त में टेलीविजन के विकास में सफल हो गए।

कुछ ऐसा ही हनुमान जी के साथ भी हुआ था, जब वे बाधाओं को पार करते हुए सीता जी की खोज में निकले थे, तब उनके मन में एक संकल्प था–

'राज काजु कीन्हें बिनु मोहि कहां विश्राम।'

हनुमान जी को देखकर मैनाक पर्वत ने कहा, **"थोड़ा आराम कर लो।"**

हनुमान जी मुस्कुराते हुए बोले, **"मेरे लिए आराम हराम है। क्योंकि मैं जिस काम के लिए आया हूं, वह मुझे जल्दी पूरा करना है।"**

फिर सुरसा मिली और बोली, **"मैं तुम्हें खा जाऊँगी।"**

हनुमान जी ने कहा, **"जब लौटकर आऊंगा तब खा लेना, अभी मुझे जाने दो।"**

लेकिन सुरसा नहीं मानी और अपना आकार बढ़ाती रही, ताकि वह हनुमान जी को निगल सके। परन्तु हनुमान जी भी अपना आकार बड़ा करते रहे, ताकि वे उसके मुँह में न समा पाएं।

अन्त में हनुमान जी लघु रूप में बाहर आ गए। फिर लंका में प्रवेश किया और सीता जी की खोज में सफल हो गए।

कुछ ऐसा ही पिछले दिनों मेरे साथ हुआ था, जब मैं गाजियाबाद के एक मैनेजमेंट कॉलेज में बिजनेस की बारीकियां सिखा रहा था। वहां उपस्थित एक एम.बी.ए. के छात्र ने मुझसे पूछा, **"मिस्टर इन्जीनियर! क्या आपकी किताब 'Think Big! Become Big' पढ़कर कोई बिजनेस किया जा सकता है?"**

तब मैंने कहा था, **"क्यों नहीं किया जा सकता है, किया जा सकता है। लेकिन शर्त यह है कि आप गहराई से उसका अध्ययन करें और पुस्तक में दिए गए गुरुमंत्रों को अच्छी तरह से समझें। यदि आप ऐसा नहीं करेंगे, तब आप बिजनेसमैंन तो बन सकते हैं, परन्तु सफल बिजनेसमैन नहीं बन सकते।"**

फिर वहां उपस्थित दूसरे मैनेजमेंट के छात्रों ने मेरी बात का समर्थन किया।

मैंने कहा, **"भारत में कई ऐसे सफल बिजनेसमैन हैं, जिन्होंने कोई भी मैनेजमेंट का कोर्स नहीं किया, सिर्फ इस पुस्तक को पढ़ने के बाद ही दुनिया के सफल बिजनेसमैन बने हैं।"**

इसलिए कहा जा सकता है कि बार-बार अपने लक्ष्य के बारे में सकारात्मक सोचने से ही सफलता मिलती है। क्योंकि जैसा आप सोचते हैं, वैसी ही आपको सफलता मिलती है।

यदि पुस्तक को आप सफलता प्राप्त करने के लिए पढ़ रहे हैं, तब सफलता मिलना तय है। इसलिए आप अपनी सोच को विजुअल यानी चित्र के रूप में देखें, लेकिन अपने मन में हमेशा पॉजिटिव सोच रखें, फिर **'ए.बी.सी.'** फार्मूले का इस्तेमाल करें।

जिसमें **'ए'** का अर्थ है **एटि्ट्यूड** यानी **रवैया।** परन्तु दिमाग हमेशा नई चीजों के प्रति खुला होना चाहिए। आपके अन्दर नया जानने की ललक कायम रहनी चाहिए।

'बी' प्रतीक है **बिलीव** का, यानी **आस्था** का। इसलिए अपनी आस्था को दृढ़ रखें और विश्वास को डगमगाने न दें।

'सी' यानी **केयरिंग एनर्जी।** यानी आप जो कर रहे हैं, वह सोच-समझ कर करें, और अपनी ऊर्जा को फालतू के कामों में नष्ट न करें। क्योंकि धीरूभाई अम्बानी ने यह सिद्ध कर दिया है कि अमीर बनने के लिए ग्रेजूएट या एम.बी. ए. होना जरूरी नहीं है।

घनश्यामदास बिड़ला भी हाई स्कूल पास थे, परन्तु उनके मन में एक उद्योगपति बनने का सपना था। वह घर से निकल गए। पिलानी से बम्बई पहुँचे।

जबकि उनके पास पैसे नहीं थे, तब उनकी मनोदशा देखकर उनके बड़े भाई ने कहा, **"यदि तुम्हें अपने आप पर विश्वास है, तब मैं अपनी सारी पूंजी दांव पर लगा सकता हूँ।"**

उसके बाद घनश्याम दास बिड़ला ने जूट की मील लगाई, फिर उन्होंने पलटकर नहीं देखा और एक के बाद एक मील लगाते चले गए। आज वे बेइन्तहा दौलत के मालिक हैं।

थॉमस अलवा एडीसन की स्कूली शिक्षा भी बहुत कम थी। ट्रेन के डिब्बों में वह अखबार बेचते थे। लेकिन उनके अन्दर एक खास बात थी कि वे जो भी काम करते थे, उसे जुनून के साथ करते थे और हमेशा कुछ नया करने की सोचते रहते थे। जिसकी वजह से वे अमीर बनें।

इसलिए हम कह सकते हैं कि किसी भी लक्ष्य को हासिल करने के लिए सबसे अहम चीज है सकारात्मक सोच। आज की युवा पीढ़ी भी इस बात को मानती है, तभी तो अब पॉजिटिव मेंटल एटीट्यूड वाली किताबों की मांग बढ़ गई है। इसलिए इस पुस्तक को आप ध्यान से पढ़ें, क्योंकि अब आपको पुस्तक बताने जा रही है कि आपको कैसे लोगों के सामने दिखना है। ■

"कैसा भी तूफान क्यों न आए, आप अपने अमीर बनने की चढ़ाई जारी रखिए। क्योंकि जिस पायलट को अपने लक्ष्य का पता होता है, वह आंधी और तूफानों के आने पर भी अपनी मंजिल तक अवश्य पहुंचता है!"

गरीबी का मतलब कुछ भी हो,

लेकिन उसे हमेशा नजर अंदाज करना चाहिए। इसलिए मेरा आपसे कहना है

लगे रहो मुन्नाभाई

क्योंकि कहावत है कि बारह साल बाद तो कूड़ी यानी कूड़े के ढेर के भी भाग्य जाग जाते हैं।

छठा सिद्धांत

अपने आपको अमीर दिखाने की आदत डालिए

पिछले दिनों मुझे एक एयरलाइंस कम्पनी के वार्षिक उत्सव में जाने का अवसर मिला। उस कम्पनी का टर्नओवर लगभग एक हजार करोड़ का है, लेकिन वहां के कर्मचारी ऐसे नहीं लग रहे थे कि उन्हें देखकर कोई कह सके कि ये किसी बड़ी एयरलाइंस कम्पनी में काम करते हैं।

मैं मंच पर कम्पनी के सीनियर मैनेजमैंट के साथ बैठा था। मेरे दाईं तरफ कम्पनी के मालिक बैठे थे, जोकि लम्बे-चौड़े व्यक्तित्व के मालिक थे और देखने में काफी अमीर लग रहे थे।

मैंने पहले उन्हें अपना परिचय दिया फिर कहा, **"आपकी कम्पनी इतनी अमीर है कि कोई भी सुनकर प्रभावित हो सकता है, लेकिन आपके कर्मचारी देखने में गरीब लगते हैं। आप उन्हें अमीर दिखने की आदत क्यों नहीं डालते?"**

तब उन्होंने कहा, **"मिस्टर इन्जीनियर! मैं इनको अच्छी सेलरीज देता हूँ, परन्तु यह अपने को बदलने की कोशिश ही नहीं करते।"**

"आप मुझे एक मौका दीजिए, मैं इनको बदलने की कोशिश करुंगा।" मैंने उत्सुक्ता से कहा।

"तो देर किस बात की है मिस्टर इन्जीनियर!" फंक्शन शुरू होने से पहले आप अपनी स्पीच दीजिए!

कहकर उन्होंने माइक मेरी तरफ कर दिया। मैंने पहले हॉल में उपस्थित कर्मचारियों पर नजर दौड़ाई, और कहा, "दोस्तों आप अपनी कम्पनी का वार्षिक उत्सव मना रहे हैं, यह देखकर मुझे बहुत खुशी हो रही है, परन्तु मेरा आपसे सिर्फ इतना ही कहना है कि आप अमीर कम्पनी के अमीर कर्मचारी दिखने की कोशिश करें। क्योंकि किंगफिशर कम्पनी के मालिक विजय माल्या ने कहा है:-

प्रतिभाशाली लोग संघर्ष के दिनों में अपने आपको अमीर दिखाते हैं।
जो सफल हो जाते हैं वे सितारों की तरह महफिलों में झिलमिलाते हैं॥

इसका अर्थ है कि जब कोई व्यक्ति संघर्ष के शिखर पर पहुंचकर अपनी सफलता का इतिहास लिख रहा होता है, तब समाज उसकी प्रशंसा के गीत गाता है। फिर आने वाली पीढ़ी उसे अपने रोल मॉडल के रूप में देखने लगती है।

क्योंकि विश्व का हर व्यक्ति अपने जीवन में ऊंचा उठना चाहता है। लेकिन आप लोगों को देखकर लगता है कि आपके अन्दर आगे बढ़ने की इच्छा मर चुकी है।

यदि आप अमीर बनना चाहते हो तो खूब रोमांस करो क्योंकि रोमांस आपके अन्दर उत्साह जगाएगा और लक्ष्य पर पहुँचने तक आप को जिन्दा रखेगा!

"नहीं सर!" अचानक हॉल में उपस्थिति अधिकतर कर्मचारी एक स्वर में बोले, **"हमें अभी बहुत आगे बढ़ना है।"**

तब आप लोगों को अपने आपको अमीर दिखाने की आदत डालनी होगी। आपको अपना एक रोल मॉडल चुनना होगा। ताकि आप उसके पदचिह्नों पर चल सकें।

मुझे अपने बचपन की एक घटना याद आती है। जब मैं छठी कक्षा में पढ़ता था, तब पूरी कक्षा में अलग नजर आता था। उस समय क्लास के दूसरे छात्र कहते थे, **"वाह! तरुण की क्या पर्सनालिटी है, एकदम अमिताभ बच्चन की तरह नजर आता है।"**

क्योंकि तब में अमिताभ बच्चन के व्यक्तित्व से बहुत ज्यादा प्रभावित था और अपने आपको अमिताभ की तरह ढाल कर रखता था। जिसकी वजह से पूरा कॉलेज मुझे अमीर समझता था। जबकि मैं मध्यमवर्गीय परिवार से सम्पर्क रखता था। तब मेरे पिता की आढ़त की दुकान थी, जिससे पूरे परिवार का खर्च आराम से चल जाता था। परन्तु मेरे अन्दर अमीर बनने की तमन्ना बचपन से थी।

लेकिन जब कॉलेज के छात्र मुझे विशेष नजरों से देखते थे, तब मैं सोचता था, **"आखिर मेरे अन्दर ऐसा क्या है, जो हर कोई मेरे व्यक्तित्व से प्रभावित हो जाता है?"**

तब मैं शीशे के पास खड़ा होकर घंटों तक अपने आपको निहारता था। फिर मुझे पता लगता था कि मेरे अन्दर दूसरे छात्रों से अधिक आत्मविश्वास है, कुछ कर गुजरने की तमन्ना है। इसीलिए दूसरे छात्र मुझे विशेष नजरों से देखते थे।

ठीक ऐसा ही आपको दिखना है। क्योंकि एक गरीब और अमीर व्यक्ति में कपड़ों का अन्तर नहीं होता, बल्कि आत्मविश्वास का अन्तर होता है।

मनोवैज्ञानिक भी यही कहते हैं कि एक औसत व्यक्ति का आई.क्यू. 70 से 110 होता है, जिन्हें सफल और बुद्धिमान की संज्ञा दी जाती है। लेकिन जो लोग अमीर होते हैं, उनका आई.क्यू. 120 होता है।

अब आप खुद ही सोचिए कि दोनों में कितना अन्तर होता है? सिर्फ दस अंकों का। और महान कहे जाने वाले लोगों का आई.क्यू. 140 तक होता है। जिसमें बराक हुसैन ओबामा, सोनिया गांधी, अमिताभ बच्चन और मनमोहन सिंह का नाम पहले नम्बर पर आता है।

ऐसा नहीं है कि आप अपना आई. क्यू. नहीं बढ़ा सकते। बल्कि मुश्किल यह आती है कि आप अपनी योग्यता के सही आंकलन को नजर-अंदाज करते हैं। फिर जब आपकी योग्यता के प्रदर्शन का अवसर आता है, तब आपके अन्दर हीनभावना पैदा हो जाती है। तब यही हीनभावना झिझक और घबराहट के रूप में सामने आती है।

जिस सफलता के पुल को आप पार करके आए हैं उसका एहसान आपको हमेशा मानना होगा। क्योंकि सफलता विनम्रता और शालीनता की भूखी होती है!

इस बात को विस्तार से समझाने के लिए मैं आपको एक उदाहरण देता हूँ। मान लीजिए आप इन्जीनियरिंग के स्टूडेंट हैं और आपके पाठ्यक्रम में पाँचवा विषय गणित है तथा गणित की पुस्तक में पाँच अध्याय हैं।

आप उसका अध्ययन कई स्तरों पर कर सकते हैं। यानी आप पाँच में से तीन अध्यायों का इस सीमा तक अभ्यास कर लें कि सोते-सोते भी यदि कोई पूछ बैठे, तो आप उसे बता सकें।

यह आत्मविश्वास का सबसे महत्वपूर्ण गुण है, जो व्यक्ति को प्रभावशाली बनाता है। इसलिए आप सबसे पहले खुद का मुल्यांकन कीजिए और जानिए कि आपका व्यक्तित्व कितना प्रभावशाली है?

1. **आपके व्यक्त्वि की क्या उपलब्धियां हैं**?
   - a. लोग मेरी ओर आकर्षित होते हैं। हाँ ☐
   - b. लड़कियाँ मेरी नजदीकियां चाहती हैं। हाँ ☐
   - c. मेरी बातों से लोग प्रभावित होते हैं। हाँ ☐
   - d. मेरा चलने का अंदाज निराला है। हाँ ☐

2. **आपके अन्दर कौन-सी योग्यताए हैं?**

a. मैं देखने में सुन्दर लगता हूँ। हाँ ☐

b. मैं काम को सहजता के साथ करता हूँ। हाँ ☐

c. मैं अपने व्यक्तित्व के अनुसार काम चुनता हूँ। हाँ ☐

d. मैं काम करते समय संतुष्टि महसूस करता हूँ। हाँ ☐

3. **परेशानी के समय आप क्या करते हैं?**

a. मैं परिवार की सलाह लेता हूँ। हाँ ☐

b. मैं खुद उपाय ढूँढता हूँ। हाँ ☐

c. मैं दोस्तों की बात मानता हूँ। हाँ ☐

d. मैं ज्योतिषियों के पास जाता हूँ। हाँ ☐

4. **आप अपने आपको कैसे कंट्रोल करते हैं?**

a. गुस्से को पी जाता हूँ। हाँ ☐

b. योग का सहारा लेता हूँ। हाँ ☐

c. समय पर छोड़ देता हूँ। हाँ ☐

d. एकांत में बैठकर सोचता हूँ। हाँ ☐

5. **आपका व्यवहार कैसा है?**

a. मैं धैर्य से काम लेता हूँ। हाँ ☐

b. मैं सबको कोऑपरेट करता हूँ। हाँ ☐

c. मैं जल्दी गुस्सा नहीं करता। हाँ ☐

d. गुस्से में कुछ भी कह जाता हूँ। हाँ ☐

6. **आप खुद को कैसे व्यवस्थित रखते हैं?**

a. हर काम समय से करता हूँ। हाँ ☐

b. टाइम मैनेजमैंट का सहारा लेता हूँ। हाँ ☐

c. परिवार की हैल्प लेता हूँ। हाँ ☐

d. अपने आपको वक्त के हवाले कर देता हूँ। हाँ ☐

7. **फिट रहने के लिए आप क्या करते हैं?**

a. मॉर्निंग वॉक करता हूँ। हाँ ☐

b. जिम जाता हूँ। हाँ ☐

c. हल्का आहार लेता हूँ। हाँ ☐

d. कुछ नहीं करता। हाँ ☐

8. **आप किस तरह के कपड़े पहनते हैं?**

a. फैशन के पहनता हूँ। हाँ ☐

b. अपनी बॉडी के अनुसार पहनता हूँ। हाँ ☐

c. साधारण दिखने वाले पहनता हूँ। हाँ ☐

d. मैचिंग के पहनता हूँ। हाँ ☐

9. **कैसा माहौल आप पसन्द करते हैं?**
   a. जहाँ कोई पाबंदी न हो। हाँ ☐
   b. जहाँ सम्मान मिले। हाँ ☐
   c. जहाँ परिवार को खुशी मिले। हाँ ☐
   d. जहाँ बातें करने को मिलें। हाँ ☐

10. **आप किस तरह का जज़्बा रखते हैं?**
   a. नयी पहचान बनाने का। हाँ ☐
   b. अधिक धन कमाने का। हाँ ☐
   c. नया काम करने का। हाँ ☐
   d. सिर्फ पेट भरने का। हाँ ☐

11. **आपके जीवन में सबसे महत्वपूर्ण क्या है?**
   a. नयी चुनौतियों पर विजय पाना। हाँ ☐
   b. सफलता के लिए योजना बनाना। हाँ ☐
   c. दूसरों की मदद करके संतुष्टि पाना। हाँ ☐
   d. मान-सम्मान पाना। हाँ ☐

12. **अपने सहयोगियों के साथ आप कैसा व्यवहार करते हैं?**
   a. उन्हें उत्साहित करता हूँ। हाँ ☐
   b. उनका नेतृत्व करता हूँ। हाँ ☐
   c. उन्हें प्रेरित करता हूँ। हाँ ☐
   d. उनकी सहायता करता हूँ। हाँ ☐

अब आप खुद ही जान लीजिए कि आपका व्यक्तित्व कितना प्रभावशाली है? आपको सिर्फ a,b,c & d पर सही का निशान लगे बॉक्स का योग करना है।

- यदि आपके 8 से अधिक जवाब (a) के हैं, तब आपका व्यक्तित्व बहुत ज्यादा प्रभावशाली है और आपके अन्दर योजनाबद्ध तरीके से काम करने का सलीका है। इसलिए आप एक अच्छे बिजनेसमैंन के रूप में सफलता हासिल कर सकते हैं।
- परन्तु 8 से अधिक जवाब (b) में होने पर पता चलता है कि आप चुनौतियों को स्वीकारते हैं, लेकिन उन्हें बीच में ही छोड़ देते हैं और आगे बढ़ने का रास्ता खुला छोड़ते हैं। इसलिए आप भी अच्छे बिजनेसमैन साबित हो सकते हैं।
- लेकिन 8 से अधिक जवाब (c) में होने पर आप अपने आपको दूसरों की मदद वाला पाते हैं और समस्या के हल तक पहुँचने का जज़्बा रखते हैं।

लेकिन आप अपने परिवार को पूरी प्रार्थमिकता देते हैं। इसलिए आप सफलता के काफी करीब रहते हैं।

➲ मगर 8 से अधिक जवाब (d) में होने पर आपका व्यक्तित्व कुछ अनोखा है। आप यह तो जानते हैं कि लोगों से कैसे काम लेना है, परन्तु कोई सफलता प्राप्त नहीं कर पाते। इसलिए सबसे पहले आप यह पता लगाएं कि आप किस महान हस्ती से प्रभावित हैं। कौन है वह सिलेब्रिटी जिसे आपने अपना आइडियल बनाया है? जब आप ऐसा करते हैं, तब आपके सेल्फ कॉन्फिडेंस में कई गुना वृद्धि हो जाएगी।

क्योंकि **'यूनिवर्सिटी ऑफ न्यूयॉर्क'** के शोधकर्ताओं की रिसर्च से यही साबित हुआ है कि आत्मविश्वास से भरे लोग किसी सिलेब्रिटी को स्क्रीन पर देखकर या उसके बारे में पढ़कर, उसे दीवानगी की हद तक पसंद करने लगते हैं और फिर उसी व्यक्ति की तरह बनना चाहते हैं।

अमीर बनने के लिए सोच, जुनून और विश्वास की जरूरत होती है और विश्वास उस मुर्गे की तरह होता है जो सुबह होने से पहले ही अंधेरे में रोशनी का अनुभव करके बांग देने लगता है।

फिर उन्हें सिलेब्रिटी की पर्सनेलिटी में अपनी झलक भी दिखाई देने लगती है और वे उसके साथ एक अनजाना रिश्ता कायम कर लेते हैं।

जबकि इस तरह की रिलेशनशिप कायम करना पैरासोशल रिलेशंस की श्रेणी में आता है। जिससे लोगों के कॉन्फिडेंस में बढ़ोतरी होती है और वे जिन्दगी को पॉजिटिव ढंग से जीने लगते हैं।

क्योंकि शर्मीले या जल्दी किसी से मिक्सअप न हो पाने वाले लोगों के लिए पैरासोशल रिलेशनशिप अपनी पर्सनेलिटी को ग्रूम करने में काफी मददगार साबित होती है।

शोधकर्ताओं ने करीब सौ अंडरग्रेजुएट छात्रों स्टूडेंट्स पर तीन शोध किए, फिर उन्होंने जानने की कोशिश की, कि आत्मविश्वास और किसी सिलेब्रिटी को अपना आइडियल बनाने के बीच क्या रिश्ता है?

तब छात्रों को अपने पसंदीदा सिलेब्रिटी की पहचान करने को कहा गया। साथ ही उन्हें यह बताने के लिए भी कहा गया कि वे अपने आइडियल के किन गुणों से प्रभावित हैं?

फिर पता चला कि लोग अपने फेवरेट सिलेब्रिटी में अक्सर वह क्वॉलिटी देखते हैं, जिसकी उनके अंदर कमी होती है। कई बार यह रिश्ता पारिवारिक

सम्बंध से गहरा हो जाता है। साथ ही भावनात्मक रूप से कमजोर लोगों को एक अनजाना सहारा मिलता है और उनका कॉन्फिडेंस बेहतर होता है।

साइक्रिएटिस्ट जितेंद्र नागपाल कहते हैं, **"आजकल नौजवान किसी न किसी को अपना आइडियल बनाते हैं, क्योंकि वे उस व्यक्ति में अपनी जैसी भावनाओं और विचारों को देखते हैं।"**

अमिताभ बच्चन, शाहरुख़ ख़ान और क्रिकेटर्स सबसे अधिक नौजवानों के आइडियल होते हैं। क्योंकि ये लोग सफलता, दौलत और शोहरत से लबरेज होते हैं। इसलिए नौजवानों जिन्दगी का मकसद तय करने और अपने मनोबल को ऊंचा करने के लिए इन हस्तियों से प्रेरित होते हैं। फिर अपनी मंजिल तक पहुंचने के लिए कड़ी मेहनत करते हैं।

आपके विचार आपके भाग्य की नींव डाल सकते हैं। क्योंकि धीरुभाई अम्बानी का पॉलीएस्टर बनाना एक विचार था जिसने उनके भाग्य के बंद दरवाजे खोल दिए थे!

इससे उनके दिल में यह भावना भी आती है कि जब ये लोग जिन्दगी में इतने ऊंचे मुकाम तक पहुंच सकते हैं, तो हम क्यों नहीं पहुंच सकते?

अंग्रेजी में एक शब्द है **'कल्चर'**। इसका मतलब होता है, सभ्यता, रहन-सहन और सोचने-विचारने का तरीका। उन्हें आइडियल का नाम, रूप, धन, परिवार, क्षेत्र, भाषा, धर्म और रहन-सहन की पद्धति भी अच्छी लगती है। फिर वे उसी तरह से ढलते चले जाते हैं।

इसलिए मैनेजमेंट गुरु प्रमोद बत्रा का कहना है, **"चिंता, भय और तनाव जैसे शब्द आपके लिए कोई मायने नहीं रखते। आप इसके बारे में ज्यादा न सोचें।"**

क्योंकि आप जैसा सोचते हैं, आपकी प्रवृत्ति भी उसी के अनुरूप ढलती चली जाती है। यदि आप अपने जेहन में यह बात बैठा लेते हैं कि आप **'क्रिएटिव'** नहीं हैं, तो इस बात की पूरी संभावना बन जाती है कि आप भविष्य में **'क्रिएटिव'** नहीं रहेंगे। अगर आप लगातार यह कहते रहेंगे कि आप **'क्रिएटिव'** हैं, तो एक दिन आप **'क्रिएटिव'** बन सकते हैं।

आप उन्हीं बातों में ज्यादा विश्वास करते हैं, जिन्हें आप बार-बार दोहराते रहते हैं। इसलिए आपको सकारात्मक और नकारात्मक शब्दों का प्रयोग सोच समझकर करना है। क्योंकि शब्दों में वह ताकत होती है, जो आपके व्यक्तित्व को निखारती है।

ठीक वैसे ही जैसे कि एक बुढ़िया बड़ी-सी गठरी लिए चली जा रही थी। कुछ देर बाद वह चलते-चलते थक गई। तब उसने देखा कि एक घुड़सवार उसी ओर चला आ रहा है। नजदीक आने पर बुढ़िया ने उसे आवाज दी, **"अरे, बेटा, एक बात तो सुन।"**

घुड़सवार रुक गया, फिर उसने पूछा, **"क्या बात है माई?"**

बुढ़िया ने कहा, **"बेटा, मुझे उस सामने वाले गांव में जाना है। बहुत थक गई हूँ, यह गठरी उठाई नहीं जाती। तू भी शायद उधर ही जा रहा है। इसलिए मेरी यह गठरी घोड़े पर रख ले, फिर मुझे चलने में आसानी हो जाएगी।"**

जिस तरह दिन के बाद रात आती है उसी तरह गरीबी के बाद अमीरी आती है। लेकिन शर्त यह है कि आपको समय के साथ चलना होगा।

उस व्यक्ति ने कहा, **"माई तू पैदल है, मैं घोड़े पर हूँ। गांव अभी बहुत दूर है। पता नहीं तू कब तक वहां पहुँचेगी। मैं तो थोड़ी ही देर में पहुँच जाऊँगा। फिर वहां पहुँचकर क्या मैं तेरी प्रतीक्षा करता रहूँगा?"**

यह कहकर वह चल पड़ा, लेकिन कुछ ही दूर जाने के बाद उसने अपने आप से कहा, **"तू भी कितना मूर्ख है। वह वृद्ध है, ठीक से चल भी नहीं सकती। क्या पता उसे ठीक से दिखाई भी देता है या नहीं। वह तुझे गठरी दे रही थी। हो सकता है उस गठरी में कोई कीमती सामान हो। तू उसे लेकर भाग जाता, तो कौन पूछता? चल वापस, गठरी ले ले।"**

वह घूमकर वापस आ गया और बुढ़िया से बोला, **"माई, ला अपनी गठरी। मैं ले चलता हूँ। गांव में रुककर तेरी राह देखूंगा।"**

बुढ़िया ने कहा, **"ना बेटा, अब तू जा, मुझे गठरी नहीं देनी।"**

घुड़सवार ने कहा, **"अभी तो तू कह रही थी कि गठरी ले चल। अब मैं ले चलने को तैयार हुआ, तो गठरी दे नहीं रही। ऐसा क्यों?"**

बुढ़िया मुस्कुराकर बोली, **"मुझे उसी ने यह समझाया है, जिसने तुझे समझाया है कि माई की गठरी ले ले और भाग जा। क्योंकि जो तेरे भीतर बैठा है, वही मेरे भीतर भी बैठा है। तुझे उसनें कहा कि गठरी ले और भाग जा। लेकिन मुझे उसने समझाया कि गठरी मत देना, नहीं तो वह भाग जाएगा। तूने भी अपने मन की आवाज सुनी और मैंने भी सुनी।"**

इस कहानी से यह सीख मिलती है कि अपने द्वारा स्वयं किया गया पहला मूल्यांकन सही होता है। इसलिए आपको अपना आत्मविश्वास मजबूत करना है

और आत्मविश्वास मजबूत करने के लिए अपनी पोशाक पर अधिक ध्यान देना है। परन्तु पोशाक अपने व्यक्तित्व के अनुसार पहननी होगी।

क्योंकि शेक्सपियर ने कहा है, **"मनुष्य का पहनावा उसकी अभिव्यक्ति का काम करता है।"**

आप किसी व्यक्ति का आंकलन उसकी चाल से भी कर सकते हैं और ऊर्जा से भरे व्यक्ति की चाल में आप उसका आत्मविश्वास देख सकते हैं। इसलिए आप हमेशा उत्सुक, महत्वपूर्ण और उद्देश्यपूर्ण दिखने की कोशिश करें।

परन्तु यह सब गहन आत्मचिंतन के द्वारा होगा। फिर आपके मन में और अधिक विकल्प आने लगेंगे। परन्तु ऐसा तब तक करते रहें, जब तक धूल-मिट्टी के नीचे दबा सोना आपको दिखाई न दे जाए।

क्योंकि दुनिया में ऐसा कोई काम नहीं है, जिसको न किया जा सकता हो। तभी तो कबीरदास ने कहा है:-

दौड़त-दौड़त दौड़िया, जोती मन की दौड़।
दौड़ि थके मन थिर भया, वस्तु ठौर की ठौर॥

यानी जब आपके मन में संकल्प-विकल्प की बात आने लगती है, तब आप दुविधा में फँस जाते हैं। परन्तु जैसे ही आप अपने लक्ष्य तक पहुंचते हैं, तब आपकी सारी दुविधा खत्म हो जाती है।

आपने संत रामदास का नाम अवश्य सुना होगा। वह शिवाजी महाराज के गुरु थे। एक दिन गुरु जी के मन में अपने शिष्यों की वीरता की परीक्षा लेने का विचार आया। इसलिए उन्होंने बीमार होने का बहाना बनाया और लेट गए।

सारे शिष्य उनकी सेवा में जुट गए। जब शिष्यों ने जाना कि उनके पेट में दर्द हो रहा है, तब वे और भी चिंतित हो गए।

एक शिष्य ने उनसे पूछा, **"आपका दर्द कैसे ठीक होगा?"**

गुरु ने कहा, **"शेरनी के दूध के सेवन से ही मेरे पेट का दर्द ठीक हो पाएगा।"**

सभी शिष्य सुनकर चुप हो गए। क्योंकि उन्हें पहली बार पीड़ा निवारण की ऐसी विचित्र दवा के बारे में जानकारी मिली थी, जिसे लाने का मतलब था सीधे मृत्यु के मुहँ में जाना।

थोड़ी देर तक सन्नाटा छाया रहा। अंत में शिवाजी ने बड़ी विनम्रता के साथ कहा, **"गुरु जी! आप आज्ञा दें, तो मैं शेरनी का दूध आपके लिए ला सकता हूँ।"**

गुरु जी ने कहा, **"शाबाश! तुम जाओ और जल्दी लौट आना।"**

आधी रात का समय था, शिवाजी अपने मन में गुरु का ध्यान करते हुए जंगल में भटक रहे थे। उसी समय अचानक पानी बरसने लगा। तब जंगल और

भी भयावह हो गया। लेकिन वे एक बड़े पेड़ के नीचे खड़े हो गए। बिजली जोर से कड़की, अचानक बिजली की चमक में शिवाजी ने एक शेरनी को पेड़ के नीचे आते देखा।

सामान्य व्यक्ति भाग्य में विश्वास रखते हैं। जबकि बुद्धिमान व्यक्ति अपना भाग्य खुद लिखने में विश्वास करते हैं। क्योंकि वह मानते हैं कि अपने भाग्य के विधाता वे खुद हैं।

एक क्षण के लिए वे कांप गए, लेकिन दूसरे ही क्षण उन्होंने देखा कि वह भीगने से बचने के लिए पेड़ के नीचे शांति से खड़ी है। वह हुँ-हुँ-हुँ की आवाज निकाल कर अपने बच्चों को बुलाने की कोशिश भी करती जा रही थी।

शिवाजी के मन में एक आशा जागी। शायद मैं गुरु की सेवा करने में सफल हो जाऊं! आवाज सुनकर उसके दोनों बच्चे आ गए।

वह लेट कर बच्चों को आराम से दूध पिलाने लगी। शिवाजी को प्रतीक्षा करते हुए काफी समय हो गया।

शिवाजी ने सोचा कि शेरनी और उसके बच्चे निश्चिंत थे। शेरनी का दूध दूहने का इससे अच्छा अवसर और नहीं हो सकता, फिर अपने गुरु का नाम लेकर वह शेरनी से बड़ी विनम्रता और धीमी आवाज में बोले, "**हे जंगल की महारानी, मेरे गुरुजी के पेट में दर्द हो रहा है, उन्होंने मुझे दवा के रूप में आपका दूध लाने की आज्ञा दी है। आप मुझे भी अपना बालक मानकर थोड़ा-सा दूध लेने दें। आपकी बड़ी कृपा होगी।**"

शेरनी ने उस धीमी आवाज पर कोई नाराजगी नहीं दिखाई। वह बड़े आराम से पैर फैलाकर और आँखें बंद करके लेट गई। शिवाजी ने अपने गुरु का नाम लिया, फिर जान की परवाह न करके उसके पास बैठकर लोटे में दूध निकालने लगे।

जब दूध का लोटा लगभग आधा भर गया, तब वे धीरे से उठकर पेड़ के नीचे आ गए। उनके वहां आते ही पानी बरसना बंद हो गया। फिर शेरनी अपने बच्चों को साथ लेकर चली गई।

शिवाजी ने गुरु जी को मन ही मन प्रणाम किया फिर कुटिया की ओर चल दिए। अगले दिन वे गुरु के सामने उपस्थित हो गए और बोले, "**मैं शेरनी का दूध ले आया हूँ।**"

गुरु उठ बैठे और आश्चर्य प्रकट करते हुए बोले, "**तुम्हें शेरनी का दूध निकालते हुए डर नहीं लगा?**"

तब शिवाजी ने कहा, "**गुरुजी! आप हमेशा मेरे साथ रहे, फिर मुझे डर कैसे लगता?**"

फिर गुरु रामदास ने कहा, **"सफलता प्राप्त करने की यही सबसे अच्छी विधि है।"**

लेकिन इस विधि को **Fortune** यानी सौभाग्य कहते हैं। यदि आप इस शब्द का विश्लेषण करेंगे, तब पाएंगे:–

F - Fidelity in work यानी **काम के प्रति पूर्णनिष्ठा।**

O - Obeisane towards objective यानी **उद्देश्य के प्रति समर्पण।**

R - Run for the rank यानी **श्रेष्ठता की ओर दौड़ना।**

T - Tackle the goal tactfully यानी **कुशलतापूर्वक लक्ष्य को भेदना।**

U - Utilize the knowledge यानी **ज्ञान का प्रयोग करना।**

N - Necessitate the nobleness यानी **उत्कृष्टता को आवश्यक मानना।**

E - Earnest efforts with enthusiasm यानी **उत्साह के साथ निरंतर प्रयास करना।**

परन्तु **Fortune** आपकी तभी सहायता करता है, जब आप अपनी प्रतिभा का सही इस्तेमाल करते हैं। तभी तो जाने-माने विद्वान रब्बी डेविड रोसेनफील्ड ने कहा है, **"मनुष्य चार तरह के होते हैं। कुछ मनुष्य स्पंज की तरह होते हैं, कुछ कुप्पी की तरह होते हैं, कुछ छन्ने की तरह और कुछ छलनी की तरह होते हैं।"**

जबकि स्पंज सब कुछ सोख लेता है, इसलिए वह अच्छे-बुरे में भेद नहीं कर पाता। परन्तु कुप्पी की श्रेणी में आने वाले मनुष्य ठीक स्पंज से उलटे होते हैं।

इसलिए उनमें कुछ भी ग्रहण करने की क्षमता नहीं होती। ऐसे मनुष्य एक कान से सुनते हैं और दूसरे से निकाल देते हैं। लेकिन तीसरे श्रेणी में वे आते हैं, जो अच्छी चीजों को बह जाने देते हैं और गाद को अपने पास रख लेते हैं।

परन्तु चौथी श्रेणी में उस तरह के मनुष्य आते हैं, जो सार को रख लेते हैं और थोथे को उड़ा देते हैं। यानी काम की चीज को बेकार चीजों से अलग करते हैं। इसलिए वेदों में लिखा है, **"सुनो, समझो, जानों और करो।"**

बुद्ध ने भी यही कहा है, **"अगर कोई मनुष्य सफलता प्राप्त करना चाहता है, तो सुनने के वक्त उसे तीन सवाल अपने आप से करने चाहिए। जो कहा जा रहा है क्या वह सच है? क्या वह भविष्य में मेरे लिए उपयोगी होगा? क्या इसके जरिए किसी को मदद मिलेगी? अगर तीनों सवालों का जवाब हां में मिलता है, तभी वह सफल हो सकता है।"**

जबकि कई सवालों के जवाब आपके भीतर छिपे होते हैं। इसलिए विचारक हैनरिक इब्सन ने कहा है, "***What's a man's first duty? The answer is***

brief-to be himself " यानी मनुष्य का पहला कर्त्तव्य क्या है? उत्तर एकदम सीधा है कि वह अपने वास्तविक रूप को पहचाने। क्योंकि एक पुरानी कहावत है:–

If Wealth is Lost , Nothing is Lost,
Is Health is Lost, Something is Lost,
If Character is Lost, Everthing is Lost.

यदि आपका धन चला जाता है, तो समझो कि आपका कुछ नहीं गया। यदि आपका स्वास्थ्य खराब हो गया है, तो समझो कि आपकी थोड़ी-सी हानि हुई है और यदि आपका आचरण खराब हो गया है, तो समझो कि आपका सबकुछ चला गया।

मैं आपको अपने जीवन की एक घटना सुनाता हूं। एक समय ऐसा था, जब मुझे गाड़ी का टायर बदलने में बड़ी उलझन होती थी। लेकिन अब लंबी यात्रा के दौरान यदि गाड़ी पंक्चर हो जाती है, तो मुझे टायर बदलने में जरा भी उलझन नहीं होती।

जबकि पहले मेरे पास ज्यादा ताकत थी, मगर उन दिनों मेरे अन्दर जुनून नहीं था, जैसा कि अब है। अब यदि कोई अजनबी मुझसे रास्ता पूछता है, तो मैं उसे रास्ता बताते वक्त पूरा नक्शा समझाता हूँ। जो कि मेरी उदारता और मानव्रता को दर्शाता है।

इसलिए विश्वविख्यात दार्शनिक ओशो ने कहा है, **"आपका चेहरा आपके मन का दर्पण है। क्योंकि क्रूर विचारों से चेहरा खूंखार हो जाता है और प्रेम की भावना से चेहरा कोमल हो जाता है।"**

मुझे एक कहानी याद आती है। एक व्यक्ति एक बड़े महात्मा के पास गया और बोला, **"महात्मा जी, मैं धन के अभाव में अशांत रहता हूं। इसलिए आप कोई ऐसा उपाय बताएं ताकि मैं अमीर हो जाऊँ।"**

उस महात्मा के पास एक पारसमणि थी, जिसे देकर वह बोले, **"जा, इससे चाहे जितना सोना बना लेना और अमीर हो जाना।"**

व्यक्ति प्रसन्न होकर घर गया, सोना बनाया और अमीर हो गया। उसकी गरीबी घंटों में दूर हो गई, परन्तु उसे अमीरी का दुःख सताने लगा कि कहीं कोई उसे गोली न मार दे, उसका किडनेप न कर ले।

लेकिन उसे यह सब इसलिए महसूस हो रहा था, क्योंकि उसके अन्दर अमीर बनने के गुण नहीं थे।

इसलिए फ़िल्म अभिनेता शाहरुख़ ख़ान कहते हैं, **"आपकी सोच हमेशा सकारात्मक होनी चाहिए, व्यक्तित्व आकर्षक होना चाहिए। क्योंकि दुनिया में ऐसा कोई काम नहीं है, जिसे आप न कर सकते हों।"**

कुछ ऐसा ही सुपर स्टार अमिताभ बच्चन का कहना है, **"मुश्किल भरे दिनों में होश नहीं खोना चाहिए और अपने मनोबल को ऊंचा रखना चाहिए। फिर समस्या से जूझना आसान हो जाता है। यह बात मैं इसलिए कह सकता हूँ कि जब फ़िल्म कुली की शूटिंग के दौरान मेरे घायल होने की खबर मेरे बाबूजी को लगी, तब वह रामायण पढ़ रहे थे। लेकिन उन्होंने ईश्वर से मेरे लिए आर्शीवाद नहीं मांगा, बल्कि उस अग्निपरीक्षा का सामना करने के लिए मानसिक शक्ति मांगी। जिससे मैं गुजर रहा था और मानसिक शक्ति मांगने का मतलब होता है, पीड़ा को बर्दाश्त करने की क्षमता माँगना।"**

आस्था
वह शक्ति है
जो विचारों को दौलत में
बदलती है। क्योंकि
आस्था में आध्यात्मिक
रसायन होता है
जो प्रार्थना के द्वारा लक्ष्य
तक पहुँचता है।

परन्तु कई बार ऐसा देखा गया है कि लोग अपने मन की बात कह नहीं पाते और अपनी इच्छा के विरूद्ध बेमन से काम करते हैं। इससे वे अपने व्यक्तित्व के विकास में बाधा डालते हैं, साथ ही दूसरों को अपने काम से संतुष्ट नहीं कर पाते। फिर कम्युनिकेशन गैप पैदा हो जाता है।

इसलिए बात करते समय यह ध्यान रखना जरूरी है कि सही ढंग से उस बात को कैसे कहा जाए? तभी तो किसी शायर ने कहा है:-

फीकी पै नीकी लगे, कहिए समय क्चिारि,
सबका मन हर्षित करे, नई नवेली नारी।।

इसका अर्थ है कि हर बात को समय के अनुसार बोलना चाहिए। नहीं तो वही हाल होता है, जो गांव से आयी नई नवेली नारी का होता है। क्योंकि वह देखने में तो सुन्दर लगती है, परन्तु बोल-चाल से वह देहातीपन झलकाती है।

इसलिए कम्युनिकेशन गैप खत्म करने के लिए यह भी ध्यान रखना आवश्यक है कि आप शब्दों का चयन सही करें। शायद इसी बात को ध्यान में रखकर कबीरदास ने कहा था:-

शब्द सम्हारे बोलिए, शब्द के हाथ न पांव।
एक शब्द औषधि करे, एक शब्द करे घाव।।

यानी हर शब्द को सोच समझकर बोलिए, क्योंकि शब्द के हाथ-पाँव नहीं होते। क्योंकि आपके द्वारा बोला गया शब्द किसी को सुख दे सकता है और किसी को दु:ख।

ठीक वैसे ही जैसे कि एक अमीर महिला ने किसी पंडित को अपनी जन्म कुण्डली दिखाई और पूछा, "**पंडित जी! जरा देखकर बताइए कि मेरी उम्र कितनी है।**"

पंडित जी ने कुण्डली देखकर कहा, "**सेठानी जी, आपकी कुण्डली में सर्प योग है, इसलिए आप अपने बच्चों को अपने सामने मरते हुए देखेंगी।**"

पंडित की बात सुनकर महिला को गुस्सा आ गया। वह बोली, "**तुम्हें किसने पंडित बनाया है, जो कुण्डली भी ठीक से नहीं देख पा रहे? मैं किसी ज्योतिषी को अपनी कुण्डली दिखांऊगी।**"

इतना कहकर वह बाहर निकल गयी, फिर ज्योतिषी को अपनी कुण्डली दिखाने लगी। ज्योतिषी थोड़ा समझदार था, उसने कुण्डली को ध्यान से देखते हुए कहा, "**आपकी उम्र बहुत लम्बी है सेठानी, आप पूरे 100 साल जिएंगी। आपका पूरा परिवार सुखी रहेगा, लेकिन आप उनसे ज्यादा उम्र जिएंगी।**"

सेठानी ज्योतिषी की बात सुनकर खुश हो गयी। जबकि दोनों ने एक ही बात कही थी, लेकिन कहने का ढंग दोनों का अलग था।

इसलिए बात कहते समय आप सावधनी बरतें, क्योंकि शब्दों द्वारा कम्युनिकेशन गैप को दूर किया जा सकता है।

हेथवे कार्पोरेशन के मैनेजिंग डायरेक्टर वारेन बफे दुनिया के सबसे अमीर व्यक्ति हैं। उन्होंने अपनी बॉयोग्राफी '**द स्नोबॉल वारेन बफे एंड द बिजनेस ऑफ लाइफ**' में लिखा है, "**मुझे अपनी आलोचना से भय लगता है। जब मेरी मां की मृत्यु हुई, तो मुझे दुःख हुआ। परन्तु मेरे आंसू नहीं निकले। लेकिन मेरी मां अच्छी थीं, मगर उनके क्रोधी स्वभाव के कारण मैं कभी उनके निकट नहीं जा सका। इसलिए मेरी जिन्दगी में हमेशा एक खालीपन बना रहा है।**

परन्तु उन्होंने मुझे उच्च वर्ग के लोगों के साथ मिलने-जुलने का सलीका सिखाया, व्यापार करने का तरीका बताया और मेरी बोलने की शब्दावलियों से असंभव, शब्द हटवाया।"

इसलिए आप भी अपने दिमाग से असम्भव शब्द निकाल दें, नए विचारों को स्वीकार करें और नयी शैली को अपनाएं। क्योंकि इस सिद्धांत पर चलकर बॉलीवुड के नितिन देसाई आज विश्व के सर्वश्रेष्ठ कला निर्देशक बन चुके हैं। जबकि उनका जन्म मध्यमवर्गीय मराठा परिवार में हुआ था और उनका फ़िल्मों से दूर तक कोई रिश्ता नहीं था।

नितिन बॉलीवुड के एक मात्र ऐसे कला निर्देशक हैं, जिनकी फ़िल्म "**स्लमडॉग मिलियनेयर**" को ऑस्कर अवार्ड मिला है। अब वह भारत के 1000 अमीर लोगों की लिस्ट में 850 वें नम्बर पर पहुँच चुके हैं।

इसलिए आप हर पल काम को करने के बेहतर तरीके खोजते रहें, फिर अच्छे जवाब अपने आप उभरकर सामने आ जाएंगे। क्योंकि काम करने की क्षमता एक मानसिक अवस्था है।

यही वजह है कि संसार में जितने भी सफल व्यक्ति हुए हैं, वे सब कठोर श्रम करने वाले व्यक्ति है। इसलिए मास्टर-ब्लास्टर सचिन तेन्दुलकर ने एक बार कहा था, **"जो व्यक्ति यह सोचता है कि कोई दूसरा व्यक्ति उसके लिए काम करेगा, तब वह अपने लक्ष्य में कभी भी सफलता प्राप्त नहीं कर सकता।"**

लुई फिलिप कहा करते थे कि मैं ही एक ऐसा व्यक्ति हूं, जो यूरोप का शासन संभाल सकता हूं। क्योंकि मैं छोटे-से-छोटा काम अपने हाथ से करता हूं, भले ही वह बूट-पॉलिश करने का ही काम क्यों न हो।

विचारों में लचीलापन, उदारता और समय की पाबंदी आपको सफलता की ओर ले जाती है। परन्तु आप किस ओर जा रहे हैं, थोड़ी देर बैठकर आराम से सोचिए।

ऑस्ट्रेलिया निवासी बिशप लैडबीटर ने विचारों के रूप, रंग और प्रभाव को ध्यान में रखकर एक पुस्तक लिखी है '*Thought Forms.*।' उसमें उन्होंने लिखा है कि कौन-सा विचार मनुष्य के सूक्ष्म शरीर को प्रभावित करता है?

क्योंकि सम्पर्क में आने वाला व्यक्ति बिना कुछ कहे भी आपके ऊपर कुछ प्रभाव डाल सकता है। फिर उन विचारों के द्वारा आप तुरन्त समझ लेते हैं कि आपके सामने बैठा हुआ व्यक्ति आपका दोस्त है या दुश्मन।

जबकि आपका चरित्र स्थायी होता है, इसलिए आपको अपने स्थायी चरित्र की रक्षा करना जरूरी है। ऐसा न करने पर परिणाम बदल जाते हैं।

इस बात को समझाने के लिए मैं आपको एक किस्सा सुनाता हूँ। कुछ दिनों पहले की बात है, पेरिस के एक चौराहे पर एक होर्डिंग लगा था, जो कि किसी बड़ी कम्पनी का विज्ञापन था। उस विज्ञापन में उत्तेजक वस्त्र पहने एक कमसिन लड़की दिखाई गई थी, जिसका वादा था कि वह अगले दिन अपने पहनावे का ऊपरी भाग निकाल देगी।

पेरिस वासियों को उसका यह वादा बहुत अजीब लगा। परन्तु दूसरे दिन सुबह लोगों ने होर्डिंग पर लगे उस विज्ञापन में, लड़की की टॉप लेस तस्वीर देखी। फिर उसका अगला वादा था कि वह 10वें दिन अपने पहनावे का निचला हिस्सा पूरी तरह से निकाल देगी।

इस वादे से पूरा पेरिस हरकत में आ गया। वह लड़की '**टॉक ऑफ द टाउन**' बन गई। कोई कहता कि वह अपना वादा निभाएगी। कोई कहता वह अपना वादा नहीं निभा पाएगी। क्योंकि ऐसा करने से उस पर अश्लीलता फैलाने का मुकदमा चल सकता है।

वह दिन जैसे ही करीब आने लगा, लोगों की उत्सुकता बढ़ने लगी। फिर वह 10वाँ दिन भी आ गया, जब नए विज्ञापन में वही लड़की बिना किसी परिधान के पेरिस की तरफ पीठ किए हुए खड़ी थी।

यानी उसने अपना वादा पूरा करने के साथ ही पेरिस वासियों का अच्छा-खासा मनोरंजन भी किया। परन्तु इस पूरे ड्रामा के बीच एक महत्वपूर्ण चीज पर पेरिस वासियों का ध्यान नहीं गया और वह था प्रॉडक्ट, जिसके लिए वह विज्ञापन बनाया गया था।

इस सुपर हिट कैंपेन के बावजूद मार्केट में उस प्रॉडक्ट की स्थिति जैसी की तैसी रही। फिर विज्ञापनदाताओं ने अपना माथा पीट लिया। क्योंकि उनका यह विज्ञापन फ्लॉप शो साबित हो चुका था। तब उन्हें पता चला कि प्रॉडक्ट पर माडल के हावी होने का परिणाम क्या होता है।

दूसरी तरफ लड़की के व्यक्तित्व पर भी नकारात्मक प्रभाव पड़ा। पेरिस के लोग उसे अश्लील नजरों से देखने लगे। क्योंकि उसने पैसों के लालच में अपने दिमाग की सारी खिड़कियाँ बन्द कर ली थीं और अपने स्थायी चरित्र को बर्बाद कर लिया था।

शायद इसलिए महात्मा गांधी ने कहा था, **"आप अपने दिमाग की खिड़कियां खुली रखें। क्योंकि खिड़कियां खुली होने पर आप बेहतर तरीके से सोच पाएंगे।"**

योगवशिष्ठ पुराण में इस बात को दूसरे तरीके से कहा गया है:-

अनुद्धेगः श्रियः मूलम्।
सवद्धैर्यादृते कश्चिदभ्युद्धरति सङ्कटात्।।

इसका अर्थ है कि धैर्य ही समृद्धि का मूलमंत्र है और जिस मनुष्य में धैर्य नहीं होता, वह कभी अपने लक्ष्य में सफल नहीं हो पाता। महाभारत में एक प्रसंग आता है कि एक बार पांडव वन में भटक गए। भटकते-भटकते उन्हें प्यास लगी। ज्यादा थकावट के कारण सभी एक स्थान पर बैठ गए।

युधिष्ठिर ने जल की खोज में पहले नकुल, फिर सहदेव, फिर अर्जुन और अंत में भीम को भेजा। जब काफी समय हो गया, और कोई नहीं लौटा, तब युधिष्ठिर स्वयं भाईयों की खोज में निकले।

कुछ दूर जाने पर उन्होंने एक सरोवर देखा, जहां उनके चारों भाई मृत पड़े थे। युधिष्ठिर देखकर बहुत हैरान हुए। सोचने लगे कि संघर्ष का कोई चिह्न नहीं है, फिर मेरे शूरवीर भाई कैसे मर गये?

लेकिन उन्होंने धैर्य नहीं खोया। वह कुछ देर तक सोचते रहे, फिर सरोवर से पानी पीने के लिए उठे। जैसे ही जल उन्होंने अपनी अंजुली में भरा, एक आवाज सुनाई पड़ी, "**आप ऐसे जल नहीं पी सकते। जल पीने से पहले आपको मेरे प्रश्नों के उत्तर देने होंगे; वर्ना आपकी भी वही हालत होगी, जो आपके भाइयों की हुई है।**"

युधिष्ठिर ने सिर उठाकर देखा, सामने एक यक्ष प्रकट हुआ। उसने युधिष्ठिर से कई प्रश्न किए, जिनमें से एक था कि संसार में सबसे सुखी कौन है?

युधिष्ठिर ने उत्तर दिया, "**संसार में सबसे सुखी वही मनुष्य है, जिसके अन्दर धैर्य हो।**" इसलिए आपको धैर्य रखना है, क्योंकि धैर्य रखने से नीचे लिखे गुणों की वृद्धि होती है:-

- आपका आत्मविश्वास बढ़ता है।
- आपका संकल्प और विश्वास (***Conviction***) मजबूत होता है।
- आपकी इच्छा-शक्ति में दृढ़ता आती है।
- आपमें आशावादी नजरिए का निर्माण होता है।
- आपका व्यवहार और आचरण सुधरता है।
- आपकी काबिलियत (***Competence***) बढ़ती है।
- आप महत्वाकांक्षी (***Ambitions***) होते हैं।
- आप हीनता की भावना (***Inferiority Complex***) से दूर रहते हैं।
- आप नए अवसरों का स्वागत करने के लिए प्रेरित (***Motivated***) रहते हैं।
- आपकी काम करने और रिस्क (***Risk***) लेने की क्षमता बढ़ती है।
- आप दूसरों के प्रति संवेदनशील (***Sensitive***) होते हैं।

तब आपके अन्दर सकारात्मक सोच विकसित होने लगती है और आप अच्छे निर्णय लेने लगते हैं। तभी तो लाल बहादुर शास्त्री ने कहा था, "***God helps those who help themselves.***" यानी ईश्वर उन्हीं की सहायता करता है, जो अपनी सहायता खुद करते हैं।

इसी बात को पेस्टालॉजी ने दूसरे तरीके से कहा था, "**ईश्वर द्वारा बनाई गयी दुनिया में न तो कोई किसी की मदद कर सकता है और न कोई किसी की मदद करने की कोशिश कर सकता है।**"

इसलिए अपनी सहायता अपने आप कीजिए और अपने अन्दर नीचे लिखे गुणों को खोजिए:-

- संयोजन क्षमता (***Organisational ability***)
- बौद्धिक स्तर (***Intellectual capability***)
- क्रियाशीलता (***Dynamic Quality***)

- सामाजिकता (***Social attributes***)
- प्रभाव शक्ति (***Power of influence***)
- अनुप्रेरक शक्ति (***Motivational skill***)

एक अंग्रेजी कहावत है, **"एवरी क्लाउड हैज ए सिलवर लाइनिंग"** इसका अर्थ है कि विपरीत परिस्थितियों में भी आशा की किरण छिपी रहती है। फिर आप अपने नकारात्मक भावों को सकरात्मक दिशा में मोड़ सकते हैं।

ठीक वैसे ही जैसे कि **'फेसबुक'** की स्थापना करने वाले 25 वर्षीय मार्क जुकरवर्ग ने मोड़ा है। 14 मई 1984 को न्यूयार्क के डॉक्टर दंपति एडवर्ड और कैरनन जुकरबर्ग के घर जन्मे मार्क जुकरवर्ग बचपन से ही कम्प्यूटर प्रेमी थे। और मिडिल स्कूल में पढ़ते समय ही उन्होंने कम्प्यूटर प्रोग्रामिंग शुरू कर दी थी तब उन्हें नए-नए प्रोग्राम, कम्युनिकेशन टूलस और गेम्स बनाना पसंद था।

हाईस्कूल में पढ़ते समय मार्क ने पिता के ऑफिस में काम करने वाले कर्मचारियों से बात करने के लिए एक कम्युनिकेशन प्रोग्राम तैयार किया। फिर उन्होंने **'सिनैप्स'** नामक म्यूजिक प्लेयर बनाया, जो उसे इस्तेमाल करने वाले की आदतों को ट्रैक कर लेता था।

जब आप अनुशासन में रहना सीख जाएंगे तब आप खुद अपने आपको भीड़ से अलग खड़ा पाएंगे!

उनकी इस प्रतिभा को देखकर माईक्रोसॉफ्ट और ए.ओ.एल. ने सिनैप्स खरीदे और मार्क को जॉब देने का प्रयास किया, लेकिन उन्होंने इस बीच हॉर्वर्ड यूनिवर्सिटी में प्रवेश ले लिया।

फिर मार्क जुकरवर्ग ने फेसबुक की शुरुआत अपने हॉस्टल के रूम से 4 फरवरी 2004 में की, जो कि बहुत जल्दी हॉर्वर्ड में प्रसिद्ध हो गई। फिर कॉलेज के दो-तिहाई छात्र पहले दो सप्ताह में उसमें शामिल हो गए।

हॉर्वर्ड में प्रसिद्ध होने के बाद मार्क जुकरवर्ग ने उसे दूसरे शैक्षिक संस्थानों में भी फैलाने की ठानी। फिर उन्होंने उसे पैंतालिस शैक्षिक संस्थानों में चालू करा दिया।

आज फेसबुक पूरे विश्व के छात्रों और युवाओं के बीच प्रसिद्ध है। इस उपलब्धि की वजह से **'टाइम'** मैग्ज़ीन ने 2008 के सबसे अमीर व्यक्तियों की सूची में मार्क जुकरबर्ग को शामिल किया है। इस सूची में उन्हें अंतर्राष्ट्रीय पटल पर नई क्रांति लाने वाले बराक ओबामा, दलाई लामा और माइकल फिलिप्स के साथ जगह दी गई है, जो आज के युवकों को अमीर बनने के लिए प्रेरित करती है।

शायद इसीलिए एन.सी.ई.आर.टी. ने एक नया पाठ्यक्रम तैयार करवाया है, जिसमें हिट फ़िल्मों के उदाहरण देकर बच्चों का ज्ञान बढ़ाया जाएगा।

उसमें भारत और पाकिस्तान के बंटवारे पर 1973 में बनी फिल्म '**गर्म हवा**' को महत्वपूर्ण स्थान मिला है। '**चैलेंज ऑफ नेशनल बिल्डिंग**' नाम के चैप्टर में फ़िल्म का जिक्र करते हुए बताया गया है कि देश के बंटवारे के लिए किस तरह की राजनीति का खेल खेला गया, और किस तरह फ़िल्म का हीरो बलराज साहनी जो आगरा में जूतों का व्यापारी था, बंटवारे की राजनीति का शिकार हुआ, परन्तु परेशानियों के बाद भी उसने अपने देश को नहीं छोड़ा।

सिस्टम से सम्बंधित एक चैप्टर में '**जंजीर**' फ़िल्म का हवाला भी दिया गया है, जो 1973 में बॉक्स ऑफिस पर हिट हुई थी। इस फ़िल्म में काम करने के सिस्टम को महत्व दिया गया है तथा बताया गया है कि जहां सिस्टम नहीं होगा, वहां काम सुचारू रूप से नहीं होगा।

इन फ़िल्मों को एन.सी.ई.आर.टी. की पुस्तकों में डलवाने का मकसद सिर्फ इतना ही है कि आने वाली युवा पीढ़ी अपने जीवन में संघर्ष कर सके और अपने मन में अमीर बनने की उम्मीद रखे।

सफलता
कोई
मंजिल नहीं है
बल्कि एक यात्रा है
जो आपको शोहरत
खुशहाली
और अमीरी
की ओर
ले जाती है!

क्योंकि सफलता के पीछे उम्मीद की सबसे बड़ी भूमिका होती है। कभी-न-कभी आपने भी यह महसूस किया होगा कि जब आपको कोई सहारा नहीं मिलता, तो उम्मीदें ही आपका सहारा बन जाती हैं।

तभी तो बॉलीवुड के अभिनय सम्राट दिलीप कुमार ने कहा है, **"यदि आपके पास उम्मीद है, तब कुछ भी असंभव नहीं है।"**

इसलिए आपको उम्मीद रखनी होगी कि आपको अमीर बनना है, अमीरों की तरह दिखना है। क्योंकि उम्मीद के बिना आप कुछ नहीं कर सकते। यदि आपका सबकुछ छूट जाए, तब भी आशा का दामन कभी न छोड़ें। क्योंकि इसमें वह शक्ति है, जो असंभव को भी संभव बना सकती है।

इसकी ताजा मिसाल हैं उद्योगपति किशोर बियानी जिन्होंने तीन-चार साल पहले '**बिग बाजार**' रीटेल आउटलेट की स्थापना की थी। तब किसी को भी यह उम्मीद नहीं थी की भारत में इस तरह के रिटेल आउटलेट चल सकते हैं। परन्तु उनकी मेहनत रंग लाई और आज पूरी दुनिया उन्हें रीटेल किंग के नाम से जानती है।

महान सिकंदर जब विश्व विजय का अपना अभियान शुरू कर रहा था, तो किसी ने उससे पूछा, **"इतना बड़ा अभियान किसके सहारे शुरू कर रहे हो?"**

तब सिकंदर ने कहा था, **"उम्मीद के सहारे, क्योंकि मैं जानता हूं कोई और मेरे साथ रहे न रहे, पर उम्मीद अंतिम क्षण तक मेरे साथ रहेगी।"**

क्योंकि उम्मीद से भरे विचारों में अद्‌भुत शक्ति होती है, जिससे आप अपने इच्छित लक्ष्य की ओर आकर्षित होने लगते हैं।

जितनी मजबूत आपकी उम्मीद होगी, लक्ष्य को पाने की चाह भी आपकी उतनी ही तीव्र हो जाएगी। इसलिए उम्मीद करते समय यह सोचें कि मेरे सपने जरूर पूरे होंगे और ईश्वर मेरी अभिलाषा जरूर पूरी करेंगे।

फिर पूरे मनोयोग से अपने सपने को पूरा करने का प्रयास करें। परन्तु इस बात का ध्यान रखें कि आशापूर्ण मन ही सफलता पाने की पहली सीढ़ी है फिर विपरीत परिस्थितियों में भी आपका अमीर बनना निश्चित है।

प्रशिक्षण देते समय मैं हमेशा लोगों से पूछता हूं कि आपमें से कितने लोग हैं, जो आने वाले पांच सालों में अमीर बनना चाहते हैं?

तब 1000 में से सिर्फ पांच लोग ही अपनी स्वीकृति के लिए हाथ ऊपर उठाते हैं। लेकिन जो हाथ उठाते हैं, उनके चेहरे पर उम्मीद की खुशी साफ देखी जा सकती है। फिर वही लोग अमीर बन जाते हैं।

दुनिया का कोई भी मोटिवेटर आपको अमीर नहीं बना सकता। क्योंकि हर व्यक्ति अपने अनुभवों से अमीर बनता है। अपनी सोच से अमीर बनता है। परन्तु अनुभव कैसे लिया जाता है, इसके लिए मैं आपको एक कहानी सुनाता हूं।

एक खानदानी चोर के बेटे ने अपने पिता से कहा, **"पिताजी, आप और दादाजी दुनिया के सबसे बड़े चोर रहे हैं। लेकिन अब तक हमारे खानदान में कोई पकड़ा नहीं गया, जबकि बड़ी से बड़ी चोरियां आप लोग करते रहे हैं। अब मैं बड़ा हो गया हूं, इसलिए अपना हुनर आप मुझे भी सिखाइए।"**

चोर ने कहा, **"ठीक है।"**

रात को वह अपने बेटे को अपने साथ ले गया। दोनों एक घर में घुसे, फिर चोर ने बेटे से कहा, **"तुम कपड़ों की आलमारी में घुस कर कपड़े छांट लो।"**

बेटा जब भारी-भरकम अलमारी में घुसा, तो चोर ने बाहर से उसे बंद करके बाहर आकर शोर मचा दिया। और घर के दरवाजे को जोर-जोर से पीटने लगा। जब तक लोग जागकर बाहर आए। इतनी देर में चोर वहां से रफूचक्कर हो गया।

सुबह चोर का बेटा आंखें लाल किए, अस्त-व्यस्त कपड़ों में, बुरी हालत बनाए घर में घुसा और आते ही वह अपने बाप पर फट पड़ा, **"इसका क्या मतलब हुआ? आप मेरी जान लेना चाहते हैं, मैं आपका बेटा हूं या दुश्मन?**

वो तो यूं समझिए कि मौत के डर से न जाने कैसे मेरी अक्ल का

दरवाजा खुल गया और फिर एक-से-एक तरकीबें मुझे सूझ गईं। जिससे मैंने अपनी जान बचाई फिर उन लोगों से बचकर यहाँ लौट आया, वर्ना आपने तो मुझे मरवाने में कोई कसर नहीं छोड़ी थी।"

चोर ने खुश होकर बेटे को गले से लगा लिया और कहा, **"अक्ल का वो दरवाजा खुलना चोरी का पहला सबक था।"**

इसलिए किसी भी काम को करने के लिए पहले आपको यह विश्वास करना होगा कि इसे किया जा सकता है। एक बार आप यह सोच लें कि यह काम सम्भव है, तो फिर आप उसे करने का तरीका भी सोच ही लेंगे।

■

"जब पूरी दुनिया कहती है कि आप अमीर नहीं बन सकते, तब आपका दिल कहता है कि मैं अमीर अवश्य बनूंगा। इसका मतलब होता है कि आप आशावादी दृष्टिकोण रखते हैं और आप आखिरी कोशिश करने में विश्वास रखते हैं!"

माता वैष्णों देवी के दर्शन करने के लिए कदम-दर-कदम चढ़कर जो व्यक्ति चोटी पर पहुँचता है, वह माता वैष्णों देवी का उस व्यक्ति से अधिक आर्शीवाद पाता है, जो वहाँ हैलीकॉप्टर से पहुँचता है। इसलिए बड़ी सफलता पाने के लिए शार्टकट का प्रयोग मत कीजिए। सीढ़ी-दर-सीढ़ी चढ़ते जाइए, तब आप उस चोटी पर अवश्य पहुँच जाएंगे, जहाँ से अमीर बनने का सफर शुरू होता है!

सातवा सिद्धांत

अमीरों की तरह टाइम को मैनेज करना सीखिए

पिछले साल की बात है, मैं दिल्ली की मुख्यमंत्री श्रीमति शीला दीक्षित के बंगले पर गया था। तब लोकसभा के इलैक्शन होने थे, इसलिए वहां पर स्थानिय नेताओं का तांता लगा हुआ था। उनके हाथों में पार्टी के झंडे थे और वे नारे लगा रहे थे। मैं शीला दीक्षित के आने का इन्तजार कर रहा था। क्योंकि मुझे अपनी नई पुस्तक, **"शीला दीक्षितः विकास का प्रतीक"** के विमोचन की तारीख तय करनी थी।

लेकिन शीला दीक्षित दिए गए समय से पहले ही आ गई। तब मैंने जाना कि बड़े लोग समय को कितना महत्व देते हैं और समय को किस तरह मैनेज करते हैं। तभी तो किसी ने कहा है:-

जो समय का सम्मान करते हैं, समय उनका सम्मान करता है।
जो समय को भूल जाते हैं, समय उनको भूल जाता है॥

क्योंकि समय प्रबंधन का अर्थ है खुद को मैनेज करना और यह एक ऐसा विज्ञान है, जिसे सीखे बिना कोई भी व्यक्ति सफल नहीं हो पाया।

इसलिए धीरूभाई अम्बानी हमेशा कहा करते थे, **"समय को धन में बदलने का विज्ञान सीखो। क्योंकि दुनिया में समय ही एक ऐसी चीज़ है, जो धन में सीधे परिवर्तित होता है। परन्तु इसके लिए आपको समय का सदुपयोग करना होगा, तभी आप अमीर बन सकते हैं।"**

अब तक दुनिया में जितने भी महान व्यक्ति हुए हैं, उन सब में एक समानता यह थी कि वे सब समय का प्रबंधन अच्छी तरह से करना जानते थे।

तभी तो महात्मा गांधी अपनी हर प्रार्थना सभा में कहते थे, **"मुझे एक-एक पल का हिसाब लगाना है। इसीलिए जो भी कार्यक्रम हो, उस पर बिना किसी देर के तुरन्त लग जाओ।"**

विवेकानंद ज्यादातर बातें चलते हुए किया करते थे, वे कहते थे, "**इतना समय नहीं है कि बैठकर बातों में समय गंवाया जाए।**"

समय प्रबंधकों का भी यही मानना है कि यदि किसी बच्चे को दस साल की उम्र में समय का महत्व समझा दिया जाए, तो वह पच्चीस साल की उम्र में सफलता के शिखर पर पहुँच सकता है।

इसलिए दुनिया की ज्यादातर बड़ी राजनीतिक सफलताएं कौशल से ज्यादा समय का सफल प्रबंधन करने के बाद प्राप्त हुई हैं। शीला दीक्षित समय की कद्र करती हैं, इसीलिए वह तीसरी बार दिल्ली की मुख्यमंत्री चुनी गईं।

क्योंकि समय अनमोल है, समय सीमित है। यदि आप अपने जीने की अधिकतम उम्र 70 साल मान लें, तो आपके पास जीवन में कुल 25,550 दिन ही होते हैं। अगर आपको मेरी बात पर यकीन नहीं है, तो खुद ही हिसाब लगाकर देख लीजिए कि इन 25,550 दिनों में से आपके पास इस समय कितने दिन बचे हैं, जिनमें आपको अपने जीवन का लक्ष्य प्राप्त करना है।

जीवन के कुल दिन = 25,550

गुजर चुके दिन =.................

(आपकी उम्र x 365)

शेष बचे दिन =..................

अब आपको अपने शेष बचे हुए दिनों में ही लक्ष्य प्राप्त करना है। यह एक वैज्ञानिक तरीका है, जिसे समय की गणना करने के लिए ईजाद किया गया है। यही वजह है कि कुछ लोग इसे समय का विज्ञान कहते हैं।

लेकिन इस विज्ञान को सीखने के लिए अनुशासन में रहना जरूरी है। क्रोध पर नियंत्रण करना जरूरी है। इसलिए गीता जैसे महान धार्मिक ग्रंथ द्वंद्व, क्रोध और तनाव से शुरू होते हैं।

क्योंकि द्वंद्व एक समस्या है। इससे घिरा व्यक्ति स्थिर नहीं रह पाता। फिर उसे पता नहीं चलता कि अच्छा क्या है और बुरा क्या है। किसमें उसका और समाज का हित है। फिर लोग अर्जुन की तरह जिन्दगी से भागने लगते हैं।

शास्त्र बताते हैं कि अर्जुन महान योद्धा था। वह महाभारत से पहले कई लड़ाईयां लड़ चुका था। उसने थाईलैंड से दक्षिण अमेरिका तक कई युद्ध जीते थे, परन्तु महाभारत में उसके हाथ-पांव कांपने लगे थे। उसका मुंह सूखने लगा था, उसके हाथ से धनुष छूटने लगा था।

क्योंकि तब उसके सामने मोह की भावनाएं आड़े आ रही थीं। इसलिए उसके दिमाग में रिश्तों और कर्तव्यों के बीच द्वंद्व चल रहा था। जिससे वह तनाव की स्थिति में पहुँच गया था और वह निणर्य नहीं ले पा रहा था कि वह अपने परिवार के लोगों से युद्ध कैसे करे?

शायद इसीलिए महान दार्शनिक ओशो ने कहा है, **"मैन इज़ ऑन द ब्रिज"** यानी मनुष्य एक पुल पर खड़ा है।

जबकि उपनिषद्व कहती है कि पुल के एक सिरे पर पशु है और दूसरे सिरे पर देवता। परन्तु मनुष्य पुल पर खड़ा है और जब तक पुल पर खड़ा है, तब तक वह तनाव में रहेगा। लेकिन जिस दिन वह पशु बन जाएगा, उस दिन उसकी चेतना इस हद तक कुंद हो जाएगी कि उसे तनाव महसूस नहीं होगा।

लेकिन जब भगवान कृष्ण ने अर्जुन को युद्ध करने के लिए मोटिवेट किया, तब वह अनुशासन में रहकर युद्ध करने लगा। क्योंकि वह जानता था कि अनुशासन में रहे बिना दुनिया का कोई भी युद्ध नहीं जीता जा सकता।

इसलिए टाइम मैनेजमैंट में अनुशासन का बहुत महत्व है। फिर पता चलता है कि कितने काम अधूरे छूटे हैं, कितने वादे पूरे करने हैं, कितने लोगों से मिलना है, कौन-से काम जरूरी हैं।

क्योंकि अनुशासन में वह क्षमता है, जो व्यक्ति को शारीरिक और भावनात्मक परेशानियों के बीच भी खड़े रहने की हिम्मत देती है। तभी तो किसी शायर ने कहा है:-

कोशिश करने वालों की कभी हार नहीं होती।
कुछ किए बिना दुनिया में जयकार नहीं होती।।

लेकिन मेरा कहना है:-

असफलता एक चुनौती है, उसे स्वीकार करो।
टाइम मैनेजमैंट अपनाकर, उसमें सुधार करो।।

इसलिए सोच और काम पर नियंत्रण रखना बहुत जरूरी है। परन्तु यह आसान नहीं है। कितनी बार आप अपने आप को बोझिल महसूस करते हैं और कहते हैं, **"हम यह काम नहीं कर पाएंगे।"**

तब आपके अन्दर की ताकत, पहल करने की हिम्मत और निर्णय लेने की क्षमता एकदम खत्म हो जाती है।

परन्तु इन शक्तियों को जगाया जा सकता है, लेकिन आपको इसकी शुरुआत करने के लिए नीचे लिखे सिद्धान्तों को दिल में उतारना होगा:-

- कुछ कहने से पहले सोचें कि क्या यह कहना जरूरी है? जरूरी न लगे तो न कहें, खुद को रोकना सीखें।
- अगर आपको लगता है कि जो कुछ आप सोच रहे हैं, वह महत्वपूर्ण नहीं है, तब उससे पीछा छुड़ाने की कोशिश करें।
- अपने आलस्य पर विजय पाएं और नया काम शुरू करें। फिर हिम्मत पैदा होगी और आपकी अंदरूनी झिझक भी खत्म हो जाएगी।
- यह कभी नहीं सोचें कि आप यह काम नहीं कर सकते। मानकर चलें कि आप कर सकते हैं। प्रयास करते रहें, चाहे कुछ भी हो।

- मुश्किल काम शुरू करने से पहले आसान काम करें। अनुशासित रहने के लिए अपनी इच्छाशक्ति मजबूत करें।
- बुरी आदतों से पीछा छुड़ाएं और अच्छी आदतों को अपनाते रहें।

क्योंकि रवीन्द्रनाथ टैगोर ने कहा, **"अच्छी आदतें अपनाने से मनुष्य को सफलता जल्दी मिलती है और उसका जीवन खुशियों से भर जाता है"**

परन्तु आपके अन्दर अच्छी आदतें तभी पैदा होंगी, जब आप बुरी संगति से अपने आपको दूर रखने में सफल होंगे क्योंकि अच्छी संगति से अच्छे विचार आते हैं। जो बाद में आदत बन जाती है और आदत समय बचाने का सबसे बड़ा यंत्र है। इसलिए अच्छी आदतों को अपनाने के लिए लगातार प्रयास करते रहें। क्योंकि तुलसीदास ने कहा है:-

मधुर वचन है औषधि, कटु वचन है तीर।
ऐसे वचन न बोलिए, जो कर दें मन को धीर॥

इसका अर्थ है कि अपनी वाणी पर कंट्रोल रखिए और समय के अनुसार बोलने की आदत डालिए। समय किसी के लिए नहीं रुकता और बीता हुआ समय कभी वापस नहीं आता। इसलिए समय डॉक्टर भी है, दवा भी है और इलाज भी है।

लेकिन दुनिया के अधिकतर लोग आज भी अपने कीमती समय को फालतू बातों में नष्ट कर रहे हैं। जबकि अनुशासन में रहकर उस नष्ट होने वाले समय को अच्छे कामों में लगाया जा सकता है।

क्योंकि आपके पास काम करने के सिर्फ 24 घंटे होते हैं। जिसमें से 6 घंटे सोने में निकल जाती हैं और 6 घंटे खाने-पीने तथा दैनिक कार्यों से निपटने में लग जाते हैं, फिर आपके पास सिर्फ 12 घंटे का समय बचता है।

अब आप हिसाब लगाइए कि आपको 1 महीने में सिर्फ 12x30=360 घंटे काम करने के लिए मिलते हैं।

इसलिए इन 360 घंटों में आपको सारे महत्वपूर्ण काम करने हैं। परन्तु अमीर लोग इस फार्मूले पर काम नहीं करते, उनका काम करने का अपना अलग फार्मूला होता है, जिसे **"टाइम टू मनी कनवर्टर"** कहते हैं:-

$$\text{इनकम} = \frac{\text{सेल/उत्पादन}}{\text{घंटे}}$$

क्योंकि अमीर लोग सिर्फ 6 घंटे सोते हैं और 2 घंटे दिनचर्या के कामों से निपटने में लगाते हैं। फिर जब आप हिसाब लागाएंगे, तो पाएंगे कि वे 1 महीने में 14x30=420 घंटे काम करते हैं। यानी आम आदमी से 60 घंटे अधिक काम करते हैं।

क्योंकि उनके लिए समय बहुत कीमती होता है। इसलिए वे स्टार परफॉर्मर की तरह काम करते हैं। जबकि 80 प्रतिशत लोग सिर्फ आम आदमी की तरह काम करते हैं।

'हाऊ टू वी स्टार एट ए वर्क : नाइन ब्रेकथ्रो स्ट्रेटेजीज़ यू नीड टू सक्सीड' जैसी लोकप्रिय किताब के लेखक और **'स्टेनफोर्ड रिसर्च इंस्टीट्यूट'** के मैनेजमेंट कंसलटेंट प्रोफेसर रॉबर्ट ई केली ने अपनी इस पुस्तक में **'स्टार फरफ़ॉर्मर'** को परिभाषित करने की कोशिश की है।

वे कहते हैं कि आपमें से ज्यादातर लोग स्टार परफॉर्मर बन सकते हैं। ऐसा वे इसलिए मानते हैं, क्योंकि निश्चित रूप से लगभग सभी अपनी ओर से बेहतर करना चाहते हैं। परन्तु उन्हें यह पता नहीं होता कि कैसे **'स्टार परफॉर्मर'** बन सकते हैं, जबकि **'स्टार परफॉर्मर'** अपने सात गुणों के कारण ज्यादा पहचाने जाते हैं:–

1. अपने क्रोध पर नियंत्रण रखना सीखिए: क्रोध शब्द दो अक्षरों से मिलकर बना है। क्र यानी कर्म और रोध यानी रुकावट। लेकिन क्रोध क्यों आता है? इसका कारण है कि आपने अपने दिमाग में कुछ योजनाएं बना रखी होती हैं। लेकिन जब वे पूरी नहीं होतीं, तब आपको क्रोध आता है। यानी आपकी अपेक्षाएं ही क्रोध की जननी हैं।

यदि आपको क्रोध से ब्रचना है, तो उसका सबसे सरल उपाय यही है कि पहले अपेक्षाओं से स्वयं को मुक्त करें। क्योंकि जब किसी काम को करने में रुकावट पैदा होती है, तब मन में जो भाव प्रकट होते हैं, उसे क्रोध कहते हैं।

ये भाव अशांत होते हैं, बेचैनी पैदा करते हैं। उस समय शरीर के अन्दर स्राव पैदा होते हैं, जो हानिकारक होते हैं। तभी तो ओशो ने कहा है:-

"काबू में रहने वाला गुस्सा अच्छा, बेकाबू गुस्सा खतरनाक"

क्योंकि क्रोध एक तरह की बिजली है। इसलिए क्रोधित व्यक्ति को छूना या उकसाना नहीं चाहिए, वर्ना बिजली और तेज पैदा होगी। फिर जो उसे छुएगा, वह भी उसकी चपेट में आ जाएगा।

ऐसी बात नहीं है कि गाँधी, लेनिन और स्टॉलिन जैसे महान लोगों में क्रोध रूपी आग नहीं थी। उनमें भी थी, परन्तु उन्होंने क्रोध की आग में किसी को जलाया नहीं बल्कि उस आग को अहिंसा में बदल दिया।

जबकि मनोवैज्ञानिकों का कहना है, **"क्रोध न करने से दिमाग बुझ जाता है। इसलिए दुनिया में ऐसा कोई व्यक्ति नहीं है, जिसे गुस्सा न आता हो। यदि ऐसा व्यक्ति होगा, तो वह असामान्य व्यक्ति कहलाएगा।"**

इसलिए गुस्सा आना बुरा नहीं होता है। क्योंकि गुस्सा आने से मन के विकार दूर हो जाते हैं। फिर उस क्रोध से आप सीखते हैं कि आपने क्या सही कहा और क्या गलत।

गुस्सा करना आपको तर्क करना सिखाता है। फिर जो बातें आपके मन में दबी होती हैं, उसे आप बोल देते हैं। तब आपका मन शांत हो जाता है।

महाभारत की एक घटना है। युधिष्ठिर युद्ध से एक दिन पहले बहुत पेरशान थे। कहने लगे कि मुझे अपने रिश्तेदारों से, अपने पितामाह से, अपने गुरु से युद्ध नहीं करना। तब अर्जुन ने उन्हें ज्ञान दिया था। लेकिन जब अर्जुन खुद युद्ध क्षेत्र में उतरे, तो दु:खी हो गए। तब वह खुद अपने आपको ज्ञान नहीं दे पाए। फिर उनका ज्ञान किस काम का रहा? जबकि संकट की घड़ी में सकारात्मक सोच विकसित करने के कुछ तरीके हैं:–

➲ जब आप अशांत हों, तब किसी भी तरह की प्रतिक्रिया करने से बचें। अगर आपको समझ में नहीं आ रहा कि आप शांत हैं या अशांत, तो भी चुप रहें।
➲ खुद को शांत करने के लिए गहरी सांस लें।
➲ जो कुछ बोलना हो, धीमे से बोलें ताकि तनाव बढ़ने न पाए।
➲ सामने वाले व्यक्ति के नकारात्मक शब्दों में पॉजिटिव बातें खोजें।

इतना करने के बाद यह जानने की कोशिश करें कि आप अपने जीवन में टाइम मैनेजमैंट का कितना पालन करते हैं? यह जानना बहुत आसान है। आपको सिर्फ अपने उत्तर के सामने (✓) सही का निशान लगाना है:–

1. **आप दिन में कितने घंटे काम करते हैं?**

a)8 घंटे हाँ ☐
b)10 घंटे हाँ ☐
c)12 घंटे हाँ ☐
c)14 घंटे हाँ ☐

2. **समय को आप कितना कीमती समझते हैं?**

a)कोई खास नहीं हाँ ☐
b)रिश्तों से ज्यादा हाँ ☐
c)जान से ज्यादा हाँ ☐
c)पैसों से ज्यादा हाँ ☐

3. **समय का सही उपयोग करने के लिए आप क्या करते हैं?**

a)कुछ नहीं हाँ ☐
b)थोड़ा बहुत हाँ ☐
c)ज्यादा मेहनत हाँ ☐
c)दिमाग का इस्तेमाल हाँ ☐

4. **काम करते समय आप किस बात का विशेष ध्यान रखते हैं?**

a)मैन पॉवर का हाँ ☐
b)अपनी शक्ति का हाँ ☐

c)अपनी सुरक्षा का हाँ ☐
c)गाइड लाइन का हाँ ☐

5. **कम समय में अधिक काम कैसे करते हैं?**
   a)वर्कर बढ़ाकर हाँ ☐
   b)ज्यादा काम लेकर हाँ ☐
   c)मशीनें बढ़ाकर हाँ ☐
   c)प्लान बनाकर हाँ ☐
6. **कौन-से काम आप पहले करते हैं?**
   a)जो सरल होते हैं हाँ ☐
   b)जो जल्दी होते हैं हाँ ☐
   c)जो रुटीन के होते हैं हाँ ☐
   c)जो महत्वपूर्ण होते हैं हाँ ☐
7. **कामों को आप मैनेज कैसे करते हैं?**
   a)मैन पॉवर को ध्यान में रखकर हाँ ☐
   b)समय को ध्यान में रखकर हाँ ☐
   c)काम की वरियता बनाकर हाँ ☐
   c)टाइमटेबल बनाकर हाँ ☐
8. **एक समय में आप कितने काम करते हैं?**
   a)कई काम एक साथ हाँ ☐
   b)तीन क़ाम एक साथ हाँ ☐
   c)दो काम एक साथ हाँ ☐
   c)केवल एक काम हाँ ☐
9. **काम में सुधार आप कैसे लाते हैं?**
   a)दूसरों की सलाह मानकर हाँ ☐
   b)किताबें पढ़कर हाँ ☐
   c)मन में एकाग्रता लाकर हाँ ☐
   c)तनाव से दूर रहकर हाँ ☐
10. **काम को आप रुपये में कैसे बदलते हैं?**
   a)माल की गुणवत्ता बढ़ाकर हाँ ☐
   b)डिमांड को ध्यान में रखकर हाँ ☐
   c)अधिक माल बना कर हाँ ☐
   c)तकनीक में नयापन लाकर हाँ ☐

स्थिति जानने के लिए अपने (✓) सही वाले निशानों का योग कीजिए।

- यदि आपके 8 या 8 से अधिक उत्तर a) के हैं, तब आप समझ लीजिए कि टाइम मैनेजमैंट में आप जीरो हैं। इसलिए आपको पुस्तक के इस अध्याय को ध्यान से पढ़ना होगा, तभी आप टाइम मैनेजमैंट का महत्व समझ पाएंगे।
- परन्तु 8 या 8 से अधिक उत्तर b) में होने पर आप समझ सकते हैं कि टाइम मैनेजमैंट का थोड़ा-बहुत ज्ञान आपको है। मगर आप उसको अमल में लाने की कोशिश नहीं करते। इसलिए आप भी इस अध्याय को ध्यान से पढ़ें।
- लेकिन 8 या 8 से अधिक उत्तर c) में हैं, तब आप टाइम मैनेजमैंट के बारे में बहुत कुछ जानते हैं। उसे अमल में लाने की कोशिश भी करते हैं, परन्तु सफल नहीं होते।
- परन्तु 8 या 8 से अधिक उत्तर d) के हैं, फिर आपको कोई चिन्ता करने की जरूरत नहीं है, लेकिन आपको अपने क्रोध पर संयम रखने की आदत डालनी होगी।

क्योंकि क्षणिक क्रोध के कारण गम्भीर परिणाम भुगतने पड़ते हैं, जोकि विवेक की कमी के कारण होता है। क्रोध और विवेक एक दूसरे के ठीक उसी प्रकार विरोधी हैं, जैसे अंधकार और प्रकाश। इसलिए विवेक की कमी होते ही आप में क्रोध आ जाता हैं। परन्तु उसे विवेक से नियंत्रित किया जा सकता है।

2. अपना बड़ा नैटवर्क तैयार कीजिए: टाइम मैनेजमैंट में नैटवर्किंग का बहुत महत्व है। क्योंकि इसके द्वारा आप अपने भविष्य के संबधों का बीज बोते हैं और अपनी सफलता का द्वार खोलते हैं।

नेटवर्क के द्वारा आप सही लोगों से सम्बंध बनाने में जो ऊर्जा और समय लगाते हैं, बाद में वे सम्बंध आपको शेयर की तरह डिविडेंड देता हैं। परन्तु नेटवर्किंग के कुछ नियम हैं:-

- किसी को अपने राज न बताएं।
- केवल काम की बातें करें।
- पारिवारिक सम्बंध न बनाएं।

तब आप अपने सपनों को पूरा कर सकते हैं। फिर नेटवर्क आपको आगे बढ़ाएगा। जबकि नेताओं में नेटवर्किंग का गुण खुद ही आ जाता है, जिसकी बदौलत वह इतने व्यापक स्तर पर काम कर पाते हैं। लेकिन दूसरे लोगों को यह टैक्नीक अपने अंदर विकसित करनी पड़ती है। इसलिए हम आपको कुछ सिद्धांत बता रहे हैं, जिसके माध्यम से आप अपना नैटवर्क बढ़ा सकते हैं:-

- अपने दोस्तों को इस बात का विश्वास दिलाएं कि आप उनकी सहायता के लिए हमेशा तैयार रहते हैं।
- अपनी सोच सकारात्मक रखें क्योंकि हर व्यक्ति ऐसे लोगों को पसंद करता है, जिनकी सोच सकारात्मक हो।

- ➲ अपनी मनपसंद मंजिल मिलने के बाद भी आप नेटवर्क का विस्तार करते रहें, ताकि आपको कभी भी अकेलेपन का अहसास न हो।

क्योंकि ड्रेक बीम मौरिन ने अपनी पुस्तक '**रिवायर्ड, रिहायर्ड और रिटायर्ड**' में लिखा है, **"नेटवर्क के विस्तार में ईमानदार होना जरूरी है, तब आप कम समय में अधिक उपलब्धियां प्राप्त कर सकते हैं।"**

3. अपने काम में धैर्य सीखिए: दुनिया धैर्य रखने वाले व्यक्ति को हमेशा कमजोर मानती है, लेकिन धैर्य ही आपको विपरीत परिस्थितियों से बाहर निकलने में मदद करता है। फिर आप दूसरों को अपने हालात को समझाने का प्रयास कर पाते हैं।

परन्तु धैर्य का मतलब परिस्थितियों के सामने हार मानना नहीं है, बल्कि उस पर ठीक से सोचना है। फिर आपके मन में एक खाका खिंचने लगेगा। तब आप परेशान होने के बजाय इससे बाहर निकलने की तरकीब सोचने लगेंगे।

प्रसिद्ध दार्शनिक सुकरात कुरूप थे, परन्तु वह अकसर आईना देखा करते थे। उनके शिष्यों को यह बात अटपटी लगती थी। एक दिन उनके शिष्यों ने इसका कारण पूछा, तो वह हंसते हुऐ बोले, **"क्या तुम इस बात को नहीं जानते कि सुंदर व्यक्ति को आइने की जरूरत सबसे कम होती है। जो स्वयं सुंदर है, वह किसलिए आइना देखेगा? लेकिन दर्पण की सबसे ज्यादा जरूरत मुझ जैसे कुरूप लोगों को होती है, जिन्हें हमेशा यह ध्यान रखना होता है कि वह कोई ऐसा काम न करें, जिससे वह और कुरूप हो जाएं। इसलिए अपने को बार-बार सावधान करने के लिए ही मैं आइना देखता हूँ, तब मेरे अन्दर धैर्य पैदा होने लगता है।"**

फिर निर्णय लेने की शक्ति कई गुना बढ़ जाती है। परन्तु इसके लिए कुछ सिद्धान्तों का पालन करना बहुत जरूरी है:-

- ➲ पता लगाएं कि कौन-सी बातें आपको परेशान करती हैं? किन परिस्थितियों में आप अपना धैर्य खो बैठते हैं?
- ➲ नकारात्मक भावनाओं को मन से निकालने का प्रयास करें।
- ➲ परिस्थितियों को समझने के लिए कुछ देर खामोशी से बैठें, फिर आपके जीवन में ठहराव आएगा, तब आप बेहतर तरीके से सोच पाएंगे।
- ➲ अपनी भावनाओं को तुरन्त व्यक्त न करें। पहले सोचें, फिर बोलें।

एक पुरानी कहानी है, एक महिला कुबड़ी थी। इसलिए वह झुककर चलती थी। परन्तु लोग उसका मजाक उड़ाते थे और कुबड़ी-कुबड़ी कहकर परेशान करते थे।

एक दिन अचानक उसकी मुलाकात नारद जी से हो गई। उन्होंने उस महिला पर तरस खाते हुए कहा, **"मेरे पास आओ माते, मैं अपने योगबल से तुम्हारा कुबड़ापन ठीक कर दूंगा।"**

महिला बोली, "**नारद जी! आप अतंरयामी हैं, और आप यह भी जानते हैं कि लोग मेरा कितना मजाक उड़ाते हैं, मुझे कुबड़ी बुढ़िया कहकर चिढ़ाते हैं। परन्तु मुझे अपनी फिक्र नहीं है, क्योंकि मेरी तो काफी उम्र कट गई है, बची-कुची उम्र भी इसी तरह कट जाएगी। लेकिन आप इतना जरूर कीजिए कि जो लोग मेरा मजाक उड़ाते हैं, उन सबको भी कुबड़ा बना दीजिए। फिर मेरे कलेजे पर ठंडक पड़ जाएगी।**"

बूढ़ी महिला की बात सुनकर नारद जी हक्के-बक्के रह गए, फिर आश्चर्य व्यक्त करते हुए बोले, "**माते, दूसरों के कुबड़ा बन जाने से तुम्हें क्या मिलेगा?**"

महिला ने खुशी जाहिर करते हुए कहा, "**क्योंकि मैं उन्हें भी अपनी तरह चलते और ताने सुनते देखना चाहती हूँ।**"

यह ईर्ष्या का एक उदाहरण था। यदि वह धैर्य से काम लेती और कुढ़ना छोड़ देती, तो शायद लोग उसे खुद ही कुबड़ी बुढ़िया कहना छोड़ देते।

4. अपने काम को जिम्मेदारी से निभाना सीखिएः हर सुबह एक नई जिम्मेदारी और काम लेकर आती है। उसके बाद भी आप खुशी महसूस करते हैं। क्योंकि आप जानते हैं कि आपसे कहां गलती हुई है। और कहां आपने बेहतर काम किया है।

इस बात को समझने के लिए आप इस घटना पर ध्यान दें। एक लड़की शाम को रोमांस लड़ाने के लिए अपने घर से निकली। इंडिया गेट पहुँचने के बाद उसे अपने प्रेमी से मिलने की उत्सुकता थी, इसलिए आसपास की हलचल पर उसका ध्यान नहीं गया।

वह यह भी भूल गयी कि ये इंडिया गेट है और दूसरे लोग भी वहाँ पर मौजूद हैं। शुक्रवार का दिन था, नमाज का वक्त हो चला था, तब जिसको जहां जगह मिली, वह इबादत करने लगा।

जहाँ लड़की खड़े होकर अपने प्रेमी का इन्तजार कर रही थी, वहीं पर एक मौलवी अपना मुसल्ला बिछा कर नमाज पढ़ रहे थे। अचानक लड़की को अपना प्रेमी पास आता हुआ दिखाई दिया। वह तेजी से आगे बढ़कर नमाज के मुसल्ले को रौंदती हुई वहाँ से गुजर गई।

तीन चीजें कभी वापस नहीं आतीं। यानी आपके शब्द आपका गुजरा हुआ समय और आपके द्वारा गंवाया हुआ अवसर।

आपका शरीर उस मशीन की तरह है, जिसमें सिक्का डालते ही आपके वजन का पता चल जाता है। इसलिए शरीर रूपी मशीन में खुशी वाला सिक्का डालिए फिर अमीर बनने का फार्मूला बाहर निकल आएगा।

मौलवी को बड़ा गुस्सा आया, लेकिन वह उस समय कुछ नहीं बोले। क्योंकि बोलने से नमाज में खलल पड़ने का डर था। नमाज पूरी होने पर भी वह वहीं बैठे रहे और प्रतीक्षा करने लगे कि लड़की जब वापस आएगी, तो वह उसे नसीहत देंगे।

लेकिन इसके लिए उन्हें ज्यादा इन्तजार नहीं करना पड़ा। करीब दस मिनट बाद ही वह लड़की वापस आई। इस बार उसका उल्लास देखते ही बनता था, क्योंकि उसका प्रेमी उसके साथ था।

मौलवी ने उसे रोका और कहा, **"ए लड़की, तुम्हें दिखता नहीं क्या? मैं खुदा की इबादत कर रहा था और तुम मेरी नमाज के लिए बिछाए हुए मुसल्ले को रौंदती हुई आगे बढ़ गईं! क्या तुम्हारी आंखें फूटी हैं?"**

लड़की ठहाका मारकर हंसी, फिर बोली, **"मौलवी साहब खता माफ हो, लेकिन मैं आपसे एक बात पूछना चाहती हूं, अगर आप खुदा की इबादत कर रहे थे, तो आपको यह कैसे पता चला कि कौन आया था और कौन गया? क्योंकि इबादत करने वालों के बारे में कहा जाता है कि वे अल्लाह में इतने लीन हो जाते हैं कि उन्हें कुछ पता ही नहीं चलता।"**

लड़की का जवाब सुनते ही मौलवी की बोलती बंद हो गई। इसलिए आपको अपने सोचने का ढंग बदलना है। फिर आपको नकारात्मक विचार परेशान नहीं करेंगे। वे आएंगे जरूर, मगर उनके लिए आपके मस्तिष्क में जगह कम होगी। उसके बाद आपको सकारात्मक विचारों के साथ रहने की आदत पड़ जाएगी।

कहा जाता है कि अमेरिकी राष्ट्रपति अब्राहम लिंकन काफी बदसूरत थे, लेकिन अपने गुणों के कारण वह देश में बहुत लोकप्रिय थे। जनता उन्हें बेहद प्यार करती थी।

एक बार एक छोटी बच्ची ने किसी से लिंकन की प्रशंसा सुनी, तो उसके मन में उनसे मिलने की उत्सुकता जागी। फिर उसने अपने पिता से कहा, **"पिताजी, मैं राष्ट्रपति को देखना चाहती हूँ, क्योंकि सभी उनकी प्रशंसा करते हैं। इसलिए मैं देखना चाहती हूँ कि वह कैसे हैं?"**

पिता ने कहा, **"बेटी, वह अच्छे नहीं हैं। वह बहुत काले और भद्दे हैं। उन्हें देखकर तुम डर सकती हो। इसलिए मैं तुम्हें उनके पास लेकर नहीं जाना चाहता।"**

लेकिन लड़की अपनी बात पर अड़ गई। वह बार-बार लिंकन से मिलने की जिद करने लगी।

पिता ने टालने की बहुत कोशिश की, तरह-तरह के बहाने बनाए, लेकिन वह नहीं मानी। फिर उन्हें अपनी बेटी की जिद के आगे झुकना पड़ा।

जब वे राष्ट्रपति आवास पर पहुँचे, तो लिंकन अपने काम में व्यस्त थे। फिर भी उन्होंने बाप-बेटी का भव्य स्वागत किया और आने का कारण पूछा।

उस व्यक्ति ने कहा, **"मेरी बेटी आपकी बहुत बड़ी प्रशंसक है। वह आपसे मिलने के लिए बहुत हठ कर रही थी, इसीलिए मैं उसे आपके पास लेकर आया हूँ ताकि वह आपको देख सके।"**

बीते समय को सोचकर जीवन को समझा जा सकता है। लेकिन भविष्य पर नजर रखकर जीवन को जिया जाता है। क्योंकि इतिहास अतीत की दास्तान को बयान करता है और आने वाला समय उस इतिहास को बदलता है!

इतना सुनते ही लिंकन उठकर खड़े हो गये और उस बच्ची को अपनी गोद में उठाकर अपने छोटे से बगीचे में घुमाने लगे। फिर उन्होंने उस बच्ची से हंस-हंस कर ढेर सारी बातें की और उसका मनोरंजन किया। बच्ची को खुश देखकर लिंकन भी खुश हो रहे थे।

जब वे लौटकर जाने लगे, तो छोटी बच्ची ने कहा, **"पिताजी, हमारे राष्ट्रपति तो बहुत सुन्दर हैं, बहुत प्यारे हैं। आप तो कहते थे कि वे भद्दे हैं, बदसूरत हैं, मैं उन्हें देखकर डर जाऊँगी। मगर मुझे तो जरा भी डर नहीं लगा, मुझे तो उनके साथ बड़ा मजा आया।"**

यह लिंकन का जिम्मेदारी निभाने का एक उदाहरण था, परन्तु इसके लिए लगातार प्रयास करने पड़ते हैं और परिस्थितियों का आंकलन करना होता है।

5. अपने काम को समय से पहले करने की आदत डालिए: जब मैं स्कूल में पढ़ता था तब मेरा गणित का पेपर था। सवाल बहुत आसान थे और मुझे सभी के जवाब आते थे। लेकिन जवाब लिखने में इतना मग्न हो गया कि चार सवालों के जवाब लिख कर पांचवे का जवाब आधा भी नहीं लिख पाया था कि घंटी बज गई।

मेरा छठा सवाल पूरा छूट गया। जबकि मैं चाहता था कि थोड़ा समय और मिले तो यह जवाब भी लिख दूं। लेकिन मुझसे पेपर ले लिया गया।

मैं रुआंसा होकर घर लौटा। बड़े भाई ने पेपर देखा, फिर बताया कि तुम्हें

तीन घंटे में छह सवाल करने थे, तो हर सवाल के लिए आधा घंटे का समय निश्चित कर लेना चाहिए था।

यह मेरे लिए समय प्रबंधन यानी टाइम मैनेजमेंट का पहला पाठ था। शायद इसी वजह से महान दार्शनिक कन्फ्यूसियस ने कहा है, "***The longest journey must begin with the first step.***" यानी लम्बी यात्रा करने के लिए समय कम लगने वाला साधन ढूंढिए।

आज परिवर्तन का युग है, समय तेजी से बदल रहा है। इसलिए यह जरूरी हो गया है कि आप सफलता पाने के लिए समय का प्रबंधन (***Time Management***) ठीक से करें। क्योंकि अमीर लोगों के काम करने का यही ढंग होता है और यही उनकी जीत का रहस्य है।

जो लोग आज के काम को कल पर टाल देते हैं, वे काम कभी पूरा नहीं कर पाते। क्योंकि उन्हें अगले दिन दूसरे काम करने होते हैं, फिर पुराने काम बोझ बन जाते हैं।

इसलिए हैमर्स टाल एडवर्ड ने कहा था, **"यदि आप निश्चित समय में कोई काम पूरा नहीं करते, तब उसके पूरा होने की आशा काफी कम हो जाती है।"**

सर वॉल्टर रेले से एक बार किसी व्यक्ति ने पूछा, **"आप कम समय में अधिक काम कैसे कर लेते हैं?"**

उन्होंने उत्तर दिया, **"मुझे जो कुछ करना होता है, उसे तुरन्त कर देता हूं।"**

लेकिन जब यही सवाल दिल्ली की मुख्यमंत्री श्रीमति शीला दीक्षित से पूछा गया। तो उनका उत्तर था, **"मैं आज का काम आज ही कर डालती हूं, इसलिए कम समय में अधिक काम निपट जाते हैं।"**

इसके लिए आप सवेरे उठकर जो निर्णय लें, उस पर अटल रहें, तभी आप टाइम मैनेजमेंट का सही ढंग से उपयोग कर पाएंगे।

6) अपना वर्क स्मार्ट प्लान बनाइए: आज का युग '**वर्क स्मार्ट प्लान**' बनाने का है। इसलिए पहली चीज पहले करने का प्लान बनाएं, जो सबसे ज्यादा महत्वपूर्ण हो और वह आपके मिशन, वैल्यू और ऊँचे महत्व की पूर्ति करता हो। तब उस पर तुरन्त ध्यान देने की आवश्यकता है।

फिर पता चलेगा कि आपको कब, क्यों और क्या करने की आवश्यकता है। और आपके पास यह सब करने के लिए क्या साधन हैं। फिर आप उस काम को तुरन्त कर सकते हैं।

7) लगातार सीखते रहने के लिए तैयार रहिए: इसका मतलब है कि आपको पुर्निरीक्षण, आंकलन और अपने वर्क स्मार्ट प्लान को बेहतर बनाते रहना है, फिर उस पर अडिग रहने के लिए आपको अपने दिल से पूछना है:-

1. **क्या इन लक्ष्यों को पाने में आपने अपने समय का सबसे अच्छा इस्तेमाल किया?**
2. **जो लक्ष्य आप नहीं पा सके हैं, क्या उन्हें आने वाले सप्ताहों में ले जाना चाहिए?**
3. **लक्ष्यों को निर्धारित करने और पाने में सफलता और असफलता का पैटर्न क्या रहा?**
4. **लक्ष्य पाने के रास्ते में लगातार कौन-सी कठिनाइयाँ आईं?**
5. **क्या आप अनएक्सपैक्टेड उम्मीदें लगा रहे हैं?**

क्योंकि समय प्रबंधन आपको ज्यादा दक्ष, भरोसेमन्द और विश्वसनीय बनाता है और यह भी सिखाता है कि आप अपने समय की कीमत जानें, फिर आप आराम करने के लिए ज्यादा समय निकाल सकते हैं और बेहतर वर्क-लाइफ में बैलेन्स बना सकते हैं। इसलिए इस प्रयास को करना बहुत जरूरी है।

आपने यह कहानी तो अवश्य सुनी होगी कि एक कछुआ धीमी चाल से चलता था और खरगोश तेज दौड़ता था। उसके बाद भी कछुआ पहले ही पहुंच जाता है। लेकिन अब भागमभाग का दौर आ गया है। लोगों को टाइम मैनेज करने के लिए तरह-तरह के उपाय करने पड़ते हैं।

महाभारत में एक पात्र था। ययाति, वह नहुष का पुत्र था। उसकी दो पत्नियां थीं, देवयानी और शर्मिष्ठा। जबकि देवयानी गुरु शुक्राचार्य की इकलौती पुत्री थी।

ययाति जब देवयानी को कुएं से निकाल देता है, तब देवयानी उनसे विवाह करने का प्रस्ताव रखती है। फिर दोनों का विवाह हो जाता है। परन्तु वह अपनी पत्नी के साथ दासी शर्मिष्ठा से भी प्रेम करने लगता है।

शर्मिष्ठा के बच्चे होते हैं। लेकिन जब देवयानी को इस बात का पता चलता है कि वे बच्चे उसकी दासी शर्मिष्ठा के हैं, तब वह अपने पिता के घर चली जाती है।

देवयानी के पिता क्रोधित होकर जमाई को श्राप दे देते हैं कि तुम अभी वृद्धावस्था को प्राप्त हो जाओगे।

ययाति तुरन्त बूढ़ा हो जाता है। फिर वह गिड़गिड़ाता है और कहता है, **"मुझे माफ कर दो, मुझसे भूल हो गयी।"**

गुरु शुक्राचार्य द्रवित हो जाते हैं, फिर श्राप को काटने का उपाय बताते हैं, **"यदि तुम्हारा कोई पुत्र तुम्हें अपनी जवानी दे दे, तब तुम भौतिक इच्छाओं को पुनः तृप्ति कर सकते हो।"**

ययाति अपने पुत्रों से जवानी मांगता है। शर्मिष्ठा का पुत्र पुरू उसे जवानी देता है, फिर ययाति हजारो सालों तक जवान रहकर भोग विलास करता है। परन्तु उसके बाद भी उसकी भौतिक इच्छाऐं खत्म नहीं हो पातीं।

ठीक वैसे ही अमीर लोगों की काम करने की इच्छा तृप्त नहीं होती, वह हमेशा **'वेट एण्ड वॉच'** वाली पद्धति अपनाते हैं। रोज नया सोचते हैं, रोज नया करते हैं।

इसलिए आप भी ययाति के पद्‌चिह्नों पर चलिए और धैर्य रखकर सोचिए कि अगला कदम अधिक मजबूती से कैसे उठाया जा सकता है?

यदि कोई काम खराब हो जाए, तब हताश होकर बैठने की जरूरत नहीं है। फिर से तैयारी कीजिए। क्योंकि इस तैयारी का मतलब होता है इंतजार करना और अपनी कमजोरी को पहचानना। फिर आप सफलता के अगले पायदान पर होंगे।

क्योंकि धीरुभाई हमेशा यही करते थे, **"जब सितारे ठीक नहीं हों, तो रुक कर अच्छे दिनों का इंतजार करो।"**

'चाणक्य नीति भी यही कहती है, **"कोयल तब तक चुपचाप दिन बिताती है, जब तक कि वह सबको आनंदित करने वाली वाणी नहीं सीख जाती।** तभी तो चाणक्य ने कहा है:-

तावन्मौनेन नीयन्ते कोकिलैश्चैव वासरा।
यावत्सर्व जनानन्ददायिनी वाक् प्रवर्तते।।

यानी अच्छे लक्ष्य की प्राप्ति के लिए, धैर्य रखना सबसे अच्छा साधन है। परन्तु संतोष करके बैठने पर पछताना पड़ सकता है। क्योंकि बिना सोचे-विचारे जल्दबाजी में किया गया काम खराब होने की आशंका बनी रहती है। ऐसी परिस्थिति के लिए कबीरदास ने कहा है:-

बिना विचारे जो करे सो पाछे पछताय।
काम बिगाड़े आपनों, जग में होत हंसाय।।

इसलिए **'वेट ऐंड वॉच'** का नियम अपनाकर यदि सही समय पर काम किया जाए, तो वह हमेशा सफल होता है।

जबकि **'वेट ऐंट वॉच'** का जुमला असली मायनों में युद्ध कौशल, शेयर बाजार, प्रॉपर्टी मार्केट, सर्विस सेक्टर, अर्थव्यवस्था के उतार-चढ़ाव, राजनीति के दांव-पेंच तथा अदालती कार्यवाहियों में इस्तेमाल किया जाता है।

क्योंकि **'इंतजार'** यानी **'वेट'** करने में कोई नुकसान नहीं होता, लेकिन इसके फायदे अधिक होते हैं।

इस तथ्य को समझाने के लिये मैं आपको एक ताजी घटना सुनाता हूँ। मेरे एक दोस्त दिल्ली दूरदर्शन में समाचार सम्पादक थे। उनकी पत्नी की डिलीवरी होनी थी। उसे लेकर वे राम मनोहर लोहिया अस्पताल गए। लेडी डॉक्टर ने उनकी पत्नी को लाइन में बिठा दिया।

घंटा भर हुआ होगा कि एक दूसरी गर्भवती महिला आई, जिसे लेबर पेन हो रहा था। लेडी डाक्टर उस महिला को तुरन्त अन्दर ले गई। इस पर मेरे सम्पादक दोस्त बिफर गए और बोले, **"यह कोई वी.आई.पी. लेडी थी, जो**

आप उसे तुरन्त अन्दर ले गए? मेरी वाइफ लाइन में पहले से बैठी हुई है, इसे आप अन्दर नहीं ले गए। मैं भी कोई ऐरा-गैरा नहीं हूं, मैं दूरदर्शन में एडीटर हूं।"

लेडी डाक्टर ने उनकी बात पर कोई ध्यान नहीं दिया। क्योंकि वह जान चुकी थी कि सम्पादक की पत्नी के बच्चा होने में कुछ समय है।

परन्तु दूसरी महिला के लेबर रूम से निकलते ही सम्पादक की पत्नी का पेन बढ़ गया और जब उसे लेबर रूम में ले जाया गया, तब तुरन्त बच्चा हो गया।

फिर **'वेट एण्ड वॉच'** की पॉलिसी का सम्पादक को फायदा हुआ। क्योंकि बिना ऑपरेशन के बच्चा पैदा हुआ था। जिससे उनके ऑपरेशन के पैसे बच गए थे। इसीलिए युद्ध क्षेत्र, शेयर बाजार तथा राजनीति में भी **'वेट ऐंड वॉच'** का चलन है। क्योंकि वहाँ सारे काम लोकहित के लिए होते हैं।

तभी तो तुलसीदास ने कहा है:-

करम कमंडल कर गहे, तुलसी जहं जहं जाय।
सागर, सरिता, कूप जल, बूंद न अधिक समाय।।

इसका अर्थ है कि एक पल की मुस्तैदी से जहां विजय का सेहरा बंध सकता है, वहीं एक पल की चूक से पराजय की कालिख भी पुत सकती है।

क्योंकि पांच मिनट की कीमत जानने वाले ऑस्ट्रियन जहां एक ओर नेपोलियन से पराजित हुए। वहीं दूसरी ओर अपराजय नेपोलियन ने अपने साथी ग्रुशी के पांच मिनट देर करने के कारण पहले उसे बंदी बनाया, फिर उसे मृत्यु दंड दिया।

महात्मा गाँधी, जवाहर लाल नेहरू और मदर टेरेसा के पास भी चौबीस घंटे से अधिक समय नहीं था, परन्तु वे इतने समय में ही समाज, देश और मानव-जाति के लिए इतना कुछ कर गए कि इतिहास उन्हें हमेशा याद करता है।

क्योंकि समय गतिशील है। जितना अधिक आप इसका इस्तेमाल करेंगे, उतने अधिक आप सफल होंगे।

अभी तक आप सिर्फ 10-15 प्रतिशत समय का इस्तेमाल करते हैं, लेकिन अब आपको 40-50 प्रतिशत समय का उपयोग करना होगा।

लेकिन इसके लिए आपको अपनी आदतों में बदलाव लाना होगा। जैसे कि ऑफिस जाते समय गाड़ी में समाचार-पत्र पढ़ा जा सकता है। शाम को ऑफिस से आते समय जरूरी सामान खरीद कर लाया जा सकता है। लंच के समय डाक से आए जरूरी कागज देखे जा सकते हैं। इस तरह छोटे-छोटे कामों में होने वाले समय को बचाया जा सकता है।

मेरी छोटी बेटी विल्शा अपनी रूचि की सभी बाल-पत्रिकाएं खाना खाते समय ही पढ़ती है और बड़ी बेटी साँची गाड़ी ड्राइव करते समय जरूरी फोन कर लेती है, तथा फोन पर अपने जूनियर की समस्या सुन लेती है।

जबकि सुनना एक कला है और इस कला में निपूर्ण होने के लिए काम और ध्यान दोनों चाहिए। परन्तु सुनने के लिए सुनाना भी जरूरी है।

इसलिए प्रकृति ने ऐसी व्यवस्था की है कि जो जन्म से गूंगा होता है, वह बहरा भी होता है। क्योंकि यदि सिर्फ सुनता रहेगा और सुनाएगा नहीं, तो वह मानसिक रूप से असंतुलित हो जाएगा।

तभी तो आप सुनने के साथ-साथ सुनाते भी हैं, जबकि कुछ लोग इसको **'टाकिंग मार्शल आर्ट'** कहते हैं। क्योंकि मार्शल आर्ट में सिखाया जाता है कि जब सामने वाला वार करे, तो वहां से हट जाओ और पलटकर वार मत करो।

इससे आपकी शक्ति बच जाएगी, लेकिन व्यर्थ की बातों से खुद को बचाने के लिए आपको नीचे लिखे दस गुरुमंत्रों को दिल में उतारना होगा:–

1. एक बार में कई काम हाथ में लेने, यानी **'मल्टी-टास्किंग'** से बचें। इससे एकाग्रता भंग होगी और कुछ न कुछ भूल हो जाएगी। फिर यह आदत आपकी याददाश्त पर हमला कर देगी।

2. नींद के साथ समझौता न करें, क्योंकि छह घंटे की नींद लेना आपके लिए बहुत जरूरी है।

3. हर काम को संगठित और अनुशासित ढंग से करने की आदत डालें। **'टु-डू लिस्ट'** और नोट्स बनाएं, प्लानर का इस्तेमाल करें, हर चीज को रखने का स्थान निर्धारित करें।

4. तनाव से तौबा करें, क्योंकि तनाव ही याददाश्त का दुश्मन है। लेकिन सुबह की सैर, ध्यान और गहरी सांस लेने से तनाव को दूर किया जा सकता है।

5. सूचना-विस्फोट के शिकार और गैजेट्स के गुलाम हरगिज न बनें। इन्हें अपने काम का साधन बनाएं, साध्य नहीं। इसकी दीवानगी से आपका दिमाग **'हैंग'** हो सकता है। फिर आपकी स्मरणशक्ति पर विपरीत प्रभाव पड़ना शुरू हो जाएगा।

6. भावनाओं पर काबू रखना और व्यर्थ की स्मृतियों से छुट्टी पाना सीखें। इससे दिमाग पर दबाव घटेगा और याद रखने की ताकत में इजाफा होगा।

7. दिमागी कसरत खूब करें। सोचें। सवाल करें। पढ़ें, लिखें, शतरंज खेलें, अतीत की यादें ताजा करें। इनसे दिमाग के तन्तु ताकतवर होंगे। फिर दिमाग को सुकून देने के लिए संगीत सुनें, प्राकृतिक रमणीय स्थल पर घूमें। क्योंकि ये सब दिमाग को तेज करते हैं।

8. दिमाग का 85 प्रतिशत हिस्सा तरल होता है, जिसके सूखने से याददाश्त प्रभावित होती है। इसलिए अपनी टेबल पर हमेशा पानी की बोतल रखें और समय-समय पर उसे पीते रहें। क्योंकि पानी पीना शारीरिक और मानसिक सेहत के लिए अच्छा होता है।

9. थोड़े-थोड़े समय पर कुछ न कुछ जरूर खाएं, लेकिन कम खायें। फल, दही, अंकुरित चना, बादाम अखरोट, मूंगफली, अंडे जैसी चीजें दिमाग को चुस्त रखती हैं।

10. सोच को सकारात्मक रखें, इससे दिमाग हर पल तरो-ताज़ा रहेगा और आपको भूलने की बीमारी नहीं होगी।

फिल्म अभिनेता अनुपम खेर का कहना है, "महान और सफल लोगों को करीब से देखने की कोशिश अवश्य करो, क्योंकि मैने छोटी उम्र में ही फ़िल्मी सितारों को देखकर एक्टर बनने का मन बना लिया था। जब मैं शिमला में रहता था, तब वहां बहुत से फ़िल्म स्टार शूटिंग के लिए आते थे। फिर उन्हें करीब से देखने के बाद मैं उनसे प्रेरित होता था।

जब सुनील दत्त, जितेन्द्र, ओम शिवपुरी और असरानी शिमला में फ़िल्म **'उमर कैद'** की शूटिंग करने आए थे, तो मैं पहली बार शूटिंग देखने गया था। उसके बाद मैंने अपने दिल में अभिनेता बनने का सपना संजो लिया था।

फिर 3 जून 1981 को मैं मुंबई के बॉम्बे सैंट्रल स्टेशन पर पहुँच गया। उस वक्त जेब में सिर्फ 37 रूपए थे। पता नहीं था कि जाना कहां है, फिर मैंने कई रातें सड़कों पर गुजारीं, खाली पेट सोया।

जब हर जगह धक्के खाकर मैं थक गया, तब अपने दादाजी को चिट्ठी लिखी, **"यहां के लोगों को बात करने की तमीज नहीं है। लोग धक्के मारकर ऑफिस से बाहर निकाल देते हैं। जबकि मैं एन.एस.डी. का गोल्ड मेडलिस्ट हूँ।"**

दादाजी का जवाब आया, **"तुम्हारे माँ-बाप ने तुम्हें पढ़ाने के लिए घर के बर्तन बेचे, घड़ी बेची, क्या इसीलिए कि तुम वापस आ जाओ? तुम दो साल मुंबई में संघर्ष कर चुके हो, अब परिपक्व हो गए। इसलिए डटे रहो, क्योंकि भीगा हुआ इन्सान बारिश से नहीं डरता!"**

दादा जी की चिट्ठी ने मेरी आंखें खोल दीं और मैं जोश के साथ अपने सपने की तरफ बढ़ने लगा। तब से मैं हमेशा सकारात्मक सोच रखता हूं और असफलता से अच्छी बातें सीखने की कोशिश करता हूं। मैं यह सोचकर दुःखी नहीं होता कि अमिताभ बच्चन या रॉबर्ट डिनीरियो क्यों नहीं बना?

मैं यह सोचकर खुश होता हूं कि कुछ लोग अनुपम खेर भी बनना चाहते हैं। मैं यह सोचकर दुखी नहीं होता हूं कि मेरे पास करोड़ रूपए नहीं है, मैं यह सोचकर खुश होता हूं कि 37 रूपए के हिसाब से मैं हमेशा करोड़पति रहूंगा।

जबकि मुंबई में एक प्रतिशत लोग सफल होते हैं। इसलिए मैं तो खुश हूं कि लोग मुझे प्यार देते हैं। मेरी फ़िल्मों को शिद्दत से देखते हैं। आज मेरे पास गाड़ी है, बंगला है, मोबाइल है और एक स्कूल भी है। मैं भगवान का शुक्रिया अदा करता हूं।

लेकिन मैंने जब से एक्टिंग स्कूल खोला है, तब से खुद को अधिक जिम्मेदार महसूस करने लगा हूं। अब मैं प्रशिक्षक और निर्देशक के रूप में ऐसा काम करना चाहता हूं कि दुनिया मुझे सम्मान की नजरों से देखे।

मैं स्कूल के बच्चों को अपने जीवन से सीखने की सलाह देता हूं और कहता हूं कि झूठ जरूर बोलो, लेकिन खुद से कभी झूठ मत बोलो।

मैंने अपने फ़िल्मी सफर से यही सीखा है कि परिश्रम और ईमानदारी का कोई विकल्प नहीं है। यदि मुश्किलों से टकराने की आपके अन्दर ताकत है, तब दौलत आपके कदम चूमेगी।"

अनुपम खेर के संघर्ष से आपको यह प्रेरणा मिलती है कि किसी भी क्षेत्र में सफलता प्राप्त करने के लिए आपको छह बातों पर ध्यान रखना बहुत जरूरी है:–

1. **नतीजों पर नजर रखें:** किसी भी काम के लिए योजना बनानी जरूरी होती है, लेकिन उससे भी जरूरी होता है नतीजे पर नजर रखना ताकि उम्मीद के मुताबिक नतीजा मिल सके। क्योंकि असरदार टाइम मैनेजमेंट वही होता है, जिसमें नतीजे समय से पहले आते हैं।

2. **परफेक्शनिस्ट न बनें:** जरूरी नहीं कि सभी चीजें परफेक्ट होंगी। अगर आप किसी काम में इसलिए टाल-मटोल कर रहे हैं कि नतीजे नहीं आ पा रहे, तो उस स्थिति में काम शुरू करना ठीक रहेगा।

क्योंकि जो नतीजे आपके लिए 80 प्रतिशत हैं, वे किसी और के लिए 100 प्रतिशत हो सकते हैं। इसलिए रुके नहीं, काम जारी रखें। आप उस बचे हुए 20 प्रतिशत को बाद में ठीक कर सकते हैं। क्योंकि किसी काम को कर लेने के बाद उसमें सुधार करना आसान होता है।

3. **फैसले की डेडलाइन का ध्यान रखें:** काम की डेडलाइन तय करना तो जरूरी है, लेकिन फैसला करने की डेडलाइन भी तय करना अनिवार्य है। ऐसा न करने पर आपके जरूरी कामों में देरी हो सकती है।

4. **समय बचाने की कोशिश करें:** एक घंटे में 200 चिट्ठियों को मोड़कर सीलबंद करना समय का दक्षतापूर्ण उपयोग माना जाता है। लेकिन इसी काम को 5 मिनट में निपटाने वाली मशीन खरीद लेना समय का प्रभावशाली इस्तेमाल माना जाएगा। इसलिए समय बचाने के लिए प्रभावशाली विकल्पों को अपनाएं।

5. **संगठित रहने की आदत डालें:** यह जानना जरूरी है कि आप अपने समय को किस तरह खर्च कर रहे हैं? डेली टाइम टेबल बनाकर भी आप खुद को संगठित रख सकते हैं। फिर सोचें कि आप दिनभर में क्या हासिल करना चाहते हैं?

6. **आइडियों को नोट करें:** अपने लक्ष्य के बारे में जानकारियां अर्जित करते समय आपके दिमाग में कुछ आइडिए कौंध सकते हैं, जो आगे चलकर

अहम साबित होंगे, ऐसे आइडियों को गंभीरता के साथ नोट करते चलें। इससे आपका समय बचेगा।

आपने सर्कस में झूलते हुए कलाकारों को अवश्य देखा होगा, वे हमेशा परफेक्ट टाइम मैनेजमेंट का प्रदर्शन करते हैं। मुंबई के डिब्बे वालों का टाइम मैनेजमेंट भी बहुत अच्छा है। उन्हीं की बदौलत लाखों लोगों का समय पर लंच पहुँचता है।

जिससे पता चलता है कि टाइम मैनेजमेंट एक आंतरिक जज़्बा है, जो हर व्यक्ति में मौजूद रहता है। परन्तु उसे पहचानने और उस पर अमल करने की जरूरत होती है।

तभी तो स्टैंडर्ड चार्टर्ड बैंक के सी.ई.ओ. पीटर सैंड्स ने कहा था, "***Punctuality is a sign of great men.***" यानी समय मनुष्य को महान बनाता है और जिसने समय को मैनेज करना सीख लिया, वह हर हाल में सफलता पाता है।

■

"गरीब लोग जिस काम को आठ घंटे में करते हैं वही काम अमीर लोग चार घंटे में पूरा कर देते हैं। क्योंकि वह टाइम मैनेजमेंट के बारे में जानते हैं जबकि गरीब लोग टाइम को पास करना जानते हैं!"

अलादीन के खजाने की तरह
दुनिया में और भी बहुत से खजाने हैं
जिन्हें आप आपने आइडिए के द्वारा ढूंढ सकते हैं। इसलिए
आप अपना प्रयत्न जारी रखिए
और सोचिए
उस आइडिए के बारे में जो आपको
उस खजाने के पास ले जाएगा।
क्योंकि आप उस खजाने से
सिर्फ कुछ कदमों की दूरी पर खड़े हैं।

आठवा सिद्धांत

नेतृत्व करने की शक्ति पैदा कीजिए

करीब एक साल पहले मैं मुंबई के युवा उद्यमियों के बीच **'नेतृत्व की अनोखी शक्ति'** विषय पर बोल रहा था। मेरी स्पीच को 500 लोगों का समुह ध्यान से सुन रहा था। लेकिन उनमें से एक व्यक्ति ऐसा भी था, जिसका शरीर तो वहां पर था, लेकिन उसका दिमाग कहीं और था।

यह देखकर मुझे कुछ अटपटा-सा लगा, क्योंकि वह सेमीनार पूरी तरह से मनी बैक गारंटी के सिद्धांत पर चल रहा था और अधिकतर लोग अपना पैसा वसूलने के लिए दिल और दिमाग से मेरी स्पीच सुन रहे थे। कुछ लोग मेरी बातों को लिख भी रहे थे।

उस व्यक्ति की हरकत को देखते हुए मैंने अचानक बोलना बन्द किया और कहा, **"मिस्टर सावरकर! क्या आप कुछ परेशानी महसूस कर रहे हैं?"**

वह व्यक्ति घबराकर अपनी सीट से उठा, फिर अपनी आंखों को मलते हुए बोला, **"सर! मैंने इस सेमीनार को सिर्फ इस लिए अटेंड किया था कि मैं जान सकूं कि कम समय में अधिक अमीर कैसे बना जा सकता है? इसलिए आप मुझे वह फामूर्ला बता दीजिए, तब मैं समझूंगा कि आप सच में 'बिजनेस गुरु' हैं।"**

मैं उस व्यक्ति की बात सुनकर सोच में पड़ गया, क्योंकि मुझे सेमीनार के आयोजकों ने केवल नेतृत्व प्रबंधन विषय पर बोलने के लिए बुलाया था, परन्तु उस व्यक्ति ने विषय ही बदल दिया था।

मगर मुझे उसके प्रश्न का उत्तर भी देना था, इसलिए मैंने वक्त की नजाकत को देखते हुए, उल्टा प्रश्न उस व्यक्ति से कर डाला, **"मिस्टर सावरकर! क्या आप मुझे बता सकते हैं कि आप अभी तक अमीर क्यों नहीं बन पाए?"**

वह व्यंक्ति मेरा प्रश्न सुनकर सन्न रह गया, उसे मुझसे ऐसी उम्मीद नहीं थी कि मैं ही पलट कर उससे कुछ पूछूंगा। फिर उसने अपने आपको व्यवस्थित करते हुए लापरवाही से कहा, **"यदि मुझे इतना पता होता, तब मैं आपकी जगह खड़ा होता और आप मेरी जगह बैठे होते। इसलिए आप ही बताइए कि मैं अब तक अमीर क्यों नहीं बन पाया?"**

"क्योंकि आप अमीर बनने से रोकने के कारणों को नहीं जानते। इसलिए मेरा सुझाव है कि आज आप घर जाकर उन कारणों की एक सूची तैयार कीजिए और उस सूची में सबसे ऊपर लिखिए कि आप अब तक दूसरों के द्वारा सुझाए गए लक्ष्य पर काम कर रहे हैं या फिर आपका अपना कोई नया आइडिया है। फिर कल मुझे उसे दिखाना, तब मैं आपको बता दूंगा कि आप अभी तक अमीर क्यों नहीं बन पाए?"

मेरी बात के खत्म होते ही वह व्यक्ति अपना नोटपैड और पैन उठाकर बाहर निकल गया। फिर उसके बाद मैंने अपनी स्पीच बन्द कर दी और लोगों को कल फिर आने का वादा करके मैं भी हॉल से बाहर आ गया और होटल पहुंच गया। मैं बेचैन था और सोच रहा था कि कल उस व्यक्ति को क्या जवाब दूँगा?

परन्तु कुछ देर बाद ही मुझे **थॉमस अल्वा एडीसन** की कहानी याद आ गयी। जब वह बिजली का आविष्कार करने में जुटे थे, तब उन्हें सफलता नहीं मिल पा रही थी।

लगभग उनके सभी सहयोगी हार मान चुके थे, मगर एडीसन के उत्साह में कोई कमी नहीं आई थी। एक दिन उनके सहयोगियों ने आपस में विचार-विमर्श किया, फिर एडीसन से कहा, **"आप बेकार में बिजली की खोज में लगे हुए हैं। तीन वर्षों में हमने लगभग सात सौ प्रयोग करके देख लिए हैं, परन्तु अभी तक आशा की किरण नजर नहीं आई है और सात सौ बार असफल होने का मतलब है कि हम अपनी मेहनत और समय व्यर्थ में खर्च कर रहे हैं।"**

गलतिया कीजिए लेकिन उनको स्वीकार कीजिए और सुधार करके आगे बढ़ते रहिए। क्योंकि तूफान पेड़ों को तबाह तो कर सकते हैं। लेकिन उनकी जड़ को कोई नुकसान नहीं पहुँचा सकते।

इस पर एडीसन ने कहा, **"मुझे पता है कि हम सात सौ बार असफल हो चुके हैं, तभी तो मेरा उत्साह दिन-प्रतिदिन बढ़ता जा रहा है। लेकिन अब तीन सौ प्रयास और हो जाएं तो निश्चित रूप से हम मंजिल के करीब**

पहुँच जाएंगे। इसलिए घबराओ मत, हिम्मत से काम लो। हमें सफलता जरूर मिलेगी!"

इस घटना के ठीक छह महीने बाद एडीसन और उनके सहयोगी बिजली का आविष्कार करने में सफल हो गए।

इस बात से पता चलता है कि एडीसन में नेतृत्व करने के गुण थे और नेतृत्व वो शक्ति है जो किसी जाति या राष्ट्र को गुमनामी की गहराइयों से उभार कर यश के शिखर पर बैठा देती है।

अक्सर नेतृत्व का भार समाज के नेताओं पर होता है। ये नेता राजनैतिक, वैचारिक, सामाजिक या किसी और स्तर पर हों सकते हैं। परन्तु सभी में जनता को प्रेरित करने का जज़्बा भरपूर होता है।

आजकल मैनेजमेंट की पढ़ाई के दौरान नेतृत्व की तमाम परिभाषाएं दी जाती है। क्योंकि नेतृत्व करना एक ऐसा गुण है, जो अनपढ़ को भी राष्ट्रपति की सीट पर बैठा सकता है।

परन्तु तुलसीदास ने नेतृत्व की परिभाषा कुछ अलग ढंग से की है। यदि उनकी बात पर अमल किया जाए, तो आज के सारे नेता और राष्ट्राध्यक्ष बौने हो जाएंगे। क्योंकि तुलसीदास ने रामायण में कहा है:-

"जा सुराज प्रिय प्रजा दुखारी, सो नृप अवस नरक अधिकारी।"

यानी जिस राजा के राज में उसकी जनता दु:खी होती है, वो नर्क में जाता है। हो सकता है कि सबको खुश रखने की शर्त आपको असंभव लगे।

क्योंकि भारतीय दर्शन मानता है कि एक नेता कभी गलती नहीं करता, बल्कि वो हमेशा अपराध करता है और उसकी हर गलती की कीमत पूरे राष्ट्र को चुकानी पड़ती है।

इसलिए कहा गया है कि सूझबूझ और दूरदर्शिता ही सच्चा नेतृत्व है। क्योंकि आप सभी कल्पनाशील हैं और भविष्य के सपने बुनते रहते हैं। परन्तु कभी-कभी आपके सपने कल्पना की ऊंची उड़ान से भी ज्यादा ऊँचे हो जाते हैं।

फिर आपको महंगी कार चाहिए, फ़िल्मी हस्तियों का साथ चाहिए, किसी सुन्दर टापू पर बड़ा बंगला चाहिए, जबकि ये सब व्यक्तिगत सुखों की कल्पनाएं हैं, नेतृत्व से इनका कोई लेना-देना नहीं है।

जबकि नेतृत्व के तीन पहलू होते हैं। जिसमें पहला पहलू होता है समुदाय, राष्ट्र या संस्थान की कमियों की पूरी समझ। फिर उन्हें सुधारने की निश्चित तारीख।

उसके बाद पूरे समुदाय को इस प्रकार प्रेरित करना कि वे सरकार का सहयोग करें। यह नेतृत्व का सही तरीका है। तब नेतृत्व जनता में प्रेरणा की ज्योति जला देता है।

इस बात को समझाने के लिए मैं आपको एक कहानी सुनाता हूं। एक राजा ने महल बनवाया। लेकिन वह चाहता था कि उसका महल हर तरह से सुरक्षित हो। इसलिए उसने उस महल में कहीं भी कोई खिड़की या दरवाजा नहीं लगवाया। सिर्फ एक दरवाजा था। इसलिए उसके अन्दर किसी भी चोर, दुश्मन के घुसने की संभावना नहीं थी। क्योंकि उस इकलौते दरवाजे पर उसने हजारों सिपाहियों का पहरा बिठा रखा था।

जब पड़ोस के सम्राट ने सुना, तो वह भी उस महल को देखने के लिए आया। फिर महल देखकर उसने कहा, **"मैं भी ऐसा ही महल बनवाऊंगा, जहां पर कोई भी खतरा न हो। क्योंकि यह सबसे सुरक्षित महल है।"**

आपकी और मेरी सोच के बीच फर्क सिर्फ इतना है कि आपको दरवाजे बन्द होने की आवाज सुनायी देती है और मुझे खुलते हुए दरवाजे की।

पड़ोसी सम्राट की घोषणा सुनकर रास्ते में बैठा भिखारी जोर-जोर से हंसने लगा। सम्राट ने पूछा, **"क्या बात है, तुम हँस क्यों रहे हो?"**

भिखारी बोला, **"मैं इसलिए हँस रहा हूं कि मुझे इस महल में भी एक खतरा दिखाई देता है। क्योंकि इस महल को बनने में एक भूल हो गई है।"**

सम्राट बोला, **"भूल, कौन-सी भूल?"**

भिखारी ने कहा, **"इस महल में अब भी एक दरवाजा लगा है। यदि राजा इसको भी बंद करवा लें और महल के भीतर हो जाएं, तब महल में चोर या दुश्मन कभी नहीं घुस पाएगा। लेकिन इस दरवाजे से मौत महल के अन्दर अवश्य घुस जाएगी।"**

सम्राट बोला, **"तू पागल है, अगर राजा ने यह दरवाजा भी बंद कर दिया, तो वह मर नहीं जाएगा?"**

इस पर भिखारी बोला, **"वह तो करीब-करीब मर ही चुके हैं। क्योंकि खतरे के दरवाजे जितने कम होते हैं, जिन्दगी भी उतनी कम हो जाती है।"**

परन्तु यह बात महल बनवाते समय राजा नहीं जान पाया था। क्योंकि उसमें नेतृत्व करने की शक्ति कम थी और उस समय लीडरशिप सिखाने के स्कूल भी नहीं थे, जहां राजा नेतृत्व करने के गुण सीखता।

लेकिन अब ऐसा नहीं है, अब लीडर तैयार किए जाते हैं और वह इस तरह के होते हैं:–

- पहला वह, जो अपने व्यक्तिगत प्रभाव से दूसरों को लीड करता है।
- दूसरा वह, जो दूसरे के गुणों को देखकर लीड करता है।

पहले प्रकार का लीडर आसानी से दूसरों को यह बता सकता है कि उसे क्या चाहिए। उसका चुम्बकीय व्यक्तित्व लोगों को अपनी ओर आकर्षित कर लेता है और फिर दूसरे लोग उसके आदेशों की अवहेलना नहीं कर पाते।

लेकिन दूसरे प्रकार का लीडर अपना प्रभाव लोगों पर नहीं डालता, बल्कि उनके अन्दर से उनकी विशेषताओं को निकालकर उपयोग में लाता है। ऐसा लीडर दूसरों के विचारों और व्यक्तित्व की कद्र करता है और अपनी इच्छा उन पर जबरन नहीं थोपता।

क्या है अच्छे लीडर की पहचानः लीडर की पहचान उसके व्यवहार से होती है। एक अच्छा लीडर वही है, जो दूसरों के लिए अनुकरणीय बने। वह अपने सदस्यों की भावनाओं और चेतना में विश्वास डाले। उनमें काम के प्रति उत्साह को जाग्रत करे और साथ में उनको यह अहसास कराए कि उनके द्वारा लिए गए निर्णय भी उपयुक्त हैं।

इस तरह की लीडरशिप से उसके व्यक्तित्व की पहचान बनती है। यदि उसका व्यक्तित्व प्रभावशाली होगा, तो उसके सदस्य पूरी टीम भावना (***Team-Spirit***) के साथ टीम वर्क करेंगे और निर्धारित लक्ष्य को समय के अन्दर पूरा करेंगे।

आपने देखा होगा, जब क्रिकेट में अपनी टीम इंडिया जीतती है, तब हर कोई टीम भावना की बात करने लगता है। क्योंकि कोई भी मिशन तब कामयाब होता है, जब उनके सदस्यों में टीम भावना की बात आती है।

लेकिन जब कोई मिशन नाकाम होता है, तब हार होती है और टीम भावना की कमी का रोना रोया जाता है।

क्या है टीम भावना (***TEAM-SPIRIT***)?**:** टीम भावना वह साझी भावना है, जिसमें किसी समूह के सदस्य अपने लिए नहीं, बल्कि साझे रूप से किसी लक्ष्य को पाने का प्रयास करते हैं या कहें कि जिसमें समूह की एकता और सक्षमता के हित देखे जाते हैं।

यानी जहां कहीं एक साथ कुछ लोग इकट्ठा होते हैं, उन्हें हम समूह कह सकते हैं। चाहे उनके इकट्ठे होने का मकसद कुछ भी रहा हो। ठीक वैसे ही टीम किसी लक्ष्य को पाने के लिए एक साथ होती है और एक साथ प्रयास करती है।

परन्तु टीम भावना के लिए जरूरी है कि आप **'मैं'** को दरकिनार करके **'हम'** वाले रवैए को अपनाएं, परन्तु इसके लिए आपको कुछ तथ्यों पर ध्यान देना होगा और जानना होगा कि आपके अन्दर लीडर बनने के कितने गुण हैं:–

1. क्या आप दूसरों की टांग खींचते हैं? हाँ ☐
2. क्या आप दूसरों की छवि धूमिल करते हैं? हाँ ☐

3. क्या आप दूसरों को अपनी उपस्थिति महसूस कराते हैं? हाँ ☐
4. क्या आप पूर्व की उपलब्धियों का बखान करते हैं? हाँ ☐
5. क्या आप अपने गुस्से को प्रगट करते हैं? हाँ ☐
6. क्या आप सकारात्मकता और तत्परता दिखाते हैं? हाँ ☐
7. क्या आप बिना जरूरत के अपना सुझाव देते हैं? हाँ ☐
8. क्या आप दूसरों की उपलब्धियों से ईर्ष्या करते हैं? हाँ ☐
9. क्या आप दूसरों के अच्छे प्रदर्शन का मूल्यांकन करते हैं? हाँ ☐
10. क्या आप अपनी पारिवारिक चिंताओं को जाहिर करते हैं? हाँ ☐
11. क्या आप नकारात्मक प्रतिक्रिया मिलने पर खीज जाते हैं? हाँ ☐
12. क्या आप महात्मा गाँधी के तीन सिद्धांत बुरा मत बोलो, बुरा मत सुनो और बुरा मत देखो पर अमल करते हैं? हाँ ☐

अब अपना उत्तर जानने के लिए हाँ (✓) वाले सही निशानों का योग करें।

- यदि आपके 10 से अधिक उत्तर **'हाँ'** में हैं, तब आप समझ सकते हैं कि आपके अन्दर लीडरशिप के गुण हैं और आप पुस्तक को एक बार पढ़ने के बाद ही उस पर अमल करना शुरू कर सकते हैं।
- यदि आपके 10 से कम उत्तर **'हाँ'** में हैं तब आपको इस अध्याय को तब तक ध्यान से पढ़ना होगा, जब तक कि आपके 10 से अधिक उत्तर **'हाँ'** में नहीं आ जाते।
- लेकिन 8 से कम उत्तर **'हाँ'** में होने पर आपको पूरी पुस्तक दो या तीन बार पढ़नी होगी और यह समझना होगा कि सामुहिक प्रयासों से ही लीडरशिप पैदा होती है।

क्योंकि टीम भावना यह एहसास दिलाती है कि आपने जो पाया है, वह आपके अकेले का नहीं है, बल्कि सब का साझा है। इसलिए टीम भावना खेल के मैदान से लेकर समाज के तमाम सामूहिक कार्यों तक जरूरी है। चाहे वह मिल कर किसी काम को करने का निर्णय लेना हो। या किसी सामाजिक उद्देश्य की प्राप्ति के लिए किया जा रहा कोई प्रयास हो। या निजी क्षेत्र या कंपनी का कोई अभियान हो, सबमें टीम भावना का महत्व है।

टीम भावना क्यों महत्वपूर्ण है: बड़ी सफलता में अकेले व्यक्ति का कोई महत्व नहीं होता, बल्कि उसकी योग्याताओं का महत्व है ताकि वह टीम में एक भूमिका अदा कर सके।

टीम सफल हो, इसके लिए आपको बराबर प्रयास करना होता है। **'एकला चलो रे'** की भावना से टीम का हित नहीं होता, बल्कि आपके भीतर वह सामाजिक कौशल होना जरूरी है, जो किसी सामूहिक कार्य को सफलता की ओर ले जाए।

कैसे देती है विविधता बेहतर नतीजे: टीम भावना की शुरुआत वहीं से होती है, जहां से आप बाकी लोगों के साथ एक लक्ष्य की ओर बढ़ना शुरु करते हैं। फिर विचारों और व्यक्तियों की विविधता बेहतर नतीजे देती है। तब जितना बड़ा समूह होगा, उतने ही ज्यादा आपके पास विचार होंगे, जिससे टीम की क्षमताएं बढ़ेंगी।

क्योंकि किसी भी एक व्यक्ति का कामं अपने आप में पूर्ण नहीं हो सकता। टीम की अपनी ताकत होती है। लेकिन जरूरी है दूसरों के साथ काम कर पाने की योग्यता और दूसरों को महत्वपूर्ण समझने की क्षमता।

इस समझ के साथ जब आप टीम में शामिल होते हैं, तब बेहतर नतीजे पाने का रास्ता आसान हो जाता है। जिसकी उम्मीद आप अकेले नहीं कर सकते। क्योंकि टीम के साथ काम करते हुए हर सदस्य को नए तरीके से सोचने की छूट होती है, फिर वह अपने हिस्से के काम को एक नया रूप देने में लग जाता है।

क्या है टीम भावना में नेतृत्व की भूमिका? टीम का अर्थ है कि किसी एक लीडर के नेतृत्व को स्वीकार करते हुए काम करना। क्योंकि वह काम में तालमेल बैठाता है, फिर सबकी कमियों-खामियों को पहचानकर अपने दल को ऐसा रूप देता है कि हर व्यक्ति बेहतर परिणाम देने लगता है।

लेकिन टीम में यह बेहद जरूरी है कि बिना लीडर की उपस्थिति के भी आप सकारात्मक रूप से काम करें और अच्छे नतीजे दें। इसके लिए आपको नीचे लिखी बातों पर ध्यान देना होगा:-

- टीम के सदस्य कुछ समय एक साथ गुजारें और एक-दूसरे के व्यक्तित्व को बेहतर ढंग से जानने की कोशिश करें।
- विविधताओं के बीच काम कैसे करना है, यह भी जानें।
- टीम में काम करते हुए कई तरह के दबाव होते हैं। इसलिए किसी एक के काम को दूसरे से कम न समझें क्योंकि अच्छे काम में उसकी भी हिस्सेदारी है।

यदि टीम में इस तरह की भावना नहीं होगी, तो वह सफल टीम नहीं कहलाएगी। परन्तु यह अवस्था कमजोर लीडरशिप के कारण आती है।

हौसला रखें हिमालय से ऊंचा:

आज से करीब 90 साल पहले एक पत्रकार ने पर्वतारोही जॉर्ज मैलोरी से एक सवाल किया था, **"आप माउंट ऐवरेस्ट पर क्यों चढ़ना चाहते हैं?"**

वह इस सवाल से भड़क गए और उत्तेजित होकर जॉर्ज मैलोरी बोले, **"क्योंकि वह ऐवरेस्ट है।"**

लेकिन जॉर्ज मैलोरी का सपना पूरा नहीं हुआ। क्योंकि ऐवरेस्ट पर चढ़ाई के अपने तीसरे अभियान में वह लापता हो गए थे, फिर 75 साल बाद उनका शव मिला था। परन्तु वह अकेले पर्वतारोही नहीं थे, जिसका सपना टूटा था। जॉर्ज मैलोरी के बाद सैकड़ों पर्वतारोहियों ने दुनिया की सबसे ऊंची चोटी फतह की कोशिशें की, लेकिन किसी को भी सफलता नहीं मिली।

क्योंकि ऐवरेस्ट का लक्ष्य कठिन परीक्षा की मांग करता है। इस सफर में यह कहना मुश्किल है कि सबसे खतरनाक जगह कौन-सी है? बर्फानी तूफान, हिम दरारें और हाई एल्टीट्यूड सिक्नेस जैसी घातक स्थितियों से यदि बच गए, तो आइसफॉल से बचना मुश्किल हो जाता है।

यह आइसफॉल बर्फ की एक ऐसी बहती नदी है, जिसमें बर्फ के बड़े-बड़े टुकड़े तैरते रहते हैं। इस आइसफॉल को पार करने वाले पर्वतारोहियों को लगातार इस बात का खतरा रहता है कि वे कहीं अचानक खुलने वाली हिम दरारों या उन बर्फ के टुकड़ों के शिकार न हो जाएं।

बहुत से लोग ऐवरेस्ट को एक कब्रगाह कहते हैं, क्योंकि वहां पर मरने वालों की संख्या 250 के करीब हो चुकी है।

लेकिन जिन लोगों के हौसले हिमालय से ऊंचे थे, उन्होंने ऐवरेस्ट की चोटी पर अपनी सफलता का परचम फहरा दिया।

उनमें से सबसे पहला नाम है एडमंड हिलेरी और तेनजिंग नोरगे का, जिन्होंने अपने सफल नेतृत्व की वजह से 1953 में ऐवरेस्ट पर विजय पाई थी। उसके बाद तो एवरेस्ट की चोटी पर चढ़ने का सिलसिला-सा शुरू हो गया।

1965: एम.एस कोहली के नेतृत्व में नौ सदस्यों का दल चोटी पर पहुँचा और भारत ऐवरेस्ट पर फतह करने वाला चौथा देश हो गया।

1975: जापान की जुनको ने दक्षिण पूर्व रिज से शिखर पर चढ़ाई की और वह ऐवरेस्ट के शिखर पर पहुँचने वाली पहली महिला कहलाईं।

1984: बर्फानी तूफान को झेलकर बच्छेंद्री पाल ने माउंट ऐवरेस्ट फतह किया और ऐसा करने वाली पहली भारतीय महिला बनीं।

1993: भारत की 19 साल की डिकी डोलमा ने शिखर तक का सफर तय किया और ऐसा करने वाली वे सबसे कम उम्र की महिला बनीं।

2009: 21मई को अपा शेरफा ने 19वीं बार शिखर पर चढ़ाई की। और सफलता पाई।

इसलिए इनकी सफलता से सीख लो, क्योंकि ये सब सफल नेतृत्व के उदाहरण हैं। वैज्ञानिक फैडरिक कुले की कहानी भी कुछ ऐसी ही है। जब वे

अणुओं की संरचना को समझने के लिए संघर्ष कर रहे थे, तब एक रात आग के सामने उन्हें झपकी आ गई।

फिर सपने में उन्होंने अणुओं को नाचते हुए देखा। अणु सांप की आकृति में बदल गए और वे कुछ समझ पाते, इससे पहले ही सांप ने अपनी पूंछ को मूंह में दबा लिया और अंगूठी की आकृति बनाई।

तब फडरिक ने सपने से प्रेरित होकर कहा कि बेन्जीन अणु एक मंडल है। फिर यह खोज जैविक रसायन के क्षेत्र में बड़ी उपलब्धि साबित हुई।

इसलिए दिमाग को बंद मत करो, क्योंकि अल्बर्ट आइंस्टीन ने कहा है, **"जब आप कुछ नया सीखते हैं, तो आपके अनुभव इतिहास के पन्नों में सिमट़ जाते हैं।"**

यही वजह है कि महान नेतृत्वकर्ता, आविष्कारक, सफल उद्योगपति और सुपरस्टार के मन की गहराइयों में यह इच्छा दबी रहती है कि उन्हें अपनी जिंदगी में कुछ विशेष दिखना है, कुछ नया करना है। तब वे उस बात पर यकीन करते हैं, जिसे वे सही मानते हैं। फिर हकीकत में बदलने के लिए अपनी पूरी ऊर्जा उस काम में लगा देते हैं।

इस बात को विस्तार से समझने के लिए इस कहानी को ध्यान से पढ़ें। एक राजा अपनी नवविवाहित रानी के साथ शाम को घूमने के लिए रथ पर बैठकर निकला। रथ वह स्वयं चला रहा था। अचानक आसमान में काले-काले बादल उमड़ आए। फिर आंधी-तूफान के लक्षण दिखने लगे। यह देखकर रानी घबरा गयी, लेकिन राजा बेपरवाह होकर रथ हांकता रहा।

रानी ने पूछा, **"आंधी-तूफान की आशंका के बावजूद आप इतने बेफिक्र क्यों हैं?"**

राजा ने उत्तर दिया, **"यह कोई विशेष बात नहीं है।"**

रानी ने कहा, **"कुछ देर बाद हमारे प्राण संकट में पड़ सकते हैं, फिर भी आप कहते हैं कि यह कोई विशेष बात नहीं हैं!"**

यह सुनते ही राजा ने तलवार निकालकर उसकी नोक रानी के सीने से लगा दी। रानी ने मुस्कुराकर पूछा, **"यह क्या है?"**

सफलता निर्भर करती है आपकी सोच पर, आपके दृष्टिकोण पर, आपके काम करने के तरीके पर, आपके व्यवहार पर और सही समय पर सही निर्णय लेने पर!

राजा ने कहा, **"अपने सीने पर तलवार देखकर भी तुम डर क्यों नहीं रहीं?"**

रानी ने जवाब दिया, **"जब आपके जैसा पति मेरे साथ है, तो डर किस बात का?"**

इस पर राजा ने कहा, **"तुम्हें जिस तरह अपने पति पर विश्वास है, उसी तरह मुझे अपने नेतृत्व पर भरोसा है। फिर मैं आंधी-तूफान से क्यों डरूं?"**

जब आप
एक झूठ बोलते हैं
तब आपको यह
नहीं पता होता कि
आप कितनी बड़ी
मुसीबत में
फंसने जा रहे हैं।
क्योंकि तब आपको
एक झूठ को सच में
बदलने के लिए
बीस झूठ
और बोलने पड़ते हैं।

शायद इसी कहानी को ध्यान में रखते हुए पूर्व राष्ट्रपति ए.पी.जे. अब्दुल कलाम ने कहा था, **"जो मनुष्य अपनी सफलता का श्रेय दूसरों में बांट दे और अपने साथियों को प्रोत्साहित करने की जरूरत समझे, वही सही मायनों में 'लीडर' होता है।"**

इसका ताजा उदाहरण हैं भारतीय मूल की अमेरिकी अर्थशास्त्री सोनल शाह। जिन्हें अमेरिका के नवनिर्वाचित राष्ट्रपति बराक ओबामा ने अपने **'ट्रांजिशन बोर्ड'** में सलाहकर नियुक्त किया है।

जबकि सोनल शाह का जन्म 20 मई 1968 को मुम्बई में हुआ था। उनके पिता रमेश पूनमचंद शाह 1970 में गुजरात से न्यूयार्क आए थे। तब उन्होंने अपना करियर कैमिकल इंजीनियर के रूप में शुरू किया था। बाद में उनका रुझान **'स्टॉक मार्केट'** की ओर हो गया। अब वह **'मॉर्गन स्टेले'** में सलाहकार के रूप में काम कर रहे हैं।

परन्तु 1972 में चार वर्ष की उम्र में सोनल अपनी माँ कोकिला और बहन रूपल के साथ अमेरिका चली गई थीं। फिर सोनल शाह ने 1990 में शिकागो यूनिवर्सिटी से अर्थशास्त्र में बी.ए. किया। उसके बाद ड्यूक यूनिवर्सिटी से एम. एम. की डिग्री ली।

फिर सोनल शाह ने अमेरिका की ट्रेजरी में 1995 से 2000 तक विभिन्न पदों पर काम किया और एशियाई वित्तीय संकट पर भी उन्होंने उल्लेखनीय भूमिका अदा की। आज वह ओबामा प्रशासन में सलाहाकार हैं।

इसीलिए बिरला इंस्टीट्यूट ऑफ मैनेजमेंट टेक्नोलॉजी के निदेशक हरिवंश चतुर्वेदी ने कहा है, **"अच्छा लीडर बनने के लिए अच्छा मैनेजर होना जरूरी**

है। परन्तु लीडर को कर्मचारियों की परख होनी चाहिए और पता होना चाहिए कि किसकी कितनी क्षमता है।"

कुछ दिनों पहले मैं एक हिन्दी कॉमेडी फ़िल्म **'नो एंट्री'** देख रहा था, जिसका मुख्य किरदार अनिल कपूर हर मौके पर एक डायलॉग **'बी पॉजिटिव'** बोलता है। फ़िल्म के दौरान उसका यह डायलॉग बहुत हास्यपद लगता है, परन्तु असल जिन्दगी में इस बात का बहुत महत्व है।

क्योंकि जीवन आगे बढ़ने का नाम है और इसमें कोई रिवर्स गियर नहीं होता। परन्तु ब्रेक जरूर होते हैं। लेकिन ब्रेक के बाद रेस देना जरूरी है। क्योंकि मनुष्य का जीवन हमेशा विकास की ओर अग्रसर रहता है, जो सिद्ध करता है कि आपकी लाइफ पॉजिटिव है।

इसलिए फ़िल्म में अनिल कपूर ने **'बी पॉजिटिव'** शब्द का इस्तेमाल किया था। क्योंकि जिस व्यक्ति का रवैया पॉजिटिव होता है, वह किसी भी मुश्किल से आसानी से निकल सकता है।

रवैया एक मानसिक अवस्था है, जो किसी व्यक्ति के सोचने का तरीका बदल देता है। फिर ऐसे व्यक्ति सफल लीडर साबित होते हैं और उनकी साख पर कम्पनी का विकास होता है।

जबकि आई.ए.एस. अकादमी के पूर्व प्रशासनिक अधिकारी डा.के.के. सक्सेना मानते हैं, **"लीडर बनने के लिए पेशेवर होने के साथ संवेदनशील होना बहुत जरूरी है।"**

तभी तो ग्रंथों में लिखा है:–

अयं निजः परोवेति, गणना लघुचेतसाम्।
उदारचरितानाम तु वसुधैवकुटुम्बकम्॥

इस श्लोक का अर्थ है कि ये मेरा है, वो तेरा है जैसी बातें छोटी सोच के लोग करते हैं। परन्तु जो लीडर होते हैं, वो पूरी दुनिया को अपने परिवार की तरह देखते हैं। लेकिन किसी राष्ट्र का नेतृत्व करना कितना कठिन होता है, इसका अंदाजा लगाने के लिए आप इस कहानी पर ध्यान दें।

एक बार रोम के राजा डेमोक्लीज से किसी ने कहा, **"तुम्हारे पास काम ही क्या है, दिनभर राजगद्दी पर बैठे रहते हो।"**

डेमोक्लीज चुप रहा और राजमहल के अगले जलसे से पहले उसने उसी व्यक्ति को राजगद्दी पर बैठा दिया। फिर उसके सिर के ऊपर धागे से तलवार लटका दी।

पूरी शाम जलसा चलता रहा। सब लोग खुशियां मनाते रहे, परन्तु उस व्यक्ति की जान गले में अटकी रही। रात होने पर राजा ने उसे राजगद्दी से उतारा और

कहा, **"नेतृत्व करने का तनाव भी ऐसा ही होता है, हर वक्त सिर पर लोगों की उम्मीदों का भार लदा रहता है और ये डर सताता रहता है कि कहीं उनकी नजरों से मैं गिर न जाऊं।"**

आपके जीवन में भी कुछ ऐसे क्षण आ सकते हैं, जब आप अपने आपको इस तरह के चक्रव्यूह में घिरा पाएंगे।

इसीलिए महाभारत में भगवान कृष्ण ने युद्ध से पहले बातचीत के जरिए कौरवों को मनाने की पैरवी ही नहीं की, बल्कि खुद उस युद्ध में बढ़-चढ़कर हिस्सा लिया था।

रॉबर्ट एच. शुलर की पुस्तक **'बिकम द पर्सन यू वान्ट टु बी'** में इसी बात को दूसरे तरीके से कहा गया है, **"उस मानसिकता पर विचार करो, जो विरोध के नजरिए से निकलती है। क्योंकि जब आप इस नजरिए से सोचते हैं कि यह सिर्फ दिमाग का फितूर है, तो आप भावनात्मक रूप से मुक्त हो जाते हैं।"**

एक पुरानी कहानी है, एक बार एक किसान का गधा सूखे कुएं में गिर गया। जब तक किसान कुछ सोच पाता कि क्या उपाय किया जाए, तब तक गधा वेदना से चिल्लाता रहा। फिर किसान ने फैसला लिया कि गधा तो तकरीबन बूढ़ा हो चुका है और अब यह अपना काम भी ठीक से करने में सक्षम नहीं है। इसलिए इसे कुएं से निकालने का अब कोई फायदा नहीं है। यह सोचकर उसने कुएं को मिट्टी से भरने के लिए अपने पड़ोसी किसान से मदद मांगी। उसने फावड़ों से मिट्टी डालनी शुरू कर दी। तब उस गधे को कुछ समझ नहीं आ रहा था कि यह क्या हो रहा है? उसने रेंकना जारी रखा। परन्तु थोड़ी देर के बाद उसकी आवाज आनी बंद हो गई। कुछ और मिट्टी डालने के बाद किसान ने कुएं में झांका। तब उसने एक अजीब दृश्य देखा कि जैसे ही उस गधे पर मिट्टी डलती गयी, वैसे ही वह मिट्टी झाड़कर ऊपर आता गया। परन्तु जब कुएं के किनारे तक मिट्टी भर गई, तब गधे ने बाहर छलांग लगाई और खुश होकर भाग गया।

यह कहानी बताती है कि जीवन एक संघर्षपूर्ण युद्ध के समान है और यह युद्ध तब लड़ा जा सकता है, जब आप पूरी तरह से निडर हों।

परन्तु इसके लिए अपने आप को बदलना होगा, अपनी कमजोरियों को जानना होगा, अपनी शक्तियों को जागृत करना होगा, प्रयास करने का तरीका ढूंढना होगा, क्योंकि कमजोर हिस्सों को जानने के बाद उसे बदलना आसान होता है।

यह एक वैज्ञानिक तरीका है, जिसे अपनाने के बाद विश्व के तमाम नेताओं ने अपने देश की जनता का सफल नेतृत्व किया है-

उम्मीद जिन्दगी की वह बुनियाद है जिसके ऊपर सफलता की मल्टी स्टोरी बिल्डिंग खड़ी की जा सकती है। इसलिए उम्मीद का दामन कभी मत छोड़ो। क्योंकि यह आपके अन्दर आत्मविश्वास पैदा करेगी। फिर आपको अमीर बनने से कोई नहीं रोक पाएगा।

➲ जोसेफ कबिला ने सिर्फ 29 साल की उम्र में कांगों की सत्ता संभाली थी, तब कांगों गृहयुद्ध से जूझ रहा था और विदेशी फौजें कांगों में डटी हुई थीं। जोसेफ कबिला के प्रेसीडेंट पिता की हत्या पहले ही हो चुकी थी। परन्तु काबिलियत और तजुर्बे पर उठते सवालों के बीच युवा कबिला ने कांगों की सत्ता संभाली।

फिर तंजानिया और चीन में सैनिक प्रशिक्षण लेने के बाद कबिला ने कांगों की राजधानी में कई महत्वपूर्ण लड़ाईयों का नेतृत्व किया था। लेकिन दुनिया को डर था कि सियासत में अनुभवहीन कबिला के हाथ में गृहयुद्ध से जूझ रहे कांगों की और बुरी हालत ना हो जाए।

परन्तु इस युवा फौजी ने सेना की बागडोर संभालने के साथ ही सियासत के बड़े-बड़े चाणक्यों को हैरान कर दिया। सत्ता संभालते ही उन्होंने सबसे पहले कांगों को गृहयुद्ध के भंवर से निकालने की कोशिश की फिर अपने सफल नेतृत्व के द्वारा देश से विदेशी फौजों को बाहर निकाल दिया। यह कबिला की कोशिशों का ही नतीजा था कि 2002 में दक्षिण अफ्रीका के सन सिटी में शांति समझौते पर हस्ताक्षर हुए।

➲ दुनिया के सबसे युवा शासक जिग्मे वांगचुक को देश की बागडोर पिता से विरासत में मिली है। लेकिन इस विरासत के साथ उसे एक बड़ी जिम्मेदारी यह भी मिली है कि वह हिमालय की गोद में बसे भूटान में लोकतंत्र लाने के काम को आगे बढ़ाएं।

फिर जिग्मे वांगचुक ने जनता की सहमति के न होने के बावजूद लोकतंत्र लाने के काम को आगे बढ़ाया। फिर 2005 में राजा जिग्मे वांगचुक ने ऐलान किया कि वह 2008 में लोकतांत्रिक सरकार के गठन के बाद पद छोड़ देंगे।

राजा के ऐलान के बाद भूटान में कोहराम मच गया। कई घरों में चूल्हें नहीं जले। क्योंकि लोग लोकतंत्र के लिए राजशाही छोड़ने को तैयार नहीं थे। परन्तु राजा ने वक्त से पहले ही 2006 में पद छोड़ दिया और युवा राजकुमार को देश में लोकतंत्र की स्थापना करने की जिम्मेदारी सौंप दी।

ऑक्सफोर्ड यूनिवर्सिटी से राजनीति शास्त्र की पढ़ाई करने वाले युवा राजकुमार ने राज परिवार और खुद की लोकप्रियता को लोकतंत्र का हथियार बनाया। उन्होंने

मार्च 2008 में होने वाले चुनावों के लिए देश का दौरा किया और जनता को वोट देने के लिए मनाया।

युवा राजकुमार की कोशिश रंग लाई, फिर बड़ी संख्या में भूटानी जनता ने लोकतांत्रिक सरकार के गठन के लिए वोट दिया। उसके बाद भूटान में संसदीय लोकतंत्र की स्थापना हुई, जो कि राजकुमार के सफल नेतृत्व का नतीजा है।

➲ परन्तु युवा मोहम्मद नाशीद ने इतिहास रचा है। उसने तीस साल तक मालदीव की सत्ता पर काबिज तानाशाह मौमून अब्दुल ग्यूम को सत्ता से बेदखल किया।

तब मोहम्मद नाशीद महज 11 साल का था, फिर उसने पत्रकारिता को करियर बनाया और यू.के. और श्रीलंका में पढ़ाई की। वहां से वापस आकर उसने राजनैतिक पत्रिका में ग्यूम की नीतियों के खिलाफ लिखा, जिसका खामियाजा उसे जेल जाकर चुकाना पड़ा।

फिर मोहम्मद नाशीद ने संसद की राह चुनी और मालदीव की जनता ने उन्हें माले से संसद में भेजा। उसके बाद मालदीव में मोहम्मद नाशीद का नाम लोकतंत्र की आवाज बन गया।

सियासत मे सिर्फ आठ साल के तजुर्बे वाले नाशीद पांच साल पहले गठित मालदीव डेमोक्रेटिव पार्टी से राष्ट्रपति बने। फिर जनता का उनके नेतृत्व में विश्वास बढ़ गया।

➲ बशर-अल-असद भी दुनिया के उन चुनिंदा नेताओं में से हैं, जिन्होंने मर्जी के खिलाफ सियासत की राह पकड़ी थी। क्योंकि जब बशर के पिता हफीज-अल-असद सीरिया के राष्ट्रपति थे, तब 1994 में बशर के भाई की मौत हो गई। फिर ब्रिटेन में डॉक्टरी की पढ़ाई कर रहे बशर को देश लौटना पड़ा। उसके बाद उन्हें पिता की मर्जी के चलते मजबूरन सियासत में एंट्री करनी पड़ी। पहले वे सीरियन सेना के कमांडर बने, फिर सीरिया की जनता ने उन्हें जिता दिया।

राष्ट्रपति बनने के बाद बशर सीरिया में नई टेक्नोलॉजी लाए। फिर देश के लोगों को इंटरनेट से परिचित कराया, जो कि युवा नेतृत्व का प्रतीक है।

➲ दिमित्री मेदवेदेव को रूस के राष्ट्रपति रहे ब्लादिमीर पुतिन का खास करीबी माना जाता है। प्रोफेसर के बेटे और खुद असिस्टेंट प्रोफेसर रहे दिमित्री और पुतिन का साथ 17 साल पुराना है, क्योंकि दोनों सेंट पीर्ट्सबर्ग के रहने वाले हैं।

परन्तु राष्ट्रपति पद संभालने से पहले वह रूस के उपप्रधानमंत्री थे। यह सोवियत संघ के विघटन के बाद रूस का फिर से उठ खड़े होने का वक्त था और इसे पूरा करने में लगी थी पुतिन की युवा टीम।

इस टीम के प्रमुख खिलाड़ी थे दिमित्री मेदवेदेव। उन्होंने रूस के अरबपतियों को राष्ट्रपति से मिलवाने का काम किया। फिर 2002 में मेदवेदेव ने रूस की सबसे बड़ी पेट्रोलियम कम्पनी **'गैज़प्रोम'** की कमान संभाली और अपने सटीक नेतृत्व से उसे विश्व की सबसे कमाऊ कम्पनी बना दिया।

➲ अब बात करते हैं युवा राष्ट्रपति बराक हुसैन ओबामा की, जिन्होंने दुनिया के सबसे ताकतवर देश के नेतृत्व की लड़ाई लड़ी। उनके दूसरी तरफ 72 साल के बुजुर्ग जान मैक्केन थे, लेकिन अमेरिकी जनता ने तजुर्बे की बजाए युवा जोशीले ओबामा के बदलाव के नारे **'वी कैन'** पर विश्वास किया।

फिर 200 सालों के अमेरिकी इतिहास में ओबामा पांचवे सबसे युवा राष्ट्रपति बन गए। जबकि राष्ट्रपति बनने से 5 साल पहले तक ओबामा इलिनॉय प्रांत की सीनेट के अनजान से सीनेटर थे। लेकिन सबको झुठलाते हुए ओबामा ने शानदार जीत दर्ज की।

ओबामा के करिश्माई भाषण ने लोगों को सम्मोहित किया। बाद में उनकी किताब **'ऑडेसिटी ऑफ द होप'** अमेरिका की बेस्टसेलर बनी। तब तक ओबामा अमेरिका में लोकप्रिय हो चुके थे।

2007 में ओबामा ने राष्ट्रपति पद के लिए उम्मीदवार का ऐलान किया और बदलाव का नारा बुलंद करके अमेरिका के राष्ट्रपति बन गए। आज वहाँ की जनता ओबामा की पारदर्शिता और नेतृत्व की कायल है। तभी तो किसी शायर ने कहा है:-

नन्हीं चींटी जब दाना लेकर चलती है।
तब ऊँची दीवार से सौ बार फिसलती है।।
उसके मन में कुछ करने का विश्वास भरा होता है।
इसलिए चढ़कर गिरना उसको नहीं अखरता है।।
अन्त में अपने मिशन में सफल हो जाती है।
फिर बड़ी सफलता पाने में जुट जाती है।।

यह बात हर उस व्यक्ति पर लागू होती है, जो सफल नेतृत्व करने की इच्छा रखता है। इसलिए जो लोग नेतृत्व करना चाहते हैं, उन्हें इन गुणों को लगातार विकसित करते रहना होगा। फिर जटिलताओं से उबरने के लिए नीचे लिखे गुरुमत्रों पर ध्यान देना होगा:-

संयम में रहें: जब मन में विश्वास नहीं होता, तब लक्ष्य तक पहुंचने में दिक्कतें आती हैं। क्योंकि कई बार जल्दबाजी के चक्कर में कदम गलत दिशा की ओर चले जाते हैं। इसलिए सफलता पाने के लिए मन में संयम रखें। क्योंकि संयम से किया गया काम हमेशा सफल होता है।

आलोचनाओं को स्वीकारें: आलोचना मनुष्य के जीवन का अनिवार्य अंग है, परन्तु कुछ आलोचनाएं आपके संकल्प को अडिग रखने के मार्ग में बहुत बड़ी

बाधा बन सकती हैं। लेकिन कुछ आलोचनाएं आपकी सफलता का मार्ग खोल देती हैं। इसलिए इनको चुनौती के रूप में स्वीकारें। क्योंकि दुनिया में कई ऐसे व्यक्ति हुए हैं, जिन्होंने आलोचनाओं को स्वीकार करने के बाद सफलता के शिखर पर परचम फहराया है।

सबका सम्मान करें: सफलता का मतलब है खुशी का निरंतर विस्तार करते रहना और दूसरों का सम्मान करना। क्योंकि जब आप कोई ऐसा काम चुनते हैं, जिसमें दूसरों के लिए खुशी हो, तो उसके फल सकारात्मक होते हैं। जिससे आपके अन्दर भी प्रसन्नता के भाव पैदा होते हैं। क्योंकि निष्काम भाव से किए गए काम में मिली असफलता भी सफलता से बढ़कर होती है। इससे मन में शक्ति का अनुभव होता है।

एक कहानी मुझे याद आती है, जो कि बहुत पुरानी है। परन्तु आज भी वह नेतृत्व करने वालों को प्रेरणा देती है।

एक राजा थे, जो बड़े धार्मिक थे। वह हमेशा लीडरों वाली बातें किया करते थे। एक बार उन्होंने अपने राज्य में एक बाजार लगवाया और ढिंढोरा पिटवा दिया कि यदि किसी का सामान नहीं बिका, तो वह शाम के समय राजा के पास आ जाए और राजा उसका सब सामान खरीद लेंगे।

एक देहाती शिल्पी की मूर्ति नहीं बिकी, क्योंकि वह मूर्ति अलक्ष्मी की मूर्ति थी। शिल्पी शाम के समय राजा के पास पहुंचा। राजा ने अपने वचन के कारण उस मूर्ती को खरीद लिया।

परन्तु उस रात राजा को अचानक किसी औरत के रोने की आवाज सुनाई पड़ी। राजा ने देखा कि एक औरत रोती हुई राजमहल से बाहर जा रही है। राजा ने पूछा, **"तुम कौन हो?"**

तब उस औरत ने कहा, **"मैं राज लक्ष्मी हूं, इस घर में तुमने अलक्ष्मी को लाकर रख दिया है, इसलिए अब मैं यहां कैसे रह सकती हूँ?"**

राजा ने **'अलक्ष्मी'** को रखने की अपनी विवशता बताई। लेकिन लक्ष्मी ने कहा, **"नहीं, मैं नहीं रहूंगी।"**

फिर राजा ने कहा, **"ठीक है, तुम जैसा उचित समझो करो, मैं तो अपने धर्म के पथ पर रहूंगा।"**

इतना सुनते ही लक्ष्मी चली गई। उसके जाने के कुछ देर बाद फिर खट-खट की आवाज सुनाई पड़ी। राजा ने देखा कि एक दिव्य पुरुष बाहर निकल कर जा रहा है। तब राजा ने पूछा, **"आप कौन हैं?"**

वह बोले, **"मैं नारायण हूं, लक्ष्मी चली गई तो मैं कैसे रह सकता हूं। मैं भी जा रहा हूं।"**

राजा ने कहा, **"ठीक है, जैसी आपकी इच्छा, मैं तो अपने वचन से बंधा हूं।"**

नारायण भी चले गए। उनके पीछे अन्य सभी देवता भी चले गए। राजा चुपचाप खड़े रहे। काफी देर बाद एक और देवता बाहर निकले, तो राजा ने पूछा, **"आप कौन हैं?"**

तो वह बोले, **"मैं धर्मराज हूं।"**

राजा ने कहा, **"लेकिन आप क्यों जा रहे हैं?"**

धर्मराज बोले, **"जब सब देवता चले गए, तो मैं कैसे रह सकता हूं? मुझे भी जाना होगा।"**

राजा बोले, **"आप नहीं जा सकते, क्योंकि धर्म के कारण ही मैंने अलक्ष्मी को खरीद कर यहां रखा है।"**

धर्मराज कुछ देर सोचते रहे, फिर बोले, **"यह बात तो तुम ठीक कह रहे हो, इसलिए मुझे यहां रहना पड़ेगा।"**

उनके ठहरते ही, एक-एक करके सब वापस आ गए। फिर लक्ष्मी भी लौट आयी और कहने लगी, **"नारायण जहाँ रहेंगे वहीं मैं भी रहूंगी।"**

अन्त में धर्म की विजय हो गई। इस कहानी से यह सीख मिलती है कि जो लोग अपने वचन पर अडिग रहते हैं, वही सफलता का परचम फहराते हैं। इसलिए दृढ़ निश्चयी मनुष्य बनो, लक्ष्य पर डटे रहो, नेतृत्व के गुण सीखते रहो, फिर लक्ष्मी आपके पीछे दौड़ेगी।

क्योंकि भगवद्गीता में लिखा है कि साधारण मनुष्य को अमीर बनने के लिए 36 गुणों का पालन करना होता है। यानी धर्म का आचंरण करें, परन्तु कटुता न आने दें। क्रूरता का आश्रय न लें, लेकिन ईमानदारी से धन का उपार्जन करें। मर्यादा का पालन करें। अहम के बिना भाषण दें। शूरवीर बनें, दान दें। दुष्टों के साथ मेल न करें, अपनों से कलह न ठानें। लालची को धन न दें। जो विश्वासपात्र न हो, उनसे काम न लें। साधुओं का धन न छीनें। नीच का आश्रय न लें। अच्छी तरह जांच किए बिना दंड न दें। गुप्त बातों को प्रकट न करें। जिन्होंने कभी उपकार न किया हो, उन पर विश्वास न करें। किसी से ईर्ष्या न करें और स्त्रियों की रक्षा करें। शुद्ध रहें और किसी से घृणा न करें। स्वादिष्ट भोजन भी अधिक न खाएं। दंभहीन होकर देवपूजन करें। अच्छे उपाय से लक्ष्मी प्राप्त करने की इच्छा रखें। स्नेहपूर्वक बड़ों की सेवा करें। कार्यकुशल होने पर अवसर को न छोड़ें। किसी से चिकनी चुपड़ी बातें न करें। किसी पर कृपा करते समय उससे वापस लेने की इच्छा न करें। शत्रुओं को मारकर उस पर शोक न करें। अकस्मात क्रोध न करें। जिन्होंने आपका नुकसान किया हो, उनके प्रति कठोर रहें।

जब आप ऐसा करोगे, तब आपको अपने काम में सफलता अवश्य मिलेगी। क्योंकि लीडरशिप विकसित करने का तरीका भी यही है। 36 गुणों को विकसित किए बिना आप लीडर नहीं बन सकते, सिर्फ मैनेजर बन सकते हैं।

इसलिए लीडर और मैनेजर के बीच का अन्तर समझें। मैनेजर का काम किसी कार्य को सही तरीके से मैनेज करना होता है, जबकि लीडर का काम हमेशा सही काम करना होता है।

एक मैनेजर के काम का दायरा और जिम्मेदारियां छोटी होती हैं, लेकिन लीडर की जिम्मेदारियां बहुत बड़ी होती हैं। परन्तु जल्दी सफलता मैनेजर को मिलती है, लेकिन सफलता की लंबी उम्र के मामले में लीडर आगे होता है। इसलिए कुछ सवाल अपने आप से पूछें, ताकि आप जान सकें कि आपके अन्दर लीडर के गुण हैं या मैनेजर के:–

- क्या आप हर रोज एक ही समय प्र सो कर उठते हैं? हाँ ☐
- क्या आपका वजन ज्यादा है? हाँ ☐
- क्या आप शराब पीते हैं? हाँ ☐
- क्या आपका ऑफिस व्यवस्थित है? हाँ ☐
- क्या आपका घर व्यवस्थित है? हाँ ☐
- क्या आप अपना समय नष्ट करते हैं? हाँ ☐
- किसी से वायदा करके आप उसे क्या निभाते हैं? हाँ ☐
- क्या आप दूसरों से किंया गया वादा निभाते हैं? हाँ ☐
- क्या आप किसी दिन उपवास रख सकते हैं? हाँ ☐
- क्या आप एकाग्र होकर काम करते हैं? हाँ ☐
- काम की सूची बनाकर क्या आप उसे पूरा कर पाते हैं? हाँ ☐
- क्या आप काम करने के तरीके तलाशते हैं? हाँ ☐
- क्या आप अधिक टीवी देखते हैं? हाँ ☐
- क्या आप खाते समय सेहत देखते हैं? हाँ ☐
- क्या आपने कोई बुरी आदत छोड़ी है? हाँ ☐
- क्या आपको पता है कि आप कल क्या करेंगे? हाँ ☐
- क्या आप खुद को पंसद करते हैं? हाँ ☐
- क्या आप एक अच्छे इंसान हैं? हाँ ☐
- क्या आप खुश रहते हैं? हाँ ☐
- क्या आप दिल और दिमाग से फिट हैं? हाँ ☐

ये कुछ ऐसे प्रश्न हैं, जिनका उत्तर आपको खुद ही देना है। लेकिन जिन लोगों में आत्मसम्मान की कमी होती है, वे इन सवालों का जवाब **'हां'** में मुश्किल से ही दे पाते हैं। हो सकता है आप भी इनमें से एक हों।

जबकि सच यह है कि हर चीज का प्रभाव आखिरी दम तक रहता है। क्योंकि जब आप एक खूबसूरत महिला को देखते हैं, तब आप उसे **'हैलो'** कहे बिना नहीं रह सकते, लेकिन **'हैलो'** को जो महिला **'हाल्लू'** कहे, तब आप क्या करेंगे।

इसलिए हर व्यक्ति के स्वर में बदलाव लाने का कौशल होना जरूरी है। क्योंकि जिन्दगी एक बर्गर की तरह है। जिसकी शुरुआत और अंत अच्छा होना चाहिए। मध्य अगर औसत हो, तो भी आप स्थायी प्रभाव डालने में कामयाब हो सकते हैं।

इसलिए सबसे पहले आप व्यक्ति का **चेहरा** देखते हैं, फिर **बॉडी लैंग्वेज,** फिर कपड़े पहनने का स्टाइल और फिर बातचीत करने का तरीका। हो सकता है आपको ये खूबियां प्रभावित करें, लेकिन यदि उस व्यक्ति में व्यवहार कुशलता नहीं है, तो वह सही मायने में लीडर नहीं बन सकता।

जबकि लीडर के लिए इन दोनों गुणों का होना जरूरी है। क्योंकि लीडरशिप का अर्थ है बड़े निर्णय लेना और मैनेजमेंट का मतलब है, छोटे फैसले करना। लीडरशिप लंबी अवधि के लिए होती है, जबकि मैनेजर का काम होता है रोज के काम को मैनेज करना।

जैसा कि मेरा ड्राइवर मुझे मैनेज करता है। उसका काम है रोज मुझे सेमीनार वाले स्थान तक ले जाना। आज भी वह मुझे समय से पहले ले आया था।

परन्तु जब मैंने हॉल में प्रवेश किया, मिस्टर सावरकर से मेरी मुलाकात्त हो गयी। आज वह आगे की सीट पर बैठे थे। मैंने स्पीच शुरू करने से पहले उनसे पूछा, **"मिस्टर सावरकर! क्या आप मुझे कल की बात का उत्तर दे सकते हैं कि आप अब तक अमीर क्यों नहीं बन पाए?"**

सावरकर ने खड़े होकर कहा, **"मिस्टर इन्जीनियर! मेरे अन्दर नेतृत्व की कमी है। रात भर मैंने आपके द्वारा कहे गए शब्दों पर गौर किया और पाया कि मैं मैनेज तो अच्छी तरह से कर लेता हूं, लेकिन लीड नहीं कर पाता।"**

तब मैंने कहा, **"आप मेरी बातों को ध्यान से सुनिए। मैं आपको बताता हूं कि नेतृत्व को कैसे किया जाता है-? नेतृत्व ठीक वैसे ही किया**

आप तब तक सफल नहीं माने जाएंगे जब तक कि आपके बचपन का कोई दोस्त अपने बच्चों को आपके अतीत के किस्से न सुनाए **और कहे कि किसी जमाने में यह व्यक्ति मेरे साथ पढ़ता था।**

जाता है, जैसा कि मैं आपका कर रहा हूं और प्रबंधन किया जाता है व्यवस्था का, जैसा कि मेरा ड्राइवर मुझे रोज आप तक लाने का करता है।"

आप वह पाना चाहते हैं जो पड़ोसी के पास नहीं है। तब आपको वह करना होगा जो पड़ोसी करने से डरते हैं।

इस अन्तर को विस्तार से समझाने के लिए मैं आपको बताना चाहूंगा कि माइक्रोसॉफ्ट के वर्तमान सी.ई.ओ. स्टीव बॉलमर ने बिल गेट्स के साथ जब पहली बिजनेस मीटिंग की थी, तब वे पी.एंड.जी. में थोड़े समय तक काम करने के बाद एक अच्छे करियर की तलाश में थे। लेकिन उन्होंने उस मुलाकात में बिल गेट्स को कम्प्यूटर के वो राज बताए, जिन्हें सुनकर बिल गेट्स दंग रह गए।

फिर बिल गेट्स ने स्टीव की आंखों में झांकते हुए कहा, **"मुझे उम्मीद है कि आप अच्छे मैनेजर के साथ-साथ अच्छे लीडर भी साबित होंगे।"**

इससे पता चलता है कि लीडर का दिल और दिमाग दोनों काम करते हैं। क्योंकि वॉरेन वेंनिस का भी यही कहना है, **"लोगों के सामर्थ्य को काम में लेने में लीडर्स, मैनेजर्स से कही अधिक सफल होते हैं। लोगों से जरूरी काम करवा पाना मैनेजमेंट है, जबकि लोगों में जरूरी काम को करने की चाहत पैदा करना लीडरशिप है। मैनेजर नियंत्रण और दबाव से काम करवाते हैं, जबकि लीडर लोगों के दिलों में लौ जलाकर और वचनबद्धता से काम करने के लिए प्रेरित करते हैं।"**

इस बात को विस्तार से समझाने के लिए मैं आपको एक घटना सुनाता हूँ। जब रिलायंस इंडस्ट्रीज की जामनगर रिफाइनरी, बाढ़ में पूरी तरह से जलमग्न हो गयी थी, तब **'बेश्टेल एंड शैल'** के प्रबंधकों ने यह घोषणा कर दी थी कि दो महीनों में रिफाइनरी को फिर से चालू करना बहुत मुश्किल है। लेकिन धीरूभाई अम्बानी ने यह बात नहीं मानी। क्योंकि वे जानते थे कि अगर कर्मचारी अपना दिल और दिमाग इस काम में लगा देंगे, तो कुछ भी नामुमकिन नहीं है।

फिर विदेशी सलाहकार (कंसल्टेंट) देखते रह गए और कर्मचारियों ने रात-दिन एक करके रिफाइनरी को फिर से खड़ा कर दिया। वह भी एक हफ्ते से कम समय में।

इसलिए मैं कह सकता हूं कि मैनेजमेंट वर्तमान के लिए होता है और लीडरशिप भविष्य के लिए। क्योंकि प्रभावशाली मैनेजर योजना बनाने में माहिर होता है और वह यह पता लगाता है कि उसका कौन-सा कर्मचारी किस काम

के लिए उपयुक्त है। साथ ही वह समय-समय पर उनकी बुद्धिमता और निर्णय क्षमता का परीक्षण करता रहता है। वह कर्मचारियों से निश्चित समय के भीतर परिणाम चाहता है।

क्योंकि प्रभावशाली मैनेजर बेहतर मनौवैज्ञानिक होते हैं। वह अपने डिपार्टमेंट के लोगों को हमेशा प्रोत्साहित करते रहते हैं। वह इस बात को समझते हैं कि कब किस कर्मचारी का विश्वास कम हो रहा है। कर्मचारी की पारिवारिक स्थितियां अनुकूल न हों, तो उनका विश्वास बढ़ाने के लिए क्या किया जाए।

इससे कर्मचारी का मनोबल बढ़ता है और वह अपना प्रदर्शन सुधारने के लिए प्रयास करता है। फिर प्रभावशाली मैनेजर अपने कर्मचारियों को उनकी योग्यता और क्षमताओं के अनुसार पुरस्कार देता है।

वह यह जानता है कि एक खुशमिजाज स्टॉफ को कम सुपरविजन की आवश्यकता होती है। जॉन कोटक्कर भी यही कहते हैं, **"मैनेजमेंट का मुख्य उद्देश्य वर्तमान व्यवस्था को सुचारु रूप से चलाना है, जबकि लीडरशिप का काम उपयोगी बदलाव लाना है। वर्तमान व्यवस्था में उत्पन्न होने वाली मुश्किलों से निपटना मैनेजमेंट है, लेकिन लीडरशिप का सम्बंध बदलाव के साथ कदम से कदम मिलाकर चलना है।"**

अमेरिका के पूर्व राष्ट्रपति बिल क्लिंटन की तरह। जब वह वाजपेयी सरकार के दौरान अपनी सास और बेटी के साथ भारत आए थे, तब उन्होंने राजस्थान में हाथी की सवारी की और हैदराबाद की धूल भी फांकी। फिर वह भारत से अपने साथ कई यादें और अनुभव लेकर अमेरिका लौट गए। अमेरिका पहुँचकर उन्होंने अपने सीनेटर (सांसद) मित्रों को भारत के कई किस्से सुनाए, **"इंडिया में हमने ऐसा देखा, वैसा देखा, इंडिया के लोग ऐसे हैं, वैसे हैं।"**

तब उनका एक मित्र झल्लाते हुए बोला, **"यार, तुम इंडिया के बारे में घिसी-पिटी बातें ही क्यों बता रहे हो, यह सब तो हम पहले से जानते हैं कुछ नया देखा हो, तो बताओ।"**

मित्र की बात सुनकर बिल क्लिंटन ने कुछ देर तक अपने दिमाग पर जोर दिया, फिर बोले, **"हाँ, मैंने वहां एक नई चीज देखी है।"**

उनका इतना कहना था कि मित्र उत्सुक्ता से बोला, **"वह क्या।"**

बिल क्लिंटन ने मुस्कुराते हुए कहा, **" मैने इंडिया के लोगों के पास एक अजीब-सी चीज देखी है। उस अजीब-सी चीज की मदद से वह कुछ भी कर सकते हैं। वहां के लोग उसे जुगाड़ कहकर पुकारते हैं।**

बच्चे का एडमिशन करवाना हो, तो वह जुगाड़ का इस्तेमाल करते हैं, पुलिस से पीछा छुड़ाना हो, तो वह इसी जुगाड़ का सहारा लेते हैं। यानी

वहां के लोग इस जुगाड़ नाम की चीज की बदौलत ही अपने सारे काम निपटाते हैं।"

वह बता ही रहे थे कि उनका मित्र बीच में बोल पड़ा, **"यह बताओ कि क्या तुम भी अपने साथ थोड़ा बहुत जुगाड़ लाए हो?"**

बिल क्लिंटन ने मायूसी व्यक्त करते हुए कहा, **"नहीं, मैं तो अपने साथ जुगाड़ नहीं लाया, लेकिन आप चिंता न करें, मैं अटल जी को फोन करके थोड़ा जुगाड़ आपके लिए मंगवा देता हूँ।"**

फिर बिल क्लिंटन ने अटल जी को फोन किया, **"हैला। अटल जी, नमस्ते आप कैसे हैं? अटल जी मैंने इंडिया में आपके यहां एक चीज देखी है, जिसे आप लोग जुगाड़ कहकर पुकारते हैं। क्या आप थोड़ा-बहुत जुगाड़ मेरे लिए भी भिजवा सकते हैं?"**

अटल जी मुस्कुराते हुए बोले,**"क्लिंटन साहब! मैं आपके लिए जुगाड़ कैसे भेज दूँ, मेरी तो खुद की सरकार इसी जुगाड़ पर टिकी है।"**

इस किस्से के बाद बिल क्लिंटन ने एक सभा में कहा था, **"भारत में नेंतृत्व करने का अनोखा तरीका है, जो कि पूरी तरह से जुगाड़ पर टिका है!"**

कुछ ऐसा हाल वर्गीज़ कुरिएन का भी था। जब उन्होंने अपने जुनून का पीछा करना शुरू किया, तब पश्चिमी देशों में भारतीय दूध को नाली के पानी से भी ज्यादा संक्रमित माना जाता था और दूध उत्पादक गरीबी की मार झेल रहे थे। उसके बाद भी कुरिएन ने गुजरात को-ऑपरेटिव मिल्क मार्केटिंग फेडरेशन की स्थापना की।

अब वही दूध पूरे विश्व में विख्यात हो चुका है, जिसकी झलक हर जगह देखने को मिलती है। उनके इस प्रयास से आज भारत दुनिया का सबसे बड़ा दूध उत्पादक देश बन गया है।

शायद इसीलिए उच्च टेक्नोलॉजी सम्बंधी फर्मों के संघ यूनाईटेड टेक्नोलॉजीज ने लिखा है, **"लोग नहीं चाहते कि उनका प्रबंधन किया जाए। वे चाहते हैं कि उन्हें नेतृत्व मिले।"**

क्योंकि नेतृत्वकर्ता का प्रोत्साहन प्रबंधकों की शक्ति से कहीं ज्यादा प्रभावशाली होता है। आप अपने घोड़े को पानी तक तो ले जा सकते हैं, लेकिन उसे पानी पीने के लिए मजबूर नहीं कर सकते।

इसलिए यदि आप किसी काम का प्रबंधन करना चाहते हैं, तो पहले खुद का प्रबंधन करना सीखें। परन्तु वैकल्पिक रास्ते भी तैयार रखें।

इस बात को विस्तार से समझाने के लिए मैं एक कहानी सुनाता हूँ। एक घर के मुखिया को यह अभिमान हो गया कि उसके बिना उसके परिवार का

काम नहीं चल सकता। उसकी छोटी-सी दुकान थी। उससे जो आय होती थी, उसी से उनके परिवार का गुजारा चलता था। क्योंकि कमाने वाला वह अकेला ही था, इसलिए उसे लगता था कि उसके बगैर कुछ नहीं हो सकता। वह लोगों के सामने डीगें हांका करता था, कि मैं ही घर का खर्च चलाता हूँ। एक दिन वह एक संत के सत्संग में पहुंचा। वहां संत बता रहे थे, **"दुनिया में किसी के होने न होने से किसी का काम नहीं रुकता। इसलिए यह अभिमान करना व्यर्थ है कि मेरे बिना परिवार ठहर जाएगा। सभी को अपने भाग्य के अनुसार प्राप्त होता है।"**

लेकिन मुखिया ने संत से कहा, **"मैं दिन-भर कमाकर जो पैसे लाता हूं, उसी से मेरे घर का खर्च चलता है। मेरे बिना तो मेरे परिवार के लोग भूखे मर जाएंगे।"**

संत बोले, **"यह तुम्हारा भ्रम है। हर कोई अपने भाग्य का खाता है।"**

इस पर मुखिया ने कहा, **"आप इसे प्रमाणित करके दिखाइए।"**

संत ने कहा, **"ठीक है। तुम बिना किसी को बताए घर से एक महीने के लिए गायब हो जाओ।"**

उसने ऐसा ही किया। संत ने यह बात फैला दी कि उसे शेर ने खा लिया है। मुखिया के परिवार वालों ने कई दिनों तक शोक मनाया। फिर गांव वाले मदद के लिए सामने आए।

एक सेठ ने उसके बड़े लड़के को अपने यहां नौकरी दे दी। गांव वालों ने मिलकर लड़की की शादी कर दी। एक व्यक्ति ने छोटे बेटे की पढ़ाई का खर्च उठाना शुरू कर दिया।

एक महीने बाद मुखिया छिपता-छिपाता रात के वक्त अपने घर आया। घर वालों ने भूंत समझकर दरवाजा नहीं खोला। जब वह बहुत गिड़गिड़ाया और उसने सारी बाते बताई, तो उसकी पत्नी ने दरवाजे के भीतर से उत्तर दिया, **"हमें तुम्हारी जरूरत नहीं है, अब हम पहले से ज्यादा सुखी हैं।"**

इसलिए आपको ऐसा नहीं करना है। क्योंकि जब आप किसी सड़क पर जा रहे हैं, और आपको बीच में **'रास्ता बंद'** का बोर्ड दिखाई देता है, तो आप वहीं पर डेरा नहीं डाल देते, न ही आप घर वापस लौट जाते हैं।

वह रास्ता बंद है, इसका मतलब सिर्फ इतना-सा है कि आप उस रास्ते से अपने लक्ष्य तक नहीं पहुंच सकते। आपको अपने लक्ष्य तक पहुंचने के लिए किसी दूसरे रास्ते से जाना होगा।

यही वजह है कि जब सेना के अधिकारी किसी जंग की योजना बनाते हैं, तब वे अपने लक्ष्य को हासिल करने के लिए मास्टर प्लान बनाते हैं और उसके

साथ वैकल्पिक योजनाएं भी बनाते हैं। वह इसलिए कि यदि कोई अप्रत्याशित घटना हो जाती है, तब वे वैकल्पिक प्लान पर काम करने लगते हैं।

ठीक वैसे ही, जैसे कि आप हवाई जहाज में सफर करते हैं तब आपको पता चलता है कि हवाई अडड्े पर हवाई जहाज उतरना संभव नहीं है। उसके बाद भी आप घबराते नहीं हैं, क्योंकि आप जानते हैं कि पायलट के पास उतरने के लिये वैकल्पिक जगह अवश्य होगी। रिर्जव ईंधन भी जरूर होगा।

कुछ इसी तरह से लोग भी सफल होते हैं, क्योंकि वे अपनी प्राथमिकताएं जानते हैं। वे जोखिम को पहले स्थान पर रखते हैं और सुरक्षा को दूसरे स्थान पर। फिर उन्हें मनचाही सफलता मिल जाती है।

जब मैंने दुनिया को बदलने वाली पुस्तक **'बड़ा सोचो! बड़ा बनो! सपनों को साकार करो'** लिखी थी, तब मुझे अपने इम्पोर्ट-एक्सपोर्ट के व्यापार में सेल कम होने का जोखिम उठाना पड़ा था।

लेकिन जब पुस्तक बुक स्टालों तक पहुंची, तब उसकी सेल एकदम बढ़ गयी, जिससे मुझे व्यापार के घाटे से कहीं अधिक रॉयल्टी मिली।

यह लीडरशिप का बेहद महत्वपूर्ण सिद्धांत है! इसलिए बिजनेस वही आदमी शुरू करता है, जो जोखिम लेना जानता है। जबकि किसी नए बिजनेस को सफल बनाने के लिए और भी ज्यादा जोखिम लेने की जरूरत होती है। ■

"लीडर बनने के लिए अच्छा मैनेजर होना जरूरी है क्योंकि लीडर को अपने आधीन कर्मचारियों की क्षमता का ज्ञान तब हो पाता है जब वह उन्हें मैनेज करता फिर कर्मचारी उसका अनुकरण करते हैं!

यदि आप हकीकत में

अमीर

बनना चाहते हैं तब

पहले अपने घर पर सफल बनो।

ईश्वर में श्रद्धा रखो।

ईमानदारी से समझौता मत करो।

गर्दिश में साथ देने वालों को याद रखो।

दोस्तों की सलाह लो।

दिमाग से निर्णय लो।

योग्यता को बढ़ाते रहो।

रोज के काम रोज निपटाते रहो।

हँसते और हँसाते रहो।

सकारात्मक नजरिया बनाते रहो।

अपने आप को व्यवस्थित करो।

शरीर को स्वस्थ्य रखो।

सुनो ज्यादा, कम सुनाओ

फिर मनचाही सफलता पाओ।

नौवां सिद्धांत

अपनी मुस्कुराहट को अमीर बनाइए

सोमवार का दिन था, लखनऊ का अवध होटल लोगों से खचाखच भरा था। मैं अपने निश्चित समय पर होटल पहुंच गया, क्योंकि तब मुझे **"बिजनेस कैसे बढ़ाएं?"** विषय पर बोलना था। परन्तु कॉन्फ्रेंस हॉल में उपस्थित लोगों के चेहरों पर मुस्कुराहट थी।

अचानक मैंने उनसे पूछा, **"क्या आपने कभी सोचा है, जब आपके चेहरे खिले होते हैं, तब आप अपने आप को कैसा महसूस करते हैं?"**

प्रश्न सुनकर सब लोग शान्त हो गए, कोई कुछ नहीं बोला। क्योंकि उन्हें ऐसी उम्मीद नहीं थी कि मैं उनकी मुस्कुराहट पर सीधा अटैक करूँगा?

जब काफी देर तक किसी से कोई उत्तर नहीं मिला, तब मैंने उन्हें बताया, **"आपके चेहरे पर जब मुस्कुराहट होती है, तब आप का दिल उत्साह से भरा होता है और आप एक अनोखे सुख का अहसास करते हैं।"**

क्योंकि अमीर बनने का विज्ञान कहता है कि आपकी संगति और आपके आस-पास का माहौल आपकी खुशी तय करता है। इस समय आप अच्छी संगत में बैठे हैं, इसलिए आप खुश हैं।

लेकिन अगर आप कश्मीर में होते, तो आप जनवरी के महीने को साल का सबसे अच्छा महीना नहीं कह सकते थे, क्योंकि ठिठुरती सर्दी के मौसम में, अंधेरी शाम और रातों में आपको सबसे ज्यादा इंतजार होता है छुट्टी का।

तब छुट्टी आपके मूड को बदल देती है। फिर आप अपने आस-पास के वातावरण से प्रभावित होते हैं और खुशी को सिगरेट और शराब में ढूंढने लगते हैं, ऑनलाइन चैटिंग करने लगते हैं, सैक्स में आनन्द ढूँढने लगते हैं।

तभी तो हॉर्वर्ड मेडिकल स्कूल के मनोवैज्ञानिक निकोलस क्रिस्टॉकिस ने कहा है, **"भावनाएं आस-पास के नेटवर्क से फैलती हैं और ये बिल्कुल वैसी होती हैं, जैसे कि तालाब में छोटे पत्थर फेंकने पर लहरे बनती हैं।"**

इसलिए पहली नजर में आप अपने आस-पास की आदतों, मूड, स्वास्थ्य को अपनाने की कोशिश करते हैं। फिर ऐसी आदतें भी आपका ध्यान खींचती हैं, जिनके बारे में आपको जानकारी नहीं होती।

जिंदगी का यह फल्सफा गाड़ी के चलने जैसा है, जिसमें आप पीछे की सीट पर बैठे होते हैं और आपको सामने होने वाली कई चीजों की भनक तक नहीं लगती, तब आपका चेतना का स्तर जाग्रत नहीं होता।

तभी तो कोलंबिया विश्वविद्यालय के मनोवैज्ञानिक डंकन वाट ने कहा है, **"आप क्या हैं? क्या करते हैं? यह आपके आस-पास के वातावरण से तय होता है। लेकिन यदि आपको सामाजिक रूप से फैलने वाले इस वायरस का मनोविज्ञान पता हो, तब आप इसका बेहतर फायदा उठा सकते हैं।"**

सही निर्णय आप अनुभव होने पर ले सकते हैं और अनुभव तब होता है जब आपने जिन्दगी में गलत निर्णय लिए हों। इसलिए भविष्य को संवारने का काम जरा ध्यान से करें, क्योंकि अनुभव विचारों की संतान हैं और विचार क्रिया की।

क्योंकि आपके आस-पास का वातावरण आपकी भावनाओं को प्रभावित करता है। लेकिन आपके किसी व्यक्ति के साथ कैसे रिश्ते हैं? इस बात का प्रभाव भी आपके मिजाज पर पड़ता है।

यदि आपका कोई चहेता दोस्त आपके साथ कुछ लम्हें हँसी के बिताए, तब आपके खुश होने की संभावना काफी बढ़ जाती है। क्योंकि खुशी वायरस की तरह फैलती है।

शोधकर्ता बताते हैं कि अकसर अनचाहे तौर पर, बातचीत में, बॉडी लैंग्वेज में लोग अपने आस-पास के लोगों की नकल करने लगते हैं। क्योंकि शरीर में मिरर न्यूरॉन होते हैं, जो देखने में कोशिकाएं लगती हैं। फिर जब आप कोई काम करते हैं या किसी को करते देखते हैं, तो यह कोशिकाएं काम करना शुरू कर देती हैं। यही वजह है कि क्रिकेटर की खुशी का स्तर, हाकी के खिलाड़ियों के स्तर से अलग होता है, भले ही मैच किसी भी दिशा में जा रहा हो।

परन्तु खुशी दो भागों में बंटी होती है। यानी सामाजिक सम्बंध बनाने की प्रवृत्ति और उनमें मजबूती। फिर जितना ज्यादा आप खुशी को महसूस करेंगे, आपके रिश्ते उतने ही मजबूत होंगे।

परन्तु इस प्रक्रिया में आपके जीन्स काफी बड़ी भूमिका निभाते हैं। जबकि मनुष्य के शरीर में अद्‌भुत क्षमताओं के भंडार भरे पड़े हैं। फिर उनका सुव्यवस्थित सदुपयोग करके साधारण व्यक्ति भी असाधरण ख्याति अर्जित कर सकता है।

यह सच है कि सफलता पाने के लिए साधन, परिस्थिति और सहयोग की जरूरत होती है। लेकिन इन्हें वही जुटा पाते हैं, जो अपनी क्षमताओं को वक्त के अनुसार बढ़ाते रहते हैं।

इस बात को विस्तार से समझाने के लिए मैं आपको एक कहानी सुनाता हूँ। एक किसान था, जो जम्मू के एक गाँव में रहता था। उसका सपना था कि मैं वैष्णो देवी पहाड़ी की चोटी पर जाँऊ। एक दिन वह सुबह चार बजे उठा और पहाड़ी पर जाने के लिए तैयार हो गया। लेकिन सोचने लगा कि अंधेरा है, राह नजर नहीं आएगी। इसलिए उसने अपने साथ एक लालटेन ले ली।

वह गांव से बाहर निकला ही था कि कुछ सोचकर उसने पहाड़ी पर न चढ़ने का मन बनाया और वापस लौटने लगा। तब वहां से साधुओं की एक मंडली गुजर रही थी। उनमें से एक साधु ने किसान से पूछा, **"कहां जा रहे थे भाई और अब क्यों लौट रहे हो?"**

किसान ने जवाब दिया, **"बहुत सालों से सोच रहा था कि सामने वाली पहाड़ी पर माता के दर्शन करने जाऊं, लेकिन अब इसलिए नहीं जा रहा कि अंधेरा है और इस लालटेन से तो सिर्फ दस कदमों का रास्ता दिखता है।"**

यह सुनकर साधु हंसते हुए बोला, **"वापस क्यों जाते हो? पहले दस कदम तो चलो, जब तुम दसवां कदम चलोगे, तो तुम्हें आगे के दस कदम और दिखाई देने लगेंगे। इस तरह तुम पहाड़ी पर चढ़ जाओगे फिर सालों से माता के दर्शन करने की तुम्हारी इच्छा भी पूरी हो जाएगी।"**

जब आप हँसते हैं तो दुनिया आपके साथ हँसती है। लेकिन जब आप रोते हैं तो आपके साथ कौन रोता है? इसके बारे में गहराई से सोचिए!

अपनी समस्या को बड़ा मानकर वह किसान वापस जा रहा था, परन्तु साधु ने जब उसे समाधान बताया, तो सुबह का उजाला बिखरने से पहले ही वह पहाड़ की चोटी पर पहुँच चुका था। जहाँ पर माता के दर्शन करने वाले लोगों की लाइन लगी होती है।

समस्या और समाधान से जुड़ी यह कहानी आपको बताती है कि **'दस कदम चलने के'** कितने फायदे होते हैं। इसलिए दुनिया के वैज्ञानिक हमेशा **'दस कदम आगे'** चलते हैं।

यूनान के महान दार्शनिक अरस्तु भी '**दस कदम आगे**' चलते थे। तभी तो उन्होंने कहा था, **"पृथ्वी ब्रह्मांड का स्थिर केंद्र है और सूरज, चाँद, सितारे उसके इर्द-गिर्द घूमते हैं।"**

तब लोगों ने उनकी बात पर विश्वास नहीं किया। फिर निकोलस कोपरनिकस ने आकाश का निरीक्षण किया और कहा, **"सूर्य इस ब्रह्मांड का केंद्र है और पृथ्वी उसकी परिक्रमा करती है तथा उसका पथ गोलाकार है।"**

विश्व की सारी फौजें मिलकर इतने अधिक लोगों को मौत के घाट नहीं उतार पातीं जितने कि लोग आपस में लड़कर मर जाते हैं। इसलिए झगड़े में खामोश रहो और दूसरों को शान्त करने की कोशिश करो।

लेकिन कोपरनिकस पादरी थे, इसलिए कोई खुलकर खंडन नहीं कर सका। परन्तु मृत्युदंड के भय से उन्होंने जीवन के अंतिम दिनों तक अपनी खोजों को सार्वजनिक नहीं किया। लेकिन कोपरनिकस की मृत्यु के बाद उनकी खोजों की पुस्तक प्रकाशित हुई। कोपरनिकस के बाद ब्रह्मांड और पृथ्वी की गति का अध्ययन करने वाले वैज्ञानिक गैलीलियो गैलीलेई ने अरस्तू से लेकर कोपरनिकस तक के विचारों का गहन अध्ययन किया और ब्रह्मांड एवं नक्षत्रों के संबंध में अपने निष्कर्ष बताया।

गैलीलियो ने कोपरनिकस के इस सिद्धांत को माना कि सूर्य '**केंद्र**' में है और स्थिर है। परन्तु गैलीलियो की इस बात से अरस्तुवादी बहुत परेशान हुए। उन्होंने गैलीलियों की बात का विरोध किया। फिर उनकी शिकायत प्रमुख धर्मगुरु कार्डिनल रॉबर्ट बेलारमाइ से की। तब गैलीलियों ने कहा, **"हम जो देख रहे हैं, जिस पर विश्वास कर रहे हैं, वही सच है, बाकी सब झूठ है।"**

धर्मगुरु ने गैलीलियो को चेतावनी देकर छोड़ दिया, लेकिन उसके बाद उनकी पुस्तक '**दोलमी और कोपरनिकस**' प्रकाशित हुई। तब अरस्तुवादियों ने फिर पोप से शिकायत की, कि वह धर्म के विरुद्ध बोल रहे हैं।

पोप ने गैलीलियों पर मुकदमा चलाने का आदेश दे दिया, फिर उन्हें अपराधी घोषित किया गया।

तब गैलीलियो ने कहा, **"मैं दस कदम आगे चलता हूँ और दस साल आगे की सोचता हूँ। इसलिए यही सच है कि पृथ्वी घूमती है और सूर्य की परिक्रमा करती है। अब चाहो तो आप मुझे फांसी पर चढ़ा सकते हो।"**

इसलिए आप भी दस कदम आगे चलने का साहस कीजिए। क्योंकि सफलता का रहस्य आगे बढ़ने में है। लेकिन जो लोग **'दस कदम आगे'** नहीं चल पाते, उनका हाल ठीक वैसा ही होता है, जैसा कि चीन के एक गांव में रहने वाले एक व्यक्ति का हुआ था।

उसकी कहानी बड़ी दिलचस्प है। उसका घर तालाब के पास था, वह बहुत परेशान रहता था, क्योंकि मेढकों की टर्र-टर्र से उसे रात भर ठीक से नींद नहीं आ पाती थी और सोचता था कि हजारों की तादाद में मौजूद इन मेंढकों से पीछा कैसे छुड़ाऊँ?

एक दिन उसे समाधान सूझ गया। उसने सोचा की मैं इन मेंढकों को पकड़ कर किसी होटल वाले को बेच दूंगा। क्योंकि चीन में मेंढक खाए जाते हैं फिर धीरे-धीरे सारे मेंढक खत्म हो जाएंगे और मैं चैन की नींद सो सकूंगा। दूसरे दिन उसने एक होटल मालिक से बात की और उसे रोज एक हजार मेंढक सप्लाई करने की बात तय कर ली। लेकिन जिस दिन उसे होटल में मेंढकों की सप्लाई करनी थी, उस दिन केवल दो मेंढक ले कर होटल पहुँचा। होटल मालिक ने कहा, **"हमारी बात तो रोज एक हजार मेंढक खरीदने की हुई थी, लेकिन तुम तो सिर्फ दो ही लाए हो?"**

इस पर उस व्यक्ति ने कहा, **"मेंढकों की आवाज सुनकर मुझे लगता था कि तालाब में हजारों मेंढक हैं, लेकिन जब उन्हें पकड़ने पहुंचा, तो पाया कि वहां केवल दो ही मेंढक थे और ये दोनों मेंढक इतनी जोर से आवाजें निकलाते थे कि मैं रात को सो नहीं पाता था।"**

केवल दो मेंढकों की वजह से न जाने उसकी कितनी रातों की नींद खराब हुई, जो कि छोटी-सी समस्या थी। यदि वह इस समस्या का समाधान **'दस कदम आगे'** चलकर सोचता, तब वह उसे मिनटों में हल कर सकता था। क्योंकि सकारात्मक सोच वाला व्यक्ति आत्मविश्वास से भरा होता है और बुरी परिस्थितियों में भी समस्या का हल ढुंढ लेता है। तभी तो किसी शायर ने कहा है:-

सितारों से आगे जहाँ और भी हैं।
अभी सफलता के इम्तिहां और भी हैं।।

इसलिए आप अपने आत्मविश्वास को उस शीशे की तरह मजबूत रखें, जो टूटने के बाद भी छवि दिखाने का गुण नहीं छोड़ता।

कुछ साल पहले मुझे एक गाँव में जाना पड़ा। तब गांव में एक सिद्ध महात्मा आए। गांव वालों ने उनसे अनुरोध किया कि वे अपने तप और बल सिद्धि से उनका दुख दूर करें।

इस पर महात्मा ने कहा, **"आज आधी रात को अपनी-अपनी चादर बिछाकर सारे दुःख सोच-समझकर उसमें डाल देना और उनकी गठरी बनाकर कुएं में फेंक आना। फिर तुम सबकी समस्याएं समाप्त हो जाएंगी।"**

गाँव वाले बड़े प्रसन्न हुए। रात होते ही सबने वैसा ही किया, जैसा महात्मा ने कहा था। फिर सुबह होते ही सबके घर में परिवर्तन आ गया। हर किसी को उन दुःखों से मुक्ति मिली, जिससे वे परेशान थे।

महात्मा जी चले गए। उनके जाने के कुछ समय बाद लोगों को यह अहसास हुआ कि हड़बड़ी में उन्होंने कई चीजें छोड़ दी थीं।

इसलिए वे फिर एक-दूसरे के सुख को देखकर दुःखी रहने लगे। कुछ दिनों बाद गांव का वही हाल हो गया, जो पहले था।

सब लोग सोचने लगे कि काश! महात्मा जी आ जाते और फिर वैसा ही चमत्कार करते।

फिर उन्हें खोजा जाने लगा। संयोग से एक दिन महात्मा जी आ पहुंचे। लोगों ने सारी बातें बताई। यह सुनकर महात्मा ने पूछा, **"क्या तुमने सारे दुःखों को छोड़ा नहीं था?"**

लोगों ने कहा, **"छोड़ा तो था, परन्तु अब ज्यादा दुःख हो गए हैं।"**

महात्मा ने कहा, **" इस बार चादर में दुःख नहीं, हर किसी को अपना लोभ रखना होगा। मोह और क्रोध रखना होगा। सबको अपनी कोई एक बुराई रखनी होगी। क्या आपको यह मंजूर है?"**

गांव वालों ने सिर झुका लिया। महात्मा ने पूछा, **"लगता है आप सबको यह मंजूर नहीं है।**

लोगों ने कहा, **"आपका मतलब हम समझ चुके हैं महात्मा जी। अब हमें किसी अनुष्ठान की आवश्यकता नहीं है। क्योंकि जब तक हम अपनी कमजोरियां नहीं त्यागेंगे, तब तक दुःखों से छुटकारा नहीं मिल सकता।"**

प्यार एक ऐसा खेल है, जिसमें स्त्री और पुरूष दोनों की बराबर जीत होती है। जबकि क्रोध के खेल में दोनों की बराबर हार होती है। क्योंकि काम करने से व्यक्ति इतना नहीं थकता है।, जितना की क्रोध करने से थकता है। इसलिए खुले दिमाग से सोचिए कि आप कौन-सा खेल खेलना पसन्द करेंगे?

इसलिए आप अपनी कमजोरी का त्याग करें, हर समय मोटिवेट रहें और काम करने का जज़्बा बरकरार रखें।

क्योंकि प्राचीन ईरान के धर्मग्रंथ **'यस्न'** में तीन बातों पर सबसे ज्यादा जोर दिया गया है, **'हुमत'** यानी अच्छे विचार, **'हुख्त'** यानी अच्छी वाणी और **'हुवर्श्त'** यानी अच्छे आचार।

इसलिए वहाँ का हंसता-खिलखिलाता हुआ धर्म है। यह दुनिया का एक मात्र धर्म है, जो ईश्वर को हंसते हुआ पाना चाहता है।

उसमें बताया गया है कि जब जरथुश्त्र का जन्म हुआ था, तब वे खुद भी खिलखिला कर हंसे थे। वे कहते थे कि जब हंसते हुए परमात्मा को पाया जा सकता है, तो रोना पीटना क्यों? उनका मानना था कि यह जीवन ही आनन्द और उत्सव का स्त्रोत है। इसलिए शरीर को कष्ट देना, दंड देना या ईश्वर के नाम पर दूसरों को सूली पर चढ़ाना, ईश्वर से प्रेम करना नहीं हो सकता।

जरथुश्त्र का धर्म अनुठा है। वे खुद भी अपने से पहले और अपने के बाद के विचारकों और दार्शनिकों से बिल्कुल अलग हैं। उनका विचार था कि संसार में हमेशा दो शक्तियां काम करती हैं अच्छी और बुरी। लेकिन अन्त में जीत अच्छाई की ही होती है।

मजाक करना और ताने देना मूर्खों की भाषा है। इसलिए इस आदत को तुरन्त छोड़िए और अमीरों की तरह कम बोलिए परन्तु सुनने की आदत अवश्य डालिए!

इसलिए आप भी इस बात को अपने जहन में बिठा लें कि जीत अन्त में आपकी ही होगी। क्योंकि आप भी भगवान में आस्था रखते हैं और **भगवान** शब्द पाँच अक्षरों से बना है। यानी जल, आकाश, पृथ्वी, वायु, और अग्नि। जिसको हम कुछ इस तरह से परिभाषित कर सकते हैं:-

भूः भूमि यानी पृथ्वी से लिया गया है और भूमि सहनशील होती है। उसे कोई खोदता है, तो वह मना नहीं करती बल्कि खोदने पर भी सोना देती है, पानी देती है। उसी पृथ्वी को आप खोदते हैं, उस पर चलते हैं, परन्तु वह अपनी सहनशीलता नहीं गंवाती। ठीक वैसे ही आपको अपनी सहनशीलता नहीं गंवानी है।

गः अग्नि से लिया गया है और अग्नि का तेज सबको जलाकर भस्म कर देता है, यानी कर्म को भस्म करने वाला। इसलिए अग्नि आपके भीतर के अवगुणों को जलाकर सद्गुणों को बाहर लाती है।

वः वायु से लिया गया है और वायु का गुण है स्पर्श। इसलिए सुख की अनुभूति स्पर्श से होती है। स्पर्श से दिल को सुख-शांति, प्रसन्नता मिलती है। इसलिए आपका दिल वायु जैसा होता है।

अः अपसु यानी अपसु से 'अ' लिया गया है ताकि पानी जैसी तरलता, विनम्रता और शीतलता आपमें बनी रहे।

नः नभ यानी आकाश की तरह जो विशाल हो। लेकिन जब ये पाँच गुण आपके अन्दर आ जाते हैं, तब आप महान बन जाते हैं।

इसलिए महान लोगों को अपनी प्रेरणा बनाएं और उनसे प्रेरणा लें। क्योंकि प्रेरणा का मतलब उस लगन से है, जो आपको कुछ करने के लिए उत्साहित करती है। आपके सोचने का नजरिया बदलती है।

फिर आप लक्ष्यों को किसी भी कीमत पर हासिल करने की कोशिश में लग जाते हैं। ठीक वैसे ही, जैसे कि एक जापानी कलाकार नागची पेड़ की छाया में घास पर बैठा था। कुछ देर बाद उसके सामने फकीर आकर बैठ गया और बोला, **"मैं दो-दिन से भूखा हूँ, कुछ खाने को दो।"**

नागची ने उसे एक सिक्का दे दिया। भिखारी खुश हो गया। नागची यह सब देखकर हैरान था, फिर फकीर से बोला, **"तुम एक सिक्का पाते ही इतने खुश कैसे हो गए?"**

फकीर ने मुस्कुराते हुए कहा, **"क्योंकि मैं पैसा कमाने का हुनर जान चुका हूँ। इसलिए खुलकर हँस रहा हूँ।"**

इस बात से साबित होता है कि हंसना मनुष्य की ताकत है, जिससे शरीर पर सकारात्मक प्रभाव पड़ता है। यही वजह है कि हंसने वाला मनुष्य **'नो थॉट स्टेटस'** की अवस्था में पहुंच जाता है, जो खुशी की चरम अवस्था होती है।

वादा ख़िलाफ़ी करने से अच्छा है कि तहज़ीब के साथ उसे मना कर दिया जाए। लेकिन हमेशा अकलमंद आदमी वादा ख़िलाफ़ी करता है जबकि साधारण आदमी मांफी मांग लेता है।

क्योंकि हंसने का सम्बंध प्रसन्नता से है। जब आप प्रसन्न होते हैं, तब हंसते हैं। यदि आप बिना बात के भी हंसेंगे, तो भी स्वाभाविक रूप से प्रसन्नता मिलेगी। फिर प्रसन्नता की मनोदशा में शरीर की रासायनिक संरचना में परिवर्तन होता है।

इसलिए जब आप हंसते हैं, तब आप मेडिटेशन की अवस्था में पहुंच जाते हैं। परन्तु दौड़ती-भागती जिंदगी में अब लोगों के पास समय की कमी हो गयी है। ऐसे में खुशी के पल कम ही आते हैं, फिर लोग खुशी को पाने के लिए कृत्रिम साधन अपनाते हैं।

परन्तु इस व्यस्त जिन्दगी में आप अपने लिए कुछ खुशी के पल निकाल सकते हैं। कुछ ऐसी ही टिप्स हम आपको बता रहे हैं, जिन्हें अपनाकर आप अपनी जिन्दगी में खुशियां भर सकते हैं:-

- **अपने नजरिए में बदलाव लाने की कोशिश करें। हमेशा काम के सकारात्मक पक्ष को देखने का प्रयास करें।**
- **गुदगुदाने वाली फ़िल्में देखें, जिसमें आप कुछ पल के लिए अपनी चिंताओं को भूला सकें। तब आप चंद लम्हों के लिए मुस्कुरा पाएंगे।**
- **हर दिन इस किताब के कुछ पन्ने पढ़ें। फिर जीवन में सकारात्मक सोच का संचार होगा।**
- **जब आप परेशान हों, तब आप उन कामों को देखें, जिन्हें आप कर चुके हैं।**
- **हर दिन अपने लिए कुछ अच्छा करें और टी.वी. पर अपने पसंदीदा प्रोग्राम देखें।**
- **खुशमिज़ाज और सकारात्मक विचार वाले लोगों के साथ रहें ताकि आपकी जिंदगी में भी खुशियां आती रहें।**
- **अपने स्वास्थ्य को ठीक रखें, लेकिन फास्टफूड न खाऐं। क्योंकि इसका असर आपके मिज़ाज पर पड़ता है।**
- **समस्याओं का आराम से समाधान सोचें।**

जब आप इन बातों पर अमल करना शुरु कर देंगे, तब आप अपने आपको दुनिया का सबसे ज्यादा खुशनसीब व्यक्ति मानने लगेंगे। क्योंकि किसी शायर ने कहा है:-

जो खुद ही नाप लेते हैं आसमां की ऊचाइयाँ।
वो पंखों से नहीं हौसलों से उड़ान भरते हैं।।

इसलिए अपने हौसलों को पंख लगाइए। क्योंकि दुनिया के सारे असम्भव काम हौसलों से ही संम्भव हुए हैं।

एक प्राचीन कथा है, एक ब्राह्मण था, वह अपनी पत्नी के साथ रहता था। परन्तु दोनों दुःखी थे और दुख का कारण था संतान का न होना। जबकि विवाह को काफी समय बीत गया था। बुढ़ापा आने को था, परन्तु संतान नहीं थी।

इसलिए ब्राह्मण ने अपनी पत्नी के साथ तप करने का का निश्चय किया। दोनों ऊंचे पर्वत पर चले गये, फिर दोनों ने कठिन तपस्या की। कुछ दिनों बाद भगवान शिव प्रसन्न हुए और प्रकट होकर बोले, **"मांगो जो वर मांगना चाहते हो।"**

ब्राह्मण दंम्पती ने कहा, **"भगवान हम संतानहीन हैं। आप हमें वर दें कि हमें पुत्र रत्न की प्राप्ति हो।"**

समय बीतता चला गया। कुछ दिनों बाद दंपती का इंतजार खत्म हुआ। ब्राह्मण के घर एक पुत्र ने जन्म लिया। लेकिन दोनों फिर भी सुखी न हो सके। क्योंकि पुत्र अंधा था। बुढ़ापे में पुत्र मिला और वह भी अंधा। वे यही सोचते रहे

कि जीवन भर पुत्र की प्रतीक्षा की, तप किया, तीर्थ गए, पूजा-पाठ किया, परन्तु मिला क्या? अंधा पुत्र।

लेकिन ब्राह्मण दंपती ने पुत्र को लाड़ प्यार से पाला और बड़ा होने पर पढ़ने के लिए गुरुकुल भेज दिया।

जब पुत्र ने अपनी शिक्षा पूरी करली और गुरुकुल से लौटा, तो आकर उसने अपने पिता से प्रश्न किया। क्या आप भी मेरी तरह अंधे हैं?

पिता ने कहा, **"नहीं।"**

पुत्र ने फिर प्रश्न किया, **"क्या मेरी मां भी अंधी हैं?**

पिता ने फिर कहा, **"नहीं, तुम्हारी माता भी अंधी नहीं है। यह तो हमारे पूर्व जन्म के कर्मों का फल है कि तुम अंधे पैदा हुए हो।"**

पुत्र ने शांत भाव में उत्तर दिया, **"आपने जप किया, तप किया, पूजा पाठ किया, तीर्थ गए। फिर जब भगवान शिव प्रसन्न हो गए, तो आपने मांगा भी तो क्या मांगा। यदि भगवान से खुशी माँगते, तो हो सकता था कि मैं अंधा पैदा न होता।"**

इस कहानी में सफलता का एक सूत्र छिपा है कि आपको ईश्वर से हमेशा खुशी मांगनी चाहिए। क्योंकि खुशी मनुष्य के दुःखों को दूर रखती है।

शायद इसी को ध्यान में रखते हुए वाणिज्य एवं उद्योगमंत्री कमलनाथ ने फिक्की के एक सेमीनार में कहा था, **"मैं हमेशा खुश रहने का प्रयत्न करता हूँ और जिस दिन मैं मुस्कुराना भूल जाता हूं, उस दिन मैं महसूस करता हूँ कि मेरा दुनिया में कोई अस्तित्व नहीं है।"**

इसलिए आप भी हंसिए, मुस्कुराइए और प्रसन्न रहिए। क्योंकि जो लोग हमेशा खुश रहते हैं, वे बोल्ड और डेशिंग पर्सनैलिटी के माने जाते हैं।

तभी तो रिलायंस इंडस्ट्रीज लिमिटेड के मालिक मुकेश अम्बानी ने कहा है, **"मौजूदा आने वाले दशकों में बाकी दुनिया उम्रदराज लोगों से भरी होगी। जबकि भारत में युवाओं का जलवा रहेगा, जो विश्व में आपनी योग्यता का झंडा फहराएंगे। फिर यही बात भारत के लिए ताकत साबित होगी।"**

क्योंकि **चार ऐसे ट्रेंड** हैं, जो दुनिया को आगे ले जाएंगे और इन सभी में भारत एक कदम आगे रहेगा:-

पहला ट्रेंड है: आबादी का स्वरूप। भारत में आबादी का स्वरूप आज वही है, जो अमेरिका का 1910-20 में हुआ करता था।

दूसरा ट्रेंड है: लोकतंत्र। यह देश विविधताओं से भरा है, और लोकतंत्र में भारतीयों को विश्वास है।

तीसरा ट्रेंड है: टेक्नॉलजी। आर्थिक संकट के बावजूद टेक्नॉलजी की रफ्तार थमने वाली नहीं है। दूसरे देशों के मुकाबले भारत ने टेक्नॉलजी को बेहतर ढंग से अपनाया है।

चौथा ट्रेंड है: ग्लोबलाइजेशन और ग्रोथ यानी दुनिया भर में चाहे जो हो, भारत छह से सात पर्सेंट ग्रोथ रेट बनाए रखेगा। क्योंकि हम भारतीय लोग खुश रहने का तरीका जानते हैं। वैसे भी भारत एक खूबसूरत देश है। इसके पास समृद्ध इतिहास है, लेकिन सिद्धांत केंद्रित जीवन से हमें व्यक्तिगत, पारिवारिक, व्यावसायकि और सामाजिक जीवन में ताकत मिलती है। परन्तु हमें भारत को विश्व का नं०1 देश बनाने के लिए 3 सिद्धांतों पर चलना होगा:–

1. **बदलाव:** परिवार में बदलाव लाने की शुरुआत पति–पत्नी से होती है, न कि परिवार के अन्य सदस्यों से। लेकिन आत्म–जागरूकता से अपने अन्दर चल रही गतिविधियों द्वारा आपको अपने परिवार में बदलाव लाना होगा।

2. **कल्पना:** अपनी कल्पना की सहायता से आप यह तय कर सकते हैं कि आप क्या बन सकते हैं और आप क्या कर सकते हैं?

3. **विवेक:** आपको अपनी अन्तरात्मा की आवाज को सुनना होगा। क्योंकि यह आपको खास दिशा की ओर प्रेरित करेगी। इसलिए आपको अपने विवेक को विकसित करते रहना होगा।

क्योंकि कनफ्यूशियस ने कहा है, **"जब तक कोई पक्षी अपने पंख फड़फड़ाता रहेगा, अपनी चोंच को घायल करता रहेगा, तब तक वह पक्षी आकाश में उड़ कर शिकार करता रहेगा।"**

पिछले दिनों जब बोर्ड की परीक्षाओं के परिणाभ घोषित हुए थे, तब मेरा एक दोस्त के घर जाना हुआ। उनकी बिटिया का बारहवीं का रिजल्ट आया था। परन्तु सभी के चेहरे उतरे हुए थे। क्योंकि उन्हें उम्मीद थी कि बिटिया के कम से कम 95 प्रतिशत अंक आएंगे, लेकिन आए 92 प्रतिशत।

इसलिए घर के सभी सदस्य उस असफलता पर दुःखी थे। लेकिन जब मैं घर वापस आया, तो देखा कि पड़ोसी के यहां जश्न का माहौल है। जबकि उनकी बेटी 45 प्रतिशत अंक लेकर पास हुई थी और उसकी खुशी को सेलिब्रेट किया जा रहा था।

इन दोनों बातों से पता चलता है कि सफलता पाने के सबके अपने–अपने मानदंड हैं। क्योंकि सफलता और प्रसन्नता मन की एक अवस्था है, लेकिन इसे बदलने के लिए आपको अपने दृष्टिकोण को बदलने की जरूरत होती है।

जब मनुष्य प्रसन्न होता है, तो वह नाचता है, गाता है, गुनगुनाता है, हंसता है, मुस्कुराता है, हाथ मिलाता है, दूसरों को आलिंगनबद्ध करता है। ठीक वैसे ही जैसे कि एक नेताजी का बेटा फेल हो गया। नेताजी फिर भी मिठाई बांट रहे थे। तब उनसे एक पत्रकार ने पूछा, **"आपका बेटा फेल हो गया और आप मिठाई बांट रहे हैं।"**

नेताजी ने कहा, **"साठ प्रतिशत बच्चे फेल हुए हैं। इसका मतलब है बहुमत मेरे बेटे के साथ है, इसीलिए मिठाई बांट रहा हूं।"**

यह हंसमुख स्वभाव और हास्यबोध आपको जीवन के हर क्षेत्र में सफलता दिलाने में बड़ा रोल अदा करता है। क्योंकि कई आध्यात्मिक गरु इस बात की पुष्टि करते हैं कि प्रसन्न रहने वाले मनुष्य नकारात्मक विचारों को अपने आसपास फटकने नहीं देते। फिर उन्हें सही फैसले लेने और आगे बढ़ने का मौका मिलता है।

हास्यबोध के लाभः

जिस मनुष्य में हास्यबोध का गुण होता है, वह सबके लिए लाभदायक साबित होता है। क्योंकि खुलकर हंसी का ठट्ठा लगाने से आपकी मांसपेशियां रिलेक्स हो जाती हैं और सारा तनाव दूर हो जाता है।

खुशी को आप जितना अधिक लुटाएंगे उतनी ही वह आपके पास अधिक आएगी। कभी पैसे के रूप में, तो कभी सफलता के रूप में।

यही वजह है कि हास्यबोध और हंसने-हंसाने की कला में माहिर लोग पूरे वातावरण को तनावमुक्त करने का काम करते हैं। जिससे मानसिक थकान और निराशा दूर होती है।

इसलिए काम के दौरान किसी वजह से उपजी चिंता और दबाव का अंत हास्यबोध चुटकियों में कर देता है। फिर इम्यून सिस्टम भी काफी मजबूत हो जाता है।

सेंस ऑफ ह्यूमर का कमालः

अच्छे सेंस ऑफ ह्यूमर वाले लोग विपरीत परिस्थितियों में भी सर्वश्रेष्ठ प्रदर्शन करके सबको चौंका देते हैं। ऐसे लोग सामान्य से अधिक सतर्क, सक्रिय और ऊर्जावान बने रहते हैं। जबकि सफलता के लिए इन्हीं गुणों की जरूरत होती है।

फिर वे लोग मुश्किल हालातों में भी दूसरों से अपने हक में डील करा लेते हैं। ठीक वैसे ही जैसे कि आप सोचते थे कि ईश्वर चाहेगा, तभी किसी पेड़ में फल लगेंगे।

लेकिन जब आपने उसकी वैज्ञानिक वजहों को समझ लिया, तब पता चला कि यह एक प्राकृतिक प्रक्रिया है और मौसम के अनुसार फल अवश्य आएंगे।

इसलिए, खुशी को जानने के लिए आपको सिर्फ अपने अन्दर झांकने की जरूरत है। तभी तो ओशो ने कहा है, **"मैं नहीं चाहता कि तुम गंभीर रहो, क्योंकि यह एक आध्यात्मिक बीमारी है। और हंसी आध्यात्मिक स्वास्थ्य है। इसलिए जब तुम हंसते हो, तो अपने मन को आसानी से**

अलग रख सकते हो। लेकिन जब तुम हंस नहीं सकते, तब मेरे द्वार बंद हो जाते हैं।"

इसलिए हंसना सीखिए और हंसने की बात को हंसी में मत उड़ाइए। प्रयास कीजिए कि आप बिना बात भी मुस्कुराएं। फिर ये मुस्कुराहट आपके जीवन को खुशियों से भर देगी।

मुझे एक चुटकला याद आता है। एक बार 80 साल के बुजुर्ग आदमी की दो करोड़ की लॉटरी लग गई। खबर सुनकर कहीं उन्हें हार्ट अटैक न आ जाए, उनके घरवालों ने तय किया कि एक डॉक्टर के माध्यम से बुजुर्ग को लॉटरी लगने का समाचार दिया जाए, ताकि दिल का दौरा पड़ने की हालत में वह स्थिति को संभाल सके।

फिर शहर के मशहूर दिल के डॉक्टर से सम्पर्क किया गया। डॉक्टर ने उनके परिवार के लोगों को आश्वस्त करते हुए कहा, **"आप लोग चिंता न करें, मैं उन्हें यह खुशखबरी कुछ ऐसे दूंगा कि वह ज्यादा उत्तेजित नहीं हो पाएंगे।"**

पैसा लगाकर पैसा कमाना व्यापार माना जाता है। लेकिन बिना पैसों के व्यापार करना योग्यता कहलाता है!

उसके बाद डॉक्टर उस बुजुर्ग के पास गया। पहले कुछ देर तक इधर-उधर की बातें की, फिर बोला, **"मैं आपको एक खुशखबरी सुनाना चाहता हूं।"**

"इस उम्र में कौन-सी खुशखबरी सुनाना चाहते हो?" बुजुर्ग ने कहा।

"आपके नाम दो करोड़ रूपए की लॉटरी लगी है।"

बुजुर्ग बोला, **"यह तो बड़ी अच्छी खबर है, इसे सबसे पहले तुमने मुझे बताया है, इसलिए इस रकम का आधा हिस्सा मैं तुम्हें देता हूं।"**

इतना सुनते ही डॉक्टर धम्म से जमीन पर गिर पड़ा, फिर उसके प्राण निकल गए। क्योंकि डॉक्टर को इस बात की उम्मीद नहीं थी कि वह बुजुर्ग इनाम का आधा हिस्सा उसे दे देगा।

यह भी खुशी का एक तरीका था, परन्तु इस खुशी में स्वार्थ छिपा था। क्योंकि इस दुनिया में मनुष्य **'प्राप्ति'** और **'आनन्द'** के भावों के साथ जीते हैं। वह अपनी हर चाहत को पाना चाहते हैं। परन्तु जब उन्हें उम्मीद से ज्यादा प्राप्त हो जाता है, तब मौत उन्हें अपने आगोश में खींच लेती है।

कल्पना कीजिए कि एक व्यक्ति शहर के जाने-माने शोरूम में घुसा और वहां चूहे की संगमरमर से बनी मूर्ति पर फिदा हो गया। तब उसने दुकानदार से

उस मूर्ति की कीमत पूछी, दुकानदार ने बताया कि चूहे की मूर्ति की कीमत 1,000 रूपय है और चूहे की कहानी सुनाने के 20,000 रूपए।

उस व्यक्ति ने दुकानदार को 1,000 रूपए दिए और कहा, **"मुझे सिर्फ मूर्ति चाहिए, इसकी कहानी से मुझे कोई मतलब नहीं है।"**

जब वह व्यक्ति मूर्ति लेकर बाहर निकला, तो उसने देखा कि आस-पास के तमाम चूहे उसके पीछे चल रहे हैं। फिर घर तक यही हाल रहा तथा घर के सारे चूहे उस मूर्ति के पास आ गए।

अगले दिन जब वह घर से निकला, तो उसके पास वही मूर्ति थी। उसने देखा कि शहर के सारे चूहे उसके पीछे इकट्ठे होकर शोर मचा रहे हैं।

वह व्यक्ति घबरा गया और उसने संगमरमर की उस मूर्ति को ले जाकर नदी में फेंक दिया। फिर गली, मोहल्ले, शहर और दूसरे शहरों के चूहों ने भी उसके पीछे नदी में छलांग लगा दी।

वह व्यक्ति वापस शोरूम में गया। दुकानदार ने उसे अन्दर आते देखकर कहा, **"मुझे मालूम था कि आप जरूर आएंगे और उस चूहे की कहानी सुनना चाहेंगे।"**

हीरा अपने आप में बहुमूल्य है लेकिन तब तक वह पत्थर के समान है जब तक की उसे परखने वाला जौहरी न मिल जाए।

उसने कहा, **"मैं कहानी सुनने नहीं आया हूं, बल्कि यह पूछने आया हूं कि संगमरमर की ऐसी कोई मूर्ति लक्ष्मी जी की भी है आपके पास?"**

यह शार्टकट में सफलता पाने का एक उदाहरण था। लेकिन सफलता सिर्फ उन्हें ही मिलती है, जिनके अन्दर धैर्य होता है, साहस होता है, और खुश रहने का जज्बा होता है।

बुल्लेशाह कुछ इसी तरह के इंसान थे। एक दिन बाजार से गुजर रहे थे, तब वहां पर कुछ ज्यादा भीड़ थी। उन्हें लगा कि यहां इतने सारे लोग हैं और ये अल्लाह के बारे में कुछ नहीं जानते। क्योंकि सब लोग अपनी मौज में डूबे हैं। मुझे इन्हें अल्लाह के बारे में बताना होगा।

अचानक उन्हें एक सुनार की दुकान दिखाई पड़ी। उन्होंने सुनार से जाकर कहा, **"मुझे एक अंगूठी चाहिए।"**

सुनार तुरन्त बोला, **"बना दूंगा, लेकिन किस नाप की बनानी है?"**

बुल्लेशाह ने कहा, **"अल्लाह की उंगली के नाप की बना दो।"**

सुनार ने पूछा, **"अल्लाह की उंगली कहां है?"**

तब बुल्लेशाह ने अपनी उंगली आगे बढ़ाते हुए कहा, **"इसके नाप की बना दो।"**

सुनार गुस्से में बोला, **"पागल है, तू कोई अल्लाह है?"**

बुल्लेशाह ने कहा, **"मेरी जो उंगली है, वही अल्लाह की उंगली है।"**

सुनार ने सोचा कि यह सचमुच में पागल हो गया है, अपने आपको खुदा समझने लगा है। फिर उसने मौलवी को बुलाकर कहा, **"यह आदमी अपने आपको अल्लाह कहता है, इसे मस्जिद में ले जाओ।"**

तब मौलवी ने बुल्लेशाह को अपनी उंगुली दिखाते हुए कहा, **"ये क्या है?"**

बुल्लेशाह बोले, **"यह ख़ुदा की उंगली है।"**

मौलवी ने गुस्से में कहा, **"यह तो मेरी उंगली है।"**

बुल्लेशाह अपनी बात पर जोर देते हुए बोले, **"नहीं। यह ख़ुदा की उंगली है।"**

मौलवी ने सोचा कि यह काफिर हो गया है, अपने आपको ख़ुदा कहता है। इसलिए उसने बुल्लेशाह के लिए मौत की सजा का ऐलान कर दिया। परन्तु बुल्लेशाह तो अपनी मस्ती में थे। जब उन्हें पकड़कर ले जाया जा रहा था, तो चारों तरफ हाहाकार मच गया। सब लोग मस्जिद की ओर भागने लगे कि देखें, इनके साथ क्या होता है।

आप कैसे अमीर बन सकते हैं? इसका ब्लूप्रिंट आपके मस्तिष्क की एक कोशिका में छिपा है। लेकिन उसे निकालने के लिए आपको कल्पना रूपी प्रिंटर का इस्तेमाल करना होगा!

लेकिन जब बुल्लेशाह का नशा टूटा, तब उन्होंने अपने आपको मस्जिद में पाया। फिर मौलवी से पूछा, **"आप मुझे यहाँ क्यों लाए हैं?"**

मौलवी ने कहा, **"तुम काफिरों वाली बातें करते हो, इसलिए सजा देने के लिए यहाँ लाया गया है।"**

बुल्लेशाह ने कहा, **"परन्तु यहां इतनी भीड़ क्यों है और ये लोग कौन हैं?"**

मौलवी ने कहा, **"ये ख़ुदा के बंदे हैं।"**

तब बुल्लेशाह ने पूछा, **"मैं कौन हूं?"**

मौलवी ने कहा, **"तुम भी ख़ुदा के बंदे हो।"**

फिर बुल्लेशाह अपनी उंगुली दिखाते हुए बोले, **"फिर यह उंगली किसकी हुई?"**

"यह भी ख़ुदा की हुई।" इतना कहकर मौलवी ने हंसना शुरू कर दिया।

इस घटना से पता चलता है कि बुल्लेशाह हंसमुख इंसान थे। लेकिन क्या आप जानते हैं कि आप किस तरह के इंसान हैं? यदि नहीं! तो खुद ही जान लीजिए। बस आपको सिर्फ पांच प्रश्नों के उत्तर देने हैं:–

1. आप किस तरह का बिजनेस माहौल चाहते हैं?

a. जहां मैं ढेर सारा पैसा कमा सकूं। हाँ ☐

b. जहाँ मैं सफलता हासिल कर सकूँ। हाँ ☐

c. जहाँ मैं अपने हिसाब से काम कर सकूं। हाँ ☐

d. जहाँ लोग मेरी उपलब्धि को पहचान सकें। हाँ ☐

2. आप किस तरह अपनी पहचान बनाना चाहते हैं?

a. जज़्बे के द्वारा। हाँ ☐

b. क्वालिटी प्रोडक्ट बनाकर। हाँ ☐

c. बिजनेस प्लान बनाकर। हाँ ☐

d. दूसरों के अनुभवों का लाभ उठाकर। हाँ ☐

3. आपकी प्रोफेशनल लाइफ में सबसे महत्वपूर्ण क्या है?

a. नई चुनौतियों पर विजय पाना। हाँ ☐

b. सफलता के लिए योजना बनाना। हाँ ☐

c. दूसरों की मदद करके संतुष्टि पाना। हाँ ☐

d. मान–सम्मान और पहचान बनाना। हाँ ☐

4. आपका अब तक बिजनेस का अनुभव कैसा रहा?

a. लक्ष्य की प्राप्ति का। हाँ ☐

b. बिजनेस के संचालन का। हाँ ☐

c. पहचान बनाने का। हाँ ☐

d. लोगों की सहायता करने का। हाँ ☐

5. आप अपने स्टॉफ से कैसा व्यवहार करते हैं?

a. उन्हें काम करने के लिए प्रेरित करता हूँ। हाँ ☐

b. उन्हें आश्वस्त करता हूं। हाँ ☐

c. सफलता के लिए योगदान देता हूं। हाँ ☐

d. आगे बढ़ने की प्रेरणा देता हूं। हाँ ☐

अपनी विशेषताए जानने के लिए नीचे लिखे उत्तर देखें:-

यदि आपका जवाब **'a'** है, तब आप चुनौतियों को स्वीकार करते हैं और आपमें सफलता के लिए आवश्यक खूबियां हैं। आप एक अच्छे बिजनेसमैन बन सकते हैं। आप जिम्मेदारियां संभाल सकते हैं। आप आगे बढ़ने के रास्ते चुन सकते हैं। और एक्साइटिंग अनुभवों को एन्जॉय कर सकते हैं।

यदि आपका जवाब **'b'** है, तो आपमें बहुत खूबियां हैं और आप योजनाबद्ध

ढंग से काम करते हैं। आप सबकुछ प्राप्त कर सकते हैं। यदि आपके पास बिज़नेस की शुरूआत के लिए आवश्यक संसाधन और अच्छे प्रोजेक्ट हैं, तब एक उद्यमी के रूप में आप कुछ भी हासिल कर सकते हैं।

यदि आपका जवाब **'c'** है, तब आप दूसरों की मदद करते हैं और समस्या के हल पर पहुंचना पसंद करते हैं। आप अपने परिवार को भी प्राथमिक़ता देते हैं। परन्तु लचीला शेड्यूल चाहते हैं और कुशल लोगों की योग्यता को पहचानते हैं।

यदि आपका जवाब **'d'** है, तो आपका व्यक्तित्व अनोखा है। आप जानते हैं कि लोगों को कैसे प्रोत्साहित करना है। इसलिए आप परफेक्ट उद्यमी बन सकते हैं। क्योंकि आप में रिश्तों को बनाए रखने और क्रिएटिविटी को अभिव्यक्त करने की योग्यता है। लेकिन आपको क्रोध से दूर रहना है। क्योंकि क्रोध में मनुष्य जो करता है, उसका अंजाम बुरा होता है। क्रोध करने से ने केवल सामने वाले का मन दु:खता है बल्कि क्रोध करने वाले को भी पछतावा होता है। परन्तु यदि आपने क्रोध पर नियंत्रण करना सीख लिया, तो दुनिया आपकी मुट्ठी में होगी।

क्योंकि क्रोध में मनुष्य इतना बड़ा नुकसान कर बैठता है, जिसकी उसने कल्पना तक नहीं की होती। फिर वह अपनों को पराया और दोस्तों को दुश्मन बना लेता है। इसलिए आप रिश्तों की मर्यादा में रहने की आदत डालिए।

डार्बिन भी यही कहते हैं, **"बार-बार मुंह बनाने से चेहरा कुरूप हो जाता है और चेहरे के चिह्न परिवर्तित हो जाते हैं। क्योंकि आप के चेहरे से, आप के संकल्पों का पता चलता है। परन्तु जो व्यक्ति हंसता रहता है, वह सफल हो जाता है।"**

लेकिन यह आपके प्रयत्नों पर निर्भर करता है कि आप खुशी को कहां और कैसे ढूंढते हैं? परन्तु खुश रहने का बढ़िया नुस्खा है गुस्से पर कंट्रोल करना।

प्रसिद्ध मूर्तिकार माइकल एंजेलो ने अपनी आत्मकथा में लिखा है, **"मुझे जब भी क्रोध आता है, तब मैं छैनी उठाकर अपनी मूर्ति को आकार देने लगता हूं। फिर कुछ देर बाद गुस्सा छूमंतर हो जाता है।"**

मनोवैज्ञानिक भी यही कहते हैं, **"जब आपको गुस्सा आ रहा हो, तो आप अपनी मुट्ठियों को 4-5 बार खोलें और भींचें। फिर आपका क्रोध गायब हो जाएगा। इसीलिए जापान में बच्चों को सिखाया जाता है कि क्रोध आने पर गहरी सांस लो और छोड़ो।**

15-20 बार इस प्रक्रिया को दोहराने से गुस्सा गायब हो जाता है। फिर आप गुस्से को दूसरी ओर मोड़कर रचनात्मक उपयोग करने लगते हैं। इससे आपकी सोच सकारात्मक हो जाती है।"

यह मोटिवेशन का एक अनोखा तरीका है, जिसे साधना के द्वारा पाना होता है। परन्तु साधना कैसे करनी है? इसके लिए आपको सतयुग में जाना होगा।

क्योंकि उस जमाने में देवव्रत अपनी वृद्ध माता को छोड़कर एक मठ में चला गया था और वहां रहकर साधना करने लगा था। एक दिन उसने स्नान करके अपना अंगोछा सूखने के लिए एक पेड़ की डाली पर डाल दिया और जमीन पर आसन बिछा कर ध्यान मग्न हो गया।

लेकिन जैसे ही वह उठा, उसने देखा कि एक कौवा उसके अंगोछे को लेकर उड़ा जा रहा है। उसके क्रोध का ठिकाना नहीं रहा। उसने अपनी एक सिद्धि का प्रयोग किया और अपनी आंखों से अंगारे बरसाने शुरू कर दिए। कौवा तुरन्त भस्म हो गया। देवव्रत अपनी इस उपलब्धि पर फूला नहीं समाया। फिर अंहकार में भरकर वह भिक्षाटन के लिए निकल पड़ा। कुछ दूर पहुंचकर उसने एक दरवाजे पर आवाज लगाई। उस घर के भीतर से लोगों की आवाजें तो आ रही थीं, लेकिन कोई बाहर नहीं आ रहा था।

उसने फिर पुकारा तो अंदर से एक महिला आई और बोली, **"स्वामी जी, अभी मैं अपने पति की सेवा में लगी हूं, कुछ देर बाद आपको खाने के लिए लाकर दूंगी!"**

तब अहंकारी देवव्रत ने चिल्लाकर कहा, **"दुष्ट, तुझे नहीं मालूम कि इस अवहेलना का क्या परिणाम हो सकता है।"**

उस महिला ने विनम्रता से कहा, **"मैं जानती हूं आप मुझे श्राप देंगे, परन्तु मैं कौवा नहीं हूं, जो भस्म हो जाऊंगी, अपनी वृद्ध माँ को छोड़कर साधना करने वाले साधु, तुम मेरा कुछ नहीं बिगाड़ सकते।"**

देवव्रत को झटका लगा। उसने पूछा, **"आप कौन हैं? आप किसकी साधना करती हैं?"**

महिला ने कहा, **"मैं गृहस्थ धर्म की साधना करती हूँ और वो भी पूरी तरह समर्पित होकर। आप चाहें तो इसे मेरी सिद्धि कह सकते हैं। क्योंकि इसी से मुझे शक्ति मिली है।"**

अहंकारी देवव्रत महिला की बात सुनकर बिना भिक्षा लिए वापस चला गया।

इसलिए आंपको भी उस महिला जैसी सिद्धि प्राप्त करनी है, ताकि आपको अपने लक्ष्य तक पहुँचने की शक्ति मिले। फिर आप हमेशा खुश रहने वाले इंसान बन जाएंगे।

■

गलती वो नहीं होती

जो एक बार होती है।

गलती वो होती है

जो बार-बार होती है।

इसलिए अपनी गलतियों पर

कंट्रोल रखिए।

क्योंकि धीरुभाई अम्बानी कहा करते थे

पैसा आदमी को नहीं बनाता

बल्कि आदमी पैसे को बनाता है।

परन्तु इसके लिए

दिमाग को ठंडा रख़ना पड़ता है।

जुबान को नरम रखना पड़ता है।

और गलतियों पर ध्यान रखना पड़ता है।

फिर दुनिया की हर दौलत

आपके कदमों में होगी।

दसवां सिद्धांत

खुद को ब्रांड की तरह पेश कीजिए

पिछले साल मुझे बिजनेसमैनस के एक पुरस्कार समारोह में जाने का अवसर मिला। वह समारोह दिल्ली के फिक्की ऑडिटोरियम में आयोजित किया गया था। देश के कोने-कोने से हजारों की संख्या में प्रतिनिधि आए हुए थे।

लेकिन अधिकतर विश्व में आयी मंदी का रोना रो रहे थे और कह रहे थे कि आर्थिक मंदी से हमारा बिजनेस 50 प्रतिशत रह गया है, समझ में नहीं आता की क्या करें?

बिजनेसमैन होने के नाते मैं भी उनके साथ था, लेकिन मैंने अपने बिजनेस में पिछले साल से 25 प्रतिशत अधिक की बढ़ोतरी की थी। इसलिए मुझे उनकी बातें कुछ अजीब-सी लग रही थीं।

फिर जब मेरा संयम खत्म हो गया, तब मैंने उनसे प्रश्न कर डाला, **"क्या आप अपने आप को ब्रांड की तरह पेश करते हैं?"**

"ब्रांड! कैसा ब्रांड!" उनमें से एक बिजनेसमैन चौंकते हुए बोला, **"हम लोग ट्रेडिंग का व्यापार करते हैं, दूसरों के ब्रांड वाला माल बेचते हैं, हम अपने आपको ब्रांड की तरह कैसे पेश कर सकते हैं?"**

"पेश कर सकते हैं!" मैंने जोर देते हुए कहा, **"क्या मैं आपका नाम जान सकता हूं?"**

"जी! मेरा नाम प्रेम किशन है, मेरा अहमदाबाद में इलेक्ट्रॉनिक्स कम्पोनेंट्स सप्लाई का काम है। हम सिंगापुर से इम्पोर्ट करते हैं और बड़ी कम्पनियों को बेचते हैं। सारे कम्पोनेंट्स ब्रांडेड हैं, उन्हें हम अपने ब्रांड से कैसे पेश कर सकते हैं?

"कर सकते हैं।" मैंने अपनी बात पर जोर देते हुए कहा।

"मगर कैसे?" प्रेम किशन ने प्रश्न किया।

"ठीक वैसे ही, जैसे कि अमेरिका के नवनिर्वाचित राष्ट्रपति बराक हुसैन ओबामा ने इलेक्शन के दिनों में खुद को पेश किया था। तब वहां की स्थिति काफी हद तक अविश्वसनीय हो चुकी थी।

परन्तु ओबामा ने अपने आपको ब्रांड के रूप में पेश किया जिसकी वजह से उनकी जीत हुई और वह अमेरिका के पहले अश्वेत राष्ट्रपति बन गए।

जबकि पूरे विश्व में किसी को भी उम्मीद नहीं थी कि कोई कम उम्र का अफ्रिकी-अमेरिकी गोरे देश का राष्ट्रपति बन सकता है। लेकिन वह अपनी ब्रांड इमेज के कारण उस कुर्सी तक पहुंचे हैं, जहां पर पहुंचने का अमेरिकी गोरे दिन-रात सपना देखते हैं।"

जब आपके लक्ष्य में खुशी, रूचि, इच्छा और आन्तरिक प्रेरणा के अंश भी समा जाएंगे तब आपके मस्तिष्क में एक सकारात्मक लहर प्रवाहित होने लगेगी फिर आप वीडियो गेम की तरह खेलते हुए अपनी मंजिल तक पहुँच जाएंगे!

मेरे शब्दों को सुनकर प्रेम किशन आश्चर्यचकित हो गए, फिर कुछ सोचते हुए बोले, **"मैं आपकी बात से पूरी तरह से सहमत हूं, क्या आप मुझे अपना परिचय दे सकते हैं?"**

"हां! क्यों नहीं! मैं भी आपकी तरह बिजनेसमैन हूं और इम्पोर्ट-एक्सपोर्ट का व्यापार करता हूं। मेरा नाम तरुण इन्जीनियर है, शौक के लिए मोटिवेशन से सम्बंधित किताबें लिखता हूं।"

"अरे! आप ही तरुण इन्जीनियर हैं, मैंने आपकी 'THINK BIG, BECOME BIG' किताब पढ़ी है।" प्रेम किशन आश्चर्य व्यक्त करते हुए बोले, **"क्या आप मुझे ब्रांड के बारे में विस्तार से बता सकते हैं? मैं आपकी पुस्तक का प्रशंसक हूं और चाहता हूं कि आपसे बिजनेस को बढ़ाने के कुछ सिद्धांत सीखूं।"**

तब मैंने उन्हें बैठने का इशारा किया, फिर खुद उनके सामने बैठते हुए बोला, "आपका व्यक्तित्व, व्यवहार और बातचीत का तरीका आपका वो ब्रांड दर्शाता है, जिससे आप विश्वसनीय, आत्मविश्वासी और योग्य दिखते हैं। क्योंकि अपने आपको ब्रांड की तरह पेश करना, समाज में बढ़ती हुए प्रतिस्पर्धा को दर्शाता है। इसलिए कम्पनियां और बड़ी हस्तियां सालों से ये क़रती आ रही हैं।

यही वजह है कि जब आप **'फास्ट फूड'** के बारे में सोचते हैं, तब सबसे पहले आपके मन में **'मैक्डोनॉल्ड'** बर्गर या फिर **'डोमिनोज'** के पिज्जा का नाम आता है और यदि आपसे कोई **'ठंडे पानी'** की डिमांड करे, तब आपको **'ठंडा मतलब कोका-कोला'** की याद आ जाती है। आज पावरफुल ब्रांडिंग की वजह से **'ठंडा'** कोका कोला **'ब्रांड'** बन चुका है। अब हर कम्पनी की पहचान उसकी ब्राडिंग होती है।

गूगल के आंकड़े बताते हैं कि दूसरे देश की तुलना में भारतीय युवा फिनिशिंग स्कूल, कम्युनिकेशन स्किल और इंग्लिश ट्रेनिंग इंस्टीटयूट को सर्च इंजन पर सबसे ज्यादा खोजते हैं।

लोग कहते हैं कि कठिन परिश्रम ही सफलता की कुंजी है। लेकिन उनकी बात पर विश्वास मत कीजिए। क्योंकि विश्व के 300 करोड़ मजदूर अभी तक अमीर नहीं बन पाए हैं।

क्योंकि ये स्कूल आपको ब्रांड बनाने का काम करते हैं। जिनमें सें कुछ फिनिशिंग स्कूल सचमुच अच्छे हैं और वे आपके व्यक्तित्व को निखारते हैं। परन्तु हर स्तर पर अलग तरह की ट्रेनिंग की जरूरत होती है। जूनियर लोगों के लिए **'सेल्फ डेवलपमेंट'** या **'टाइम मैनेजमेंट कैसे करें'**, **'कम्युनिकेश स्किल'** या **'कस्टमर केयर स्किल'** जैसे कोर्स ठीक रहते हैं। लेकिन मध्य स्तर पर **'टीम मैनेजमेंट'** सिखाना जरूरी होगा और सीनियर स्तर पर **'लीडरशिप डेवलपमेंट'** की जरूरत होगी।

यहां तक कि चीफ एग्जीक्यूटिंग ऑफिसर के लिए भी व्यक्तित्व विकास वाले प्रोग्राम और विशेष रूप से बनाए गए **'ग्रूमिंग प्रोग्राम'** की जरूरत पड़ती है। क्योंकि कॉर्पोरेट के मुखिया महसूस करते हैं कि वे खुद एक ब्रांड हैं और उनका व्यक्तित्व उनकी कम्पनी की पहचान है।

फिर इमेज सलाहकार आपको अच्छा दिखने में मदद कर सकता है। क्योंकि वह आपको बताता है कि कैसे अच्छा दिखना है।

यही वजह है कि **'इस्क्वॉयर'** मैगजीन **'कॉमेमोरेटिव'** शीर्षक के साथ स्टॉल्स पर पहुंचते ही हाथों-हाथ बिक गयी। क्योंकि उसमें ओबामा को **'पर्सन ऑफ दी इयर'** बताया गंया था और कवर पर ओबामा दूरदर्शी, आत्मविश्वासी और संभावनाओं से भरे, हुए दिख रहे थे।

उसके बाद लॉस एंजिल्स की साप्ताहिक पत्रिका **'वॉशिंगटन लाइफ'** ने भी ऐसा ही कवर प्रकाशित किया। जिसमें ओबामा की फोटो **'दूरदर्शिता'** के ट्रेडमार्क के साथ प्रकाशित की गई थी। तब **'वॉशिंगटन पोस्ट'** ने इस बात का

खुलासा किंया कि ओबामा का चुनाव के दौरान बॉडी लेंग्वेज गजब का था। इसीलिए ओबामा अमेरिका के सर्वोच्च पद पर आसीन हुए। ओबामा के प्रेसीडेंट चुने जानें से यह बात स्पष्ट हो जाती है कि आजकल जीवन में सफलता सिर्फ मेहनत, ईमानदारी और डिग्रियों से हासिल नहीं होती, बल्कि अपने आपको लोगों के सामने एक **'ब्रांड'** की तरह पेश करना जरूरी है।

'मैनेजिंग ब्रांड यूः सेवन स्टेप्स टू क्रिएटिव योर मोस्ट सक्सेसफुल सेल्फ' के लेखक **जैरी एम. विल्सन** ने कहा है, **"आपकी वैल्यू कितनी है? यह इस बात पर निर्भर करता है कि आप एक उत्पादन की तरह दिखते हैं या नहीं।"**

पर्सनेलिटी ग्रूमिंग एक्सपर्ट छाया मोमाया भी यही कहती हैं, **"आपके व्यक्तित्व का प्रभाव 7 प्रतिशत तक निर्भर करता है कि आपने क्या कहा? लेकिन 38 प्रतिशत आपकी आवाज और 55 प्रतिशत आपके व्यवहार और उपस्थिति के प्रभाव पर निर्भर करता है।"**

इसलिए तुरन्त पता लगाइए कि आपके अन्दर खुद को ब्रांड की तरह पेश करने वाले गुण कितने हैं-

1. क्या आपकी छवि का प्रभाव लोगों पर पड़ता है? हाँ ☐
2. क्या आपके परिधान सम्पन्नता दर्शाते हैं? हाँ ☐
3. क्या आप फैशन के कपड़े पहनते हैं? हाँ ☐
4. क्या आपकी शारीरिक बनावट चुस्त-दुरुस्त हैं? हाँ ☐
5. क्या आपकी बातों से लोग खुश होते हैं? हाँ ☐
6. क्या आप अपने हाव-भाव पर नियंत्रण रखते हैं? हाँ ☐
7. क्या आपके अन्दर सहनशीलता है? हाँ ☐
8. क्या आप नजरें मिलाकर बात करते हैं? हाँ ☐
9. क्या आपके चेहरे पर मुस्कान रहती है? हाँ ☐
10. क्या आप दूसरों का मजाक उड़ाते हैं? हाँ ☐
11. क्या आप अपनी बात पर अडिग रहते हैं? हाँ ☐
12. क्या आप दोस्तों का साथ पसन्द करते हैं? हाँ ☐
13. क्या आप अपने शरीर को साफ रखते हैं? हाँ ☐
14. क्या आपकी कोई अलग पहचान है? हाँ ☐
15. क्या आपके बालों का नया स्टाइल है? हाँ ☐

अब आप खुद ही जान लीजिए कि ब्रांड बनने के लिए आपकी पर्सनेलिटी कितनी उपयुक्त है?

- यदि आपके 10 से कम उत्तर **'हाँ'** में हैं, तब आपको ब्रांड बनने के लिए काफी मेहनत करनी होगी। परन्तु व्यक्तित्व में सुधार लाने पर इस कमी को पूरा किया जा सकता है। फिर आप उद्यमियों की लाइन में खड़े हो सकते हैं।
- लेकिन 12 से कम उत्तर **'हाँ'** में होने पर आप उद्यमी तो बन सकते हैं, परन्तु खुद को ब्रांड की तरह पेश करने में समय कुछ ज्यादा लगेगा।
- किन्तु 15 उत्तर **'हाँ'** में होने पर आप हर हाल में अपने आप को ब्रांड की तरह पेश कर सकते हैं।

क्योंकि हेयर ड्रेसर से ब्रांड बन चुके जावेद हबीब का कहना है, **"सफलता प्राप्त करने का कोई शार्टकट नहीं है। परन्तु लोग सोचते हैं कि मैं रातों-रात बिकाऊ ब्रांड बन गया हूँ, ऐसा नहीं है। मुझे यहाँ तक पहुँचने में बीस साल लगे हैं।"**

मुझसे अक्सर पूछा जाता है कि क्या वह व्यक्ति अच्छा उद्यमी बन सकता है, जिसकी कोई व्यावसायिक पृष्ठभूमि न हो? ऐसे व्यक्ति को अपना बिजनेस शुरू करने के लिए क्या करना चाहिए? तब मैं उन्हें बताता हूँ:-

- **बिजनेस शुरू करने के लिए जरूरी नहीं कि आपकी पारिवारिक पृष्ठभूमि हो। परन्तु माता-पिता का व्यवहार बिजनेस करने वाले व्यक्ति की प्रतिभा पर अच्छा या बुरा प्रभाव डाल सकता है।**
- **उद्यमी बनने के लिए बहुत ही क्रियाशील, धैर्यवान और जोखिम उठाने वाला व्यक्तित्व होना चाहिए, दूरदर्शिता होनी चाहिए तथा स्वयं निर्णय लेने की क्षमता होनी चाहिए।**
- **बिजनेस की बारीकियां समझने की क्षमता, योजना और मार्केटिंग का खाका तैयार करना चाहिए। इसके साथ ही तकनीकी जानकारी और आर्थिक मजबूती भी जरूरी है। क्योंकि अब आर्थिक आवश्यकता बड़ी बाधा नहीं है। यदि आपके पास अच्छी योजना है और काम करने वाली सक्षम टीम है, तब पैसा निवेश करने वाले लोग बहुत मिल जाते हैं।**
- **घाटा कब और कैसे कम करें? इसकी योग्यता भी होनी चाहिए। फिर उत्पाद को बड़े पैमाने पर अच्छा और सस्ता बनाने पर विचार करना चाहिए।**
- **उद्यम खड़ा करने के लिए सही लोगों की तलाश करनी चाहिए। फिर एक मजबूत टीम बनानी चाहिए।**
- **शुरुआत में घाटे के लिए तैयार रहना चाहिए, गलतियों से सीखकर आगे बढ़ने की कोशिश करनी चाहिए।**

- **मार्केट में बिजनेस को बढ़ाने के लिए समय-समय पर अपनी क्षमता का मूल्यांकन करना चाहिए।**
- **योग्य और उत्साही व्यक्तित्व के लोगों की योग्यता का लाभ उठाने का हुनर आना चाहिए।**

फिर आप अपनी प्रतिभा और क्षमता का मूल्यांकन कीजिए और कुछ नया सोचिए। साहस के साथ कदम उठाइए। पिछली कम्पनी में आपके जो सहयोगी थे, उनसे सम्बंध जोड़िए। वे आपके द्वारा शुरू किए गए काम में सहायक हो सकते हैं।

वैसे भी अमीर बनने के लिए उद्यमी बनना आपकी आवश्यकता है और इसके लिए यह समय अनुकूल है। क्योंकि अधिक उत्पादन करने के लिए बैंकों से लोन आसानी से मिल सकता है।

जो लोग इतिहास बनाते हैं उनके पास इतिहास लिखने का वक्त नहीं होता। क्योंकि वह समय का पूरी तरह से सदुपयोग करते हैं और वह हर सैकेंड की कीमत जानते हैं!

शुरू करें अपना व्यवसाय: आप बहुत कम पैसे से बिजनेस शुरू कर सकते हैं। बिजनेस के लिए यह सुनहरा अवसर लंबे समय तक नहीं रहेगा। मंदी के इस दौर में आपको कोई भी इस्तेमाल की गई यूनिट कम दामों में मिल सकती है। फिर आप अपनी क्षमताओं का मूल्यांकन करके उसमें नया व्यवसाय शुरू कर सकते हैं।

यह मंदी आपके लिए नहीं है: मंदी के कारण बिगड़ी अर्थव्यवस्था उसी समय आपको खराब लगती है, जब आप इसके शिकार होते है। परन्तु मंदी थोड़े समय के लिए होती है। जरा सोचिए पहले की मंदी कितने समय तक रही?

1850 की शुरूआत में अमेरीका में 32 बार अर्थव्यवस्था गड़बड़ाई, परन्तु अधिक्तर मामलों में दस महीने से ज्यादा नहीं रही। सबसे लंबे समय की मंदी 16 महीने की रही है। 1980 में मंदी सिर्फ छह महीने (जनवरी से जुलाई) तक रही। उसके पहले नवम्बर 1973 से मार्च 1975 तक और जुलाई 1981 से नवम्बर 1982 तक।

लेकिन भारत अमेरीका नहीं है, और न ही यहाँ पर **'लेहमैन ब्रदर्स'** जैसे बैंक हैं। परन्तु यह सच है कि अमेरीका की आर्थिक अर्थव्यवस्था बिगाड़ने में वित्तीय संगठनों और उपभोक्ताओं का भी बड़ा हाथ है। उन्होंने जरूरत से ज्यादा खर्च किया, जिसका प्रभाव अमेरिका की अर्थव्यवस्था पर पड़ा।

लेकिन भारत और अमेरीका की बचत दर में काफी अन्तर है। यू.एस. डिपार्टमेंट ऑफ कॉमर्स के अनुसार 2006 में अमेरीका परिवार में बचतदर नकारात्मक (−1 प्रतिशत) पाई गई। जबकि भारत के लोग दुनिया में बचत करने के मामले में सबसे आगे हैं।

ब्रांड की शुरुआत करें: विकल्प के रूप में आप बिना उत्पादन के अपना ब्रांड शुरू कर सकते हैं–? आप एक ही बार में 1000 से ज्यादा उत्पादन प्राप्त कर सकते हैं–? प्रोडक्ट लेकर बड़े रिटेलर्स जैसे **'बिग एपल', 'बिग बाजार', 'रिलायंस फ्रेश', 'विशाल मेगामार्ट'** से सम्पर्क कर सकते हैं–?

जो दूसरों के बारे में जान लेते हैं वह विद्वान होते हैं। और जो खुद के बारे में जानकारी रखते हैं वह बुद्धिमान होते हैं। परन्तु आप कैसे हैं जरा सोचिए?

ये रिटेलर्स बड़ी मात्रा में प्रोडक्ट्स खरीदते हैं, परन्तु वेंडर के रूप में उनकी कम्पनी में अपना रजिस्ट्रेशन जरूर कराएं। फिर करोड़ों रूपए का आर्डर आपको मिल सकता है। जबकि केवल 10,000 रु० की लागत से आप यह बिजनेस शुरू कर सकते हैं।

जेब उनकी और मुनाफा आपका: बाजार में कुछ नया शुरू करने का मंतलब होता है, लोगों की जेब में आपका प्रोडक्ट समाए और आपको ज्यादा मुनाफा हो। इसके लिए आपको कम कीमत वाले उत्पादन बेचने पर ध्यान देना होगा।

जहां मंदी का असर नहीं है: छोटे प्रोडक्ट पर मंदी का असर नहीं पड़ता। उदाहरण के लिए नैनो कार को लीजिए। लोग इस कार को खरीदने के लिए चेक हाथ में लिए घूम रहे हैं। इसलिए नैनों पर मंदी का कोई प्रभाव नहीं है।

टाटा समूह काफी पहले से एक लाख रूपए में कार बनाने की सोच रहा था। इसलिए इसके मार्केट में उतरते ही वित्तीय कम्पनियां खुश हो गयी हैं।

बेहतर सेवा की योग्यता: अधिक्तर लोग तकनीक और इन्जीनियरिंग की नई प्रक्रिया में सफल हो जाते हैं। लेकिन नारायण मूर्ति इसलिए सफल नहीं हुए कि उन्होंने किसी नई तकनीक की खोज की थी। बल्कि इसलिए सफल हुए हैं, क्योंकि उन्होंने खरीदने को अच्छी सर्विस दी थी। इसलिए यह सोचना गलत होगी कि आई.आई.एम. या आई.आई.टी. से पास लोग ही नया बिजनेस कर सकते हैं।

क्योंकि सफल बिजनेसमैन बनने के लिए अधिक पैसों की जरूरत नहीं होती, बल्कि इनोवेटिव आइडिए और कुछ कर दिखाने के जुनून की जरूरत होती है।

डेल कम्प्यूटर के संस्थापक माइकल डेल ने जब बिजनेस की शुरुआत की थी, तब उनके पास केवल एक हजार डॉलर थे, वह भी उन्होंने अपने दोस्त से उधार लिये थे।

इतनी कम पूंजी से बिजनेस की शुरुआत करने के बाद भी माइकल डेल आज जिस मुकाम पर पहुंच चुके हैं, उसे पूरी दुनिया अच्छी तरह जानती है।

अब इन्हीं लोगों के नक्शेकदम पर चल कर आई.आई.एम. जैसे बिजनेस स्कूलों से निकलने वाले स्टूडेंट्स आजकल अच्छी कम्पनियों के प्लेसमेंट को छोड़ कर अपना बिजनेस शुरु कर रहे हैं और ग्लोबल मार्केट के समंदर में उतरने की तैयारी कर रहे हैं।

फरिश्ते उड़ सकते हैं क्योंकि वे अमीर बनने का सपना नहीं देखते। मनुष्य जमीन पर चलते हैं लेकिन आसमान में उड़ने के सपने देखते हैं।

➲ **कैसा हो आपका सक्सेज प्लान:** किसी भी तरह के बिजनेस को शुरू करने के लिए जरूरी है एक इनोवेटिव बिजनेस आइडिया। खासकर ऐसा आइडिया, जो यूनिक हो, फिर आगे बढ़ने के लिए आपको उस आइडिया पर एक रोडमैप तैयार करना होगा। जिसमें फीचर्स, लाभ, प्राइस, मार्केट की स्थिति, फाइनैंस आदि शामिल करने होंगे।

फिर सोचना होगा कि उसकी मार्केट स्थिति क्या है? लॉन्ग टर्म में बिजनेस कितना फायदेमंद होगा? इस बात का भी ध्यान रखना जरूरी है।

➲ **एग्लीक्यूशन में दिखाएं दम:** बिजनेस के लिए जब पूरी प्लानिंग हो जाती है, तब दूसरा चरण शुरु होता है बिजनेस प्लान को व्यवहार में लाने का। इस दौरान सेलिंग और कस्टमर सर्विस आपके लिए एसिड टेस्ट की तरह होता है, जिसमें आपको अपना कौशल दिखाना होता है। फिर आपकी सफलता की कहानी शुरू हो जाती है।

एन.आर. नारयणमूर्ति ने केवल सात लोगों के साथ मिलकर **'इंफोसिस'** कम्पनी की स्थापना की थी, तब उस समय उनके पास केवल 10 हजार रुपए थे। आज इंफोसिस को भारत की सबसे बड़ी आई.टी. कम्पनी के रूप में जाना जाता है।

"डेल इन" कम्पनी के मालिक माइकल डेल ने 19 वर्ष की उम्र में कॉलेज की पढ़ाई छोड़कर केवल एक हजार डॉलर से बिजनेस की शुरुआत की थी और आज वे अरबपति हैं।

बिल गेट्स जब हाई स्कूल में थे, तभी उन्होंने अपने दोस्त पॉल एलेन के सांथ मिल कर **'ट्रॉफा डाटा'** नाम से एक कम्पनी की शुरुआत की थी। तब

उनके पास सिर्फ पांच सौ डॉलर थे। इसके बाद उन्होंने **'माइक्रोसॉफ्ट'** जैसी कम्पनी की स्थापना की और ट्रेलिस का इस्तेमाल करके, दुनिया के सबसे अमीर व्यक्तियों में शामिल हो गए।

इसलिए आप सीढ़ी का नहीं, ट्रेलिस का प्रयोग करें। क्योंकि मैनेजमेंट एक्सपर्ट बताते हैं कि जी तोड़ मेहनत करने से मुकाम पाना आसान नहीं होता। क्योंकि सफलता की सीढ़ी अब नदारद हो चुकी है और इसकी जगह दौड़ की जाली ने ले ली है, जिसे अंग्रेजी में ट्रेलिस कहते हैं। इसलिए अब सफलता प्राप्त करने के नियम बदल गए हैं। लेकिन यह आपकी काबलियत और दिमाग के कैच करने की क्षमता पर निर्भर करता है कि आप ट्रेलिस का उपयोग किस तरह करते हैं।

शॉर्टकट तलाशने और जोड़-तोड़ बिठाने में अपनी ऊर्जा और समय बर्बाद मत कीजिए। क्योंकि सफलता केवल उन लोगों को मिलती है जिनके अन्दर धैर्य होता है!

जबकि कम पूंजी में **'प्रियागोल्ड'** बिस्कुट के मालिक बी.पी अग्रवाल ने ट्रेलिस का उपयोग बहुत अच्छे ढंग से किया है।

एक साधारण से परिवार में जन्म लेने वाले बी.पी. अग्रवाल ने कोलकता यूनिवर्सिटी से 1968 में ग्रेजुएशन किया था, फिर उन्होंने कोलकाता में **'सूर्या फूड्स एंड एग्रो प्राइवेट लिमिटेड'** कम्पनी की स्थापना की। स्थापना करते वक्त कम्पनी में सिर्फ दो कर्मचारी थे।

फिर जब यू.पी. में सरकार इंडस्ट्री स्थापित करने के लिए सेल्स टैक्स में छूट दे रही थी, तब उन्होंने नोएडा सेक्टर-4 में **'सूर्या कोकोनट ऑयल मिल'** शुरू कर दी। काम चल निकला, तो उन्होंने ग्रेटर नोएडा में **'प्रिया गोल्ड'** बिस्कुट की फैक्ट्री लगा दी। अब वे बिस्कुट की 23 वेरायटी बना रहे हैं, जो पूरे विश्व में पसंद की जा रही हैं।

आज बिस्कुट इंडस्ट्री में उनका सालाना बिजनेस चार सौ करोड़ रुपए का है और उनकी कम्पनियों में करीब दो हजार कर्मचारी काम करते हैं। अपनी सफलता के बारे में बी.पी. अग्रवाल बताते हैं, **"ग्राहकों को अपने उत्पादनों की ओर आकर्षित करने के लिए ब्रांड का बनाना बहुत जरूरी है। फिर स्लोगन की जरूरत पड़ती है। उदाहरण के तौर पर पेप्सी को ही ले लीजिए, आजकल उनका स्लोगन है 'ये है यंगिस्तान मेरी जान', या फिर कोका कोला का चर्चित स्लोगन "ठंडा मतलब कोका कोला", यही वजह है**

कि वाशिंग पाउडर निरमा ने स्लोगन के जरिए अपना प्रोडक्ट घर-घर पहुंचा दिया।

कभी-कभी तो स्लोगन की जंग-सी छिड़ जाती है, फिर वही कम्पनियां ग्राहकों के बीच अपनी पहचान बनाती हैं। परन्तु स्लोगन रोचक और आसान होना चाहिए, ताकि लोग उसे याद रख सकें।"

➲ **कम्पनी का साइन बोर्ड बनाएं:** बिजनेस को बढ़ाने के लिए साइन का इस्तेमाल काफी फायदेमंद होता है। जो बाद में कम्पनी की पहचान बन जाता है। लेकिन साइन बोर्ड में ऐसे ग्राफिक या तस्वीर को चुनें, जिसे ग्राहक याद रख सकें, फिर कोई भी व्यक्ति आपकी कम्पनी के बारे में आसानी से जान सकता है।

डिज़्नीलैंड जैसे खूबसूरत थीम पार्क की कल्पना करते वक्त वॉल्ट डिज़्नी ने इस बात पर बहुत ध्यान दिया था। उन्होंने अपने साइन बोर्ड में मिकी-माउस को कई रंगों में मस्ती करते हुए दिखाया था।

लेकिन इसके बनने की कहानी भी बड़ी अजीब है। एक बार वॉल्ट डिज्नी अपनी दोनों बच्चियों डियान और भोरॉन के साथ ग्रिफिंश पार्क में घूमने गए थे। वहां मौजूद दूसरे बच्चे तो खूब मस्ती कर रहे थे, लेकिन वॉल्ट डिज़्नी के बच्चों को यह पार्क जरा भी रास नहीं आया। वे बोर हो रहे थे।

यह देखकर डिज्नी सोच में पड़ गए। उनके मन में ख्याल आया कि क्यों न एक ऐसी जगह बनाई जाए, जहाँ बच्चों के साथ-साथ बड़ें भी मस्ती कर सकें। बस फिर क्या था, वे एक थ्रिलर और मस्ती भरी दुनिया के निर्माण में जुट गए। लम्बी कोशिशों और मेहनत के बाद आखिर उनका सपना डिज्नीलैंड के रूप में साकार हुआ, जिसका क्रेज आज बच्चों के साथ बड़ों में भी खूब देखा जाता है।

➲ **शुरुआती छह महीनों का खर्च सुरक्षित रखें:** शुरुआती दिनों में आपके बिजनेस को बाजार में मिलने वाले रिस्पांस की अनिश्चितता, इस बात को जरूरी बना देती है कि कम-से-कम छह महीनों के बिजनेस खर्च का

जब आपका अच्छा वक्त चल रहा हो, तब आप शेखी मारिए, अच्छी तरह काम कीजिए और प्यार से बोलिए। लेकिन जब आपका बुरा वक्त चल रहा हो, तब आप उधार चुकाइए, चुप रहिए और अपनी गलती मानिए!

रिजर्व पैसा आपके पास हो। इससे आप अपने बिजनेस की अच्छी शुरुआत कर सकते हैं और बिजनेस की बेहतर संभावनाओं पर विशेष ध्यान केंद्रित कर सकते हैं। लेकिन अपनी कम्पनी का नाम प्रोडक्ट के अनुरूप रखें, वर्ना आपको नुकसान हो सकता है।

➲ **समर्पण दिलाएगा आपको सफलताः** जो कम्पनी लाभ कमाने के मकसद से काम करती है, उसकी सफलता समर्पण के जज़्बे से आगे बढ़ती है, तब दृढ़ निश्चय और समर्पण बहुत काम आता है। क्योंकि सफलता सिर्फ उनके कदम चूमती है, जो जुनून के साथ काम करते हैं और रास्ते में आने वाली बाधाओं को चीरकर आगे बढ़ जाते हैं।

लक्ष्य की प्राप्ति में सुविधाओं का उतना महत्व नहीं होता जितना की मस्तिष्क की उर्वरता का होता है। इसलिए हर वक्त सीखते रहने की कोशिश कीजिए। क्योंकि संकल्प और आत्मविश्वास के द्वारा जिदंगी के साज़ पर मनचाही धुन छेड़ी जा सकती है।

➲ **परिश्रम और धैर्य से बढ़ता है बिजनेसः** यह सच है कि धैर्यपूर्वक कठिन परिश्रम के साथ लक्ष्य के प्रति समर्पण, हर हाल में सफलता की कुंजी साबित होता है। क्योंकि कठिन परिश्रम का कोई विकल्प नहीं है।

अगर आप अपने स्टाफ के साथ अपनी क्षमताओं को ठीक समय पर पहचानकर ऊंचे टारगेट हासिल करने में जुट जाएंगे, तब आपकी कम्पनी एक साल में टॉप पर होगी। ये मेरा व्यक्तिगत अनुभव है।

क्योंकि जब मैंने 1984 में अपना बिजनेस शुरू किया था, तब केवल एक साल में ही अपनी कम्पनी को टॉप पर पहुँचा दिया था।

➲ **पुरानी आदतें छोड़ते रहिएः** आपको समय का कैसे इस्तेमाल करना है, यह आपको पता होना चाहिए। इसलिए उन आदतों को पहचानिए, जो आपका वक्त बर्बाद करती हैं। ज्यादा टी.वी. देखना भी ऐसी आदत हो सकती है। धीरे-धीरे उस आदत को छोड़िए, फिर अच्छी आदतें बढ़ती चली जाएंगी।

➲ **बिजनेस के लिए पैसा कहां से मिलेगाः** जिस बिजनेस को आप ठीक से समझते हैं, उसे शुरू करने के लिए '**प्राइम मिनिस्टर्स एम्पलॉयमेंट जेनरेशन प्रोग्राम**' से लोन लें। क्योंकि इसके लिए किसी गारंटी की जरूरत नहीं पड़ती और एम.बी.ए. या इन्जीनियर होना भी जरूरी नहीं है। सिर्फ आठवीं कक्षा पास होना आवश्यक है।

निचले तबके में जन्मीं अनिता कुशवाह ने भी प्राइम मिनिस्टंर्स एम्पलॉयमेंट जनरेशन प्रोग्राम के अन्तरगत लोन लेकर अपेन शहद के व्यापार को बढ़ाया है।

आज 21 साल की अनिता बी.ए. .के अंतिम वर्ष की छात्रा हैं और उनका शहद का सालाना कारोबार लगभग 2 करोड़ का है। उसकी सफलता की कहानी एन.सी.आर.टी. की पाठ्यपुस्तक में **'अनिता और उसकी मधुमक्खियां'** शीर्षक से छपी है।

शायद इसीलिए मोहन राकेश ने अपने चर्चित नाटक **'आषाढ़ का एक दिन'** में लिखा है कि प्रतिभा एक चौथाई व्यक्तित्व का निर्माण करती है, शेष की पूर्ति प्रतिष्ठा द्वारा होती है।

जबकि कालिदास एक अच्छे कवि थे, लेकिन राज दरबार में जाने से डरते थे। तब उनके मामा उन्हें समझाते थे कि व्यक्ति की पूर्णता सिर्फ प्रतिभा से नहीं होती बल्कि काम करने से होती है।

क्योंकि प्रतिभा एक सहज गुण है, जो सब में बराबर होता है। परन्तु योग्यता और कला को जीवित रखने के लिए अभ्यास की बहुत आवश्यकता होती है।

आपके दिमाग और पैराशूट में कोई अन्तर नहीं है। क्योंकि दोनों ही तब काम करते हैं जब वह खुल जाते हैं!

इसी अभ्यास की वजह से 2009 के लोकसभा के इलेक्शन में मनमोहन सिंह ने वह करिश्मा कर दिखाया, जो उनसे पहले सिर्फ जवाहरलाल नेहरू ही कर सके थे।

क्योंकि पांच साल का कार्यकाल पूरा करने के बाद, फिर से पार्टी को जीताने का काम आखिरी बार नेहरू जी ने 1962 में किया था।

इंदिरा गांधी भी यह कर सकती थीं, लेकिन उन्होंने पांच साल पूरे होने से पहले ही चुनाव की घोषणा कर दी थी।

परन्तु 2009 के जनादेश की खासियत यह है कि वह एक सकारात्मक जनादेश है। मतदाता अगर किसी सरकार को दुबारा चुनते हैं, तो इसलिए कि उन्हें लगता है कि यह एक नेक सरकार है। वह अच्छा काम कर रही है।

उसने जो काम शुरू किए हैं, वे अभी पूरे नहीं हुए, उसे एक और मौका दिया जाना चाहिए। इस लिहाज से यह वोट ग्रामीण रोजगार गारंटी योजना, किसानों की कर्ज माफी जैसी योजनाओं को बरकरार रखने का वोट है।

लेकिन कभी-कभी ऐसी घटनाएं घटती हैं कि सुनने वाले चौंके बगैर नहीं रह सकते। उत्तरी अमेरिका में मेक्सिको शहर में आज से करीब एक सौ पचास

वर्ष पहले नेपोलियन तृतीय ने अपने आपको ब्रांड की तरह पेश करने के लिए सिक्के ढलवाने का निर्णय लिया था। जैसा कि आम तौर पर होता था, सिक्के के एक ओर शासक का चित्र तथा दूसरी ओर सिक्के की कीमत अंकित की जाती थी।

शारीरिक रूप से स्वस्थ्य रहिए मानसिक रूप से सावधान रहिए और अध्यात्मिक रूप से प्रभावशाली रहिए फिर आपकी एक मुस्कुराहट इतना बड़ा काम कर देगी जिसको आप तलवार के बल पर भी नहीं करवा सकते थे।

सम्राट के आदेश की तामील हुई और सिक्कों की ढलाई का काम भी शुरू हो गया। लेकिन ढलाई करने वाले अधिकारी ने जैसे ही एक सिक्का हाथ में उठाया, वह आश्चर्य चकित रह गया। क्योंकि सिक्के में नेपोलियन तृतीय का माथा फटा हुआ अंकित हो रहा था और चेहरा ऐसा लग रहा था, मानों किसी जख्मी व्यक्ति का हो। अधिकारी ने सोचा कि शायद ढलाई के सांचे में कोई कमी रह गई है, जिसके कारण ऐसा हो रहा है। इसलिए सिक्कों की ढलाई का काम फिर से शुरू हुआ। लेकिन जितनी बार भी सिक्के ढाले गए, हर बार नेपोलियन तृतीय के चित्र में माथा फटा हुआ ही ढलता रहा। एक-एक करके पैंतीस सिक्के ढल गए, तब अधिकारी ने इसकी सूचना सम्राट नेपोलियन तृतीय को दी। नेपोलियन तृतीय भी इस समाचार को सुनकर चौंक गया। उसने खुद टकसाल में आकर सिक्कों को उलट-पलट कर देखा। जब कुछ समझ नहीं आया, तो उसने ज्योतिषी को बुलाने के लिए अपना दूत दौड़ाया। फिर सिक्कों को देखकर ज्योतिषी ने भविष्यवाणी कर दी कि अब तक टकसाल में केवल 36 सिक्के ढंले हैं, इसलिए सम्राट नेपोलियन की उम्र मात्र छत्तीस वर्ष है और उनकी मृत्यु का योग माथे पर लगने वाली चोट ही बनेगा।

तब हकीकत में ठीक वैसा ही हुआ, जैसी ज्योतिषी ने भविष्यवाणी की थी। नेपोलियन तृतीय ने जीवन के केवल 36 बसंत ही देखे और सिक्के में जिस तरह सम्राट का माथा फटा हुआ था, ठीक उसी प्रकार सम्राट का माथा फटा और माथे में चोट लगने का कारण था बंदूक की गोली का लगना।

यह एक अनुभव था, जिसे नकारा नहीं जा सकता। परन्तु यह जरूरी नहीं है कि हर अनुभव का नतीजा नकारात्मक आए।

इसका उदाहरण हैं राहुल गांधी, जिन्होंने सिर्फ अभ्यास की वजह से 2009

के लोकसभा चुनावों में स्टार प्रचारक बनकर देश के भावी प्रधानमंत्री की हैसियत बना ली है।

क्योंकि उनकी इंग्लिश डिक्शनरी में एक शब्द है ***NO*** यानी नहीं। जिससे किसी भी काम के दरवाजे बन्द हो जाते हैं। परन्तु जब वे उसे पलट देते हैं, तब वह ***ON*** यानी आगे बढ़ो बन जाता है। जिससे राहुल गांधी को ऊर्जा मिलती है। उनकी डिक्शनरी में दूसरा शब्द है ***TEEM*** यानी भरा होना, ठीक वैसा ही जैसे कि उनके जीवन में मुश्किलें भरी हैं।

लेकिन जब इस शब्द को राहुल गांधी पलट देते हैं, तब वह ***MEET*** बन जाता है, यानी मुकाबला करना। इन्हीं शब्दों से राहुल गांधी ने सफलता की परिभाषा सीखी है। तभी वे इतने ज्यादा लोकप्रिय हुए हैं।

इसलिए आपको अपने काम का अभ्यास जारी रखना है। क्योंकि अभ्यास करते रहने से उसमें सुधार की संभावना बनी रहती है।

अमेरिका का विस्तार भी इसी सिद्धांत पर हुआ था, लेकिन जब-जब उसने इस सिद्धांत का उलंघन किया, तब-तब उस पर आर्थिक मंदी की मार पड़ी।

आज भी वह आर्थिक मंदी की मार झेल रहा है। लेकिन इसकी सबसे ज्यादा मार पड़ी है सेक्रामेंटो शहर के लोगों पर, जो अमेरिकन नदी के किनारे तंबुओं में आशियाना बना कर रह रहे हैं।

क्रोध, चिड़चिड़ापन और संकुचित दृष्टिकोण से मानसिक शक्तियां नष्ट हो सकती हैं। इसलिए आप अपने व्यक्तित्व में गम्भीरता लाइए और भावनाओं पर नियंत्रण रखना सीखिए!

उनकी हालत ठीक वैसी ही है जैसे की चिड़िया को पकड़ने के बाद शिकारी की होती है।

तब चिड़िया कहती है, **"मुझे छोड़ दो।"**

लेकिन शिकारी उसे छोड़ने के लिए तैयार नहीं होता। फिर चिड़िया विनती करती है, **"मुझ जैसी छोटी चिड़िया को मारकर तुम्हें क्या मिलेगा? अगर तुम मुझे छोड़ दोगे, तो मैं तुम्हें राज़ की तीन ऐसी बातें बताऊंगी कि तुम एक ही दिन में मालामाल हो जाओगे।"**

शिकारी बोला, **"अगर मैंने तुम्हें छोड़ दिया, तो तुम उड़ जाओगी।"**

चिड़िया ने कहा, **"नहीं! मुझ पर विश्वास करो। मैं तुम्हें तीन बातें बताऊंगी। पहली बात मैं तुम्हारे बाएं हाथ पर बैठ कर बताऊंगी, दूसरी**

बात तुम्हारे दाहिने हाथ पर बैठ कर बताऊंगी। और तीसरी अनमोल बात सामने वाली दीवार पर बैठ कर बताऊंगी। अगर तुम मेरी तीनों बातें मान लोगे, तो बहुत जल्दी अमीर बन जाओगे।"

शिकारी राजी हो गया। उसने उसे जाल से निकालकर अपने बाएं हाथ पर बिठा लिया।

चिड़िया बोली, **"जीवन में किसी भी ऐसी बात पर विश्वास मत करो, जो असंभव हो, फिर चाहे वह बात किसी ने भी कही हो।"**

इतना कहकर चिड़िया शिकारी के दाहिने हाथ पर आकर बैठ गई और बोली, **"दूसरी बात यह कि कभी भी कोई चीज तुम्हारे हाथ से निकल जाए, तो उसके लिए पछतावा मत करो। समझ लो कि वह तुम्हारी थी ही नहीं।"**

यह कहकर चिड़िया उड़कर सामने वाली दीवार पर बैठ गई। शिकारी ने कहा, **"अब तीसरी बात बताओ।"**

चिड़िया बोली, **"तीसरी बात यहं है कि मेरे पेट में आधा किलो का एक हीरा है। यदि तुम मुझे मार देते, तो तुम मालामाल हो जाते।"**

इतना सुनकर शिकारी रोने चिल्लाने लगा। उसका रोना सुनकर चिड़िया बोली, **"अरे मूर्ख, मेरा वजन तो पचास ग्राम भी नहीं है, फिर मेरे पेट में आधा किलो का हीरा कहां से होगा?"**

आपकी जिन्दगी एक जाल बनकर रह गयी है जो हमेशा घर, काम, परिवार और दोस्ती की तरफ खिचंती रहती है। जबकि जिन्दगी उस सीढ़ी की तरह है, जिसपर चढ़ने के लिए हर कदम सोच-समझकर उठाना पड़ता है। इसलिए सोचो मत, आंखें खोलो। फिर सीढ़ियां चढ़ना आसान हो जाएगा।

कुछ ऐसा ही अमेरिका के साथ हुआ है। अमेरिका ने अपनी जनता पर चिड़िया की तरह विश्वास किया और अपनी अर्थव्यवस्था चौपट कर ली।

जबकि दूसरी तरफ भारतीय हैं, जिन्होंने अपने आपको ब्रांड की तरह पेश किया और अब राजा-महाराजा की तरह जीवन जी रहे हैं। उनमें सबसे पहला नाम मुकेश अम्बानी का आता है, जो मुम्बई में अंटीलिया के नाम से एक 27 मंजिले घर का निर्माण करवा रहे हैं। 100 अरब रुपए की अनुमानित लागत वाली इस गगनचुंबी इमारत को दुनिया का सबसे महंगा बंगला बताया गया है, जिसके मेनगेट पर **'शुभ-लाभ'** लिखा हुआ है। क्योंकि मुकेश अम्बानी अपने हर काम

की शुरुआत **'शुभ-लाभ'** लिखकर करते हैं लेकिन शुभ-लाभ जिन दो शब्दों से मिलकर बना है, वे दोनों बहुत प्रचलित हैं। जिसमें **'शुभ'** का अर्थ है **कल्याणकारी** और **'लाभ'** का अर्थ है **श्रम से मिलने वाला फल।**

अब यही **कल्याणकारी फल** मुकेश अम्बानी की सफलता का गुरुमंत्र बन चुका है। इसलिए आप भी इस गुरुमंत्र का लाभ उठाने की कोशिश कीजिए, फिर आपको अमीर बनने से कोई नहीं रोक सकता।

■

"यदि दुनिया के सारे लोग अपने दिल से गरीबी को निकाल दें, तब सब लोग अमीर बन सकते हैं। क्योंकि अमीर बनने का विज्ञान कहता है कि जब आप अमीर बनने की दिल में ठान लेते हैं, तब आप अमीर बनने लगते हैं।"

ब्रह्मांड की उत्पत्ति का रहस्य बताने वाली
लार्ज हेड्रोन कोलाइडर मशीन
अपने मिशन में फेल हो सकती है।
लेकिन अमीर बनने का विज्ञान
सिखाने वाली यह पुस्तक
कभी फेल नहीं हो सकती।
क्योंकि लार्ज हेड्रोन कोलाइडर का निर्माण
प्रयोग करने के लिए किया गया था।
जबकि इस पुस्तक का निर्माण प्रयोग के बाद हुआ है!

ग्यारहवां सिद्धांत

अपनी बॉडी लैंग्वेज को अमीर बनाइए

कुछ दिनों पहले मुझे एक बिजनेस मैनेजमेंट कॉलेज में एम.बी.ए. के छात्रों को बॉडी लैंग्वेज के बारे में समझाना था। परन्तु हॉल में उपस्थित अधिक्तर छात्र जम्हाइयां ले रहे थे। इसलिए मैं सोच में पड़ गया कि इनको जोश में कैसे लाया जाए? फिर अचानक मेरे दिमाग में आइडिया आया कि अपनी स्पीच कुछ इस तरह से शुरू करूं ताकि छात्रों में जोश आ जाए। इतना सोचते ही मैं स्टेज पर पहुंचा और तेज स्वर में बोला:-

अमीर लोग कभी नहीं थकते।
जो थकते हैं वो अमीर नहीं बनते॥

मेरे शब्द सुनकर जम्हाइयां लेने वाले छात्र तन कर बैठ गए। मैं उन्हें देखकर हैरान हो गया और मुझे लगा कि मेरे शब्दों में जादू है। लेकिन मैं इस जादू को बरकरार रखना चाहता था, ताकि छात्र मेरी स्पीच को ध्यान से सुनें। इसलिए मैंने अपनी लिखी स्पीच को जेब में रखा फिर बोला, **"जानते हैं आप अनिल अम्बानी का वजन 1983 में कितना था?"**

सारे छात्र सोच में पड़ गए, तब मैंने कहा, "उनका वजन उस समय 115 किलो था। लेकिन जब अनिल अम्बानी विदेशी निवेश को रिलायंस में समावेश करने के लिए प्रेस कांफ्रेंस में बोल रहे थे, तब एक युवा पत्रकार ने अचानक उनसे प्रश्न किया, **"मिस्टर अम्बानी, आप इतने मोटे क्यों हैं?"**

अनिल अम्बानी गुस्से में बोले, **"इस प्रश्न का इस समय क्या महत्व है?"**

पत्रकार अपनी बात पर जोर देते हुए बोला, **"मिस्टर अम्बानी! एक अस्वस्थ और लापरवाह उद्योपति कभी भी अपनी कम्पनी को विश्वस्तर तक नहीं ले जा सकता।"**

पत्रकार की बात सुनकर अनिल अम्बानी अपने मोटापे के बारे में सोचने पर मजबूर हो गए। फिर कांफ्रेंस से यह निश्चय करके वापस लौटे कि उन्हें अपने व्यक्तित्व में बदलाव लाना है और अपनी बॉडी लैंग्वेज को अमीर बनाना है।

उसके बाद अनिल अम्बानी अपने कफ परेड मुम्बई स्थित घर से सिद्धि विनायक मंदिर तक पैदल जाने–आने लगे, जोकि 10 किलोमीटर के फासले पर था। तब उनके साथ एक कार पीछे–पीछे चलती थी और ऐसा वह आज तक करते आ रहे हैं।

अब वह अपना फालतू वजन घटाकर 65 किलो के फिट और चुस्त युवा बन गए हैं। उन्होंने अपने नए घर **'सी. विंड'** में एक जिम बना रखा है और स्वस्थ रहने के लिए रोज़ 12 घंटे काम करते हैं। उनके जीवन के 7 सिद्धांत हैं जिन पर वह हमेशा अमल करते हैं:–

1. **पैसा दिमाग से नहीं जुनून से कमाया जाता है।**
2. **क्रेडिट कार्ड से दूर रहो और अपने शरीर पर निवेश करो।**
3. **सबकी सुनो, जो अच्छा लगे उसे अपनालो।**
4. **बेकार की चीजों में पैसा मत गंवाओ।**
5. **दूसरों को अपने जीवन पर राज मत करने दो।**
6. **अपने आपको बिकाऊ ब्रांड बनाओ।**
7. **अपनी बॉडी लैंग्वेज को आकर्षक बनाओ।**

इसलिए आपको सबसे ज्यादा ध्यान अपनी बॉडी लैंग्वेज पर देना है। बिना इसे समझे आप अनिल अम्बानी की तरह अमीर नहीं बन सकते। अब अपना आलस्य त्यागो और मेरी बात ध्यान से सुनो। क्योंकि जब 1984 में मैंने पहली बार बॉडी लैंग्वेज का अध्ययन किया था, तब मैं यह जानकर बहुत ज्यादा रोमांचित हो गया था कि संकेतों, मुद्राओं, स्थितियों और पहनावे से हम अपने आप को अधिक स्मार्ट बना सकते हैं। 1970 में जूलियस फास्ट ने **'बॉडी लैंग्वेज'** नाम की पुस्तक लिखी थी, जिसे पढ़ने के बाद मुझे लगा कि इस विषय पर और अधिक अध्ययन किया जाए। फिर मैंने चार्ल्स डार्बिन की पुस्तक **"द एक्सप्रेशन ऑफ द इमोशन्स इन मैन एण्ड इनिमल्स"** को पढ़ा, तब मैंने जाना कि बॉडी लैंग्वेज के द्वारा आप दूसरे व्यक्ति को बहुत कुछ कह सकते हैं। इसे विस्तार से समझाने के लिए मैं आपको कुछ उदाहरण देना चाहूंगा, जैसे कि:–

आपकी मुद्राएं	उनका अर्थ
➲ भौहों को ऊपर करना	समझने का प्रयास करना
➲ भौहों को चारों तरफ घुमाना	अविश्वास प्रकट करना
➲ आंखों में आँखें डालकर बात करना	निष्ठा और आत्मविश्वास व्यक्त करना

➲ नाक को मलना	चकित हो जाना
➲ कन्धों को झटकना	दिलचस्पी नहीं लेना
➲ पुतलियों से इशारा करना	विशेष तथ्य की ओर संकेत करना
➲ माथे पर हथेली को मारना	किसी चीज को भूल जाना
➲ दोनों हाथों से सिर पीटना	पश्चाताप प्रगट करना
➲ बोलते समय अंगुलियों से मुंह ढकना	दूसरे की बात पर आश्चर्य करना
➲ गर्दन खुजलाना	दूसरे का भाव ठीक नहीं है।
➲ कान को मलना	बोलना बंद करो
➲ आंखें लगातार झपकाना	थकान और घबराहट महसूस करना
➲ बिना पलक झपके देखते रहना	कुछ नया और अच्छा देखना
➲ अंगुलियों को मोड़कर अंगूठा दिखाना	सब कुछ ठीक है यानी ओ.के.
➲ वी (V) का संकेत बनाना	विजय को दर्शाना
➲ दोनों खुली हथेलियां दिखना	ईमानदारी को दर्शाना
➲ बोलते समय दूर तक देखना	अभिव्यक्ति की तलाश करना
➲ सुनते समय दूसरों की ओर न देखना	बात से सहमत न होना
➲ आंखें मिलाकर सिर हिलाना	ठीक है, आगे बोलिए
➲ सीधे खड़े होकर बोलना	महत्वपूर्ण बयान देना
➲ पॉकेट में हाथ डालकर बोलना	अपने को सुपरमैन समझना
➲ सुनते समय आगे की ओर झुकना	बात को ध्यान से सुनना
➲ सुनते समय पीछे झुकना	सुनने में उदासीनता व्यक्त करना
➲ दोनों हाथ जोड़कर खड़े होना	किसी तरह की प्रार्थना करना
➲ गर्दन को दाएं-बाएं हिलाते रहना	अस्वीकार व्यक्त करना
➲ गर्दन ऊपर-नीचे हिलाते रहना	बात को समझने की कोशिश करना
➲ दोनों हथेलियाँ सीने के पास लाना	सच कहने की कोशिश करना
➲ सिगरेट पीते हुए धुंआ उड़ाना	रहस्यपूर्ण बात सोचना

लुइविले यूनविर्सिटी के प्रोफेसर बर्डहसल ने इन व्यवहारों को **'बॉडी लैंग्वेज'** की संज्ञा दी थी, जिसको हिन्दी में **'अशाब्दिक सम्प्रेषण'** (***Non-Verbal Communications***) कहते हैं। इस विधि में भाव-मुद्राओं तथा संकेतों का प्रयोग किया जाता है। जिनके द्वारा दूसरा व्यक्ति, आपके मन की बात समझ लेता है। इसलिए **'अशाब्दिक'** माध्यम का प्रयोग व्यक्तिगत भावनाओं को दूसरों तक पहुंचाने के लिए किया जाता है।

चार्ली चैपलिन अशाब्दिक सम्प्रेषण की खूबियों के जन्म दाता थे। उस समय स्क्रीन पर सम्प्रेषण का माध्यम केवल यही था। कोई अभिनेता जितनी

खूबी से और असरदार अंदाज में मुद्राओं और दूसरे देह संकेतों का प्रयोग कर सकता था, वह उतना ही अच्छा अभिनेता माना जाता था।

क्या है बॉडी लैंग्वेज: जब आपको अपने अन्दर प्रतिभा का एहसास हो जाता है, तब आप स्वाभिमान से चलते हैं। चाल में मस्ती होती है, कंधे जरा ऊपर होते हैं। लेकिन जब आप निराश होते हैं, तब आपके कदम दाएं-बाएं डोलने लगते हैं और क़भी लड़खड़ा जाते हैं। फिर जब आप परेशान होते हैं, तब तेजी से पलके झपकाते हैं।

जिस तरह एक माँ के प्राण अपने बच्चे में बसते हैं। ठीक उसी तरह आदमी के लिये दौलत है जिसके बिना वह अधूरा है। इसलिए दौलत कमाने की सोचिए गंवाने की नहीं।

सच बोलती है आंखें: इसलिए दूसरों की आंखों का रंग पढ़ें। क्योंकि आपको कई लोग ऐसे मिलेंगे, जो बातें करते वक्त दूसरों से नजरें नहीं मिलाते। वे या तो नीचे की ओर देखेंगे या कहीं और, लेकिन आपसे नजरें नहीं मिलाएंगे।

कुछ जगह पर यह तहजीब का हिस्सा हो सकता है। जहाँ नजरें मि्लाकर बातें करना अच्छा नहीं माना जाता। लेकिन ऐसी जगहों की जानकारी आपको होनी चाहिए। परन्तु कई जगह ऐसी हो सकती हैं, जहां एक साथ कई लोगों की नजरें आपसे मिली हुई हों और आपको इसका अहसास न हो। लेकिन आप हमेशा लोगों की आंखों में झांकते हुए बातें करने की कोशिश करें। यह देखने की कोशिश करें कि सामने वाले की आंखों का रंग कैसा है? इसके लिए आपको आंखों पर नजरें जमाने की जरूरत है, क्योंकि यह पल-दो-पल में हो सकता है।

आपका बॉडी पॉस्चर: पॉकेट में हाथ डालकर किसी से बातें करने का सामान्य अर्थ है कि आप उससे कहीं-न-कहीं बच रहे हैं। इसलिए चलते वक्त पॉकेट में हाथ डालकर न चलें, क्योंकि यह आपके बॉडी पॉस्चर को दर्शाता है।

इसी तरह हाथों को छाती के गिर्द बांधकर चलना भी अच्छा प्रभाव नहीं छोड़ता। क्योंकि खुले हाथ मजबूती और दोस्ताना भाव को दर्शाते हैं। मान लीजिए कभी आपको अपना बचाव करने की जरूरत पड़े और आपका हाथ पॉकेट में है, तो उसे निकालने में जो वक्त लगेगा, उतनी देर में हमला करने वाला अपना काम कर जाएगा। इसी तरह यदि आप बाहों को छाती से बांधकर चलते हैं, तो कोई व्यक्ति पीछे से आपको इस तरह जकड़ सकता है कि आप बेबस हो जाएं। इसलिए आपको ऐसी पोजीशन में रहना है, जो आसान और आरामदायक हो, मगर शरीर ढीला न हो।

बॉडी लैंग्वेज का जादू: हमारे देश के राजनेता चुनावों के दिनों में कुछ इसी तरह की बॉडी लैंग्वेज का प्रदर्शन करते हैं। मिसाल के तौर पर कांग्रेस अध्यक्ष सोनिया गांधी तेज चाल से लोगों के बीच पहुँच जाती हैं।

जनसमूह के बीच घुसकर किसी बच्चे को गोद में उठा लेती हैं। इससे लोगों को लगता है कि वे उनके बीच की नेता हैं। भाषण समाप्त होने पर खास अंदाज में सिर पर पल्लू रखने के बाद हाथ उठाकर लोगों का अभिवादन करना मतदाताओं को प्रभावित करता है।

रोज कड़ी मेहनत करने से अच्छा है रोज की गयी थोड़ी-थोड़ी कोशिश फिर वह कोशिश बड़ी सफलता बनकर उभरने लगेगी। ठीक वैसे ही जैसे कि एक छोटे से पौधे से बड़ा पेड़ बनता है!

सोनिया की यह बॉडी लैंग्वेज ही है, जो मतदाताओं को उनके अभिवादन में कांग्रेस का चुनाव चिह्न हाथ का पंजा नजर आने लगता है। उनकी यह शैली भारतीय परम्परा का अहसास कराती है।

कुछ यही स्टाइल उनकी बेटी प्रियंका गांधी का भी है। परन्तु उनकी कुछ अलग अदाएं हैं। जैसे कि चुनाव के दौरान परम्परागत भारतीय पहनावे वाली साड़ी पहनकर लोगों के बीच बिना किसी डर के जाना, लोगों से बेधड़क बात करना, बच्चों से घुल-मिल जाना, पत्रकारों के सवालों का बेबाकी से जवाब देना। रोड शो के दौरान चलती गाड़ी का दरवाजा खोलकर पायदान पर खड़े हो जाना। ये सब उनकी स्टाइल का एक हिस्सा हैं। जबकि प्रियंका के भाई राहुल अपने अंदाज से सादगी का प्रदर्शन करते हैं।

भाजपा के लालकृष्ण आडवाणी चुनावी सभाओं में जिन मुद्राओं का प्रदर्शन करते हैं, उससे कहीं भी यह पता नहीं चलता कि वे जीवन के आठ दशक पार कर चुके हैं।

आडवाणी ने आठ दशक पार करने के बाद भी अपनी बॉडी लैंग्वेज के माध्यम से हमेशा यह साबित करने का प्रयास किया है कि उनके मन में अब भी एक नया इतिहास जन्म ले रहा है।

इसलिए वे भाषण के दौरान बार-बार आसमान की ओर हाथ की उंगली उठाकर अपना दृढ़ संकल्प जाहिर करते हैं कि वह पूरी तरह से मजबूत नेता हैं और देश को बुलंदियों तक ले जाना चाहते हैं। कभी-कभी आडवाणी अपनी बॉडी लैंग्वेज के द्वारा अटल बिहारी वाजपेयी के होने का अहसास कराते हैं।

इसी तरह गुजरात के मुख्यमंत्री और भाजपा के स्टार प्रचारकों में से एक नरेंद्र मोदी भी अपने हाव-भाव से मजबूत व्यक्तित्व और कुशल प्रशासक होने का अहसास कराते हैं। उनके भाषण उनकी इस अंदरूनी मजबूती की गवाही भी देते हैं।

भाजपा महासचिव अरुण जेटली भी अपने हाव भाव, तर्क और तथ्यों के द्वारा विरोधी को ध्वस्त करने की क्षमता रखते हैं। उनकी इसी अदा ने उन्हें पार्टी में इस मुकाम तक पहुँचाया है।

यदि आप प्रार्थना करके खुद को अच्छा और हल्का महसूस करते हैं। तब आप समझिए की आपकी प्रार्थना ईश्वर ने स्वीकार कर ली है!

भाजपा की प्रभावशाली नेता सुषमा स्वराज की बॉडी लैंग्वेज भी गजब का है। उनका जितना प्रभाव हिंदी भाषा क्षेत्रों में है, उतना ही गैर हिंदी भाषी क्षेत्रों में भी है। अपने इसी करिश्मे के दम पर उन्होंने कांग्रेस अध्यक्ष सोनिया गांधी को बिलारी में चुनौती दी थी।

पूर्व रेल मंत्री लालू प्रसाद यादव का अपना अलग ही चुम्बकीय आकर्षण है, जो मतदाताओं को हर हाल में अपनी ओर खींचे रखता है। भारतीय राजनीति के ठेठ खिलाड़ी लालू प्रसाद यादव चुनावी सभाओं में मुहावरों का प्रयोग करने से नहीं चूकते। यही वजह है कि उनकी मुहावरे भरी बिहारी बोली में अपनत्व झलकता है।

उत्तर प्रदेश की मुख्यमंत्री और बसपा सुप्रीमो मायावती जब मंच पर पहुँचती हैं, तो हर कोई उनके तमतमाए चेहरे कों देखने के लिए बेताब रहता है। तमतमाते चेहरे पर आक्रोश लिए मायावती जब अपने विरोधियों पर बरसती हैं, तब भीड़ में उत्साह जाग जाता है।

महाराष्ट्र के मराठी नेता शरद पवार की हाजिर जवाबी के सभी कायल हैं। सख्त प्रशासनिक नेता होने के साथ-साथ उनके अन्दर जनता की नब्ज पकड़ने की विशेष कला है।

इसी तरह दक्षिण भारत के नेताओं में चंद्रबाबू नायडू, करुणनिधि, जयललिता की बॉडी लैंग्वेज भी काफी प्रभावशाली है। चंद्रबाबू नायडू जहां आक्रामक अंदाज में अपनी बात जनता तक पहुँचाते हैं, वहीं एम.करुणनिधि के स्टंट भी कुछ कम नहीं हैं। जो अपने हाव-भाव से जनता का मूड बदल देते हैं।

ये सब लोग बॉडी लैंग्वेज को एक टेक्निक की तरह इस्तेमाल करते हैं और नॉन-वर्बल कम्युनिकेशन के जरिए अपनी बात को आसानी से समझाने का प्रयास करते हैं। यदि बोलते वक्त इनके हाथ हिप्स पर हैं, तो समझ लीजिए कि ये

अधीर हैं। जबकि पीठ के पीछे हाथ बांधने से पता चलता है कि ये नियंत्रण में हैं। सिर के पीछे दोनों हाथों की उंगलियाँ मिला कर खड़े रहने से इसके प्रभुत्व का संकेत मिलता है और जिस दिशा में इनके पांव होंगे, उसी दिशा में इनकी रुचि ज्यादा होती है।

बॉडी लैंग्वेज को ठीक से समझें: मनुष्य के व्यवहार को अलग-अलग कल्चर या देश में अलग-अलग तरीके से स्वीकार किया जाता है। इसलिए हर देश के लोग बॉडी लैंग्वेज को अलग-अलग तरीके से इस्तेमाल करते हैं और इस लैंग्वेज को समझने का तरीका भी सब जगह अलग हो सकता है। ऐसी स्थिति में आपको यह पता होना चाहिए कि किस स्थान पर और किस देश में बॉडी लैंग्वेज का सही मतलब क्या है?

यह भी हो सकता है कि कम्युनिकेशन की प्रोसेस में कहीं-कहीं बॉडी लैंग्वेज का किसी रूप में इस्तेमाल न हो रहा हो। क्योंकि हाव-भाव और चेहरे के एक्सप्रेशन अलग-अलग देशों में अलग-अलग अर्थ पेश करते हैं। ऐसे में कई बार मिसअंडरस्टेंडिंग या मिसइंटरप्रिटेशन की आशंका बनी रहती है। इसलिए आपको अपना कम्युनिकेशन स्किल्स सुधारने के लिए, अपने हाव-भाव के प्रति पूरी तरह से जागरूक रहना होगा।

अक्टूबर 2008 में अमेरिका में राष्ट्रपति चुनाव के समय रिपब्लिकन और डेमोक्रेटिक पार्टी के उम्मीदवारों के बीच हुई तीसरी और अंतिम दौर की बहस में बॉडी लैंग्वेज की खूब चर्चा हुई थी। तब बहस के दौरान रिपब्लिकन पार्टी के मैक्केंन काफी आक्रामक नजर आए थे। क्योंकि पिछली दो बार की बहस में पिछड़ रहे मैक्केन पर इतना दबाव था, कि कई बार ऐसा लगा कि वह अपनी सीट से ही उछल पड़ेंगे। दोनों नेताओं के हाव भाव में तब काफी कुछ ऐसा था, जो बहस में खुलकर सामने आ गया। तब ओबामा अमेरिकी ध्वज वाली पिन लगाए हुए थे और उनकी टाई गहरी लाल थी, जिस पर सफेद धारियां थीं। वह मैक्केन की आलोचना पर थोड़े संकुचित नजर आए थे, लेकिन जब मैक्केन ने कहा कि ओबामा का प्रचार अर्थव्यवस्था पर ही आधारित है, तो वह ठहाका मारकर हंसे थे। परन्तु जब मैक्केन ने किसी खेल में घरेलू टीम की जीत की बात कही, तब ओबामा ने उन्हें मुस्कुराते हुए बधाई दी। लेकिन उन्होंने अपने संबोधन के दौरान मैक्केन को बार-बार मिस्टर मैक्केन कहकर पुकारा था। उस समय मैक्केन ने नीले रंग की टाई बांध रखी थी, जिस पर सफेद धारियां बनी थीं। उन्होंने बार-बार ओबामा को **'तुम'** और **'सीनेटर ओबामा'** कहकर संबोधित किया। तब उनके चेहरे के हाव-भाव बार-बार बदल रहे थे। बहस के दौरान वह अपनी कलम से खेलते नजर आए। वह ओबामा की आलोचना करते समय

बार-बार आंखें नचा रहे थे। इस दौरान कई बार उनकी जबान भी फिसली। अंत में उन्होंने ओबामा को **'गुड जॉब'** कहकर बाधाई दी थी।

जिससे पता चलता है कि मैक्क़ेन तब क्या सोच रहे थे और क्या बोल रहे थे। तभी तो अमेरिकी बॉडी लैंग्वेज के विशेषज्ञ टॉमी हार्ले ने कहा था, **"लोगों की शारीरिक अभिव्यक्ति मुश्किलों को आसान बना देती है। जिसको दूसरा व्यक्ति आसानी से समझ सकता है।"**

यही वजह है कि प्रेम की दुनिया में बॉडी लैंग्वेज का बहुत महत्व है। क्योंकि प्रेमी एक-दूसरे को बिना कुछ कहे-सुने भी यह महसूस कर सकते हैं कि वे उसे कितना प्यार करते हैं। इसलिए खुशी से लेकर गम तक हर स्थान पर बॉडी लैंग्वेज का महत्व है।

हो सकती है भूलः सोचिए कि मेनका गांधी की इन्दिरा गांधी के साथ झगड़े की जड़ क्या रही होगी।

जड़ थी मेनका गांधी का बॉडी लैंग्वेज पसन्द न आना। इस पर में **'इन्दिरा : द लाइफ ऑफ इन्दिरा नेहरू गांधी'** जैसी पुस्तक लिखने वाली लेखिका कैथरीन फ्रैंक ने कुछ रोशनी डाली है। उन्होंने लिखा है, **"मेनका बातूनी और वर्जनाओं से परे थीं। सिख होने के बावजूद वह सिगरेट पीती थीं। इसलिए इन्दिरा अपने बेटे की पसंद से खुश नहीं थीं। शुरू से ही मेनका का राजीव और उनकी पत्नी से झगड़ा रहा है। वह इन्दिरा गांधी का भी निरादर करती थीं। जबकि वरूण की देखभाल की पहली जिम्मेदारी सोनिया निभाती थीं।"**

ईश्वर मनोवांछित मुराद पूरी करने से पहले अपने भक्त की खूब परीक्षा लेते हैं। पहले उसे सोने की तरह आग में तपाकर देखते हैं। तब कहीं जाकर उसे अपना भक्त स्वीकार करते हैं।

इन्दिरा का घर छोड़ने के बाद मेनका गांधी ने लेखिका मथाई (जवाहरलाल नेहरू की सचिव) की किताब का चैप्टर 'शी' हासिल कर लिया था और उसे जनता में वितरित किया था। उस किताब में जवाहरलाल नेहरू के जीवन से जुड़ी महिलाओं के बारे में विस्तार से लिखा गया था, जिसकी विद्वानों ने निन्दा की थी।

लेखिका का कहना था कि इन्दिरा जी ने हमेशा इस विवाह का विरोध किया था और बाद में संजय को भी अपने जीवन के इस सच का पता चल गया था। दूसरी तरफ इन्दिरा गांधी को मेनका गांधी का बॉडी लैंग्वेज ज्यादा पसन्द नहीं था, इसलिए उन्होंने मेनका गांधी को घर से निकाल दिया था।

डर और सफलता में 36 का आंकड़ा है। क्योंकि दोनों एक दूसरे के दुश्मन हैं। इसलिए जब भी लक्ष्मी आपका दरवाजा खटखटाएं तब साहस को दरवाजा खोलने के लिए भेजें!

जबकि पुराने जमाने में भगवान राम का बॉडी लैंग्वेज गजब का था, फिर भी उन्हें 14 साल का वनवास काटना पड़ा। परन्तु इस बात से उनके व्यक्तित्व पर कोई फर्क नहीं पड़ा था, क्योंकि उनके अन्दर मेनका गांधी की तरह अवगुण नहीं थे।

यही वजह है कि आज भी हर जाति लोग उनके चरित्र का गुणगान करते नजर आते हैं।

इसलिए भगवान राम के जीवन पर आधारित **'रामायण'** कोई किताब नहीं है, बल्कि एक ग्रंथ है। जो हमें बॉडी लैंग्वेज को विस्तार से सिखाता है और बताता है कि भगवान कैसे चलते थे? कैसे सोचते थे? कैसे बैठते थे? कैसे बोलते थे? जो आज की पीढ़ी के लिए एक संदेश है।

तभी तो गोस्वामी तुलसीदास ने कहा है:–

जहां सुमति तहां संपत्ति नाना।
जहां कुमति तहां विपत्ति निदाना।

सुमति और संतोष का गहरा सम्बंध है। मनुष्य में यदि सुमति नहीं होगी, तो उसके अन्दर संतोष उत्पन्न नहीं होगा। यदि कुमति है, तो उसमें अधिक धन संचय की प्रवृत्ति बढ़ेगी। ठीक वैसे ही जैसे कि जापान के संत हाकुइन के पास एक योद्धा स्वर्ग और नर्क के सम्बंध में ज्ञान प्राप्त करने गया। संत ने पहले उसे नीचे से ऊपर तक ध्यान से देखा और पूछा, **"तुम कौन-सा व्यवसाय करते हो?"**

"मैं सेना में शस्त्रों की देखभाल करता हूँ।"

"तुम्हारी शक्ल तो भिखारियों जैसी लगती है। मुझे आश्चर्य होता है कि किस अफसर नें तुम्हें अपनी सेना में शस्त्रों की देखभाल के लिए रखा है?"

उस योद्धा को संत की बात सहन नहीं हुई। क्रोध के कारण उसका चेहरा तमतमा उठा, फिर उसका हाथ तलवार की मूंठ पर गया।

जब संत की दृष्टि उस तलवार पर गई, तो उन्होंने कहा, **"अच्छा तो तुम्हारे पास तलवार भी है और इससे तुम मेरा सिर काटना चाहते हो, जबकि इससे पेंसिल भी नहीं कट सकती।"**

योद्धा का पारा सातवें आसमान पर चढ़ गया, फिर उसने तलवार म्यान से बाहर निकाल ली। संत ने मुस्कुराते हुए कहा, **"तुम्हारे लिए नर्क का द्वार खुल गया है।"**

योद्धा ने संत की बात सुनकर तलवार म्यान में रख ली और अपनी भूल स्वीकार कर ली।

तब संत ने कहा, **"अब यदि तुम स्वर्ग के दर्शन करना चाहते हो, तो क्रोध का भाव छोड़ दो और अपने अन्दर अच्छे संस्कार लाओ, लेकिन अच्छे संस्कार लाने के तीन सूत्र हैं।"**

पहला सूत्र है:- स्वार्थ को छोड़ दिया जाए। जबकि कोई भी व्यक्ति स्वार्थ को नहीं छोड़ सकता। एक पुराना किस्सा है, एक बड़ा व्यापारी था। उसका नाम धनपत राय था। वह बेहद लालची था। उसके पास किसी चीज की कमी नहीं थी, परन्तु कुछ और पाने की उसकी ललक बढ़ती ही जा रही थी। सोना उसकी खास कमजोरी थी। इसलिए वह दिन-रात सोने के ख्यालों में खोया रहता था और कल्पना किया करता था कि उसका विशाल घर सोने से भर जाए। फिर उसने धन कमाने के साथ-साथ देवता की आराधना की। उसकी साधना से प्रसन्न होकर देवता ने उससे कोई वर मांगने को कहा।

लालची सेठ को जब और कुछ नहीं सूझा तो उसने कहा, **"भगवान जब आप मुझ पर प्रसन्न हैं, तो मुझे यह वर दीजिए कि मैं जो भी वस्तु छुऊं, वह सोने की हो जाए।"**

देवता ने कहा, **"ऐसा ही होगा।"**

यह कहकर वह चले गए। धनपतराय ने सबसे पहले अपने महल के खम्भे छुए। वे एकदम सोने के हो गए। फिर उसने एक-एक करके अपने घर की सारी चीजें छू डालीं। सब सोने की हो गईं। उसे भूख लगी। उसने खाना मंगवाया। जैसे ही उसने खाने को छुआ, वह भी सोने का हो गया। अब सोना खाकर पेट तो भर नहीं सकता था और न ही भूखा रहा जा सकता था। तब उसका सारा आन्नद दु:ख में परिवर्तित हो गया। उसकी एक लड़की थी। वह पिता के वरदान से बड़ी खुश थी। लेकिन पिता की व्यथा से बहुत दु:खी हुई। वह दौड़कर पिता के पास आई। उसका पिता शोक-सागर में डूबा था। लेकिन बेटी के सामने आते ही वह बिलखते हुए उसकी ओर बढ़ा। जैसे ही उसके कंधे पर हाथ रखा लड़की सोने की हो गयी। सेठ की दुनिया लुट गई। वह समझ गया कि आदमी को धन-दौलत जीवित नहीं रखती, यदि जीवित रखता है, तो वह है मानव का प्यार। जब आदमी इस बात को समझ जाता है, तब वह अच्छे काम करने लगता है।

दूसरा सूत्र है:– उदार दृष्टिकोण। क्योंकि संकीर्ण दृष्टि से देखने वाला अपने आस-पास तक ही देख पाता है, जबकि आदमी को दूर तक की बात सोचनी चाहिए।

आपने बाँसुरी वाले लड़के की कहानी अवश्य सुनी होगी। जो अपनी बाँसुरी बजाकर सबको सम्मोहित कर लेता था। वही कहानी मैं आपको सुना रहा हूँ।

जब दिल्ली में चूहे अधिक हो गये थे, तब प्लेग फैलने की आशंका बढ़ गयी थी। फिर शहर के लोग मिलकर एम.सी.डी. के चेयरमैन के पास गए और उससे कहा कि आप कुछ कीजिए। उसने भी अपनी तरफ से बड़ी तरकीबें सोचीं, परन्तु चूहों की संख्या बढ़ती चली गई। फिर चेयरमैन ने घोषणा करवाई कि अगर कोई आदमी हमें वह नुस्खा बताए, जिससे चूहे दिल्ली से चले जाएं, तो हम उसे दस लाख रुपय देंगे।

ऐलान के अगले ही दिन वहां एक आदमी कहीं बाहर से आया और उसने चेयरमैन से कहा, **"अगर मैं इन चूहों को यहां से बाहर ले जाऊंगा, तो घोषणा के अनुसार क्या आप मुझे दस लाख रुपय देंगे?**

चेयरमैन ने कहा, **"अगर सब चूहे चले गए, तो हम तुम्हें दस लाख रुपये जरूर दे देंगे।"**

अगले दिन सुबह, वह आदमी पूरी दिल्ली में घूम-घूम कर बांसुरी बजाने लगा। उसकी आवाज सुनकर चूहों को ऐसा लगा, जैसे खाने के डिब्बे खुल रहे हों। फिर सारे चूहे उस आवाज के पीछे-पीछे जाने लगे। चलता-चलता वह मोहन नगर के पास आ गया। वहाँ हिंडन नदी बहती थी। बांसुरी बजाता हुआ वह नदी के अंदर चला गया, तब उसके पीछे-पीछे सारे के सारे चूहे भी नदी के अंदर चले गए और डूब गए। जब सारे चूहे मर गए, तो वह वापस दिल्ली आया और उसने अपना मेहनताना मांगा। चेयरमैन ने कहा, **"तुमने तो कुछ किया ही नहीं, सिर्फ बांसुरी बजाई है। अब बांसुरी बजाने के लिए तुम्हें दस लाख रुपये कौन देगा?"**

> **कटुवचन बोलने से बचिए, क्योंकि इन्हीं की वजह से मंथरा ने अयोध्या को स्वर्ग से नर्क में परिवर्तित कर दिया था और द्रौपदी द्वारा दुर्योधन को अंधे की औलाद अंधा कहने पर महाभारत हो गया था!**

बांसुरी वाले ने कहा, **"देखो, अभी मुझे दूसरे शहरों में भी जाना है, वहां पर बिल्लियों को भगाना है, बिच्छुओं को हटाना है। इसलिए आप मुझे जल्दी दस लाख रुपये दीजिए।"**

परन्तु चेयरमैन ने दस हजार रुपये देते हुए कहा, **"ये लो, इससे ज्यादा बांसुरी बजाने के नहीं मिलेंगे? हम तो मजाक में बोल गए थे कि दस लाख रुपये देंगे?"**

यह सुनकर बांसुरी वाला बड़ा दुःखी हुआ। अगले दिन उसने सीटी बजानी शुरू की, तब उस मुहल्ले में जितनी भी महिलाए थीं, सब खुश होकर उसके पीछे-पीछे चलने लगीं। फिर वह दिल्ली से बाहर निकला और जयपुर जाने वाली बस में बैठ गया। उसमें चेयरमैन की पत्नी भी थी।

इस कहानी से सीख मिलती है कि जब आप किसी से कोई वादा करें, तो उसे अवश्य पूरा करें।

समय मोम की तरह होता है जिसे आप अपने अनुसार ढाल सकते हैं परन्तु उसे पिघलने से रोक नहीं सकते।

तीसरा सूत्र है:- हीन भावना से मुक्त रहें। जबकि महिलाओं में हीन भावना की समस्या ज्यादा देखी जाती है, परन्तु पुरुषों में अंहकार अधिक होता है। लेकिन व्यक्तित्व को चमकाने के लिए अच्छे कपड़ों की आवश्यकता दोनों को होती है। क्योंकि कपड़े आपकी छवि में सुधार लाते हैं। इसलिए आपको अच्छे कपड़े पहनने चाहिए। शेक्सपीयर ने भी यही कहा है, **"मनुष्य के जीवन में कपड़ों का बहुत महत्व है।"**

यही वजह है कि आजकल डिजाइनर ऐसे कपड़े बनाने लगे हैं, जिनमें मौके की नजाकत और सुविधा का ध्यान रखा जाता है। क्योंकि बढ़िया कपड़ों से आत्मविश्वास झलकता है, फिर भीड़ में आप सबसे अलग दिखाई देते हैं। लेकिन उसमें आपके बाल भी अहम भूमिका निभाते हैं। इसलिए अब हेयर स्टाइल भी महत्वपूर्ण हो गया है। क्योंकि यह आपकी शक्ल के साथ-साथ पूरा व्यक्तित्व बदल देता है। फिर आपको समय के साथ चलने का अहसास होता है।

सौंदर्य विशेषज्ञ माधुरी भामा का कहना है, **"हेयर स्टाइल आपका पूरा लुक बदल देता है। इससे न केवल आपके व्यक्तित्व में निखार आता है, बल्कि आत्मविश्वास भी बढ़ता है। क्योंकि बाल शरीर का ऐसा हिस्सा हैं, जिनकी ओर यदि ध्यान न दिया जाए, तो व्यक्ति फूहड़ लगता है।"**

हेयर स्टाइल विशेषज्ञ जावेद हबीब भी यही कहते हैं, **"आप बेशक सुन्दर हों, लेकिन हेयर स्टाइल की बात हो, तो आपको सौदर्य विशेषज्ञ से राय अवश्य लेनी चाहिए।"**

'**गजनी**' में आमिर खान का हेयर स्टाइल काफी पसंद किया गया था। लेकिन शाहरूख़ ख़ान की नन्हीं-सी पोनीटेल भी केवल उन तक ही सीमित नहीं रही, बल्कि आज कॉलेज के कई युवा ठीक वैसी पोनीटेल बजाए नजर आते हैं। अपने दौर के एंग्री यंग मैन अमिताभ बच्चन का हेयर स्टाइल भी आज के युवाओं में काफी लोकप्रिय है।

परन्तु लालू प्रसाद यादव के बालों का स्टाइल मुझे बहुत अच्छा लगता है, क्योंकि उनका व्यक्तित्व कॉमेडी से भरा है। परन्तु उन्होंने एक चीज सबको सिखाई है कि जीवन में हमेशा मस्त रहो और सभी चीजों को मजाक के तौर पर लो। अन्दर से चाहे आप जितने भी स्ट्रांग रहो, मगर बाहरी पर्सनाल्टी हमेशा हंसमुख रखो।

इस सिद्धांत पर चलकर लालू प्रसाद यादव ने अपनी बॉडी लैंग्वेज को चुस्त-दुरुस्त रखा हुआ है। इसलिए अब आप अपनी बॉडी लैंग्वेज को चैक कीजिए, क्योंकि यह आपको सफलता के शिखर तक ले जाएगी:-

1. **आपका बॉडी स्ट्रक्चर कैसा है?**
   a) लम्बा-चौड़ा प्रभावशाली — हाँ ☐
   b) मध्यम — हाँ ☐
   c) साधारण — हाँ ☐
2. **आप किस तरह के दिखते हैं?**
   a) सुन्दर और आकर्षक — हाँ ☐
   b) सीरियस और प्रभावकारी — हाँ ☐
   c) साधारण और संकोची — हाँ ☐
3. **आप कैसे कपड़े पहनते हैं?**
   a) पैंट-कोट — हाँ ☐
   b) जींस-टी शर्ट — हाँ ☐
   c) कुर्ता-पायजामा — हाँ ☐
4. **आप कैसे सम्बोधित करते हैं?**
   a) सीधे खड़े होकर — हाँ ☐
   b) थोड़ा झुककर — हाँ ☐
   c) बैठकर — हाँ ☐
5. **आप सड़क पर कैसे चलते हैं?**
   a) सामने देखते हुए — हाँ ☐
   b) दाएं-बांए देखते हुए — हाँ ☐
   c) ऊपर-नीचे देखते हुए — हाँ ☐

6. **आप किस तरह से मुस्कुराते हैं?**

a)शालीनता से हाँ ☐

b)खिलखिलाकर हाँ ☐

c)शरमाते हुए हाँ ☐

7. **आप किस तरह का व्यवहार करते हैं?**

a)शिष्टाचार से भरा हाँ ☐

b)साधारण आम लोगों की तरह हाँ ☐

c)डिक्टेटर की तरह हाँ ☐

8. **आप किस चीज से आकर्षित होते हैं?**

a)अच्छे व्यवहार से हाँ ☐

b)अच्छे कपड़ों से हाँ ☐

c)अच्छे सौंदर्य से हाँ ☐

9. **आप किस तरह से बैठते हैं?**

a)तन कर सीधे हाँ ☐

b)रिलैक्स मूड में हाँ ☐

c)आगे को झुककर हाँ ☐

10. **आप किस तरह खाना खाते हैं?**

a)सलीके से धीरे-धीरे हाँ ☐

b)मुँह खोलकर हाँ ☐

c)मुँह बन्द करके हाँ ☐

अब उत्तर जानने के लिए **'हां'** पर (✓) सही का निशान लगे कॉलम को जोड़िए। यदि आपका जोड़ **25** से **30** के बीच है, तब आपका बॉडी लैंग्वेज लाजवाब है और आप लोगों पर अपना प्रभाव डालने में सफल हो सकते हैं।

अगर आपका जोड़ **20** से **25** है, तब आप स्मार्ट तो दिखना चाहते हैं, लेकिन आप अपनी बॉडी लैंग्वेज पर अधिक ध्यान नहीं देते। क्योंकि पहनावे के प्रति आपका नजरिया दूसरों से थोड़ा अलग है।

यदि आपका जोड़ **20** से कम है, तब आप अपनी बॉडी लैंग्वेज पर विशेष ध्यान दीजिए। क्योंकि सफलता पाने के कुछ नियम होते हैं और उनका पालन करना अनिवार्य होता है। इसलिए आप जितनी जल्दी हो सके, अपनी बॉडी लैंग्वेज़ को सुधारिए। क्योंकि आदमी के स्तर का तब तक पता नहीं चलता, जब तक वह मौन रहता है। परन्तु उसके बोलने और चलने के अंदाज से सबकुछ पता चल जाता है। इसलिए जम्मू-कश्मीर के पूर्व मुख्यमंत्री डा. फारुख अब्दुल्ला इस बात का पूरा ध्यान रखते हैं कि जो वह बोल रहे हैं, उसी के अनुसार उनके चहरे

का एक्सप्रेशन हो। जबकि उनकी बॉडी लैंग्वेज इतनी अच्छी नहीं है, परन्तु वे अपनें आक्रमक अंदाज से लोगों को प्रभावित कर लेते हैं।

इसलिए वे राजनीति के शातिर खिलाड़ी माने जाते हैं। यदि विशेषज्ञों की मानें तो बॉडी लैंग्वेज में आंखों के हाव-भाव और आइब्रो के मूवमैंट का अहम रोल होता है। तभी तो फारुख अब्दुल्ला बॉडी लैंग्वेज को एक विज्ञान मानते हैं।

आपने टीवी पर देखा होगा कि एंकर या रिपोर्टर बोलते समय किस तरह से हाथ का प्रयोग करते हैं। उनमें से कुछ लोग **'हैलो'** या अभिवादन करते समय हाथ को हवा में उछाल देते हैं। फिर वे कॉन्फिडेंट के साथ न्यूज पढ़ते हैं। इसलिए शेक्सपियर ने कहा है, **"दुनिया एक रंगमंच है, जहाँ पर लोग अपने हिस्से का अभिनय करते हैं और चले जाते हैं। परन्तु याद वे रहते हैं, जिनकी बॉडी लैंग्वेज अच्छी होती है।"**

यही वजह है कि जब अभिनेता कोई रोल करता है, तब उसे यह नहीं लगता कि वह अभिनय कर रहा है। फ़िल्म को सफल बनाने के लिए उस समय वह उसी पात्र के रूप में जीता है। उसे सच्चाई देने के लिए चरित्र के अनुसार रोता है और उसी के अनुसार हंसता है। परन्तु इस अभिनय में उसकी बॉडी लैंग्वेज मुख्य भूमिका निभाती है।

कुछ दिनों पहले की बात है, मैं कनाट प्लेस में घूम रहा था। तब एक साधु जनपथ के मार्केट में खड़ा ठहाके मार कर हंस रहा था। पहले तो लोगों को आश्चर्य हुआ, फिर वह सोचने लगे कि साधु महाराज को क्या हो गया है? लेकिन कुछ ही पलों के बाद सब उनके साथ हंसने लगे। जब हंसी का वेग कुछ थमा, तब एक व्यक्ति ने साधु से पूछा, **"क्या आपको कोई उपदेश या संदेश देना है?"**

साधु ने मुस्कुराते हुए कहा, **"यदि तुम लोग हंसना सीख लो, तो कुछ और कहने की जरूरत ही नहीं रह जाएगी। क्योंकि हंसी ही मेरा उपदेश है और हंसी ही मेरा संदेश है।"**

इसलिए खुलकर हंसों, क्योंकि हंसना भी बॉडी लैंग्वेज का एक हिस्सा है। फिर आपको पता चलेगा कि कौन-सी हंसी **'पॉजिटिव'** है और कौन-सी बनावटी? ■

"किसी भी व्यक्ति की लोकप्रियता उसकी बुद्धि की शक्ति से नहीं नापी जा सकती, बल्कि उसकी बॉडी लैंग्वेज से आंकी जाती है। क्योंकि बॉडी लैंग्वेज आपके व्यक्तित्व का आइना है और आइना कभी झूठ नहीं बोलता।"

एक गलत निर्णय की वजह से

भगवान राम को वनवास काटना पड़ा!

द्रौपदी को सरेआम लज्जित होना पड़ा!

ओशो को जहर का प्याला पीना पड़ा!

सद्दाम को फाँसी पर लटकना पड़ा!

प्रभाकरण को मौत की नींद सोना पड़ा!

जबकि ये सब

महान कार्य करने में लगे थे?

परन्तु इनका नसीब इन्हें धोखा दे गया

इसलिए आप

अपने नसीब पर विश्वास मत कीजिए।

अगर विश्वास करना है

तो अपने कर्म पर कीजिए।

क्योंकि एक मशहूर गाने में किसी शायर ने कहा है:-

'कर्म किए जा फल की इच्छा मत कर रे इंसान।

जैसे कर्म करेगा वैसा फल देगा भगवान॥'

बारहवां सिद्धांत

अपने व्यक्तित्व का विकास कीजिए

पिछले दिनों ऑल इण्डिया इम्पोर्ट-एक्सपोर्ट एसोसिएशन की वार्षिक मिटिंग में मुझे जब बुलाया गया, तब कुछ बिजनेसमैन के बीच में व्यक्तित्व विकास पर चर्चा छिड़ गयी। मैं चुपचाप बैठा उन लोगों की बात ध्यान से सुन रहा था। एक व्यक्ति बोला, **"मनुष्य का व्यक्तित्व उसके वंश के अनुसार होता है, जिसको विकसित नहीं किया जा सकता।"**

मैंने उसकी बात सुनकर अपनी चुप्पी तोड़ी और बोला, **"किसी भी मनुष्य का व्यक्तित्व वंश के अनुसार नहीं होता, बल्कि मनुष्य खुद अपने व्यक्तित्व को बनाता है।"**

वह व्यक्ति मेरा उत्तर सुनकर चौंक गया, क्योंकि वह एक बड़ा एक्सपोर्टर था, इसलिए उसने मेरी बात को नकारते हुए कहा, **"मैं आपकी बात से सहमत नहीं हूं। मेरा नाम नवीन मेहरा है। मेरे पिता भी एक्सपोर्टर थे, अब मैं उनके व्यापार को आगे बढ़ा रहा हूं और मेरे बाद मेरा बेटा इसे आगे बढ़ाएगा। इसलिए मेरा मानना है कि मनुष्य का व्यक्तित्व वंश के अनुसार चलता है।"**

मैंने कहा, **"यदि ऐसा होता, तो क्या बॉरेन बफेट अखबार बेचने का काम करते-करते दुनिया के दूसरे नम्बर के अमीर बन सकते थे?"**

- **क्या हेनरी फोर्ड साइकिल की मरम्मत का काम करते हुए फोर्ड कारखाने का सपना सच कर सकते थे?**
- **क्या वॉल्ट डिज़नी जेब में सिर्फ 40 डॉलर होने पर एनिमेशन फ़िल्मों के निर्माता बन सकते थे?**
- **क्या बिल गेट्स एक मामूली कम्प्यूटर इन्जीनियर होने के बावजूद माइक्रोसॉफ्ट जैसी विश्वविख्यात कम्पनी के मालिक बन सकते थे?**

- **क्या धीरूभाई अम्बानी गुजरात के मध्यवर्गीय परिवार में पैदा होकर विश्व के नम्बर वन अमीर बन सकते थे?**
- **क्या जापानी कोनोसुक मात्सुशिता साइकिल की दुकान में नौकरी करते हुए मात्सुशिता इलेक्ट्रिक कार्पोरेशन के मालिक बन सकते थे?**

इनके अलावा और भी बहुत से लोग हैं, जो गरीब परिवारों में पैदा हुए, लेकिन अपने व्यक्तित्व का विकास करके अमीर बनें।

मेरे द्वारा कहे गए शब्दों को सुनकर नवीन मेहरा सोच में पड़ गये, क्योंकि वह अपने अमीर होने के कारण दूसरे लोगों को गुमराह करने की कोशिश में लगे थे। वह धीरे से उठे और मेरे पास आकर बोले, **"आपको व्यक्तित्व विकास के बारे में बहुत ज्ञान है, क्या मैं आपका नाम जान सकता हूं?"**

मैंने मुस्कुराते हुए कहा, **"मेरा नाम तरुण इन्जीनियर है, और मैं शौक के लिए मोटिवेशन पर आधारित पुस्तकें लिखता हूं।"**

जबकि मेरा इलेक्ट्रिकल और इलेक्ट्रॉनिक्स कम्पोनेंट्स का इम्पोर्ट-एक्सपोर्ट का बिजनेस है। उसके बाद भी मैं दावे के साथ कह सकता हूं कि कोई भी व्यक्ति अपने व्यक्तित्व को विकसित कर सकता है। परन्तु उसे विकसित करने के लिए नीचे लिखे गुरुमंत्रों को अपने दिल में उतारना होगा:-

- **लालच का त्याग करें।**
- **धैर्य बनाए रखें।**
- **मुश्किलों से न घबराएं।**
- **विवेक का सहारा लें।**
- **दूर की सोचें।**
- **सीखने का जज़्बा रखें।**
- **फुरसत के क्षणों में सोचते रहें।**
- **जोखिम लेने की आदत डालें।**
- **डर से मुक्त रहें।**
- **मन में आशा रखें।**
- **बुद्धि का विकास करें।**
- **क्षमा करने की आदत डालें।**
- **सत्य का सहारा लें।**
- **चरित्र को साफ रखें।**
- **दान देने में आगे रहें।**

एक पुरानी कहानी है, तीन दोस्त भारी मात्रा में धन, सोना, चांदी, हीरे, जवाहरात खोजने निकले। फिर उन्होंने एक तांत्रिक से खजाना पाने का उपाय

पूछा। उस तांत्रिक ने तीनों को खजाने की खोज में किसी पहाड़ पर जाने के लिए कहा।

जैसे ही वे पहाड़ पर चढ़े, उन्हें एक गुफा दिखाई दी, जिसमें ढेरों चांदी रखी हुई थी। एक दोस्त ने कहा, **"मैं चांदी लेकर वापिस जा रहा हूँ।"**

शेष दोनों दोस्त आगे बढ़े, तो उन्हें एक और गुफा दिखाई दी, जिसमें सोना रखा हुआ था। दूसरे दोस्त ने कहा, **"मैं सोना लेकर जा रहा हूँ।"**

यदि आप गरीब पैदा हुए हैं तब आपकी कोई गलती नहीं है। लेकिन आप अगर गरीबी में मरते हैं तब आपकी बहुत बड़ी गलती होगी।

तीसरा दोस्त और ऊपर गया। लेकिन वह जब ऊपर पहुंचा, तो उसने देखा कि वहां एक व्यक्ति बैठा हुआ है, जिसके सिर पर एक चक्र घूम रहा है। वह व्यक्ति उसे देखकर बोला, **"तुम इस पहाड़ पर क्यों आए हो?"**

तीसरे दोस्त ने कहा, **"मैं बड़े खजाने की खोज में यहां आया हूं। मेरे दो दोस्तों को जो कुछ रास्ते में मिला, वह उसे लेकर चले गए। परन्तु मैंने सोचा कि आगे उससे भी अधिक बड़ा खजाना हो सकता है।"**

"उस खजाने का पता मैं तुम्हें बता सकता हूं। थोड़ी देर के लिए मुझे इस चक्र से मुक्त कर दो।" वहाँ बैठे व्यक्ति ने कहा।

तीसरा दोस्त मान गया। लेकिन उसने जैसे ही उस व्यक्ति को चक्र से मुक्त किया, तो वह बोला, **"अब मैं बहुत प्रसन्न हूं, क्योंकि मैं इस भार से मुक्त हो चुका हूँ। जबकि सच यह है कि मैं भी अपने दोस्तों के साथ खजाने की खोज में यहां आया था। क्योंकि मुझे भी उन दोस्तों से कुछ अधिक पाने की चाह थी।**

तब मुझे यहां एक चक्रधर मिला था। उसने भी मुझसे वही कहा था, जो मैंने तुमसे कहा है। फिर मैं तुम्हारी तरह इस मायाजाल में फंस गया। अब तुम इस चक्र में फंस चुके हो और जब तक तुम्हारे जैसा कोई लोभी व्यक्ति यहाँ नहीं आता, तब तक तुम इस चक्रव्यू में फँसे रहोगे?"

यह कहकर वह व्यक्ति चला गया, फिर उसके बाद यह कहावत बन गयी, **'हर पाप का जन्म लोभ से होता है।'**

क्योंकि शेख सादी ने भी यही कहा था, **"लालची व्यक्ति पूरी दुनिया की दौलत पाने पर भी भूखा रहता है, लेकिन संतोषी व्यक्ति एक रोटी से भी पेट भर लेता है।"**

इसलिए वेदों में कहा गया है, **"आप धन-ऐश्वर्य के स्वामी बनें।'**

लेकिन साथ में यह भी कहा गया है कि आप धर्मपूर्वक, सच्चाई और ईमानदारी से ही धन कमाएं। क्योंकि जब लोभ बढ़ता है, तब आपकी अतृप्त इच्छाएं अधिक बढ़ने लगती हैं।

तभी तो विश्व के प्रसिद्ध उद्योगपति एन्ड्रयू कॉरनेगी ने कहा था, **"एक आम आदमी अपने काम में अपनी शक्ति और योग्यता का केवल 25 प्रतिशत प्रयोग करता है। लेकिन दुनिया उन लोगों का सम्मान करती है, जो अपनी योग्यता का 50 प्रतिशत इस्तेमाल करते हैं। परन्तु इतिहास उन लोगों को याद रखता है,जो अपनी क्षमता का सौ फीसदी प्रयोग करते हैं।"**

कुछ ऐसा ही जॉर्ज वाशिंगटन ने कहा था, **"मैं आशा करता हूं कि मुझमें हमेशा इतनी दृढ़ता और गुण रहें कि मैं एक ईमानदार आदमी के रूप में जाना जा सकूं, वह मेरे लिए दुनिया के किसी भी महत्वपूर्ण पद से बढ़कर होगा।"**

यदि आप परेशान करने वालों से पीछा छुड़ाना चाहते हैं तब उनसे कुछ रुपए उधार माँग लीजिए फिर वह खुद ही आपसे मुहँ छिपाने लगेंगे।

यही वजह है कि आज रावण को हम याद नहीं करते। दुर्योधन का नाम लेते ही मन में क्रोध भर जाता है। हिटलर को याद करते ही लोग घृणा करने लगते हैं।

परन्तु आप उन वैज्ञानिकों को याद करते हैं, जिन्होंने मानवता को अपनी नयी-नयी खोजों से परिचित कराया और सभ्यता के विकास में सहायता की। बताते हैं कि अमेरिका ने हिरोशिमा और नागासाकी पर जब परमाणु बम गिराए, तब एलबर्ट आइंस्टीन रात भर सो नहीं पाए थे। क्योंकि उन्हें हिरोशिमा और नागासाकी के विनाश की खबरों ने विचलित कर दिया था। जबकि आइंस्टीन ने कुछ समय पूर्व अमेरिका के राष्ट्रपति को यह पत्र लिखा था कि परमाणु बम पूर्णतया तैयार हैं।

फिर अमेरिका ने विनाश की कहानी लिख दी थी, तब लाखों निर्दोष लोग जलकर भस्म हो गए, जिनका कोई कसूर नहीं था और युद्ध में जिनकी कोई भूमिका नहीं थी।

जबकि आइंस्टीन का कहना था कि वह पत्र उन्होंने अणु में छिपी हुई ऊर्जा की असीम संभावनाओं को परिभाषित करने के लिए अमेरिका के राष्ट्रपति को लिखा था।

बाद में आइंस्टीन से उनके किसी मित्र ने पूछा, **"यदि आप पुनर्जन्म में विश्वास रखते हैं और आपको लगता है कि पृथ्वी पर फिर से आपका जन्म होगा, तो अगले जन्म में आप क्या बनना पसंद करेंगे? एक महान गणितज्ञ, महान भौतिक शास्त्री या महान वैज्ञानिक?"**

तब आइंस्टीन ने कहा था, **"बेहतर तो यही रहेगा कि मैं कोई साधारण सा नल ठीक करने वाला आदमी बन जाऊं। क्योंकि मैंने कभी भी अपने दिल में यह नहीं सोचा था कि परमाणु बम बने और उससे निर्दोष लोगों की जान ली जाए।"**

लेकिन यह सच है कि आप ज्ञान और विज्ञान के बिना तरक्की नहीं कर सकते। क्योंकि इसके लिए साहस, धैर्य और शौर्य चाहिए, जो कि आज की युवा पीढ़ी में कम नजर आता है।

ठीक वैसे ही जैसे कि एक व्यक्ति एक संत से मिलने गया। संत उस समय अपने आश्रम के पास की जमीन खोद रहे थे। व्यक्ति ने संत को प्रणाम किया और कहा, **"महात्मा जी, मैं आपसे गीता का रहस्य जानना चाहता हूं।"**

संत बोले, **"अच्छा, आप बैठिए।"**

यह कहने के बाद वह फिर अपने काम में लग गए। व्यक्ति चुपचाप उन्हें फावड़ा चलाते हुए देखता रहा। वह सोच रहा था कि पता नहीं कब संत का काम समाप्त होगा और वह उसे गीता का ज्ञान कराएगा।

जब काफी समय बीत गया, तो उस व्यक्ति का धैर्य जवाब दे गया। वह गुस्से में बोला, **"मैं आपकी ख्याति सुनकर बहुत दूर से आपके पास आया था। परन्तु आप मुझे गीता का रहस्य बता ही नहीं रहे।"**

संत ने ठहाका लगाया और कहा, **"तब से मैं तुम्हें गीता का रहस्य ही तो समझा रहा हूं।"**

उस व्यक्ति ने आश्चर्य से कहा, **"कहां समझा रहे हैं? चार घंटे से मैं बैठा हुआ हूं और आप फावड़ा चला रहे हैं। आप तो एक शब्द भी नहीं बोले!"**

संत ने कहा, **"बोलने की आवश्यकता नहीं हैं, क्योंकि गीता कहती है कि कर्म करो और फल की चिंता मत करो। लेकिन तुम फल की चिन्ता**

आप समय पर हमेशा पैनी नजर रखिए। यदि समय आपके हाथ से निकल गया, तब लोग आपके अमीर बनने के संघर्ष को झूठा साबित करने लगेंगे!

में लगे हो। तुम्हारे अन्दर बुद्धि की कमी है, इसलिए सबसे पहले अपनी बुद्धि का विकास करो, फिर गीता का रहस्य तुम्हें खुद ही समझ में आ जाएगा।"

जबकि बुद्धि शब्द लैटिन भाषा के **'इंटेलिजर'** से आया है, जिसका अर्थ होता है **'समझ पाना'**। लेकिन बुद्धि की परिधि में कई क्षमताएं आती हैं और ये अलग-अलग व्यक्तियों के लिए अलग-अलग हो सकती हैं।

कुछ लोग जटिल विचारों को समझने में अच्छे हो सकते हैं। कुछ लोग अनुभवों से सीख लेने में माहिर हो सकते हैं और कुछ लोग दूसरों से बेहतर तर्क प्रस्तुत करने की क्षमता रखते हैं।

तभी तो डेविड वेश्लर ने कहा है, **"बुद्धि मनुष्य की वह ताकत है, जिसके दम पर वह ऐसे काम कर जाता है। जिसकी उसको उम्मीद भी नहीं होती। क्योंकि बुद्धि ज्ञान प्राप्त करने की स्वाभाविक योग्यता रखती है।"**

यदि किसी व्यक्ति की दौलत का पता लगाना हो तो उसके दुश्मनों की लिस्ट तैयार करो। फिर जितने अधिक उसके दुश्मन होंगे वह उतना ही अमीर व्यक्ति होगा!

लेकिन जब आप किसी काम पर ज्यादा फोकस करते हैं, तब आपकी ऊर्जा केन्द्रित होती है। बिलिनियर्स, और सेलिब्रिटी एंटरप्रेनयोर्स की महानता की प्रमुख विशेषता उनका फोकस है। वे अपने **'सर्वोत्तम टारगेट को जानते हैं'** और उस पर सनकी की तरह फोकस करते हैं। क्योंकि उनके अन्दर जिज्ञासा होती और जिज्ञासा सफलता की भावना को जन्म देती है।

इसलिए सुकरात ने कहा था, **"ज्ञान और जिज्ञासा सफलता के खजाने तक पहुंचने का असली रास्ता हैं। क्योंकि जिज्ञासा जीत का रास्ता बताती है।"**

रबीन्द्रनाथ टैगोर ने भी यही कहा था, **"आपका ज्ञान, जिज्ञासा के बिना अधूरा है। क्योंकि जब आपके अन्दर जिज्ञासा होगी, तभी आप किसी काम को सीख सकते हैं।"**

गुरुवाणी में भी यही लिखा है, **"पढ़ने से नहीं, जिज्ञासा के साथ पढ़ने से ज्ञान बढ़ता है, इसलिए जिज्ञासा जगाओ और सफल हो जाओ।"**

क्योंकि दुनिया में अब तक जितनी भी खोजें हुई हैं, वे सभी वैज्ञानिकों की जिज्ञासा का फल हैं। इसलिए जब आप जिज्ञासा के साथ कब, कैसे, कहां, और क्यों, जैसे सवालों के जवाब खोजने में सफल हो जाते हैं, तब आपकी क्षमता और क्रियाशीलता कई गुना बढ़ जाती है।

इस बात को विस्तार से समझाने के लिए मैं आपको एक कहानी सुनाता हूँ। एक राजा प्रधानमंत्री पद के लिए किसी योग्य व्यक्ति की तलाश में था। क्योंकि उसे अपने दरबारियों पर ज्यादा विश्वास नहीं था। वह चाहता था कि प्रजा के बीच से ही किसी प्रतिभावान व्यक्ति को चुना जाए। जो आम आदमी के हितों का ध्यान रख सके।

फिर उसने पूरे राज्य में घोषणा करवा दी, कि जो भी व्यक्ति प्रधानमंत्री बनने का इच्छुक हो, वह राजदरबार पहुँचे, राजा स्वयं उसकी परीक्षा लेंगे। अगर वह परीक्षा में सफल हुआ, तो उसे प्रधानमंत्री का पद दिया जाएगा।

परन्तु ज्यादातर लोगों ने इस पद के लिए दावेदारी जताने की हिम्मत नहीं दिखाई। फिर भी तीन युवक साहस करके राजदरबार पहुँचे। राजा उन तीनों को एक छोटी-सी कोठरी के पास ले गया और बोला, **"देखो, इस कोठरी को, तुम तीनों इसमें रहोगे और फिर कोठरी का दरवाजा बंद करके उसमें ताला लगा दिया जाएगा। फिर जो कोई भी ताले को अंदर से खोलकर बाहर आ जाएगा। उसे प्रधानमंत्री का पद दिया जाएगा।"**

तीनों युवक अंदर चले गए। दरवाजा बंद कर दिया गया। तीनों को यह शर्त बड़ी कठिन लग रही थी।

पहले युवक ने सोचा कि ताला खोलकर बाहर निकलना कठिन है, इसलिए कोई भी प्रयत्न करना बेकार है। तब वह राजदरबार आने के अपने निर्णय पर पछताने लगा।

दूसरा युवक भी कुछ सोचकर उठा, फिर उसे लगा कि यह राजा सनकी है। बेकार ही उसने सबको फंसाया है। इतना कहकर वह लेट गया।

तीसरे युवक ने सोचा कि इसमें कोई न कोई रहस्य जरूर है। राजा ने सबकुछ सोच-समझ कर ही किया होगा। वह मजाक तो करेगा नहीं।

जब दोनों सो गये, तब वह आगे बढ़ा। फिर उसने दरवाजे को जोर से धक्का मारा। दरवाजा खुल गया। क्योंकि दरवाजे पर ताला जरूर लटकाया गया था, परन्तु उसे चाबी से बंद नहीं किया गया था।

फिर तीसरे युवक को प्रधानमंत्री का पद दे दिया गया। क्योंकि उसके अन्दर कुछ जानने की इच्छा थी।

इस कहानी से पता चलता है कि जिज्ञासा दिमाग में नई सोच पैदा करती है और कुछ नया करने के लिए प्रेरित करती है। इसलिए आप तुरन्त चैक कीजिए कि आपके अन्दर कितनी जिज्ञासा है। फिर आप अपने व्यक्तित्व के बारे में खुद ही जान जाएंगे:–

01 क्या आप बातूनी हैं? हाँ ☐

02 क्या आप दूसरों में कमियां ढूंढते हैं? हाँ ☐

03 क्या आप मन लगाकर काम करते हैं? हाँ ☐

04 क्या आप उदास और दु:खी रहते हैं? हाँ ☐

05 क्या आप मौलिक और नए विचार मन में लाते हैं? हाँ ☐

06 क्या आप हमेशा खुश रहते हैं? हाँ ☐

07 क्या आप दूसरों की मदद करते हैं? हाँ ☐

08 क्या आप लापरवाही करते हैं? हाँ ☐

09 क्या आप काम का दबाव झेल लेते हैं? हाँ ☐

10 क्या आप उत्सुक्ता व्यक्त करते हैं? हाँ ☐

11 क्या आप झगड़ना पसंद करते हैं? हाँ ☐

12 क्या आप दूसरों पर विश्वास करते हैं? हाँ ☐

13 क्या आप तनावग्रस्त रहते हैं? हाँ ☐

14 क्या आप फुर्ती से काम करते हैं? हाँ ☐

15 क्या आप चिन्तन करते हैं? हाँ ☐

16 क्या आप दूसरों को क्षमा करते हैं? हाँ ☐

17 क्या आप सुव्यवस्थित रहते हैं? हाँ ☐

18 क्या आप चिन्ता करते हैं? हाँ ☐

19 क्या आप नयी कल्पना करते हैं? हाँ ☐

20 क्या आप जल्दी उत्तेजित होते हैं? हाँ ☐

21 क्या आप आलस करते हैं? हाँ ☐

22 क्या आप मिलकर काम करते हैं? हाँ ☐

23 क्या आप काम पर डटे रहते हैं? हाँ ☐

24 क्या आप मूड से काम करते हैं? हाँ ☐

25 क्या आप जल्दी से परेशान होते हैं? हाँ ☐

26 क्या आप कला की कद्र करते हैं? हाँ ☐

27 क्या आप पुस्तकें पढ़ते हैं? हाँ ☐

28 क्या आप एकान्त पसन्द करते हैं? हाँ ☐

29 क्या आप शर्माते हैं? हाँ ☐

30 क्या आप गरीबों पर दया करते हैं? हाँ ☐

31 क्या आप दक्षता से काम करते हैं? हाँ ☐

32 क्या आप मुश्किलों का सामना करते हैं? हाँ ☐

33 क्या आप रुटीन में काम करते हैं? हाँ ☐

34 क्या आप सामाजिक कार्यों में भाग लेते हैं? हाँ ☐

35 क्या आप ईश्वर में विश्वास रखते हैं? हाँ ☐

36 क्या आप योजना बनाकर काम करते हैं? हाँ ☐

37 क्या आप दूसरों के प्रति कठोरता दिखाते हैं? हाँ ☐

38 क्या आप बच्चों को प्यार करते हैं? हाँ ☐

39 क्या आप मायूस रहते हैं? हाँ ☐

40 क्या आप बड़ों का सम्मान करते हैं? हाँ

अब आप **'हाँ'** में लगे (√) सही के निशान वाले बॉक्स का योग कीजिए क्योंकि व्यक्तित्व को जानने का यह एक वैज्ञानिक तरीका है, जिससे आप अपने बारे में खुद जान जाएंगे।

- यदि आपका योग **15** से कम है, तब आप पारंपरिक जमीन से जुड़े हुए निर्विकार अनक्रिएटिव इंसान हैं। इसलिए आपको अपने व्यक्तित्व के विकास करने में अधिक समय लगेगा। लेकिन इस पुस्तक को तीन चार बार पढ़ने के बाद आपके व्यक्तित्व में काफी बदलाव आ सकता है। जो आपको अमीर बनाने में सहायक होगा।
- अगर आपका योग **25** से कम है, तब आप विश्वसनीय, सुव्यवस्थित, अनुशासित और सचेत इंसान हैं। परन्तु आपको भी इस पुस्तक को ध्यान से पढ़ना पड़ेगा, फिर आप अमीर बनने के लक्ष्य में कामयाब हो सकते हैं।
- लेकिन आपका योग यदि **35** या उससे अधिक है, तब आप सामाजिक, क्रिएटिव, क्षमाशील और नयी सोच वाले इंसान हैं। आप सिर्फ एक बार इस पुस्तक को पढ़ने के बाद अपने व्यक्तित्व को निखार सकते हैं, जो आपको अमीर बनाने में ज्यादा मददगार साबित होगा। क्योंकि विश्व के जाने-माने उद्योगपति लक्ष्मी मित्तल ने कहा है:-

डर के आगे जीत है, जीत के आगे दौलत है।
और जिसके पास दौलत है, वह दुनिया में अमीर है॥

लेकिन यह आपकी इच्छा-शक्ति पर निर्भर करता है कि आप कितने अमीर बनना चाहते हैं। क्योंकि इच्छा-शक्ति से सबकुछ पाया जा सकता है।

पुराणों में भी इच्छा-शक्ति का वर्णन किया गया है। लेकिन तब इसका उपयोग मनचाही संतान पाने के लिए किया जाता था, जिसमें ऋषि-मुनि दक्ष होते थे। इसलिए धृष्टद्युम्न का जन्म हवन कुंड से हुआ था। क्योंकि तब लक्ष्य था कि ऐसा बालक पैदा हो, जो द्रोणाचार्य का वध कर सके। फिर इच्छा-शक्ति के बल पर ऋषियों ने वैसा ही बालक उत्पन्न कर दिया था। लेकिन अब इसका प्रयोग अधिक धन कमाने के लिए किया जाता है। जबकि पुराणों में लक्ष्मी को चंचला

कहा गया है। परन्तु इस युग में लक्ष्मी तेज दिमाग वालों के पास ही टिकती हैं। इसलिए मुद्राराक्षस नाटक में कहा गया है, **"लक्ष्मी उग्र यानी गुस्सैल, मूर्ख और डरपोक को त्याग देती हैं। लेकिन अच्छे व्यक्तित्व के लोगों के घर में वास करती हैं। परन्तु पराक्रमी लोगों से उन्हें अधिक प्रेम है।"**

क्योंकि जब लक्ष्मी जी इन्द्र की पत्नी थीं, तब उन्होंने प्रेम की निशानी के रूप में इन्द्र को परिजात का फूल भेंट किया था। परन्तु इन्द्र ने उस फूल को ऐरावत के सिर पर रख दिया, और वहां से वह नीचे मिट्टी में गिर पड़ा। फिर अपने प्रेम की उपेक्षा से शुब्ध लक्ष्मी जी गुस्से में अपनी समस्त सम्पदा को लेकर समुद्र में घुस गईं। उसके बाद इन्द्र, सम्पत्तिहीन हो गए और अपना सिंहासन खो बैठे।

इन्द्र का निजी नुकसान होता, तो वे सह लेते। लेकिन लक्ष्मी के जाते ही फसलें मुर्झा गईं, नदियां-सरोवर सूखने लगे और वन वनस्पति लुप्त हो गयीं, फिर चारों ओर हाहाकार मच गया। तब भगवान विष्णु ने समुद्र मंथन कराया। उसके बाद लक्ष्मी जी जीवनदायी अमृत का घड़ा थामे पुनः प्रकट हुईं।

शायद इसीलिए चाणक्य ने कहा था, **"जिस मनुष्य की बुद्धि का विकास नहीं होता है, वह अविवेकी होता है और मानवता से गिर जाता है।"**

**आप
कितने अमीर हैं
यह आपकी सोच से
पता चलता है
क्योंकि जितनी गहरी
आपकी सोच होगी
उतने ही स्तर पर
आपको पैसा प्राप्त होगा!**

इस बात का अंदाजा मुझे तब लगा, जब मैंने तेल खोजने की प्रक्रिया के बारे में एक लेख पढ़ा। उसमें लिखा था कि तेल का कुंआ खोदने से पहले तेल कम्पनियां चट्टनों का सर्वे करती हैं। परन्तु उनके विश्लेषण के बाद भी आठ में से सात कुंए सूखे निकलते हैं।

फिर भी तेल कम्पनियां तेल की खोज में लगी रहती हैं परन्तु वे एक ही कुंए को मूर्खतापूर्ण गहराई तक खोदने में नहीं जुटी रहतीं, वे कुछ दूरी पर नये कुंए को खोदने में जुट जाती हैं। जबकि आम लोग इस प्रक्रिया को नहीं अपनाते, इसलिए वे सफल नहीं हो पाते।

जब मैं छोटा था, तब मेरी माँ मुझे एक कहानी सुनाती थीं। वह कहानी आज भी मुझे उत्साहित करती है।

एक दिन बहुत से मेंढकों का झुंड चला जा रहा था। अभी वे कुछ दूर ही चले थे कि उनमें से दो मेंढक एक बहुत बड़े गड्ढे में गिर गए। उन दोनों मेंढकों

के गड्ढे में गिरने से बाकी मेंढक जोर से चिल्लाए और बोले, **"ऊपर आने की कोशिश मत करना, नहीं तो मर जाओगे। हम तुम्हें निकालने का कोई इंतजाम करते हैं।"**

लेकिन उनमें से एक मेंढक नहीं माना और ऊपर चढ़ने लगा। काफी देर तक कोशिश करने के बाद वह थोड़ा-सा ही ऊपर चढ़ पाया था, अचानक वह नीचे गिरा और मर गया। पहले साथी की मौत के बाद दूसरे ने भी ऊपर चढ़ना शुरू कर दिया। बाकी मेंढक ऊपर से फिर चिल्लाने लगे, **"चढ़ो मत, नहीं तो तुम भी गिरकर मर जाओगे।"**

मगर उस मेंढक पर उनकी बात का कोई असर नहीं हुआ, वह और ज्यादा तेजी से चढ़ने लगा और अन्त में वह मेंढक गड्ढे से ऊपर आ गया।

तब बाहर वाले मेंढकों ने उससे पूछा, **"तुम बाहर कैसे आ गये, जबकि दूसरा मेंढक तो मर गया था?"**

इस पर मेंढक ने जवाब दिया, **"गड्ढे में आवाज साफ सुनायी नहीं दे रही थी, परन्तु तुम्हारे चिल्लाने से लगा कि तुम मेरा हौसला बढ़ा रहे हो। बस उसी हौसले के बूते पर मैं गड्ढे से निकल आया।"**

इस कहानी से प्रेरणा मिलती है कि हर व्यक्ति को अपने विवेक से काम लेना चाहिए। क्योंकि व्यक्तित्व का निर्माण संस्कारों से होता है, और विद्या व्यक्तित्व को निखारने का काम करती है। तभी तो शास्त्रों में कहा गया है:-

मातेव रक्षति पितेव हिते नियुक्ते,
कान्तेव चाभिरमयत्यपनीय खेदम्।
कीर्तिं च दिक्षु विमलां वितनोति लक्ष्मीम्,
किं किं न साधयाति कल्पलतेव विद्या।।

यानी विद्या माता के समान रक्षा करती है। पिता के समान हितकारी कार्य में लगती है। पत्नी के समान दु:खों को दूर करती है। हर दिशा में कीर्ति फैलाती है, ऐश्वर्य प्रदान करती है। यानी विद्या सभी कार्यों को सिद्ध कर देती है। कुछ ऐसा ही महाऋषि भूर्तृहरि ने कहा है:-

विद्या नाम नरस्य रूपमधिकं प्रच्छन्नगुप्तं धनम्,
विद्या भोगकारी यशः सुखकरी बिद्या गुरुणां गुरु।
विद्या बन्धुजनी विदेश गमने विद्या परा देवता,
विद्या राजसु पून्यते, न हि धनं विद्याविहीनः पशुः।।

अर्थात् विद्या मनुष्य का विशेष सौंदर्य तथा छिपा हुआ धन है। विद्या यश और सुख देने वाली है। यह गुरुओं की भी गुरु है। विदेश जाने पर विद्या सहायता करती है। विद्या सर्वश्रेष्ठ देवता है। इसलिए विद्या का मान राजा भी करते हैं, क्योंकि विद्या उनके सोचने के तरीकों में सुधार लाती है।

इस बात को साबित किया है। अमेरिका के पूर्व राष्ट्रपति आइजन हावर ने। वे जब राष्ट्रपति चुने गए थे, तब उन्हें लाखों लोगों ने बधाइयाँ दी थीं। तब व्हाइट हाउस पूरी तरह से शुभ कामना वाले कार्डों, गुलदस्तों और उपहारों से भर गया था।

फुर्सत मिलने पर आइजन हावर उन उपहारों को देखने बैठे। उनके उपहारों के बीच एक झाड़ू भी था, जिसके साथ एक लिफाफा लगा था।

आइजन हावर ने सारी कीमती सौगातें सरकारी भंडार घर में जमा करवा दीं। मगर झाड़ू वाला उपहार अपने कार्यालय में भिजवा दिया। कार्यालय में भी उसे ऐसी जगह रखा गया, जहां से वह उन्हें हमेशा नजर आता रहे।

फिर जब कोई व्यक्ति उनके कक्ष में उनसे मिलने के लिए आता, तो उसकी नजर भी उस झाड़ू पर अवश्य पड़ती थी। किंतु झाड़ू कार्यालय में इस तरह सजाकर क्यों रखी गयी है? यह पूछने की हिम्मत किसी में नहीं थी।

एक बार भारत के राष्ट्रपति अमेरिका गए। वे आइजन हावर के साथ उनके कार्यालय में बैठे हुए थे। उनकी नजर भी बार-बार उस झाड़ू पर जा रही थी।

तब उनकी मनोदशा को भांपते हुए आइजन हावर ने खुद ही मुस्कुराते हुए कहा, **"आप इस झाड़ू को देखते हैं, फिर मेरी ओर देखकर कुछ सोचते हैं। आपकी आंखों से ऐसा लग रहा है कि आपके मन में जिज्ञासा उठ रही है कि राष्ट्रपति भवन के 'शो केस' में यह झाड़ू क्यों रखा है?"**

जो काम
उपाय से हो सकता है
वह ताकत से
नहीं हो सकता।
ठीक वैसे ही
जैसे कि आप अंधे को
दर्पण दिखाते हैं
तो वह आपको
धन्यवाद नहीं देता।

इसका रहस्य यह है कि मैं जब चुनकर यहाँ आया था, तब लोगों ने बहुत सारी सौगातें भेजीं थीं। उन सौगातों में मुझे यह झाड़ू भी मिला और इसके साथ एक चिट्ठी भी थी, जिसमें लिखा था, **"आप चुनाव के दिनों में ढिढोंरा पीटते थे कि मैं भ्रष्टाचार और गंदगी को साफ करूंगा। इसलिए आपको भेंट में यह झाड़ू भेज रहा हूं ताकि आपको सफाई करने की स्मृति बनी रहे।"**

लेकिन मुझे और सौगातों ने इतना प्रभावित नहीं किया, जितना इस झाड़ू ने किया। इसीलिए मैंने इसे ऐसी जगह पर रखा है ताकि मेरी नजर इस पर हर रोज पड़े और मैं अपना वादा याद रखूं।"

जब आपके सामने
पहाड़ के दूसरी तरफ
जाने की चुनौती हो
तब आप क्या करेंगे?
आप घूमकर दूसरी
तरफ जा सकते हैं!
आप नीचे सुरंग बना कर
दूसरी तरफ जा सकते हैं।
लेकिन जब आप अपने
मानसिक स्तर को
पहाड़ से ऊँचा उठा लेंगे
तब आप उड़कर
उसे पार कर सकते हैं।
क्योंकि जुनून में आदमी वह
सब कुछ कर गुजरता है
जिसकी उसने कभी
कल्पना भी नहीं की होती।

यह शिक्षित होने का एक उदाहरण था। इसलिए महान जर्मन दार्शनिक गेटे ने कहा है, **"चरित्र का निर्माण संघर्ष के बाद होता है, क्योंकि चरित्र जीवन में शासन करने वाला तत्व है। फिर शासक जितना शिक्षित होगा, वह उसी अनुपात में सफलता पाता चला जाएगा।"**

लेकिन इसके विपरीत सुकरात को एथेंस के काननू के अनुसार मृत्युदंड की सजा दी गई थी, क्योंकि वे लोगों को शिक्षित करते थे। तब तत्कालीन राजा को अपना प्रभुत्व खतरे में दिखाई देने लगा था। इसलिए उन्होंने सुकरात को मृत्यु दंड दिया।

लेकिन जब सुकरात जेल में थे तब उनके शिष्य अपने गुरु को बचाना चाहते थे। इसलिए उन्होंने गुरु को जेल से भगा कर ले जाने की एक योजना बनाई। फिर इस योजना का समाचार शिष्यों ने जेल में अपने गुरु को दिया।

लेकिन सुकरात ने दु:खी होकर कहा, **"मेरे शरीर से अधिक मेरा आदर्श श्रेष्ठ है। मैं मर जाऊं तो मुझे अफसोस नहीं होगा। क्योंकि मेरे मरने के बाद मेरा आदर्श जीवित रहेगा।"**

फिर शिष्यों को अपनी योजना रद्द करनी पड़ी और सुकरात ने हंसते हुए विष का प्याला पी लिया।

लेकिन आज का मनुष्य अपने अदर्शों को भूल चुका है। वह यह भी भूल चुका है कि उसके जीवन का उद्देश्य क्या है। वह उस काम को न करके कुछ और कर रहा है। इसलिए वह गरीबी का जीवन जी रहा है। तभी तो किसी शायर ने कहा है:-

भोग नहीं भोगे जाते, हम ही भोगे जाते हैं।
तप नहीं कभी तपता, हम ही तपते जाते हैं।।

इसका अर्थ है कि आपके सामने दुनिया की दौलत बिखरी पड़ी है, लेकिन आप उसे खोजने की कोशिश नहीं करते, फिर समय बीतने पर वह दौलत आपसे बहुत दूर हो जाती है। जबकि ईश्वर ने आपको उस दौलत को खोजने की शक्ति दी है, परन्तु आप उस शक्ति का सही उपयोग नहीं करते। लेकिन एक वैज्ञानिक उस दौलत को खोजने में सफल हो जाता है। क्योंकि उसकी खोज इतनी सक्षम होती है कि वह हर हाल में उसे प्राप्त कर लेता है।

ग्राहम बेल ने जब टेलीफोन का आविष्कार किया था और पहली बार शब्द को सूक्ष्म तरंगों में परिवर्तित करके एक जगह से दूसरी जगह भेजा था, तो लोग आश्चर्य चकित हो गए थे। जबकि उनसे पहले एक और वैज्ञानिक ने उस पर काम किया था, लेकिन वह सफल नहीं हो पाया था। ग्राहम बेल ने उसके अधूरे काम को आगे बढ़ाया और पूरा किया। फिर लोगों की आवाज एक जगह से दूसरी जगह पहुंचने लगी।

इसलिए विश्व के जाने माने दार्शनिक थोरो ने कहा है, **"व्यक्तित्व का विकास करने के लिए पुराने कपड़े पहनो, लेकिन नई किताब जरूर खरीदो, क्योंकि पुस्तकों के पन्नों पर जादू बिखरा होता है।"**

परन्तु एक समय ऐसा भी था, जब पुस्तकें नहीं थीं। तब विज्ञान को एक पीढ़ी दूसरी पीढ़ी तक पहुंचाती थी। फिर सभ्यता का विकास हुआ और 15वीं सदी में प्रींटिंग मशीन के आविष्कार ने मुद्रण कला में तहलका मचा दिया।

जब किसी व्यक्ति को आप पर क्रोध आता हो तब आप उसके सामने से तुरन्त हट जाओ। फिर उसका क्रोध धीरे-धीरे कम होता चला जाएगा।

आज आप पुस्तकों को जिस रूप में देखंते हैं, उसके पीछे मानव जाति की सैकड़ों वर्षों की मेहनत और लगन छिपी है। जिसने मुद्रण कला को इस शिखर तक पहुंचा दिया है कि वर्तमान युग को आप पुस्तक युग कह सकते हैं।

तभी तो महान दार्शनिक कालविन ने कहा है, **"पुस्तकें मनुष्य की गुरु हैं और वह उनसे वह सब सीख लेता है, जो गुरु की समझ से बाहर होता है।"**

इसलिए व्यक्तित्व को संवारने में किताबों का बहुत बड़ा योगदान रहा है, क्योंकि किताबें सभ्यता की आंख हैं। किताबों से दिलचस्पी इन्सान को बेहतरीन दृष्टि देती है।

तभी तो पंडित नेहरू ने कहा था, **"पुस्तकों के बगैर मैं दुनिया की कल्पना भी नहीं कर सकता और पुस्तक पढ़ने के संस्कार मनुष्य में**

तब तक समाप्त नहीं हो सकते, जब तक उसमें कुछ नया जानने की इच्छा रहेगी।"

लेकिन अच्छी पुस्तक वह होती है, जो आशा के साथ खोली जाए और लाभ के साथ बंद की जाए। परन्तु उसे अपनी कसौटी पर परखिए। फिर वह पुस्तक जेब मे रखा हुआ बगीचा बन जाएगी, जो आपको हर समय अपनी खुशबू से तरोताजा रखेगी। तब आपके व्यक्तित्व का विकास तेजी से होने लगेगा।

■

"विश्वास पहाड़ को हिला सकता है, हौसला
पर्वतों को पिघला सकता है, साहस
समुद्र को लांघ सकता है और
व्यक्तित्व आपके जीवन को
महान बना सकता है।"

लोग कहते हैं कि
झूठ के पैर नहीं होते!
सच के कान नहीं होते!
चोर का ईमान नहीं होता!
तवायफ का सम्मान नहीं होता!
लेकिन यह सच है कि
'अमीर बनने का विज्ञान' होता है।
अगर यह झूठ होता तो आज
दुनिया में इतने अमीर नहीं होते।

विज्ञान को समझिए और अमीर बनिए

धीरूभाई अम्बानी, बिलगेट्स, हेनरी फोर्ड, वॉरेन बफेट, किरण मजूमदार शॉ, अजीम प्रेमजी, कोनोसुको मात्सुशिता, एकता कपूर, राकेश झुनझुनवाला और धर्मपाल महाशय के अमीर बनने से यह साबित हो चुका है कि भौतिक और रसायन विज्ञान की तरह अमीर बनने का विज्ञान भी है, जिसे जानने के बाद अमीर बना जा सकता है। लेकिन उस विज्ञान को सिखाने वाली यह विश्व की पहली पुस्तक है, जिसे पढ़ने के बाद आप अवश्य ही अमीर बन सकते हैं।

हो सकता है आपको मेरी बात पर विश्वास न हो। परन्तु आप इसे आजमा सकते हैं। क्योंकि उम्र के हर पड़ाव में सोचने का नजरिया अलग होता है। इसे समझाने के लिए मैं आपको अपना अनुभव बताता हूं:-

- **जब मैं 5 साल का था तब सोचता था, कि मेरे डैडी दुनिया के सबसे स्मार्ट और सबसे ताकतवर इंसान हैं।**
- **10 साल की उम्र में मैंने महसूस किया कि मेरे डैडी, हर चीज का ज्ञान रखने वाले समझदार इंसान हैं।**
- **जंब मैं 15 साल का हुआ, तो महसूस किया कि मेरे दोस्त के डैडी मेरे डैडी से भी ज्यादा समझदार हैं।**
- **20 साल का होने पर मैंने पाया कि मेरे डैडी को दुनिया के साथ चलने के लिए कुछ और ज्ञान की जरूरत है।**
- **25 साल की उम्र में मेरी यह सोच बनी कि मेरे डैडी किसी और दुनिया के हैं और वह नए जमाने के साथ नहीं चल सकते।**
- **30 साल का हुआ तो महसूस किया कि मुझे किसी भी काम के बारे**

में उनसे सलाह नहीं लेनी चाहिए। क्योंकि उन्हें हर काम में नुक्स निकालने की आदत है।

- **35 साल की उम्र में मैंने महसूस किया कि अब डैडी को मेरे तरीके से चलने की समझ आ गई है, इसलिए छोटी-मोटी बातों पर उनसे सलाह ली जा सकती है।**
- **40 साल का हुआ, तो महसूस किया कि कुछ जरूरी मामलों में डैडी से सलाह लेना जरूरी है।**
- **45 साल की उम्र में मुझे लगा कि डैडी की सलाह के बिना कुछ नहीं करना चाहिए।**

कुछ ऐसा ही इस पुस्तक के बारे में आज आप सोच सकते हैं। लेकिन यह सच है कि जिस तरह गणित में जोड़, घटा, गुणा और भाग करने का कोई दूसरा तरीका ईजाद नहीं हो सका, उसी तरह अमीर बनने का कोई और विज्ञान ईजाद कर पाना नामुमकिन है।

जब आपकी इच्छा शक्ति में उत्साह का निंरन्तर प्रवाह होना शुरू हो जाएगा तब आपकी मन माँगी मुरादें पूरी होने लगेंगी।

इसलिए आपको इस पुस्तक को हमेशा अपने पास रखना है और अपने अमीर बनने के लक्ष्य में जीत की उम्मीद रखनी है। क्योंकि जब आपको उम्मीद होगी, तब आपकी जीत पक्की है।

यह उम्मीद ही है, जो आपको पुस्तक के अन्त को पढ़ने के लिए प्रेरित कर रही है। इसलिए आपको उम्मीद पर कायम रहना है, ठीक वैसे ही जैसे कि एक ऋषि के आश्रम में कई छात्र शिक्षा ग्रहण करते थे। उन छात्रों में कुछ राजकुमार थे, तो कुछ निर्धन परिवारों के बच्चे थे। एक दिन ऋषि पेड़ के नीचे बैठकर संस्कृत का पाठ पढ़ा रहे थे। अध्याय समाप्त होने के बाद उन्होंने एक निर्धन बच्चे को संस्कृत के श्लोक सुनाने को कहा। परन्तु वह बच्चा उन श्लोकों को नहीं पढ़ पाया। फिर क्रोधित ऋषि ने डंडा मारने के लिए हाथ आगे करने को कहा। बच्चे ने डरते-डरते हाथ आगे कर दिए। उस बच्चे का हाथ देखकर ऋषि बोले, **"तुम्हें तो मारना ही बेकार है ,क्योंकि तुम्हारे हाथ में विद्या की रेखा ही नहीं है। इसलिए तुम्हारा शिक्षा ग्रहण करना ही निरर्थक है।"**

बच्चा दु:खी मन से उठा और आश्रम के बाहर चला गया। फिर थोड़ी देर बाद जब वह वापस आया, तो उसकी हथेली से खून निकल रहा था।

ऋषि ने पूछा, **"तुम्हारे हाथ में क्या हुआ और यह घाव कैसे हो गया?"**

बच्चे ने गम्भीर होकर कहा, **"गुरुदेव, यह घाव नहीं है बल्कि विद्या की रेखा है, जिसे मैंने खुद अपनी हथेली पर बनाई है।"**

ऋषि ने तुरंत उस बच्चे का उपचार किया। क्योंकि वह उसकी इच्छा-शक्ति और साहस से प्रभावित हो गए थे। उन्होंने उस दिन से उस पर ध्यान देना शुरू कर दिया। बच्चे ने अपने गुरु का प्रेम देखकर और अधिक परिश्रम करना शुरू कर दिया। उसके बाद वह दिन-प्रतिदिन उन्नति करने लगा। उसकी दृढ़ इच्छा-शक्ति, परिश्रम, लगन और ऋषि के लगाव ने उसे संस्कृत का विद्वान पंडित बना दिया। उस बच्चे का नाम था पाणिनी, जिसने बड़े होकर संस्कृत का पहला व्याकरण ग्रंथ लिखा था।

इसलिए आपको पाणिनी के पद चिह्नों पर चलना है और उम्मीद के सहारे अमीर बनना है, ठीक वैसे ही जैसे कि:-

- **वाल्ट डिज़्नी बने, जबकि उनके पास किसी समय में जूता ठीक कराने के लिए पैसे नहीं थे। लेकिन वह उम्मीद के सहारे अमीर बने।**
- **धीरूभाई अम्बानी कभी अदन के एक पेट्रोल पम्प पर गाड़ियों में तेल भरते थे, लेकिन वे उम्मीद के सहारे अमीर बने।**
- **एंड्रयू कारनेगी कभी मजदूरी करते थे, लेकिन वह उम्मीद के सहारे विश्व के सबसे बड़े स्टील निर्माता बने।**
- **हरलेन सैंडर्स 60 साल की उम्र में गरीब थे, परन्तु उम्मीद के सहारे अमीर बने।**

ये सब अमीर बनने से पहले आप जैसे थे, लेकिन इन्होंने अमीर बनने के विज्ञान को समझा, फिर शिखर तक पहुंचे। इसलिए अब आपको अमीर बनने के लिए सिद्धांतों को समझना है, क्योंकि किसी शायर ने कहा है:-

चने खाकर संघर्ष करो, करो न नौकरी चार।
अमीर बनने की ठान लो, करो एक व्यापार॥

नए आइडिए पर काम करना जरूरी है: यह जरूरी नहीं है कि सिर्फ कोई बड़ा आविष्कार ही आपको अमीर बना सकता है। काम कोई भी हो, अगर उसमें पर्याप्त संभावना हो, तो आप सफल हो सकते हैं।

जिलेट ने कभी भी हवाई जहाज बनाने या कार बनाने की कोशिश नहीं की थी, बल्कि उन्होंने रोज प्रयोग में आने वाली चीज सेफ्टी रेजर बनाने की सोची। और उसमें दिलो-जान से जुट गए। तब उन्होंने कहा था, **" छोटे से छोटे काम भी आगे चलकर विश्वव्यापी साम्राज्य की नींव डाल सकता है।"** फिर वैसा ही हुआ।

कुछ इसी तरह से रे क्रॉक ने **'हैमबर्गर'** जैसी खाने की चीज बेचकर पूरी दुनिया में अपना साम्राज्य फैला लिया।

इसलिए आप यह मानकर चलें कि कोई भी काम छोटा या बड़ा नहीं होता और आप किसी भी काम से अमीर बन सकते हैं।

खतरों से खेलना जरूरी है: टेड टर्नर ने सी.एन.एन. शुरू करने से पहले अपनी 10 करोड़ डॉलर की संपत्ति दांव पर लगा दी थी। जबकि उस समय यह बहुत बड़ा जोखिम था। लेकिन बाद में उन्हें इतनी बड़ी सफलता मिली कि बाकी टी.वी. नेटवर्क उनके सामने बौने होकर रह गए।

कुछ ऐसे ही बिजली के बल्ब के आविष्कार के समय एडिसन ने जोखिम लिया था। क्योंकि वे जानते थे कि आम लोगों तक बिजली पहुंचाने के लिए विद्युत वितरण के विशाल नेटवर्क की जरूरत पड़ती है।

इतिहास गवाह है कि दुनिया में सिर्फ दो ही तरह के लोग पैदा होते हैं। एक वो जो दौलत कमाते हैं। और दूसरे वो जो उसे खर्च करते हैं। आप इनमें से किस तरह के हैं यह आपको सोचना है।

लेकिन जब बैंकरों और निवेशकों ने इस काम के लिए पूंजी देने से इंकार कर दिया, तब उन्होंने 90 प्रतिशत पूंजी अपनी जेब से लगाई और खुद विद्युत वितरण की मशीनों का उत्पादन करने वाली फैक्ट्रियां स्थापित कीं, जिसे आज आप जनरल इलेक्ट्रिक (जी.ई.) कम्पनी के नाम से जानते हैं।

मुश्किलों पर विजय पाना जरूरी है: अधिक्तर वे लोग अमीर बने हैं, जिनकी शिक्षा कम थी। लेकिन कम शिक्षा के बावजूद उन्होंने सफलता के झंडे गाड़ दिए।

होंडा मोटर्स के मालिक होंडा ने अपने स्कूल की पढ़ाई बीच में ही छोड़ दी थी, उसके बाद भी वे मोटरसाइकिल उद्योग के शहंशाह बन गए।

पर्सनल कम्प्यूटर के जन्मदाता स्टीव जॉब्स कॉलेज की पढ़ाई पूरी नहीं कर पाए थे, लेकिन उन्होंने कम्प्यूटर के सॉफ्टवेयर और ऑपरेटिंग सिस्टम बनाकर बेइन्तहा दौलत कमाई।

घनश्याम दास बिड़ला सिर्फ प्राइमरी स्कूल तक की शिक्षा ले पाए थे, उसके बाद भी उन्होंने **'बिड़ला ग्रुप ऑफ इंन्डस्ट्रीज'** की स्थापना की।

इन सब लोगों के संघर्ष से पता चलता है कि अमीर बनने के लिए मुश्किलों पर विजय पाना जरूरी है।

बड़े-बड़े सपने देखना जरूरी है: बड़ी सफलता पाने वाले लोग बड़े सपने देखते हैं, इसलिए उन्हें बड़ी सफलता मिलती है। क्योंकि उनका सपना उन्हें कुछ

कर गुजरने की प्रेरणा देता है। फिर सपने की शक्ति को हथियार बनाकर मुश्किलों से जूझते हैं।

धीरूभाई अम्बानी एक गरीब परिवार में पैदा हुए थे, फिर भी उन्होंने बड़े सपने देखे थे। अदन में पेट्रोल पंप पर नौकरी करते समय उन्होंने सपना देखा था कि वे भारत में शैल जैसी बड़ी तेल रिफायनरी की स्थापित करेंगे। भारत आकर उन्होंने अपने सपने पर काम किया और सफल हो गए।

परन्तु जल्दी सोचना और उस पर अमल करना बहुत जरूरी होता है। इसी सोच की वजह से **'निरमा'** के करसन भाई पटेल आज अमीरों की श्रेणी में खड़े हैं। क्योंकि उन्होंने भारत में सबसे पहले डिटर्जेंट पाउडर बनाने के बारे में सोचा था। फिर उस पर तेजी से अमल किया और लोगों के दिलों पर छा गए। आज उनकी कम्पनी निरमा लिमिटेड का टर्न ओवर लगभग 2,500 करोड़ है।

यह बात नहीं है कि इन लोगों ने सफलता सीधे प्राप्त की है। इन्होंने भी कई बार असफलताओं का सामना किया था। परन्तु असफलता से इन्होंने सीखा और आगे बढ़ते गए। इसलिए एक आदमी कई बार असफल हो सकता है। परन्तु अन्त में सफलता अवश्य पाता है। अब्राहम लिंकन की शुरुआत भी कुछ इसी तरह हुई थी।

22 वर्ष की आयु में **व्यापार में असफल हो गए थे।**

23 वर्ष की आयु में **कानून की पढ़ाई में फेल हो गए थे।**

24 वर्ष की आयु में **व्यापर में दुबारा असफल हो गए थे।**

25 वर्ष की आयु में **एक विशाल सभा में भाषण नहीं पढ़ पाए थे।**

26 वर्ष की आयु में **प्रेमिका की मौत हो गयी थी।**

27 वर्ष की आयु में **मानसिक संतुलन खो चुके थे।**

29 वर्ष की आयु में **स्पीकर के लिए हार गए थे।**

34 वर्ष की आयु में **चुनाव में हार गए थे।**

39 वर्ष की आयु में **कांग्रेस से हार गए थे।**

46 वर्ष की आयु में **कांग्रेस से दोबारा हार गए थे।**

47 वर्ष की आयु में **उपराष्ट्रपति पद का चुनाव हार गए थे।**

49 वर्ष की आयु में **सीनेट का चुनाव हार गए थे।**

फिर 51 वर्ष की आयु में **संयुक्त राज्य अमेरिका के राष्ट्रपति बने।**

इसलिए सफलता को चार भागों में बाँटा जा सकता है, यानी मस्तिष्क, समय, ऊर्जा और मानवीय सम्बंध। फिर इनका सही प्रबंधन करके आप सफलता की बुलंदियों तक पहुंच सकते हैं।

अकबर महान एकदम अनपढ़ था, उसके बाद भी वह सफल शासक साबित हुआ। तेनजिंग शेरपा ठेठ देहाती था, फिर भी उसने एवरेस्ट की चोटी पर चढ़ने

की कोशिश की और सफल हो गया। क्योंकि उसके अन्दर आत्मविश्वास था और कुछ करने की दृढ़ इच्छा थी।

कुछ इसी तरह की कहानी महाराज रणजीत सिहं की भी है। जब उनके राज्य को शत्रु की सेना ने चारों तरफ से घेर लिया था, तब उन्होंने अपने बहादुर सैनिकों को आदेश दिया, **"जाओ, आगे बढ़कर शत्रु की सेना का मुकाबला करो और उन्हें आगे बढ़ने से रोक दो।"**

हर व्यवसाय एक मकान की तरह होता है। जिसके निर्माण में कर्मचारी रूपी ईंटें लगी होती हैं। लेकिन वह ईंटें जितनी मजबूत होंगी व्यवसाय की नींव भी उतनी ही मजबूत होगी!

सेनापति और बहादुर सैनिक आगे बढ़े, लेकिन मार्ग में नदी पड़ गयी, जो बाढ़ के कारण ऊपर तक उफन रही थी। नदी का भयंकर रूप देखकर बहादुर सैनिकों का हौसला पस्त हो गया। रणजीत सिहं ने जब सैनिकों का यह हाल देखा, तो वे स्वयं घोड़े समेत नदी में कूद पड़े। फिर क्या था, पीछे-पीछे सेनापति और सैनिक भी नदी में कूद पड़े और नदी को पार करके शत्रु की सेना का बहादुरी से मुकाबला किया।

तभी तो अमेरिका के पूर्व राष्ट्रपति थियोडोर रूजवेल्ट ने कहा था, **"जब इंसान जीतने की इच्छा रखता है, तब वह तमाम बाधाओं को पार करते हुए जीत की ओर बढ़ता चला जाता है।"**

परन्तु कुछ लोग ऐसे भी होते हैं, जो हमेशा नकारात्मक सोचते हैं। मुझे एक कहानी याद आती है, एक किसान की बेटी थी। वह हर रोज लकड़ी की एक शहतीर के सहारे, एक नाला पार करके दूध बेचने जाती थी। एक दिन जब वह दूध बेचकर वह वापस आ रही थी, तो नाला पार करने के बाद अचानक रोने लगी। वहां भीड़ जमा हो गई। लोगों ने पूछा तो उसने कहा, **"जब मेरी शादी हो जाएगी और मेरा लड़का होगा, तब मैं दूध बेचने जाऊंगी, तो वह भी मेरे पीछे-पीछे आएगा। परन्तु शहतीर से नाला पार करते समय यदि वह नाले में गिर गया, तो वह बह जाएगा। इस बात को सोचकर मुझे रोना आ रहा है।"**

उसकी मूर्खता पर लोगों ने खूब ठहाके लगाए, किसान की उस बेटी की तरह आप भी रोज ऐसी न जाने कितनी चिन्ताएं करते हैं। परन्तु पानी के जहाज पर चढ़ने से पहले यदि आप यह सोच लेंगे कि पता नहीं जहाज लक्ष्य तक पहुंचेगा या नहीं। तब आप वास्कोडिगामा कभी नहीं बन सकते।

इसलिए जरूरत है धारणाओं को बदलने की और नये सिरे से सोचने की। आपने फोर मिनट माइल की कहानी जरूर सुनी होगी। इस कहानी के अनुसार लोगों में यह धारणा थी कि किसी भी व्यक्ति के लिए एक मील की दूरी चार मिनट से कम समय में तय करना असंभव है। लेकिन यह धारणा तब तक थी, जब तक कि 1954 में रोजर बैनिस्टर ने इसे गलत साबित नहीं कर दिया। इसके बाद एक साल के अंदर 37 धावकों ने इस धारणा को बार-बार तोड़ा। फिर देखते-देखते 300 अन्य धावकों ने चार मिनट से भी कम समय में इस बाधा को पार किया।

इस कहानी से पता चलता है कि धारणा तब तक बनी रहती है, जब तक कि वह गलत साबित न हो जाए। इसलिए आपको हमेशा यह धारणा बनाकर रखनी होगी कि हर हाल में मुझे अमीर बनना है। क्योंकि जब आप हरा चश्मा पहनते हैं, तब आपको चारों तरफ हरा दिखाई देता है और जब आप चश्मे का रंग बदलकर लाल कर देते हैं, तो आपको चारों ओर की चीजें लाल दिखाई देने लगती हैं। ज[illegible] कि वास्तविकता कुछ और होती है। इसलिए अमीर दिखाई देने वाला चश[illegible]नी आंखों पर लगाकर रखिए। परन्तु सनकी मत बनिए सिर्फ जुनून रखिए, क्योंकि सनकी होने का परिणाम आप खुद देख सकते हैं:-

अमीर लोग कहावतें बनाते हैं। गरीब लोग उन्हें सुनाते हैं।

- हैदराबाद के छठे निजाम मीर महबूब अली को कीमती कपड़े पहनने का बड़ा शौक था। [illegible] कपड़े वह एक बार पहनता था, उसे दोबारा अपने शरीर पर नहीं डालता था। पचास दर्जी हमेशा उसके लिए कपड़े सिलने में लगे रहते थे और दस डिजाइनर उसके कपड़ों को डिज़ाइन करते थे।
- दिल्ली का बादशाह मोहम्मद तुगलक बहुत बड़ा सनकी था। उसने इसी सनक की वजह से अपनी राजधानी दिल्ली से दौलताबाद भेज दी थी।
- लंबजवर्ग के शासक एडोल्फ की सनक बहुत अजीब थी। उसका मानना था कि सातवीं संतान बहुत भाग्यशाली होती है, इसलिए वो अपने राज्य में हर सातवीं संतान का धर्मपिता बन जाता था। फिर उनका राजसी ढंग से लालन-पालन किया जाता था।
- यूरोप के प्रसिद्ध कवियों में एक नाम वॉलेट स्कॉट का भी है। वह अपनी रचनाओं को तब तक नहीं छपवाता था, जब तक कि उसे पुरस्कार नहीं मिल जाता था।
- फ्रांस के एक कवि अपनी रचनाएं जमीन पर या फटे हुए कागजों पर लिखते थे। उनका मानना था कि इससे उनकी रचनाएं सफल होती हैं।

➲ सिकंदर जब विश्व को जीतने के अभियान पर निकला था, तब उसने अपनी सेना के साथ कई शहर रौंद डाले थे, अन्त में उसे सफलता मिलती गई और उसका आत्मविश्वास बढ़ता गया। लेकिन लड़ते-लड़ते जब वह थक गया तो उसने एक घर के सामने अपना घोड़ा रोका। दरवाजा खटखटाने पर एक बुढ़िया ने दरवाजा खोला, तो सिकंदर ने कहा, **"मुझे जोर की भूख लगी है, खाना दो।"**

बुढ़िया ने सिकंदर को पहचान लिया, फिर वह अंदर चली गई। कुछ देर बाद जब वह वापस आई, तो उसके हाथ में एक थाली थी, जिस पर कपड़ा ढका हुआ था।

सिकंदर ने कपड़ा हटा कर देखा, तो खाने की जगह जेवर थे। उसने कहा, **"मैंने खाना मांगा था, जेवर तो मैं खा नहीं सकता।"**

इस पर बुढ़िया बोली, **"तुम्हारी भूख रोटियों से मिट जाती, तो तुम यहां क्यों आते? तुम्हारे नसीब में तो रोटियां हैं ही नहीं, तुम्हें तो सोने की भूख है, इसलिए सोना लूटते हो।"**

बुढ़िया की बात सुनकर सिकंदर बिना खाए वापस चला गया। जाते-जाते उसने नगर के मेन गेट पर एक बोर्ड लगवाया, जिस पर लिखा था, **"अज्ञानी सिकंदर को इस नगर की महान नारी ने अच्छा सबक सिखाया है।"**

तभी तो रोबर्ट लिट्टी ने अपनी पुस्तक **'द वरी क्योर'** में लिखा है, **"जो लोग चिन्ता करते हैं, वे डरावनी स्थितियों में अलग किस्म की प्रतिक्रिया करते हैं और परेशान हो जाते हैं।"**

शास्त्रों में भी यही लिखा है, **'कंस सनकी था, इसलिए उसने कृष्ण को मारने के लिए राक्षसों को भेजा था।'**

तभी तो रामचरितमानस में लिखा है, **"कलियुग केवल नाम अधारा।"**

यानी सफलता पाने के लिए सनकी होना जरूरी है, परन्तु उस सनक का उपयोग सही दिशा में होना चाहिए और उसके लिए लक्ष्य का चयन पहली आवश्यकता है।

जब आप 20 साल के होते हैं, तब आपकी इच्छा-शक्ति आप पर शासन करती है। फिर 30 साल की उम्र के बाद समझदारी आप पर शासन करती है। लेकिन 40 साल की उम्र के बाद आपकी निर्णय लेने की क्षमता आप पर शासन करती है!

लक्ष्य की प्राप्ति के लिए दृढ़ संकल्प दूसरी आवश्यकता होती है और लगन के साथ प्रयास करना तीसरी आवश्यकता है। लेकिन प्रतिभा का सृजनात्मक तरीके से उपयोग करना चौथी आवश्यक्ता है।

फिर अंग्रेजी वर्णमाला **A to Z** का जाप करें, ठीक वैसे ही जैसे कि गायत्री मंत्र का जाप किया जाता है। परन्तु इस जाप में गुनगुनाना नहीं है, सिर्फ समझना है:–

A यानी **AFFIRMATION** (दृढ़ता): **मैं यह काम कर सकता हूँ।**

B यानी **BELIVE** (विश्वास): **मैं दोस्त बना सकता हूँ।**

C यानी **COMMITEMENT** (वादा): **मैं सपना पूरा कर सकता हूँ।**

D यानी **DARE** (साहस): **मैं जोखिम उठा सकता हूँ।**

E यानी **EDUCATE** (शिक्षित): **मैं इसे सीख सकता हूँ।**

F यानी **FIND** (खोज): **मैं दौलत खोज सकता हूँ।**

G यानी **GIVE** (देना): **मैं दान दे सकता हूँ।**

H यानी **HOPE** (उम्मीद): **मैं हर हाल में जीत सकता हूँ।**

I यानी **IMAGINE** (कल्पना): **मैं कुछ नया सोच सकता हूँ।**

J यानी **JUNK** (फैंकना): **मैं फालतू चीजें फैंक सकता हूँ।**

K यानी **KNOCK** (धकेलना): **मैं निराशा को भगा सकता हूँ।**

L यानी **LAUGH** (हँसना): **मैं खुलकर हँस सकता हूँ।**

M यानी **MAKER** (बनाना): **मैं बिगड़ी बात बना सकता हूँ।**

N यानी **NEGOTIATE**(समझौता): **मैं समझौता कर सकता हूँ।**

Oयानी **OVER LOOK** (नजर अंदाज): **मैं पुरानी बातें भूल सकता हूँ।**

P यानी **POSATIVE** (सकारात्मक): **मैं संघर्ष कर सकता हूँ।**

Q यानी **QUIT** (छोड़ना): **मैं शिकायत करना छोड़ सकता हूँ।**

R यानी **REORGANIZE** (पुनः व्यवस्थित): **मैं अपने आपको बदल सकता हूँ।**

S यानी **SHARE** (बाँटना): **मैं खुशियां बाँट सकता हूँ।**

T यानी **TRADITION** (परम्परा): **मैं फैशन कर सकता हूँ।**

U यानी **UNION** (संगठन): **मैं लोगों को जुटा सकता हूँ।**

V यानी **VISUALIZE** (कल्पना): **मैं कल्पना कर सकता हूँ।**

W यानी **WORK** (काम): **मैं व्यस्त रह सकता हूँ।**

X यानी **X-RAY** (कापी): **मैं नकल उतार सकता हूँ।**

Y यानी **YIELD** (सौंपना): **मैं दूसरों से काम करवा सकता हूँ।**

Z यानी **ZIP-UP** (रहस्य खोलना): **मैं अमीर बन सकता हूँ।**

जाप के खत्म होते ही आपके अन्दर बहुत-सी अदृश्य शक्तियाँ काम करना शुरू कर देंगी, चाहें आप कितने भी गरीब क्यों न हों।

क्योंकि विश्व में ऐसे अनेक उदाहरण हैं, जो इस बात को दर्शाते हैं कि विपरीत परिस्थितियों के बावजूद लोगों ने नए इतिहास रचे हैं। हमारे देश में धीरुभाई अम्बानी ने अपनी राह में आई हर कठिनाई का सामना करके एक नया इतिहास रचा है। तभी तो किसी शायर ने कहा है:-

मर जाऊं मांगू नहीं, अपने तन के काज।
मेहनत करके खाऊंगा, मुझे न आवे लाज॥

एंड्रयू कारनेगी का शुरुआती जीवन भी कष्ट में बीता था। क्योंकि जब वह छोटे थे, तब उनके पिता बुनकर थे और हैडलूम की फैक्ट्री में काम करते थे। फिर एंड्रयू कारनेगी को पढ़ाई छोड़कर नौकरी करनी पड़ी। तब उन्हें एक कपड़ा मिल में बॉबिन बॉय का काम मिला, जहाँ उन्हें हर हफ्ते 1.2 डॉलर पगार के रूप में मिलते थे। वे ज्यादा पढ़े-लिखे नहीं थे, परन्तु सीखने की प्रवृति बहुत ज्यादा थी। इसलिए वे बॉबिन बॉय के रुप में मेहनत से काम करते रहे। वहां पर मिल के मालिक उनसे चपरासी तक के काम करवाते थे, लेकिन एंड्रयू कारनेगी ने कभी भी किसी काम को छोटा नहीं समझा। क्योंकि वे अच्छे अवसर का इंतजार कर रहे थे। फिर कुछ ही समय में उनका प्रमोशन हो गया और वे अपनी मेहनत और लगन से मैनेजर के पद तक पहुंच गए।

फिर बचत करके उन्होंने प्रोपर्टी में निवेश किया और बेइन्तहा दौलत कमाई। अन्त में उन्होंने नौकरी छोड़ दी और स्टील के क्षेत्र में हाथ आजमाया। फिर कुछ ही सालों में स्टील किंग बन गए और अमेरिका के अमीर लोगों में गिने जाने लगे। शायद इसीलिए गीता में लिखा है:-

न हि कश्चित्क्षणमपि जातु तिष्ठत्यकर्मकृत्।
कार्यते ह्यवशः कर्म सर्वः प्रकृतिजैर्गुणैः॥

यानी कोई भी व्यक्ति कर्म किए बिना नहीं रह सकता। क्योंकि प्रकृति से उत्पन्न गुणों के कारण हर व्यक्ति को विवश होकर कर्म करना पड़ता है।

कर्मेन्द्रियाणि संयम्य य आस्ते मनसा स्मरन्।
इन्द्रियार्थान्विमूढात्मा मिथ्याचारः स उच्यते॥

लेकिन जो व्यक्ति अपनी कर्मेनिद्रयों को संयम में नहीं रख पाता, उस व्यक्ति की बुद्धि मूढ़ हो जाती है और वह पाखंडी कहलाता है।

यस्त्विन्द्रियाणि मनसा नियम्यारभतेर्जुन।
कर्मेन्द्रियैः कर्मयोगमसक्तः स विशिष्यते।।

परन्तु जो व्यक्ति मन में धैर्य रखता है और इन्द्रियों को नियन्त्रित रखता है, वह निडर होकर कर्मेन्द्रियों को कर्म के मार्ग में लगाता है। फिर वह सफल हो जाता है।

नियंत कुरु कर्म त्वं ज्यायो ह्यकर्मणः।
शरीरयात्रापि च ते न प्रसिद्धयेदकर्मणः।।

गीता भी यही कहती है, **"तेरे लिए जो कर्म निश्चित किया गया है उसको तू कर, क्योंकि कर्म के बिना इस दुनिया में तेरा कोई अस्तित्व नहीं है।"**

जबकि मनुष्य की प्रगति हमेशा धीमी रही है, क्योंकि वह नए विचारों को जल्दी से स्वीकार नहीं करता और जो स्वीकार लेता है, वह धीरुभाई अम्बानी की तरह अमीर बन जाता है। लेकिन इसके लिए संकल्प लेना पड़ता है और संकल्प का मतलब है, किसी काम को करने की प्रतिज्ञा लेना। फिर मुश्किल से मुश्किल कार्य भी आसान हो जाते हैं। क्योंकि हर समस्या में उसका समाधान छिपा होता है। एक अवसर छिपा होता है।

अगर आप गरीब परिवार में पैदा हुए हैं, तो इसमें अमीर बनने का अवसर छिपा है। अगर आप अशिक्षित हैं, तो आपके पास सफल होने की ज्यादा बड़ी चुनौती है। तभी तो शास्त्रों में लिखा है:-

आयुः कर्म च वित्तं च विद्या निधनमेव च।
पंचैतानि विलिख्यन्ते गर्भस्थस्यैव देहिनः।।

यानी जब बच्चा माँ के गर्भ में होता है, तब पाँच चीजें उसके भाग्य में लिख दी जाती हैं और वे पांच चीजें हैं: आयु, कर्म, धन, विद्या और मृत्यु।

शायद इसीलिए आज से 350 साल पहले फ्रैंकोइस रॉशेफोकॉल्ड ने कहा था, **"यदि आप अपने जीवन में संतुष्ट हैं, तब समझ लीजिए की आपकी तरक्की का मार्ग बंद हो चुका है। इसलिएं हमेशा असंतुष्ट रहिए, क्योंकि असंतुष्टि वह चीज है, जो आपके भाग्य को बदल सकती है।"**

परन्तु प्रार्थना अवश्य करो और कहो कि ईश्वर हमें सद्बुद्धि दो। तब ईश्वर आपको सद्बुद्धि देगा। क्योंकि प्रार्थना इच्छा-शक्ति का विकास करती है फिर जीवन को नया मोड़ मिलता है।

विश्व प्रसिद्ध डॉक्टर वाइटल्स की पुस्तक **'द ग्रेटेस्ट मनी मेकिंग सीक्रेट इन हिस्ट्री'** ने मुझे काफी प्रभावित किया है। क्योंकि उसमें लिखा था, **"ईश्वर की प्रार्थना करना ही अमीर बनने का सबसे बड़ा रहस्य है।"**

इस बात को समझाने के लिए उसमें एक गरीब आदमी की कहानी दी गयी थी, जो तपस्या और उपासना करके देवता को प्रसन्न कर लेता है। फिर देवता उसकी भक्ति और तप से प्रसन्न हो जाते हैं और एक कीमती मणि देकर कहते हैं, **"इस रत्न से तेरी सब इच्छाएं, सब कामनाएं पूर्ण होंगी और यह मणि हर समय तेरी सहायता करेगी।"**

90% निर्णय अतीत के अनुभवों से लिए जाते हैं और 10% निर्णय भविष्य को ध्यान में रखकर। लेकिन भविष्य के लिए दिया गया एक निर्णय अतीत के 100 निर्णय के बराबर होता है।

गरीब आदमी खुशी-खुशी उस अमूल्य मणि को लेकर अपने देश के लिए रवाना हो जाता है। क्योंकि उसका देश समुद्र के पार था, इसलिए जहाज में बैठते समय उसने मणि को अपने हाथ में रखा और मुट्ठी बंद कर ली, ताकि किसी को मणि दिखाई न दे।

फिर भविष्य के सपनों में वह इतना खो गया कि मणि कब समुद्र में गिर गई, उसे पता ही नहीं चला। तब वह अपनी मूर्खता पर काफी क्षुब्ध हुआ, लेकिन क्या हो सकता था। ठीक वैसे ही आप हैं। आपके पास मणि रूपी यह पुस्तक है और आप ज्ञान, विवेक और बुद्धि से अपने मन की सारी इच्छाओं को प्राप्त कर सकते हैं। परन्तु आप करना नहीं चाहते।

यह जानते हुए भी कि आपका विश्वास और उद्देश्य जितना गहरा होगा, आप उतनी ही तेजी के साथ कामयाबी हासिल करेंगे। क्योंकि तब आपका मस्तिष्क रेडियो स्टेशन की भांति निरंतर सकारात्मक तरंगों का प्रचार-प्रसार कर रहा होता है, जो आपको सफलता दिलाने के लिए सक्रिय हो उठता है।

इसलिए इस पुस्तक को आप हमेशा अपने पास रखें और इसमें बताए गए सिद्धांतों को अमल में लाएं। फिर एक बार अमीर बन जाने के बाद आप इस पुस्तक का जितना चाहें, उतना अधिक अध्ययन कर सकते हैं।

मुझे पूरी उम्मीद है कि अब तक आपको अमीर बनने का विज्ञान पता चल चुका होगा। क्योंकि इस पुस्तक का आपके हाथ लगना, आपके लिए एक बड़े अवसर के समान है। अब आपकी सफलता किसी स्कूल अथवा विश्वविद्यालय पर आधारित न होकर आपके हाथों में आ चुकी है। यदि आप इस पुस्तक में दिए निर्देशों का पालन शत् प्रतिशत करते हैं, तब आपका अमीर बनना निश्चित है। प्रमाण के तौर पर आपको यह स्वयं करके देखना होगा। क्योंकि जब आप

अमीर बनने की ठान लेते हैं, तो मंजिल तक पहुंचने में ईश्वर आपकी मदद करता है। लेकिन आप यह न सोचें कि पुस्तक को पढ़ने के बाद ही नोटों की बारिश होनी शुरू हो जाएगी। आपको अपने विचारों तथा प्रयासों के बीच सही तालमेल बैठाना होगा। क्योंकि चीनी दार्शनिक ला ओत्से ने कहा है, **"जब आप अपनी मंजिल के नजदीक पहुंचते हैं, तब आप पाते हैं कि वहां आपके श्रम की आवश्यकता बहुत कम हो गयी है।"**

इसलिए आप आज से ही अपने लक्ष्य पर काम करना शुरू कर दीजिए, फिर चारों तरफ उसी तरह का माहौल बनाइए और अपनी पूरी ऊर्जा उसमें झोंक दीजिए। तब कुछ समय बाद आप अपने सपने को साकार होता हुआ देखेंगे और कहेंगे:-

जर्रों में रहकर भी चमक छोड़ जाएंगे, अपनी पहचान हर तरफ छोड़ जाएंगे।
खमोशियों में मौत गंवारा नहीं हमें, शीशा हैं हम जब टूटेंगे तो खनक छोड़ जाएंगे॥

तभी तो बाइबिल में लिखा है, **"जो माँगोगे वह तुम्हें दिया जाएगा, ढूँढोगे मार्ग तो तुम्हें मंजिल पर पहुंचा दिया जाएगा। खटखटाओगे द्वार तो वह भी खोल दिया जाएगा।"**

अब ईश्वर की भी यही इच्छा है कि आप अमीर बनें। इसलिए उम्मीद का दामन थामे रहिए। क्योंकि उम्मीद ही आपको मंजिल तक पहुँचाएगी और जब पूरी दुनिया कहे कि तुम हार चुके हो। तब उम्मीद को साक्षी मानकर एक अन्तिम कोशिश और करो, फिर सफलता आपके कदम चूमेगी।

यही अमीर बनने का विज्ञान है, जिसे मैं आपको सौंप रहा हूँ। अब आगे का सफर आपको अकेले तय करना है। लेकिन मुझे उम्मीद है कि आप अवश्य ही अमीर बनेंगे।

क्योंकि मैं भी इस विज्ञान को समझने के बाद अमीर बना हूं। उस समय न्यूज चैनल के दफ्तर से आए एक रिपोर्टर ने मुझसे पूछा था, **"मिस्टर इन्जीनियर! आप इतनी कम उम्र में अमीर कैसे बने?"**

तब मैंने मुस्कुराते हुए सिर्फ इतना ही कहा था:-

एक कदम उठा था, अमीर बनने की राह में।
फिर तमाम उम्र गरीबी, मुझे झोपड़ी में ढूढंती रही॥